鉄筋コンクリート造建築物の耐久設計施工指針・同解説

Recommendations for Durability Design and Construction Practice
of
Reinforced Concrete Buildings

2004 制定
2016 改定（一次）

日本建築学会

ご案内
本書の著作権・出版権は(一社)日本建築学会にあります．本書より著書・論文等への引用・転載にあたっては必ず本会の許諾を得てください．
R〈学術著作権協会委託出版物〉
本書の無断複写は，著作権法上での例外を除き禁じられています．本書を複写される場合は，学術著作権協会（03-3475-5618）の許諾を受けてください．

　　　　　　　　　　　　　　　　　　　一般社団法人　日本建築学会

序

　低炭素社会および資源循環型社会の構築を目指して，我が国では，総力を挙げて関連するシステム・技術の開発が精力的に進められています．建設業界とてその例外ではありません．ここ数年来，建設業界は，日本全体で排出される二酸化炭素の40％程度を排出し，日本全体で投入される資源の1／3以上を使用してきています．このような実態に鑑みますと，耐久性の高い建築材料を用いるとともに適切な維持保全計画を策定して建築物の長寿命化を図ることが，建築材料の生産および建築物の施工に伴う二酸化炭素排出量および資源投入量の削減に資することになることは明らかです．つまり，建築物の長寿命化は，社会的に喫緊の重要課題であると言っても過言ではありません．しかしながら，20世紀末頃における我が国の一般的な建築物の平均寿命は，鉄筋コンクリート造事務所で38年，鉄骨造事務所で29年，木造住宅で40年と，欧米諸国の約1／3の長さしかありませんでした．そのため，本会は1997年12月に「会長声明」を発し，我が国の建築物の寿命を3倍に延伸するために最善を尽くすことを宣言しました．また，2000年に施行されました「住宅の品質確保の促進等に関する法律」における住宅性能表示制度では，「劣化の軽減に関すること」として，住宅が限界状態に至るまでの期間を3段階（3世代以上，2世代以上，2世代未満）に等級分けし，それぞれに対する劣化対策が示されました．そのような背景の下，本会は2004年，目標とする耐用年数の期間，劣化によって建築物の保有性能が要求性能を下回ることがないようにするための材料・構法の仕様を計算または試験によって求める「性能検証型設計法」と，材料・構法を本会の推奨仕様から選択する従来型の「標準仕様選択型設計法」とを盛り込んだ「鉄筋コンクリート造建築物の耐久設計施工指針（案）・同解説」を刊行しました．当時，建築物の耐久設計に「性能検証型設計法」の考え方を導入したのは世界的に見ても画期的なことであり，今後開発が進むことが予想される耐久設計の道標的な役割を担うことも指針の役割でした．それ以降，鉄筋コンクリート造建築物の実態調査結果の蓄積および劣化現象に関する研究の進展に伴い，劣化メカニズムの更なる究明がなされるとともに，鉄筋・コンクリート・仕上材に関する劣化予測モデルの高度化や新たな検査方法の開発などが行われてきました．そこでこの度，それらの新しい成果を反映する形で指針の改定を行う運びとなりました．残念ながら，耐久設計手法を完全に構築できたとは言えませんが，本指針が鉄筋コンクリート造建築物の長寿命化を少しでも促進し，低炭素社会および資源循環型社会の構築に役立つことを願います．

2016年7月

日本建築学会

制定の序

　本指針は，1991年に制定された「高耐久性鉄筋コンクリート造設計施工指針（案）・同解説」（略称，高耐久指針）の改定版という位置付けですが，高耐久指針が計画耐用年数100年を対象としていたのに対し，これを100年に限定せず，より進んだ性能設計の手法を取り入れて制定したものです．高耐久指針が制定されてから10年以上が経過し，この間，建築基準や施工指針において性能規定化がさらに進み，鉄筋コンクリートの耐久性に関しても多くの研究開発が行われ，指針を改定する必要が生じてきました．本指針では，鉄筋コンクリートの耐久性に関する最近の成果を取り込むとともに，より進んだ性能設計法（性能検証型設計法／一般・特別）を採用しました．性能検証型設計法は，現行JASS 5の体系にとらわれずに耐久性を確保するための基本的な考え方を示したものであり，科学的根拠に基づく鉄筋コンクリート造建築物の耐久設計法を確立するための第一歩という位置付けと考えられます．性能検証型設計法は，まだ研究途上にあり，この設計法を確立させるためにはさらなる研究が必要と考えられますが，今この指針を世に出すことによってどのようなデータが不足しており，今後どのような研究を実施すればよいかということの道標になると考えています．なお，仕様規定を完全になくすと具体性に欠ける指針になるおそれがあるため，現状のJASS 5の体系の中で具体的な方法を示した標準仕様選択型設計法も併記しています．今後の鉄筋コンクリート造建築物の耐久性確保・向上のために本指針（案）が役立つものと考えております．

　2004年3月

　　　　　　　　　　　　　　　　　　　　　　　　　　　　　　　　　　　　　　　日本建築学会

指針作成関係委員 (2016年3月)
― (五十音順・敬称略) ―

材料施工本委員会

委員長	早川 光敬	
幹事	橘高 義典　興石 直幸　橋田 浩　山田 人司	
委員	略	

鉄筋コンクリート工事運営委員会

主査	橘高 義典
幹事	一瀬 賢一　杉山 央　野口 貴文
委員	阿部 道彦　荒井 正直　井上 和政　今本 啓一
	岩清水 隆　内野井 宗哉　梅本 宗宏　大岡 督尚
	大久保 孝昭　小野里 憲一　鹿毛 忠継　兼松 学
	川西 泰一郎　黒田 泰弘　古賀 一八　小山 智幸
	齊藤 和秀　陣内 浩　竹内 賢次　棚野 博之
	檀 康弘　中川 崇　永田 敦　中田 善久
	成川 史春　名和 豊春　西脇 智哉　畑中 重光
	濱 幸雄　濱崎 仁　早川 光敬　原田 修輔
	真野 孝次　丸山 一平　湯浅 昇　依田 和久
	渡辺 一弘　渡部 憲

鉄筋コンクリート造建築物の耐久設計指針改定小委員会

主査	野口 貴文
幹事	兼松 学
委員	石川 嘉崇　井上 和政　今本 啓一　親本 俊憲
	楠原 文雄　黒田 泰弘　河野 政典　長谷川 拓哉
	濱崎 仁　福山 智子　細川 佳史　松本 利昭
	山田 義智

(2004年)

材料施工委員会本委員会

委員長	嵩 英雄		
幹事	清水昭之	田中享二	
委員	（省略）		

鉄筋コンクリート工事運営委員会

主査	桝田佳寛			
幹事	阿部道彦	川口 徹	野口貴文	
委員	池永博威	井上 健	江口 清	枝広英俊
	大久保孝昭	大野義照	大濱嘉彦	大和田精一
	尾崎昌彦	小田 聡	嵩 英雄	樫野紀元
	川村 満	菊地雅史	橘 高義典	古賀一八
	古賀康男	桜本文敏	佐野和彦	澤永好章
	清水昭之	菅野俊介	千歩 修	棚野博之
	谷川恭雄	永山 勝	名和豊春	二村誠二
	畑中重光	早川光敬	福士 勲	藤木英一
	牧 保峯	松藤泰典	三井健郎	三橋博三
	柳 啓	山崎庸行	湯浅 昇	和美廣喜

鉄筋コンクリート造建築物耐久設計研究小委員会

主査	桝田佳寛			
幹事	野口貴文			
委員	和泉意登志	大越俊夫	鹿毛忠継	兼松 学
	黒田泰弘	河野政典	里山公治	長尾覚博
	並木 哲	長谷川寿夫	湯浅 昇	
旧委員	上西 隆	中根 淳		

解説執筆委員

全体調整	野口 貴文	兼松 学	福山 智子	
1 章	野口 貴文			
2 章	濱崎 仁	松本 利昭		
3 章	兼松 学	黒田 泰弘	長谷川 拓哉	細川 佳史
	山田 義智			
4 章	野口 貴文			
5 章	石川 嘉崇	兼松 学	黒田 泰弘	河野 政典
	長谷川 拓哉	細川 佳史	山田 義智	
6 章	兼松 学	黒田 泰弘	河野 政典	長谷川 拓哉
	細川 佳史	山田 義智		
7 章	井上 和政	今本 啓一	親本 俊憲	
8 章	兼松 学			
付録	今本 啓一	兼松 学	河野 政典	山田 義智

鉄筋コンクリート造建築物の耐久設計施工指針・同解説

目　　次

	本文ページ	解説ページ

1章　総　　則
1.1　適用範囲………………………………………………………………………… 1 …… 25
1.2　用　　語………………………………………………………………………… 1 …… 28

2章　耐久設計の方針
2.1　総　　則………………………………………………………………………… 2 …… 31
2.2　設計方針の決定………………………………………………………………… 3 …… 37
2.3　構造体および部材の要求性能………………………………………………… 3 …… 43
2.4　設計劣化外力の設定…………………………………………………………… 3 …… 48
2.5　設計限界状態および維持保全限界状態の設定……………………………… 4 …… 50

3章　設計劣化外力
3.1　総　　則………………………………………………………………………… 4 …… 52
3.2　中性化に対する設計劣化外力………………………………………………… 4 …… 53
3.3　塩害に対する設計劣化外力…………………………………………………… 4 …… 59
3.4　凍害に対する設計劣化外力…………………………………………………… 5 …… 64
3.5　アルカリシリカ反応に対する設計劣化外力………………………………… 5 …… 67
3.6　化学的侵食に対する設計劣化外力…………………………………………… 5 …… 72
3.7　その他の劣化現象に対する設計劣化外力…………………………………… 5 …… 75

4章　設計限界状態および維持保全限界状態
4.1　総　　則………………………………………………………………………… 6 …… 77
4.2　構造安全性……………………………………………………………………… 6 …… 79
4.3　使　用　性……………………………………………………………………… 6 …… 86
4.4　修　復　性……………………………………………………………………… 6 …… 95

5章　性能検証型一般設計法
5.1　総　　則………………………………………………………………………… 7 …… 98
5.2　中性化に対する性能の検証方法……………………………………………… 7 …… 99
5.3　塩害に対する性能の検証方法………………………………………………… 8 …… 126

5.4	凍害に対する性能の検証方法	9……140
5.5	アルカリシリカ反応に対する性能の検証方法	10……148
5.6	化学的侵食に対する性能の検証方法	10……153

6章　標準仕様選択型設計法

6.1	総　　　則	10……160
6.2	環境条件による区分	10……160
6.3	設計耐用年数	11……160
6.4	一般環境地域における標準仕様選択型設計法	11……161
6.5	塩害環境地域における標準仕様選択型設計法	13……186
6.6	凍害環境地域における標準仕様選択型設計法	14……192
6.7	化学的侵食環境地域における標準仕様選択型設計法	15……194

7章　施工・品質管理

7.1	総　　　則	15……197
7.2	鉄 筋 工 事	15……199
7.3	型 枠 工 事	17……205
7.4	コンクリート工事	18……210
7.5	品質管理・検査	22……228

8章　維 持 保 全

8.1	総　　　則	23……245
8.2	日 常 点 検	23……246
8.3	定 期 点 検	23……249
8.4	点検結果に対する処置	23……252
8.5	予 防 保 全	23……253
8.6	記　　　録	23……254

付　　　録

| 付録1 | 耐久設計例 | 255 |
| 付録2 | コンクリート表層の透気試験方法に関する現状の技術 | 266 |

鉄筋コンクリート造建築物の
耐久設計施工指針

鉄筋コンクリート造建築物の耐久設計施工指針

1章 総　　則

1.1 適用範囲

a．本指針は，鉄筋コンクリート造建築物の耐久性を確保するための構造体および部材の耐久設計および施工に適用する．

b．構造体および部材に仕上材を施す場合は，仕上材によるコンクリート保護性能を考慮して構造体および部材の耐久性を検討することができる．

c．本指針は，鉄筋コンクリート造建築物のほか，プレキャスト鉄筋コンクリート造建築物の構造体および部材，プレストレストコンクリート造建築物の構造体および部材，ならびに鉄骨鉄筋コンクリート造建築物および鉄骨造建築物の鉄筋コンクリート部分にも適用できる．

d．本指針に定める以外の構造体および部材の設計および施工に共通な一般事項は，本会「鉄筋コンクリート構造計算規準・同解説」，「建築工事標準仕様書・同解説 JASS 5 鉄筋コンクリート工事」（以下，JASS 5 という）および「建築工事標準仕様書・同解説 JASS 10 プレキャスト鉄筋コンクリート工事」（以下，JASS 10 という）のほか，関連指針による．

1.2 用　　語

本指針に用いる用語は，JASS 5.1.5（用語）および JIS A 0203（コンクリート用語）によるほか，次による．

耐 久 設 計：建築物またはその部分が要求耐用年数の期間内は要求性能を満足するように，構造体および部材が所要の耐久性能を保有するように材料・工法などを定める設計行為

構 造 体：柱，梁，耐力壁，屋根スラブ，床スラブ，バルコニー，基礎などの構造部材，袖壁・垂壁・腰壁・間仕切り壁などの非耐力壁，および手摺り，ひさし，パラペットなどの非構造部材の総称．現場打ちコンクリートにあっては，コンクリートが同時に打ち込まれる鉄筋コンクリート造躯体のことをいう．ただし，断面寸法が 100 mm 未満の部分は除く．

部　　　材：柱，梁，耐力壁，床スラブ，屋根スラブ，基礎，袖壁・垂壁・腰壁・間仕切り壁などの非耐力壁，手摺り，ひさし，バルコニーなどの各々についていう場合の総称

要求耐用年数：建築物の計画に際して，建築物の所有者や使用者あるいは社会から要求される建築物またはその部分の耐用年数

設計耐用年数：建築物の設計に際して，要求耐用年数をもとに設定される設計の目標とする建築物またはその部分の耐用年数

劣 化 要 因：建築物の構造体および部材を構成する材料に劣化を生じさせ，構造体および部材の性能を低下させる要因

劣 化 外 力：建築物の構造体および部材を構成する材料に劣化を生じさせ，構造体および部材の性能を低下させる外部環境からの作用

劣 化 現 象：劣化要因や劣化外力によって，構造体および部材を構成する材料にひき起こされる化学的・物理的・幾何学的な変化と，それらによって生じる構造体および部材の性能の低下

設計劣化外力：耐久設計で対象とする劣化外力．劣化現象ごとにその種類および強さが設定される

設計限界状態：建築物の構造体および部材に性能の低下を生じさせる劣化状態のうち，耐久設計の段階でそれ以上の低下を許容しえない限界の劣化状態

維持保全限界状態：建築物の構造体および部材に性能の低下を生じさせる劣化状態のうち，耐久設計の段階でそれ以上低下すると維持保全が極めて困難になると予想される限界の劣化状態

保 有 性 能：建築物の構造体および部材が現時点で保有している性能

最 外 側 鉄 筋：構造体および部材の表面の各位置で最も外側にある鉄筋

維 持 保 全：建築物の構造体および部材の機能および性能を使用目的に適合するよう維持する諸行為

予 防 保 全：建築物の構造体および部材の性能の低下を未然に防止するために行う保全行為

補　　　修：劣化現象によって低下した構造体および部材の性能を実用上支障のない状態まで回復させる行為

2章　耐久設計の方針

2.1　総　　　則

a．建築物は，要求耐用年数の期間内は，構造体および部材に対する要求性能を満たし続けなければならない．

b．設計者は，要求耐用年数をもとに，建築物の用途，規模，社会的重要度などや建築主の要求に応じて設計耐用年数を定める．

c．設計者は，建築物が置かれる環境条件を考慮して，設計劣化外力を定める．

d．設計者は，要求性能をもとに，設計の目標となる設計限界状態を定める．

e．耐久設計は，設計耐用年数の期間内は，設計劣化外力に対して，構造体および部材が設計限界状態に達することがないようにこれを目標として仕様を定める．

f．建築物の用途，建築物が置かれる環境条件などによって，設計耐用年数に達する前に大規模な補修を行うことを計画する場合は，維持保全限界状態の時期を定める．構造体および部材が維持保全限界状態に達すると予想される場合は，時期を定め適切な予防保全を講じる．

g．設計者は，要求性能について施工者から同等以上の性能を有する仕様の提案があった場合は，妥当性を確認したうえで承認することができる．

h．設計者は，施工者に対し上記a～gの規定内容の趣旨および要求性能を適切に伝達指示する．また，建築主に対しても明示する．

2.2 設計方針の決定

a．耐久設計は，性能検証型一般設計法または標準仕様選択型設計法のいずれかによることを標準とする．ただし，建築物が置かれる環境条件などにより性能検証型一般設計法または標準仕様選択型設計法では設計できない場合および合理的でないと考えられる場合は，性能検証型特別設計法によることができる．

b．性能検証型一般設計法は，設計耐用年数の期間中，構造体および部材が設計限界状態に達しないことを一般に確立された信頼できる手法により検証して，その材料・工法の仕様を定める．性能検証型一般設計法における仕様の具体的な検証方法は，5章による．

c．標準仕様選択型設計法は，主として建築物が置かれる環境条件および設計耐用年数に応じてあらかじめ設定された構造体および部材の材料・工法の標準仕様を選択することにより行う．標準仕様選択型設計法における仕様の具体的な選定方法は，6章による．

d．性能検証型特別設計法は，建築主，設計者，施工者およびその他の関係者の合意によって性能評価項目および評価手法を決定し，設計耐用年数の期間中，構造体および部材が設計限界状態に達しないことを検証して，その材料・工法の仕様を定める．

2.3 構造体および部材の要求性能

a．本指針において考慮する構造体および部材の要求性能は，構造安全性，使用性および修復性とする．

b．構造安全性に関する要求性能の項目および水準は，本会「鉄筋コンクリート構造計算規準・同解説（2010）」およびJASS 5.2.3（構造安全性）を基に定める．

c．使用性に関する要求性能の項目および水準は，本会「鉄筋コンクリート構造計算規準・同解説（2010）」，JASS 5.2.6（使用性），JASS 5.2.4（耐久性）およびJASS 5.3.10（特殊な劣化作用に対する耐久性）を基に定める．

d．修復性に関する要求性能の項目および水準は，JASS 5.2.4（耐久性）およびJASS 5.3.10（特殊な劣化作用に対する耐久性）を基に定める．

2.4 設計劣化外力の設定

a．設計劣化外力は，建築物が置かれる環境条件に応じて想定される劣化現象ごとに，種類および強さを設定する．

b．設計劣化外力の具体的な設定方法は，3章による．

2.5 設計限界状態および維持保全限界状態の設定

a．設計限界状態は，構造体および部材の保有性能がそれ以上低下すると要求性能を満たさなくなると考えられる限界状態として設定する．

b．維持保全限界状態は，構造体および部材の保有性能がそれ以上低下すると維持保全が困難になると考えられる限界状態として設定する．

c．設計限界状態および維持保全限界状態の具体的な設定方法は，4章による．

3章　設計劣化外力

3.1　総　　則

a．建築物が置かれる環境条件に応じて想定される劣化現象は，中性化・塩害およびその他の原因による鉄筋腐食，凍害・アルカリシリカ反応・化学的侵食およびその他の原因によるひび割れ・浮き・剥落・表面劣化・強度低下などのコンクリートの劣化ならびにその他の劣化現象とする．

b．耐久設計で考慮する設計劣化外力は，中性化に対する劣化外力，塩害に対する劣化外力，凍害に対する劣化外力，アルカリシリカ反応に対する劣化外力，化学的侵食に対する劣化外力およびその他の劣化現象に対する劣化外力とする．

3.2　中性化に対する設計劣化外力

a．中性化に対する設計劣化外力は，大気中の二酸化炭素濃度，硫黄酸化物濃度および窒素酸化物濃度とし，必要に応じて建築物に接する土壌中の二酸化炭素濃度および水の炭酸濃度を考慮する．

b．大気中の二酸化炭素濃度，硫黄酸化物濃度，窒素酸化物濃度および建築物に接する土壌中の二酸化炭素濃度および水の炭酸濃度は，建築物が置かれる場所で連続的に測定して求める．

c．大気中の二酸化炭素濃度の測定値がない場合は，信頼できる資料によって定める．信頼できる資料がない場合は，屋外では0.05％，屋内では0.10％を標準とする．

d．大気中の硫黄酸化物濃度，窒素酸化物濃度，ならびに建築物に接する土壌中の二酸化炭素濃度および水の炭酸濃度の測定値がない場合は，信頼できる資料によって定める．

e．中性化に対する劣化外力の強さは，コンクリートに作用する水分の影響を考慮して定める．コンクリートに作用する水分の影響の程度は，雨がかりの有無，湿度環境など部材の置かれる状況を考慮して定める．

3.3　塩害に対する設計劣化外力

a．塩害に対する設計劣化外力は，建築物が置かれる場所において，建築物の各面へ到達する塩化物イオン量および建築物に接する水の塩化物イオン濃度とする．

b．建築物が置かれる場所において，建築物の各面へ到達する塩化物イオン量および建築物に接する水の塩化物イオン濃度は，その位置で連続的に測定して求める．

c．建築物が置かれる場所において，建築物の各面へ到達する塩化物イオン量および建築物に接す

る水の塩化物イオン濃度の測定値がない場合は，信頼できる資料によって定める．

3.4 凍害に対する設計劣化外力
a．凍害に対する設計劣化外力は，建築物の部材・部位における年間の凍結融解回数，建築物が置かれる場所における最低温度およびコンクリートに作用する水分とする．
b．建築物の部材・部位における年間の凍結融解回数，最低温度およびコンクリートに作用する水分は，その位置で連続的に測定して求める．
c．建築物の部材・部位における年間の凍結融解回数，最低温度およびコンクリートに作用する水分の測定値がない場合は，信頼できる資料によって定める．

3.5 アルカリシリカ反応に対する設計劣化外力
a．アルカリシリカ反応に対する設計劣化外力は，建築物が置かれる場所において，建築物の各面へ到達するアルカリイオン量，建築物に接する水のアルカリイオン濃度，ならびにコンクリートに作用する水分および温度とする．
b．建築物が置かれる場所において，建築物の各面へ到達するアルカリイオン量，建築物に接する水のアルカリイオン濃度，ならびにコンクリートに作用する水分および温度は，その位置で連続的に測定して求める．アルカリイオン濃度の測定値がない場合は，塩化物イオン濃度の測定値から換算してよい．また，コンクリート内部のアルカリイオン濃度についても考慮する．
c．建築物が置かれる場所において，建築物の各面へ到達するアルカリイオン量，建築物に接する水のアルカリイオン濃度または塩化物イオン濃度の測定値，ならびにコンクリートに作用する水分および温度の測定値がない場合は，信頼できる資料によって定める．

3.6 化学的侵食に対する設計劣化外力
a．化学的侵食に対する設計劣化外力は，大気，ならびに建築物に接する土および水に含まれる侵食性物質の濃度とする．
b．大気，ならびに建築物に接する土および水に含まれる侵食性物質の濃度は，建築物が置かれる場所において連続的に測定して求める．
c．大気，ならびに建築物に接する土および水に含まれる侵食性物質の濃度の測定値がない場合は，信頼できる資料によって定める．

3.7 その他の劣化現象に対する設計劣化外力
その他の劣化現象に対する設計劣化外力は，信頼できる資料によって定める．

4章　設計限界状態および維持保全限界状態

4.1　総　　則
a．設計限界状態および維持保全限界状態は，構造体および部材の性能について設定する．
b．構造体および部材の性能について設計限界状態または維持保全限界状態を直接設定することができない場合は，鉄筋，コンクリートまたは仕上材を含めたコンクリートの劣化状態について設定する．

4.2　構造安全性
a．構造安全性に対する設計限界状態は，鉄筋腐食またはコンクリートの劣化によって，構造体および部材の保有する軸方向耐力，曲げ耐力およびせん断耐力が，それぞれ設計軸力，設計曲げモーメントおよび設計せん断力以下になるときとする．
b．構造安全性に対する維持保全限界状態は，鉄筋腐食またはコンクリートの劣化によって，構造体および部材の保有する軸方向耐力，曲げ耐力およびせん断耐力に低下が生じる状態に達するときとする．

4.3　使　用　性
a．使用性は，構造体および部材の使用安全性，漏水，たわみおよび振動によって評価する．
b．使用安全性は，コンクリートの一体性またはコンクリートと仕上材との一体性によって評価し，設計限界状態は，鉄筋腐食およびコンクリートの劣化によって，かぶりコンクリートまたは仕上材に浮き・剥落が生じるとき，または仕上材に浮き・剥落が生じるときとする．また，維持保全限界状態は，コンクリートまたは仕上材に浮き・剥落につながるおそれのあるひび割れが生じるときとする．
c．漏水の評価は，防水層のない雨がかり部分および水まわり部分のコンクリートを対象とし，設計限界状態は，コンクリートのひび割れを通じて漏水が生じるときとする．また，維持保全限界状態は，漏水につながるおそれのあるひび割れが生じるときとする．
d．たわみに対する設計限界状態は，鉄筋腐食およびコンクリートの劣化によってたわみが設計用たわみ以上になるときとする．また，維持保全限界状態は，たわみが増加するときとする．
e．振動は，固有振動数・変位振幅によって評価し，設計限界状態は，鉄筋腐食およびコンクリートの劣化によって構造体および部材の固有振動数・変位振幅が設計用固有振動数・変位振幅から求まる振動の限界値に達するときとする．また，維持保全限界状態は，固有振動数・変位振幅に変化が生じるときとする．

4.4　修　復　性
a．構造体および部材の修復性に対する設計限界状態は，修復に要する費用が修復によってもたら

される便益を超過する状態に達するときとする．
b．構造体および部材の修復性に対する維持保全限界状態は，修復に要する費用が維持保全計画に基づく修復費用に達するときとする．

5章　性能検証型一般設計法

5.1　総　　則

a．性能検証型一般設計法は，建築物が置かれる環境条件に応じて想定される劣化現象ごとに設定された要求性能をすべて満たすように，材料・工法の仕様を決定する．

b．構造体および部材は，設計耐用年数の期間内は，劣化現象によって設計限界状態に達してはならない．また，設計耐用年数の期間内に維持保全を行うことを計画している場合は，構造体および部材は，維持保全期間内は，劣化現象によって維持保全限界状態に達してはならない．

5.2　中性化に対する性能の検証方法

a．構造体および部材は，設計耐用年数の期間内は，中性化によって設計限界状態に達してはならない．また，設計耐用年数の期間内に維持保全を行うことを計画している場合は，構造体および部材は，維持保全期間内は，中性化によって維持保全限界状態に達してはならない．

b．中性化に対する設計限界状態は，コンクリートの中性化が進行して，最外側鉄筋の20％が腐食状態になったときとする．また，中性化に対する維持保全限界状態は，中性化深さが，いずれかの鉄筋表面を腐食させる位置に達したときとし，最外側鉄筋の3％が腐食状態に到達したときとする．

c．コンクリートの材料，調合，施工および仕上材の仕様は，コンクリートの中性化深さの平均およびその変動ならびに最外側鉄筋のかぶり厚さの平均およびその変動から，最外側鉄筋の腐食確率を算定し，設計限界状態または維持保全限界状態に達していないことを検証して定める．

d．鉄筋が腐食し始めるときの中性化深さは，コンクリートに作用する水分の影響を考慮して，試験または信頼できる資料により定める．試験を行わない場合および信頼できる資料がない場合は，常時水が作用するような湿潤環境，雨がかりまたは乾湿繰返し環境においては，中性化深さが鉄筋のかぶり厚さまで達したときとし，屋内などの乾燥環境では中性化深さが鉄筋のかぶり厚さから20 mm奥まで達したときとする．

e．コンクリートの大気に接する面の平均中性化深さは，コンクリートの材料および調合，ならびに環境条件をもとに，(5.1)式により算定する．

中性化速度係数Aは，信頼できる資料または試験に基づいて定める．

$$C = A \cdot \sqrt{t} \tag{5.1}$$

ここに，C：コンクリートの平均中性化深さ（mm）

t：材齢（年）

A：コンクリートの材料および調合，ならびに環境条件により決定する中性化速度

係数（mm/√年）

　なお，中性化速度係数を試験により定める場合，JIS A 1153（コンクリートの促進中性化試験方法）による．

f．構造体および部材に仕上材を施す場合は，仕上材による中性化抑制効果および中性化抑制効果の持続性を検討し，中性化深さの算定に取り入れる．仕上材による中性化抑制効果および中性化抑制効果の持続性は信頼できる資料または試験に基づいて定める．

g．コンクリートの中性化深さの変動は，コンクリートの材料・調合・製造および施工方法に応じて，信頼できる資料に基づいて変動係数で設定する．信頼できる資料がない場合，変動係数は10％とする．

h．最外側鉄筋のかぶり厚さの平均は，設計かぶり厚さとする．また，かぶり厚さの変動は，鉄筋・型枠工事における施工方法に応じて，信頼できる資料に基づいて標準偏差で設定する．信頼できる資料がない場合，かぶり厚さの標準偏差は10 mmとする．

i．コンクリートの収縮ひび割れ，温度ひび割れ，温湿度変化の繰返しによるひび割れおよび施工不具合によるひび割れは，その部分の中性化が著しく進行する前に適切に処置しておく．

5.3　塩害に対する性能の検証方法

a．構造体および部材は，設計耐用年数の期間内は，塩害によって設計限界状態に達してはならない．また，設計耐用年数の期間内に維持保全を行うことを計画している場合は，構造体および部材は，維持保全期間内は，塩害によって維持保全限界状態に達してはならない．

b．塩害に対する設計限界状態は，コンクリート表面からの塩化物イオンの侵入によって，最外側鉄筋の20％が腐食状態になったときとする．また，塩害に対する維持保全限界状態は，コンクリート中の塩化物イオン量が，いずれかの鉄筋を腐食させる量に達したときとする．

c．コンクリートの材料，調合および施工，ならびに仕上材の仕様は，コンクリート中の鉄筋位置における塩化物イオン量の平均およびその変動，ならびに最外側鉄筋のかぶり厚さの平均およびその変動から，最外側鉄筋の腐食確率を算定し，設計限界状態または維持保全限界状態に達していないことを検証して定める．

d．鉄筋が腐食するときのコンクリート中の鉄筋位置における塩化物イオン量は，コンクリートの含水率，かぶり厚さなどの影響を考慮して，信頼できる方法により確かめる．これらの影響が不明の場合は，コンクリート中の鉄筋位置における塩化物イオン量が0.6 kg/m³を超えたとき，鉄筋は腐食し始めるものとする．

e．コンクリートの表面から塩化物イオンが侵入する場合の鉄筋位置における塩化物イオン量は，コンクリートの材料・調合・施工状態・含水状態，コンクリート表面の塩化物イオン量，および材齢をもとに，(5.2) 式により算定する．

$$Cl = (C_0 - C_{init}) \cdot \left\{1 - erf\left(\frac{x}{2 \cdot \sqrt{D_p \cdot t}}\right)\right\} + C_{init} \tag{5.2}$$

　　ここに，Cl　：鉄筋位置における塩化物イオン量（kg/m³）

C_0 ：コンクリート表面の塩化物イオン量（kg/m³）

C_{init} ：コンクリート中の初期塩化物イオン量（kg/m³）

erf ：誤差関数

x ：鉄筋位置のコンクリート表面からの深さ（mm）

D_p ：コンクリートの材料，調合，施工状態および含水状態に応じて定まるコンクリート中の塩化物イオンの見かけの拡散係数（mm²/年）

t ：材齢（年）

　［注1］　単位時間にコンクリート表面へ到達する塩化物イオン量とコンクリート表面の塩化物イオン量との関係は，信頼できる方法や資料に基づいて定める．

　［注2］　コンクリート中の塩化物イオンの拡散係数は，信頼できる方法や資料に基づいて定める．

f．構造体および部材に仕上材を施す場合は，仕上材による塩化物イオンの侵入抑制効果および侵入抑制効果の持続性を検討し，鉄筋位置における塩化物イオン量の算定に取り入れる．

g．コンクリート中の鉄筋位置における塩化物イオン量の変動は，コンクリートの品質，および環境条件に応じて信頼できる資料に基づいて設定する．

h．最外側鉄筋の平均かぶり厚さは，設計かぶり厚さとする．また，かぶり厚さの変動は，鉄筋・型枠工事における施工方法に応じて，信頼できる資料に基づいて標準偏差を設定する．信頼できる資料がない場合，かぶり厚さの標準偏差は10 mmとする．

i．コンクリートの収縮ひび割れ，温度変化の繰返しによるひび割れ，および施工不具合によるひび割れは，その部分の塩化物イオンの侵入が著しくなる前に適切に処置しておく．

5.4　凍害に対する性能の検証方法

a．構造体および部材は，設計耐用年数の期間内は，凍害によって設計限界状態に達してはならない．また，設計耐用年数の期間内に維持保全を行うことを計画している場合は，構造体および部材は，維持保全期間内は，凍害によって維持保全限界状態に達してはならない．

b．凍害に対する設計限界状態は，凍害によって構造体および部材の表面に使用安全性上問題のあるスケーリング・ひび割れが生じたときとする．また，凍害に対する維持保全限界状態は，凍害によって構造体および部材の表面に耐久性上支障のあるスケーリング・ひび割れが生じたときとする．

c．凍害によるひび割れに対する限界状態は相対動弾性係数により設定する．限界状態の相対動弾性係数は，試験または信頼できる資料により定める．試験を行わない場合および信頼できる資料がない場合は，設計限界状態は相対動弾性係数が60%，維持管理限界状態は相対動弾性係数が85%に達したときとする．

d．凍害によるスケーリングに対する限界状態はスケーリング深さにより設定する．限界状態のスケーリング深さは，試験または信頼できる資料により定める．試験を行わない場合および信頼できる資料がない場合は，設計限界状態はスケーリング深さが10 mm，維持管理限界状態はスケー

リング深さが5mmに達したときとする．

e．コンクリートの耐久設計は，コンクリートの材料・調合・含水状態，ならびに年間の凍結融解回数および最低温度を考慮して，(5.3)式を満足するものとする．

$$SL < \min(SL_d, SL_s) \tag{5.3}$$

ここに，SL：設計耐用年数（年），SL_d：ひび割れが限界状態に至る年数（年），SL_s：スケーリングが限界状態に至る年数（年）

5.5 アルカリシリカ反応に対する性能の検証方法

a．構造体および部材は，設計耐用年数の期間内は，アルカリシリカ反応によって設計限界状態に達してはならない．また，設計耐用年数の期間内に維持保全を行うことを計画している場合は，構造体および部材は，維持保全期間内は，アルカリシリカ反応によって維持保全限界状態に達してはならない．

b．アルカリシリカ反応に対する設計限界状態は，コンクリートにアルカリシリカ反応が生じ，0.3mm以上の膨張ひび割れを生じる状態となったときとする．アルカリシリカ反応に対する維持保全限界状態は，コンクリートにアルカリシリカ反応が生じ，膨張ひび割れを生じる状態となったときとする．

c．アルカリシリカ反応に対する性能の検証は，信頼できる試験方法を選択して行う．

5.6 化学的侵食に対する性能の検証方法

a．構造体および部材は，設計耐用年数の期間内は，化学的侵食によって設計限界状態に達してはならない．また，設計耐用年数の期間内に維持保全を行うことを計画している場合は，構造体および部材は，維持保全期間内は，化学的侵食によって維持保全限界状態に達してはならない．

b．化学的侵食に対する設計限界状態および維持保全限界状態は，侵食性物質によってコンクリートが劣化し始め，ひび割れ，剥離，表面劣化および強度低下などを生じる状態になったときとする．

c．化学的侵食に対する性能の検証は，信頼できる方法を選択して行う．

6章 標準仕様選択型設計法

6.1 総　則

標準仕様選択型設計法は，建築物が置かれる環境上の区分および設計耐用年数ごとにあらかじめ設定された標準仕様を選択することにより行う．

6.2 環境条件による区分

建築物が置かれる環境条件による区分は，一般環境地域，塩害環境地域，凍害環境地域および化学的侵食環境地域とする．

6.3 設計耐用年数
a．設計耐用年数は，100年を標準とする．ただし，塩害環境地域および化学的侵食環境地域では，65年を標準とする．
b．建築物は供用期間中，維持保全を行うことを原則とする．

6.4 一般環境地域における標準仕様選択型設計法
6.4.1 総　則
a．建築物は，耐久性の弱点が生じにくいように計画する．
b．建築物の屋外面は，必要な維持保全が容易に行えるように計画する．

6.4.2 構造詳細
a．建築物の規模，形状，地盤などの条件に応じて，構造物の分割，エキスパンションジョイント，誘発目地，ひび割れ補強筋，断熱層などの設置およびこれらの適当な組合せにより有効なひび割れ制御対策を講じる．
b．耐久性上の許容ひび割れ幅は，0.3 mm とする．
c．漏水上の許容ひび割れ幅は，常時水圧が作用する部位は 0.05 mm，常時水圧が作用することのない部位は 0.2 mm を目標とする．
d．部材断面は，鉄筋の交差部，継手，端部の定着部などにおいても所要のかぶり厚さおよび鉄筋相互の間隔が保持され，コンクリートの打込みおよび締固めが円滑に行える寸法とする．
e．外壁はダブル配筋とし，壁厚は 180 mm 以上とする．また，屋根スラブおよび床スラブの厚さは原則として 180 mm 以上とする．
f．部材断面を減少させる誘発目地・水切りなどの溝状の部分は，その部分のコンクリートおよび鉄筋が適切に保護されるよう設計・施工および維持保全の仕様を定める．

6.4.3 配筋設計
配筋設計では，鉄筋の交差，継手，定着，フック，折曲げ部分などを考慮して，所定のかぶり厚さを確保するよう行う．

6.4.4 かぶり厚さ
一般環境地域における設計かぶり厚さは，表6.1による．

表6.1　一般環境地域における設計かぶり厚さ（mm）

設計耐用年数				100 年
土または水に接しない	床スラブ 屋根スラブ 非耐力壁	屋内		30
		屋外	仕上げあり	30
			仕上げなし	40
	柱 梁 耐力壁	屋内		40
		屋外	仕上げあり	40
			仕上げなし	50

土または水に接する	土または水に接する柱・梁・床スラブ・耐力壁	50
	基礎・擁壁	70

［注］「仕上げあり」は，コンクリートに密着する耐久性上有効な仕上材を原則とする．

6.4.5 コンクリートの品質

a．コンクリートは，所要のワーカビリティーおよび強度を有するものとする．

b．コンクリートの種類は，普通コンクリートを原則とする．

c．コンクリートの設計基準強度は，構造設計図書による．

d．コンクリートの耐久設計基準強度は，30 N/mm^{2}を標準とする．

e．コンクリートの品質基準強度の定め方は，JASS 5 による．

f．コンクリートの乾燥収縮率は，8×10^{-4}以下とする．

g．コンクリート中に含まれる塩化物イオン量は，0.30 kg/m^{3}以下とする．

h．コンクリートは，アルカリシリカ反応による膨張ひび割れを生じるおそれのないものとし，次の①～③のうち，少なくともいずれかを満足するものとする．また，①～③によらない場合は，実際のコンクリート調合により適切な試験を行って，有害な膨張を生じないことを確認する．

　　① コンクリート中のアルカリ総量の規制
　　② 抑制効果のある混合セメント等の使用
　　③ 安全と認められる骨材の使用

6.4.6 コンクリートの材料および鉄筋

a．セメントは，JIS A 5210（ポルトランドセメント），JIS R 5211（高炉セメント）および JIS R 5213（フライアッシュセメント）のA種に適合するものとする．ただし，地下構造物には JIS R 5211（高炉セメント）および JIS R 5213（フライアッシュセメント）に適合する混合セメントを用いてよい．

b．骨材は，JIS A 5308（レディーミクストコンクリート）の附属書A（レディーミクストコンクリート用骨材）に適合するものとし，粗骨材は乾燥収縮の小さいものを選ぶ．なお，回収骨材は除く．

c．水は，JIS A 5308（レディーミクストコンクリート）の附属書C（レディーミクストコンクリートの練混ぜに用いる水）に適合するものとする．ただし，回収水は用いない．

d．AE剤，減水剤，AE減水剤，高性能減水剤，高性能AE減水剤および流動化剤は，JIS A 6204（コンクリート用化学混和剤）に，収縮低減剤は JASS 5 M-402（コンクリート用収縮低減剤の性能判定基準）に，防せい剤は JIS A 6205（鉄筋コンクリート用防せい剤）に適合するものとする．

e．フライアッシュ，高炉スラグ微粉末およびシリカフュームは，それぞれ JIS A 6201（コンクリート用フライアッシュ），JIS A 6206（コンクリート用高炉スラグ微粉末）および JIS A 6207（コンクリート用シリカフューム）に，膨張材は JIS A 6202（コンクリート用膨張材）に適

合するものとする．
f．鉄筋は，JIS G 3112（鉄筋コンクリート用棒鋼）に適合するものを，溶接金網は JIS G 3551（溶接金網）に適合するものを用いる．防錆鉄筋を用いる場合は，試験または信頼できる資料に基づき有効な防錆効果が認められ，かつ所要の付着強度が得られるものとする．
g．上記以外のコンクリートの材料および鉄筋を使用する場合は，試験または信頼できる資料によってその品質を確認して用いる．

6.4.7 コンクリートの調合および仕上材
a．コンクリートの計画調合は，原則として試し練りによって定める．
b．調合強度の定め方は，JASS 5 による．
c．一般環境地域のコンクリートの水セメント比は 50% 以下とし，調合強度が得られるように定める．
d．単位水量は原則 175 kg/m³ 以下とし，所要の品質が得られる範囲内で，できるだけ小さく定める．
e．単位セメント量は 320 kg/m³ 以上とする．
f．混和材料の使用方法および使用量は，コンクリートの所要の品質が得られるように定める．
g．仕上塗材や塗装材料は，コンクリートとの付着性および追従性がよく，剥離，ひび割れなどを起こさず，品質の経年変化が少ないものとする．

6.5 塩害環境地域における標準仕様選択型設計法
6.5.1 総　則
a．塩害環境地域は，塩害に対する設計劣化外力の強さにより準塩害環境地域，塩害環境地域，重塩害環境地域に区分する．
b．建築物の屋外面は海水滴，海塩粒子が付着しにくく，かつ滞留しにくいような形状およびディテールとし，劣化外力を低減する仕上げとする．
c．塩害地域における耐久性上の許容ひび割れ幅は，0.2 mm を目標とする．
d．本項に記載のない事項は，6.4 による．

6.5.2 構造詳細
a．設計耐用年数が 65 年の場合の設計かぶり厚さは，塩害に関する劣化外力の区分に応じて表 6.2 による．

表 6.2　塩害環境地域における設計かぶり厚さの最小値（mm）

構造部材の種別			準塩害環境地域	塩害環境地域	重塩害環境地域
床スラブ 屋根スラブ 非耐力壁	屋内	仕上げあり	30	40	40
		仕上げなし	40	50	50
	屋外*	仕上げあり	60	70	80

柱 梁 耐力壁	屋内	仕上げあり	40	50	50
		仕上げなし	50	60	60
	屋外*	仕上げあり	60	70	80
擁壁			70	80	100

[注]＊：塩害環境地域では，建築物の屋外に面する部材には，遮塩性のある仕上材を施す．

b．鉄筋の防せい（錆）処理方法あるいは耐食鉄筋を使用する場合は，塩化物イオンによる鉄筋腐食に対して高い抵抗性を有することが確かめられたものを用いる．

6.5.3 コンクリートの品質

水セメント比の最大値は，塩害に関する劣化外力の区分に応じて，表6.3による．

表6.3 塩害環境地域における水セメント比の最大値

劣化外力の区分	水セメント比の最大値（％）
重塩害環境地域	45
塩害環境地域	45
準塩害環境地域	55

6.6 凍害環境地域における標準仕様選択型設計法

6.6.1 総則

a．凍害地域は，凍害に対する設計劣化外力の強さにより準凍害地域，一般凍害地域，重凍害地域に区分する．

b．建築物の屋外面は，融雪水や雨水の滞留および壁面上の流水などを生じにくい形状およびディテールとする．

c．ひさし，窓枠などの屋外突出部および融雪水や雨水の滞留や流水を生じやすい部位は，吸水性・透水性が小さく，水密性の高い仕上材や防水材を用いて凍結融解作用に対する抵抗性を大きくする．

d．本項に記載のない事項は，6.4による．

6.6.2 コンクリートの品質

a．水セメント比の最大値は，50％とする．

b．計画調合における空気量は，硬化後のコンクリートで4％以上となるよう定める．

6.6.3 コンクリートの材料

a．骨材は，6.4.6によるほか，凍結融解作用に対して高い抵抗性を有することが確かめられたものとし，その品質は表6.4による．

表 6.4　骨材の品質

劣化外力の区分	細骨材		粗骨材	
	吸水率 (％)	安定性損失質量 (％)	吸水率 (％)	安定性損失質量 (％)
重凍害地域	3.0 以下	10 以下	2.0 以下	12 以下
一般凍害地域				
準凍害地域	3.5 以下		3.0 以下	

b．混和剤は，AE剤，AE減水剤または高性能AE減水剤を用いる．

6.7　化学的侵食環境地域における標準仕様選択型設計法

化学的侵食環境地域における材料・工法の仕様は，信頼できる資料によるか，性能検証型設計法による．

7章　施工・品質管理

7.1　総　　則

a．鉄筋コンクリート工事においては，所定の鉄筋および型枠の組立精度ならびにかぶり厚さを確保し，所要のワーカビリティー・強度および耐久性を有するコンクリートを，構造体および部材に耐久性上有害な不具合を生じないように密実に打ち込む．

b．施工者は，設計図書に基づき，所定のかぶり厚さを確保し，所要の品質の鉄筋コンクリートが得られるように，打込み箇所の形状，配筋状態，コンクリートの品質および施工時の条件などに応じて，鉄筋の加工・組立て，型枠の加工・組立て，コンクリートの調合・製造・運搬・打込み・締固め・養生・仕上げなどに関する施工計画書を作成する．

c．施工者は，工事全体の施工および品質管理ができるよう施工および品質管理の体制を定める．

7.2　鉄筋工事

7.2.1　一般事項

鉄筋工事に際しては，設計図に基づいて，鉄筋の位置および間隔が所要のかぶり厚さおよびコンクリートの充填性を満足し，かつ所定の精度が確保できるように，継手・定着部の位置，設備配管・埋込み金物の位置・寸法および組立順序を示す鉄筋工事施工図を作成する．

7.2.2　鉄筋の加工

a．鉄筋の加工は設備の整った工場で行うことを原則とする．

b．鉄筋の加工寸法の許容差は，特記による．特記のない場合は，表7.1による．

表7.1 加工寸法*の許容差

(mm)

項　　目		符　号	許　容　差
各加工寸法*	主筋　D25以下	a, b	±15
	D29以上 D41以下	a, b	±20
	あばら筋・帯筋・スパイラル筋	a, b	±5
加 工 後 の 全 長		l	±20

［注］＊：各加工寸法および加工後の全長の測り方の例を下図に示す．

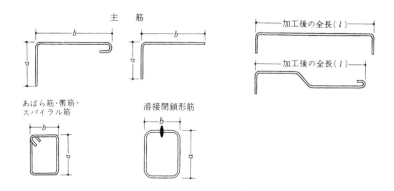

7.2.3　鉄筋の組立て

a．設計図に示された鉄筋の型枠に対するあきの許容差は，設計耐用年数が65年の場合には＋15 mm，－10 mmとし，設計耐用年数が100年および200年の場合には＋10 mm，－0 mmとする．

b．設備配管，埋込金物などと鉄筋の位置関係を明確にし，所要の補強筋を配置するとともに，設計図書で定める最小かぶり厚さを確保する．

c．鉄筋相互のあきは，6.4.3を満足し，かつコンクリートの打込み・締固めの際に棒形振動機を挿入し，操作する空間を確保できるものとする．

d．鉄筋は，コンクリート打込み時に有害量のずれ，変形のないように堅固に組み立てる．

e．鉄筋の結束線は，その末端がコンクリート表面に出ないように処理する．

f．スペーサー・鉄筋のサポートは，防錆処理した鋼製，コンクリート製またはプラスチック製とし，鉄筋の重量およびコンクリート打込み時の振動などの外力に耐えるものとする．また，かぶり厚さを確保するのに適切な間隔で配置する．スペーサー・鉄筋のサポートの標準的な配置および間隔を表7.2に示す．

g．設計耐用年数が100年および200年の場合の鉄筋の組立てには，組立精度の高い先組工法の採用が望ましい．

h．鉄筋組立て後，鉄筋の種類・本数・間隔，定着部の状態，継手，組立精度，鉄筋の結束状況，鉄筋相互のあき，せき板とのあき，棒形振動機の挿入箇所の配筋状態などがコンクリート打込みに支障のないことを確認する．

表7.2 スペーサー・鉄筋のサポートの標準的な配置および間隔

部位	スラブ	梁	柱
種類	鋼製・コンクリート製	鋼製・コンクリート製	鋼製・プラスチック製
数量または配置	上端筋，下端筋それぞれ 1.3個/m²程度	間隔は1.5m程度 端部は1.5m以内	上段は梁下より0.5m程度 中段は橋脚と上段の中間 柱幅方向は1.0mまで2個 1.0m以上3個
備考	端部上端筋および中央部下端筋には必ず設置	側梁以外の梁は上または下に設置，側梁は側面にも設置	同一平面に点対称となるように設置

部位	基礎	基礎梁	壁・地下外壁
種類	鋼製・コンクリート製	鋼製・コンクリート製	鋼製・プラスチック製
数量または配置	面積　4m²程度　8個　　　16m²程度　20個	間隔は1.5m程度 端部は1.5m以内	上段は梁下より0.5m程度 中段は上段より1.5m間隔程度 横間隔は1.5m程度 端部は1.5m以内
備考		上または下と側面に設置	

7.3 型枠工事

7.3.1 一般事項

a．型枠は，コンクリートの打込み・締固めなどによる振動に十分耐え，かつ打込み時の偏心荷重によって移動したり，はらみなどの変形を生じたりしない十分な強度と剛性を有する構造とする．

b．型枠は，でき上がり部材の位置や寸法およびかぶり厚さについて所定の精度が確保できるとともに，コンクリートの仕上がり，均一性，強度などに有害な影響を及ぼさないものとする．

7.3.2 型枠の材料

a．型枠には，コンクリートの強度や耐久性に悪影響を及ぼさないものを用いる．

b．型枠がそのまま仕上げあるいは仕上げ下地を兼ねる打込み型枠を使用する場合，構造上支障がないことおよび耐久性上有効であることが確かめられたものを用いる．

7.3.3 型枠の設計

型枠は，コンクリートの打込み・締固め作業時の荷重および風・積雪などの環境外力に対して破壊しないように設計するとともに，打込み時の移動およびはらみなどの変形に対して所定の位置・形状および寸法が得られるよう十分な剛性をもつように設計する．

7.3.4 型枠の組立て

a．型枠は，所定のかぶり厚さが確保されるよう留意して加工し，組み立てる．

b．型枠の精度は，打ち上がった構造体および部材の位置および断面寸法が，表7.3に示す許容差を満足し，コンクリートの仕上がりの平坦さがJASS 5.2.7に示す値を満足するものとする．

表7.3 構造体および部材の位置および断面寸法の許容差

項　　目		許容差（mm）
位　置	設計図に示された位置に対する各部材の位置	±20
構造体および部材の断面寸法	柱・梁・壁の断面寸法	－5，＋20
	床スラブ・屋根スラブの厚さ	
	基礎の断面寸法	－10，＋50

c．せき板は，ペーストの流出や開きのないように組み立てる．

d．柱・壁および大梁の型枠には，点検および清掃のための開口部を設け，点検・清掃の後，コンクリートの打込み時に閉鎖できるようにしておく．

7.3.5　型枠の存置期間

a．せき板の存置期間は，設計耐用年数が30年および65年の場合はコンクリートの圧縮強度が5 N/mm²以上，設計耐用年数が100年および200年の場合はコンクリートの圧縮強度が10 N/mm²以上となる期間とする．ただし，7.4.5の湿潤養生期間がせき板の存置期間より長い場合は，別途の湿潤養生対策をとるか，そのまませき板を存置しておかねばならない．

b．その他の支保工の存置期間は，JASS 5.9.10による．

7.4　コンクリート工事

7.4.1　一般事項

施工者は，所定のワーカビリティー，強度および耐久性を有するコンクリートを構造体に密実に打ち込めるように施工計画書を事前に立案し，これらに基づいて施工および品質管理を実施する．

7.4.2　コンクリートの製造

a．コンクリートの製造は，原則としてレディーミクストコンクリート工場で行う．

b．レディーミクストコンクリート工場は，5章で定めた品質のコンクリートまたは6章に規定する品質のコンクリートが製造できると認められた工場を選定する．

c．工場は，購入しようとするレディーミクストコンクリートについて，JISで認証されている製品を製造している工場であることを原則とする．

d．工場には，技術士（コンクリートを専門とするもの），日本コンクリート工学会が認定するコンクリート主任技士，コンクリート技士またはこれと同等以上の技術を有していると認められる技術者が常駐していなければならない．

e．工場は，7.4.4によって定められた時間の限度内にコンクリートが打ち込めるように運搬できる距離になければならない．

f．レディーミクストコンクリートの発注は，下記（1）～（3）による．

　（1）施工者は，レディーミクストコンクリートが5章または6章に示すコンクリートの所定の品質を満足するように，JIS A 5308-2014（レディーミクストコンクリート）4（品質）によっ

て必要事項を指定する．
(2) 発注するレディーミクストコンクリートの呼び強度は，その調合が5章または6章で定めた調合強度，水セメント比，単位水量の最大値および単位セメント量の最大値・最小値を満足するような呼び強度以上とする．
(3) JIS適合品以外のレディーミクストコンクリートの発注は，必要な事項を生産者と協議し，呼び強度の選定および呼び強度を保証する材齢の扱いはJISの規定を準用する．

g．レディーミクストコンクリートの品質管理・検査は，下記(1)〜(4)による．
(1) 施工者は，生産者がJIS A 5308-2014 8.7（品質管理）による品質管理を行っていることを確認する．また，必要に応じて生産者から品質管理試験結果を提示させ，所定の品質のコンクリートが生産されているかどうかを確認する．
(2) 施工者は，コンクリートに用いる材料および荷卸し地点におけるレディーミクストコンクリートの品質について，7.5によって品質管理・検査を行わなければならない．
(3) JIS適合品以外のレディーミクストコンクリートの品質管理・検査は，上記に準じるほか，特別に指示した事項について管理・検査する．
(4) 検査の結果が不合格の場合は，施工計画書に基づいて，適切な措置を講じる．

7.4.3　コンクリートの運搬

a．コンクリートは，JIS A 5308-2014（レディーミクストコンクリート）8.4（運搬）の規定および7.4.4の練混ぜから打込み終了までの時間の限度の規定を満足するように運搬しなければならない．

b．コンクリートは，荷卸し直前にアジテータを高速回転させ，コンクリートを均一にした後排出する．

c．暑中コンクリートおよびマスコンクリートにおいて，コンクリートの温度を下げるため，特別の措置を講じる場合は，コンクリートの耐久性上悪影響を及ぼさないことが確かめられた方法を用いる．

7.4.4　コンクリートの打込み・締固め

a．コンクリートの打込み・締固めに際しては，施工計画に基づいて均質で密実なコンクリートが得られるように施工する．

b．打込み計画に基づいて役割分担を作成し，作業方法，レディーミクストコンクリート工場との連絡，運搬機器，締固め機器の配置などを関係者に周知徹底させる．

c．コンクリートの運搬機器は，コンクリートポンプ，バケットおよびシュートなどとし，コンクリートの種類・品質および施工条件に応じて，運搬によるコンクリートの品質の変化が少ないものを選定し，十分な整備点検を行う．

d．コンクリートポンプを用いる場合は，その機種および台数はコンクリートの調合・配管計画・圧送距離・単位時間あたりの運搬量，1日の打込み量およびコンクリートポンプの能力に基づいて定める．

e．コンクリートポンプによる圧送を行う者は，安全衛生法の特別教育を受け，かつ厚生労働省で

定める「コンクリート圧送施工技能士」の資格を取得している者とする．
f．バケットを用いる場合は，下部からコンクリートを排出する形式のもので，打設箇所で操作して任意に排出および中断できる構造のものを用いる．
g．コンクリート打込み当日までの準備では，特に下記(1)～(4)に留意する．
（1）配筋，型枠および設計図に示された各種配筋，ボックス，埋込み金物などのかぶり厚さを確保するため，埋設物が所定の位置にあることを確認する．
（2）硬化したコンクリートに接してコンクリートを打ち込む場合は，打継ぎ面のレイタンスおよびぜい弱なコンクリートを除去し，健全なコンクリート面を露出させ，十分な水湿しを行う．
（3）打継ぎ部は，梁，床スラブおよび屋根スラブではその中央付近に垂直に，柱および壁では床スラブ，基礎の上端または梁の下端に水平に設け，構造耐力および耐久性を損なわないように定める．
（4）打込み中のトラブルによる打込み中止の事態に対応したコンクリートの打止め方法を施工計画書に決めておく．
h．コンクリート打込み当日の準備では，特に下記(1)～(6)に留意する．
（1）打込み直前に関係者全員による打合せを行い，打込み計画に基づく各種作業を行うことを周知徹底させる．
（2）コンクリート打込み区画内を点検し，コンクリート打込みに支障がないことを確認する．
（3）打込みに際し，鉄筋の乱れおよび型枠・鉄筋の汚れを防止するために，構台，桟橋，道板などで養生を行う．
（4）打込みに先立ち，打込み場所を清掃して異物を取り除く．せき板およびコンクリートの打継ぎ部分は散水して湿潤にする．
（5）鉄筋・鉄骨および金属製の型枠が高温になっている場合は，コンクリートの打込み直前に散水して冷却する．
（6）型枠・鉄筋・打継ぎ部のコンクリートなどに散水した水は，コンクリートの打込み直前に高圧空気，水抜き孔などによって取り除く．
i．コンクリートの運搬および打込み・締固めにおける1回のコンクリートの打込み区画・打込み高さおよび打込み量は，型枠の中にコンクリートを均質かつ密実に充填できる限度内とする．
j．コンクリートの練混ぜから打込み終了までの時間の限度は，外気温が25℃未満の場合120分，25℃以上の場合90分を原則とする．ただし，コンクリートの凝結を遅延させる方法を講じた場合は，工事監理者の承認を受けて，その時間の限度を変えることができる．
k．コンクリートの打込みでは，特に下記(1)～(7)に留意する．
（1）一層の打込み厚さの限度は60 cm程度とし，各層を十分締固めできる範囲の打込み速度で打ち込む．
（2）立ち上がり部分のコンクリートは，一箇所にコンクリートが集中しないように筒先を移動して打ち込む．

（3） コンクリートの自由落下高さは，コンクリートの分離を生じない範囲とする．長い柱・高い壁などの型枠中にコンクリートを打ち込む場合は，シュートまたはパイプなどを型枠中へ挿入するか，型枠の中間に設けた開口部から打ち込んで，コンクリートの分離や，型枠および鉄筋へのコンクリートの付着が生じないようにする．

（4） 打重ね時間間隔の限度は，コールドジョイントが生じない範囲として定め，工事監理者の承認を受ける．

（5） 柱および壁に打ち込んだコンクリートの沈下が終了した後に，梁・スラブのコンクリートを打ち込まねばならない．

（6） コンクリートの打込み中は，かぶり厚さの状態を監視し，鉄筋・型枠の移動・変形，スペーサー・鉄筋のサポートの移動などによって，かぶり厚さ不足の箇所を生じることのないようにする．

（7） 外周壁のコンクリート打継ぎでは，打継ぎ部の水密性が得られるように，特に入念に打継ぎ部の処理を行って打継ぐ．

l．梁およびスラブのコンクリートの上面に生じた初期ひび割れおよびその他の欠陥は，コンクリート凝結終了までに処置する．

m．締固めは，十分な技能・経験を有する熟練した技能員が操作するコンクリート棒形振動機および型枠振動機を用いて行うこととし，必要に応じて他の用具を補助的に用いる．

n．コンクリート棒形振動機は，打込み箇所の断面および配筋状態に応じて，可能な限り径および能力の大きい物を使用する．

o．コンクリート棒形振動機の挿入間隔はおおよそ60cmとし，コンクリートの分離を生じない範囲で，十分に締固めを行う．また，空気量の低下を生じないように留意し，過剰な振動締固めを避ける．

p．コンクリート部材の位置および断面寸法の許容差は，JASS 5.2.7による．

q．コンクリートの仕上がり状態は，JASS 5.11.9による．

r．コンクリート面に仕上材を施す場合は，コンクリートの耐久性を損ねないように下地処理を行う．

7.4.5 コンクリートの養生

打込み後のコンクリートは，十分な強度が得られるまで日光の直射，急激な乾燥，寒気，振動・外力等に対して適切な養生を行い，コンクリートの品質の低下および損傷を防止する．

7.4.6 仕上材の施工

a．仕上材の種類，品質に応じて，要求される耐久性が得られるよう施工する．

b．せき板を除去した後に仕上材を施工する場合は，仕上げの種類に応じて適切なコンクリート下地表面処理を行う．

c．仕上材は，施工時の気象条件を十分考慮して施工する．

7.5 品質管理・検査

7.5.1 一般事項

a．施工者は，構造体および部材が所要の品質と耐久性を確保するように鉄筋コンクリート工事の全般にわたって品質管理計画を定める．

b．品質管理は，品質管理責任者を定めて行う．品質管理責任者は，一級建築士，一級建築施工管理技士または鉄筋コンクリート工事に関して，これと同等以上の技術，経験を有するものとする．

7.5.2 使用材料の品質管理・検査

a．コンクリートに使用するセメント・骨材・練混ぜ水および混和材料ならびに鉄筋・溶接金網の種類および品質が，設計図書および工事監理者の承認を受けた規定またはその指示による規定に適合していることを確認する．

b．使用材料の品質管理・検査は，JASS 5.11.3 による．

7.5.3 使用するコンクリートの品質管理・検査

a．コンクリート工事開始前に，使用するコンクリートの品質が，6.4.5の「コンクリートの品質」に適合することを確認する．

b．使用するコンクリートの品質管理・検査は，JASS 5.11.4 による．

c．必要に応じて，単位水量，水セメント比，単位セメント量の試験を信頼できる方法により行う．

d．施工者は，必要に応じてレディーミクストコンクリート製造者に，印字記録および表面水の管理記録の提示を求める．

7.5.4 コンクリートの打込み・締固め・養生の品質管理・検査

コンクリートの打込み・締固め・養生の品質管理・検査は，JASS 5.11.6 による．

7.5.5 鉄筋および型枠の品質管理検査

a．鉄筋の加工・組立てにおける品質管理・検査は，JASS 5.11.8 による．

b．型枠の組立て，取外しの時期に関する品質管理・検査は，JASS 5.11.7 による．

7.5.6 コンクリートの仕上がり状態およびかぶり厚さの検査

a．コンクリートの仕上がり状態およびかぶり厚さの検査は，JASS 5.11.9 および 11.10 による．

b．仕上材の施工後は，仕上材の浮き，剥離についての検査を行う．

7.5.7 構造体コンクリートの検査

a．構造体コンクリートの圧縮強度の検査は，JASS 5.11.11 による．

b．構造体コンクリートの耐久性に関わる品質検査は，信頼できる方法による．

7.5.8 施工中および施工直後の不具合の手直し

施工中および施工直後に不具合が発生した場合は，不具合の種類，程度，発生時期，発生部位および原因を調査し，不具合の種類，程度および原因に応じて，躯体の所要の耐久性が得られるように，適切な手直しについて工事監理者と協議して行う．

8章　維持保全

8.1　総　　則
a．設計者は，設計耐用年数，劣化外力の強さに応じて，建築物の保全計画を作成し，所有者または管理者はそれに基づいて維持保全を行う．
b．維持保全は，日常点検および定期点検と，それに対する評価，処置，記録により行い，加えて必要に応じてc項に定める予防保全を行う．
c．設計時に想定した維持保全限界状態に達しないように，保全計画に基づいて行う保全を，特に予防保全と呼び，調査・診断，補修により行う．

8.2　日常点検
a．日常点検は，構造体および部材ならびに仕上材に発生する汚れ，ひび割れ，浮き，剥離・剥落，漏水，変形など，劣化症状の外観調査を日常的に行うことをいう．
b．日常点検において異常が認められた場合，維持保全計画に基づき詳細調査を実施する．

8.3　定期点検
a．定期点検は，維持保全計画に基づき，定期的に目視を中心とした点検項目について，専門技術者により詳細に調査し，評価に対する処置を講じる．
b．定期点検は，耐久設計で扱った劣化現象についての劣化状態の把握を目的とし，定期的に中性化深さ，塩化物イオン含有量，凍害による劣化などの点検項目について調査し，評価に対する処置を講じる．

8.4　点検結果に対する処置
点検結果の評価に対する処置として，補修を実施する場合は，劣化要因，劣化現象，劣化の程度に応じて，性能回復のための適切な処置を行う．

8.5　予防保全
予防保全は，計画供用期間および維持保全レベルに基づいて，保守・点検，調査・診断および判断基準の仕様を定め，所有者は，設計時に作成した維持保全計画に基づいて予防保全を行う．

8.6　記　　録
点検結果およびその評価，処置は，維持保全記録票に記録し保存する．

鉄筋コンクリート造建築物の
耐久設計施工指針・解説

鉄筋コンクリート造建築物の耐久設計施工指針・解説

1章 総　　則

1.1 適用範囲

> a．本指針は，鉄筋コンクリート造建築物の耐久性を確保するための構造体および部材の耐久設計および施工に適用する．
> b．構造体および部材に仕上材を施す場合は，仕上材によるコンクリート保護性能を考慮して構造体および部材の耐久性を検討することができる．
> c．本指針は，鉄筋コンクリート造建築物のほか，プレキャスト鉄筋コンクリート造建築物の構造体および部材，プレストレストコンクリート造建築物の構造体および部材，ならびに鉄骨鉄筋コンクリート造建築物および鉄骨造建築物の鉄筋コンクリート部分にも適用できる．
> d．本指針に定める以外の構造体および部材の設計および施工に共通な一般事項は，本会「鉄筋コンクリート構造計算規準・同解説」，「建築工事標準仕様書・同解説 JASS 5 鉄筋コンクリート工事」（以下，JASS 5 という）および「建築工事標準仕様書・同解説 JASS 10 プレキャスト鉄筋コンクリート工事」（以下，JASS 10 という）のほか，関連指針による．

　a．鉄筋コンクリート造建築物の耐久設計法が，現在のような形に体系化されたのは，建設省総合技術開発プロジェクト「建築物の耐久性向上技術の開発（1980～1985年）」においてであり，耐震設計法の体系を参考にして「鉄筋コンクリート造建築物の耐久設計・施工指針・同解説」が取りまとめられ，建設大臣官房技術調査室（当時）の監修で1986年に刊行[1]された．この指針は，我が国における最初の鉄筋コンクリート造の耐久設計・施工指針という位置づけだけでなく，世界的にも嚆矢となるもので，友澤博士らによって世界に紹介され，今日，各機関で制定されている耐久設計・施工指針のモデルになっている．

　本会では1986年版のJASS 5 において，計画耐用年数が100年の「高耐久性コンクリート」の節を新設したが，その内容を補完するものとして1991年に「高耐久性鉄筋コンクリート造設計・施工指針（案）・同解説」[2]（以下，高耐久指針）を制定した．高耐久指針では，計画耐用年数100年を確保するためには，耐久設計を行うことが不可欠であるとして，上記の「鉄筋コンクリート造建築物の耐久設計・施工指針・同解説」を参考に性能規定を念頭に置いた耐久設計の手法を採用し，当時としては先端的な性能設計の概念を取り入れたものとした．しかし，その後10年以上が経過し，建築物の施工基準において性能規定化がさらに進み，鉄筋コンクリート造の耐久性を向上するための多くの技術開発があり，高耐久指針を改定する必要が生じた．そこで，2004年，高耐久指針の改定を意図して，計画耐用年数を100年に限定せず，性能規定をより取り入れる形で，新たに「鉄筋コンクリート造建築物の耐久設計施工指針（案）」が制定された．同指針（案）は，高耐久指針の内容を受け継ぎ，性能設計をさらに進めるものであったが，仕様規定を完全になくすのも具体性に欠けた指針となるおそれがあったため，性能設計と仕様設計とが併記された．

建築物は，構造体，内外装仕上材，防水層，開口部，ひさし，バルコニー，パラペット，設備機器など様々な要素から成り立っており，建築物に要求される耐用年数の期間内，建築物に対する様々な要求性能を満たし続けるためには，建築物を構成している各要素の耐用年数をあらかじめ設定し，耐用年数の短い構成要素については，補修や交換が容易にできるようにしておくとともに，構造体については要求耐用年数の期間内は所要の耐久性を確保できるようにしておく必要がある．鉄筋コンクリート造の構造体は，材料・調合，製造および施工方法が適切な場合には極めて耐久性に優れているが，それらが不適切な場合には短期間に劣化が進行する．しかし，一般に鉄筋コンクリート造は，部材の補修や交換が困難なため，局部的な劣化であっても，構造物全体の耐用年数を短くしてしまうことがある．本指針は，鉄筋コンクリート造建築物の耐久性を支配する構造体および部材の耐久性を確保するための耐久設計・施工に適用するものであり，耐久設計の目標の設定，設計上考慮すべき劣化外力の設定，ならびに耐久性確保のための設計法および施工法の基本的な考え方を示すものである．

現在，鉄筋コンクリート造建築物の耐久性を確保するための考え方には，次のようなものがある．
（1） 建築物に要求される耐用年数の期間内は，日常的・定期的な維持管理は行うものの，大規模な補修・改修を伴う維持保全を前提としないで，建築物に要求される性能を確保できるように設計・施工する．
（2） 建築物に要求される耐用年数の期間内に，計画的な維持保全を行うことを前提として，劣化現象が発生した時点で，それが著しくなる前に補修・改修を行う．

なお，要求耐用年数の期間内は，日常的・定期的な維持管理や計画的な維持保全を行わず，劣化現象が全く生じないように設計・施工するという考え方もなくはないが，非現実的であり，本指針では，この考え方は採用しないこととし，日常的・定期的な維持管理，および計画的な維持保全を前提として，設計耐用年数の期間内は建築物が要求性能を満足するように，建築物の計画・設計の段階で耐久性を確保する措置を講じておくものとした．

本指針は，後述のように耐久設計を性能検証型（一般・特別）設計法および標準仕様選択型設計法に区分するとともに，建設される地域を設計劣化外力の種類によって一般環境地域，塩害環境地域，凍害環境地域および化学的侵食環境地域に分類している．

本指針は，鉄筋コンクリート造建築物の耐用年数を制御するための設計方法および施工方法を示すものであることから，普通に設計・施工すれば得られる程度の耐用年数を目標としたのでは，指針の意義を見出しづらい．したがって，本会としては，1997年の本会会長声明「気候温暖化への建築分野での対応」にも「我が国の建築物の耐用年数を3倍に延長することが必要不可欠」とあることから，一般環境地域および凍害環境地域において標準仕様選択型設計法による場合には，建築物の設計耐用年数は100年を標準とすることとし，塩害環境地域および化学的侵食環境地域において標準仕様選択型設計法による場合には，建築物の設計耐用年数は65年を標準とすることとした．また，一般環境地域および凍害環境地域では，設計耐用年数100年の場合は（2）の考え方，65年の場合は（1）の考え方によることを基本とし，30年は対象としないこととした．また，塩害環境地域・化学的侵食環境地域など，過酷な劣化外力を受ける場合は，設計耐用年数65年の場合は（2）の考え

方，30年の場合は（1）の考え方によることを基本とした．

b．建築物の表面には，美観性を付与するために様々な仕上材が施されることが多い．このような仕上材の中には，劣化外力からコンクリートを保護する性能を具えているものがあり，鉄筋コンクリート造建築物の構造体および部材の耐久性を検討する場合は，この仕上材のコンクリート保護性能を考慮した方が合理的な耐久設計が可能となる．

本指針では，仕上材の美装性などの性能については対象としないが，コンクリート保護性能，構造体および部材に対する付着性能などの性能は対象とする．このような仕上材は，一般にコンクリートに比べて，気温，湿度，日射，紫外線などの一般劣化外力に対する耐久性に劣る場合が多く，コンクリート保護性能や構造体および部材に対する付着性能については経年劣化を考慮して耐久設計を行う必要がある．また，これらの仕上材については，日常的・定期的な維持管理が重要であり，定期的に点検を行い，不具合の生じた部分を補修して，コンクリートの保護性能，構造体および部材に対する付着性能など，所要の性能を確保する必要がある．

c．本指針は，鉄筋コンクリート造建築物の構造体および部材を対象としているが，ここでいう構造体および部材とは，鉄筋コンクリート造の柱，梁，耐力壁，屋根スラブ，床スラブ，バルコニー，基礎などの構造部材，および袖壁・垂壁・腰壁・間仕切り壁などの非耐力壁，手摺り，ひさし，パラペットなどの非構造部材の全てを含んでおり，現場打ちコンクリートにあっては，コンクリートが同時に打ち込まれる鉄筋コンクリート躯体のことをいう．なお，断面寸法が100 mm未満の部分は，通常の場合は十分な耐久性が期待できないので，構造体からは除くものとする．

また，プレキャスト鉄筋コンクリート造建築物およびプレストレストコンクリート造建築物も，要求性能や耐久設計の基本的な考え方は鉄筋コンクリート造建築物の場合と変わるところはないので，本指針はこれらの建築物の構造体および部材に適用できる．さらに鉄骨鉄筋コンクリート造建築物の鉄筋コンクリート部分および鉄骨造建築物の鉄筋コンクリート部分は，要求性能に若干の違いはあるが，本指針を適用してもよい．

d．本指針を適用する建築物は，本会「鉄筋コンクリート構造計算規準・同解説」，JASS 5およびそれらの関連指針によって，設計・施工されることを前提としており，そのうえで，本指針で定める所要の耐久性を確保する必要がある．したがって，鉄筋コンクリート造建築物の設計および施工に共通な一般的事項は，本指針の内容に含まれる事項であっても，鉄筋コンクリート構造計算規準，JASS 5のほか，関連指針類によることとした．本会における関連指針類としては，以下のようなものがある．

「鉄筋コンクリート造配筋指針・同解説」（略称，配筋指針）

「鉄筋コンクリート造建築物の収縮ひび割れ制御設計・施工指針（案）・同解説」（略称，収縮ひび割れ制御指針）

「マスコンクリートの温度ひび割れ制御設計・施工指針（案）・同解説」（略称，マスコン指針）

「コンクリートの調合設計指針・同解説」（略称，調合指針）

「コンクリートの品質管理指針・同解説」（略称，品質管理指針）

「鉄筋コンクリート造建築物の耐久性調査・診断および補修指針（案）・同解説」（略称，補修指針）

1.2 用　　語

　本指針に用いる用語は，JASS 5.1.5（用語）および JIS A 0203（コンクリート用語）によるほか，次による．

耐　久　設　計：建築物またはその部分が要求耐用年数の期間内は要求性能を満足するように，構造体および部材が所要の耐久性能を保有するように材料・工法などを定める設計行為

構　　造　　体：柱，梁，耐力壁，屋根スラブ，床スラブ，バルコニー，基礎などの構造部材，袖壁・垂壁・腰壁・間仕切り壁などの非耐力壁，および手摺り，ひさし，パラペットなどの非構造部材の総称．現場打ちコンクリートにあっては，コンクリートが同時に打ち込まれる鉄筋コンクリート造躯体のことをいう．ただし，断面寸法が 100 mm 未満の部分は除く．

部　　　　　材：柱，梁，耐力壁，床スラブ，屋根スラブ，基礎，袖壁・垂壁・腰壁・間仕切り壁などの非耐力壁，手摺り，ひさし，バルコニーなどの各々についていう場合の総称

要求耐用年数：建築物の計画に際して，建築物の所有者や使用者あるいは社会から要求される建築物またはその部分の耐用年数

設計耐用年数：建築物の設計に際して，要求耐用年数をもとに設定される設計の目標とする建築物またはその部分の耐用年数

劣　化　要　因：建築物の構造体および部材を構成する材料に劣化を生じさせ，構造体および部材の性能を低下させる要因

劣　化　外　力：建築物の構造体および部材を構成する材料に劣化を生じさせ，構造体および部材の性能を低下させる外部環境からの作用

劣　化　現　象：劣化要因や劣化外力によって，構造体および部材を構成する材料にひき起こされる化学的・物理的・幾何学的な変化と，それらによって生じる構造体および部材の性能の低下

設計劣化外力：耐久設計で対象とする劣化外力．劣化現象ごとにその種類および強さが設定される

設計限界状態：建築物の構造体および部材に性能の低下を生じさせる劣化状態のうち，耐久設計の段階でそれ以上の低下を許容しえない限界の劣化状態

維持保全限界状態：建築物の構造体および部材に性能の低下を生じさせる劣化状態のうち，耐久設計の段階でそれ以上低下すると維持保全が極めて困難になると予想される限界の劣化状態

保　有　性　能：建築物の構造体および部材が現時点で保有している性能

最　外　側　鉄　筋：構造体および部材の表面の各位置で最も外側にある鉄筋

維　持　保　全：建築物の構造体および部材の機能および性能を使用目的に適合するよう維持する諸行為

予　防　保　全：建築物の構造体および部材の性能の低下を未然に防止するために行う保全行為

補　　　　　修：劣化現象によって低下した構造体および部材の性能を実用上支障のない状態まで回復させる行為

　ここでは，本指針の本文で用いられており，JASS 5.1.5（用語）または JIS A 0203（コンクリート用語）に定義されていない重要な用語を取り上げ，その意味を示した．

　耐　久　設　計　鉄筋コンクリート造建築物は，鉄筋コンクリートの躯体（構造体および部材），内外装仕上材，建具・開口部，防水層，設備機器など様々な要素から成り立っており，建築物の耐久

設計では，建築物を構成している要素の耐用年数をあらかじめ設定し，耐用年数の短い要素については，補修や交換が容易にできるようにしておくとともに，建築物の耐久性を支配する構造体および部材については要求耐用年数の期間内は所要の耐久性を確保できるように設計する必要がある．このうち，鉄筋コンクリート造建築物の構造体および部材の耐久設計は，現在，設計耐用年数，設計劣化外力および設計限界状態を設定して，設計耐用年数の期間内は設計劣化外力に対して設計限界状態を超えることがないように材料・工法の仕様を定めるという体系になっている．

構造体・部材 建築物を構成している各要素のうち，鉄筋コンクリート躯体の全体を指して構造体といい，柱，梁，壁，床などを個別にいう場合に部材という．構造体には，構造部材および非構造部材が含まれるが，仕上材が施されていても仕上材は除いて考えることが多い．構造部材は，柱，梁，耐力壁，屋根スラブ，床スラブ，バルコニー，基礎などであり，非構造部材は，袖壁・垂壁・腰壁・間仕切り壁などの非耐力壁，手摺り，ひさし，パラペットなどである．なお，コンクリートの断面寸法が100 mm未満の部分は，十分な耐久性が期待できないため除くこととした．

要求耐用年数・設計耐用年数 建築物の計画に際して，建築物の所有者や使用者または社会から要求される建築物の耐用年数を要求耐用年数といい，その要求耐用年数を満足するように，設計者が設計の目標として設定する耐用年数を設計耐用年数という．本指針では，設計耐用年数は，標準として，一般環境地域および凍害環境地域においては100年，塩害環境地域および化学的侵食環境地域においては65年に設定する．

劣化要因 建築物の構造体および部材を構成する材料に劣化を生じさせ，構造体および部材の性能を低下させる要因で，広義には外部環境からの作用である劣化外力とコンクリート自身が包含する内的要因である劣化要因とを含むが，狭義には後者のコンクリート自身が包含する内的な劣化要因をいう．内的な劣化要因には，コンクリート製造時に各種材料から混入される有害量の塩化物イオン，アルカリシリカ反応を起こす骨材の混入，過大な水セメント比，過大な単位水量，コンクリートのかぶり厚さ不足，コンクリートの打込み欠陥部などがある．

劣化外力 建築物の構造体および部材を構成する材料に劣化を生じさせ，構造体および部材の性能を低下させる外部環境からの作用で，大気中の二酸化炭素，硫黄酸化物，窒素酸化物などによるコンクリートの中性化作用，海岸地域などにおける塩化物イオンのコンクリートへの侵入による鉄筋の腐食作用，寒冷地におけるコンクリートの凍結融解作用，酸性土壌や侵食性物質などによるコンクリートの侵食作用をいう．それらに加えて，すべての劣化現象の進行速度に影響を及ぼす温度（気温，日射熱）および水分（湿度，雨水）も劣化外力として考える．

劣化現象 劣化外力や劣化要因によって，構造体および部材を構成する材料にひき起こされる化学的・物理的・幾何学的な変化と，それらによって生じる構造体および部材の性能の低下のことであり，材料の化学的・物理的・幾何学的な変化に伴って表面的に見られる症状のことは劣化症状という．劣化要因・劣化外力が異なっても劣化症状は同じことがある．

設計劣化外力 耐久設計で考慮の対象とする劣化外力で，劣化現象ごとにその種類および強さが設定される．本指針では，中性化に対する劣化外力，塩害に対する劣化外力，凍害に対する劣化外力，アルカリシリカ反応に対する劣化外力，および化学的侵食に対する劣化外力を対象とする．

設計限界状態・維持保全限界状態　鉄筋コンクリート造建築物の構造体や部材は，建築物の竣工時には所要の性能を保有していると考えられるが，年月の経過とともに種々の劣化現象が生じ，劣化が進行し，構造体や部材の性能が低下する．劣化が進行し，性能が低下すると，それ以上の性能低下を許容し得ない劣化状態に達する．これを限界状態といい，耐久設計の段階でそれ以上の性能の低下を許容しえない限界の劣化状態を設計限界状態，それ以上性能が低下すると維持保全が極めて困難になると予想される限界の劣化状態を維持保全限界状態として区別する．

保 有 性 能　建築物の構造体および部材が現時点で保有している性能で，本指針では，構造安全性，使用安全性，漏水性，たわみ，振動および修復性を対象とする．

最 外 側 鉄 筋　構造体および部材の表面の各位置で最も外側にある鉄筋で，柱にあっては一般に帯筋，梁にあってはあばら筋がこれにあたる．

維 持 保 全　本会「建築物の調査・診断指針（案）・同解説」を代表とする各指針においては，保全とは「建築物（建築設備を含む）および諸施設，外構，植栽などの対象物全体または部分の機能および性能を使用目的に適合するよう維持または改良する諸行為．維持保全と改良保全に分けられる．」と定義されている[3]．本指針でもこれを踏襲しつつ，適用対象である建築物の構造体および部材に絞った定義とした．なお，本指針では竣工時よりも性能を向上させる改良保全は対象とはしていない．また，本指針に基づいて耐久設計を行う場合には，設計の当初から維持保全の計画を定めておく必要があり，定期的に維持管理を行うことを計画しておく必要がある．なお，維持保全には予防保全を含む．

予 防 保 全　劣化外力によって建築物の構造体および部材の性能が低下するのを予防し，性能低下を未然に防止するために行う保全行為のことで，二酸化炭素や塩化物イオンなどの劣化因子がコンクリート中に侵入するのを抑制するために行う表面被覆材の施工などが代表的な予防保全である．

補　　　　修　構造体および部材は，経年により劣化し，性能が低下するが，その低下した構造体および部材の性能を実用上支障のない状態まで回復させる行為をいう．補修と修繕は，ほぼ同義に用いられる．

参 考 文 献
1) 国土開発技術研究センター建築物耐久性向上技術普及委員会編・建設大臣官房技術調査室監修：鉄筋コンクリート造建築物の耐久性向上技術，建築物の耐久性向上シリーズ，建築構造編Ⅰ，技報堂出版，1986
2) 日本建築学会：高耐久性鉄筋コンクリート造設計施工指針（案）・同解説，1991
3) 日本建築学会：建築物の調査・診断指針（案）・同解説，2008

2章　耐久設計の方針

2.1　総　　則

> a．建築物は，要求耐用年数の期間内は，構造体および部材に対する要求性能を満たし続けなければならない．
> b．設計者は，要求耐用年数をもとに，建築物の用途，規模，社会的重要度などや建築主の要求に応じて設計耐用年数を定める．
> c．設計者は，建築物が置かれる環境条件を考慮して，設計劣化外力を定める．
> d．設計者は，要求性能をもとに，設計の目標となる設計限界状態を定める．
> e．耐久設計は，設計耐用年数の期間内は，設計劣化外力に対して，構造体および部材が設計限界状態に達することがないようにこれを目標として仕様を定める．
> f．建築物の用途，建築物が置かれる環境条件などによって，設計耐用年数に達する前に大規模な補修を行うことを計画する場合は，維持保全限界状態の時期を定める．構造体および部材が維持保全限界状態に達すると予想される場合は，時期を定め適切な予防保全を講じる．
> g．設計者は，要求性能について施工者から同等以上の性能を有する仕様の提案があった場合は，妥当性を確認したうえで承認することができる．
> h．設計者は，施工者に対し上記 a～g の規定内容の趣旨および要求性能を適切に伝達指示する．また，建築主に対しても明示する．

a．従来，耐久性は「劣化外力に対する部材・材料の抵抗性」という部材・材料の固有性能として位置付けられてきたが，昨今，耐久性は「建築物・部材に要求される機能・性能の維持存続能力」という広義の概念で捉えられるようになってきており，本指針では，建築物の耐久設計を，「建築物またはその部分の要求耐用年数に応じて，構造体および部材が所要の性能を保有するように行う設計行為」と定義している．本指針の前身である「高耐久性鉄筋コンクリート造設計施工指針（案）」[1]（以下，高耐久指針と記す）では，耐用年数 100 年を標準とし，それを満足する設計および施工の具体的方法を示していたが，本指針においては耐用年数を一律に定めず，建築主あるいは設計者によって任意に設定できるものとし，また，建築主が期待する耐用年数を設計者が目標とする耐用年数と区別して要求耐用年数とした．したがって，本指針においては，要求耐用年数の期間中においては，鉄筋コンクリート造建築物を構成する全ての構造体および部材が，所要の性能を満たし続ける必要があるものとした．すなわち，耐用年数は，「建築物またはその部分が所要の性能を満たし続けている年数」と定義される．

日本国内に限らず国際的にも建築物の耐久性に関連する規基準・規格類が整備されてきているが，「耐用年数」の概念はそれぞれで微妙に異なっており，統一されているわけではない．解説表 2.1.1 に各仕様書・指針・規格等において耐用年数がどのような定義・位置づけにあるのかを示す．JASS

解説表 2.1.1　各仕様書・指針・規格等における耐用年数等に関する用語の定義

規基準・規格	用語	定義・解釈
本指針	耐用年数	建築物またはその部分が所要の性能を満たし続けている年数
1997年版 JASS 5	供用期間	構造体および部材の耐久性の低下を防止するために大規模な補修を必要とするような状態に達しない期間
2009年版および2015年版 JASS 5	計画供用期間	建築物の計画時または設計時に,建築主または設計者が設定する,建築物の予定供用期間で,本仕様書では構造体および部材に対して短期,標準,長期,超長期の4つの級を設定する
高耐久指針	耐用年数	建築物またはその部分が使用に耐えられなくなる（耐用限界）に至るまでの年数
本会「建築物・部材・材料の耐久設計手法・同解説」	耐用年数	a. 建築物全体またはその部位,部材,部品が,劣化による機能・性能の低下によって,通常の補修や部分的な交換により通常の使用に耐えられる状態までに回復できなくなると予測される年数 b. 建築物全体またはその部位,部材,部品は,通常の使用に耐えられる状態に回復できる状態にあるが,継続的に使用することが経済的に不利になると予測される年数
ISO 15686-1*	Service life	Period of time after installation during which a building or its parts meets or exceeds the performance requirements
ISO 13823**	Service life	Actual period of time during which a structure or any of its components satisfy the design performance requirements without unforeseen major repair
ISO 16204***	Design service life	Assumed period for which a structure or a part of it is to be used for its intended purpose with anticipated maintenance, but without major repair being necessary

*Buildings and constructed assets－Service life planning－ Part 1: General principles (2011)
**General principles on the design of structures for durability (2008)
***Durability－Service life design of concrete structure (2012)

5-1997 では，経費のかさむ「大規模な補修」の要否が耐用年数を設定する判断基準となっており，経済性の概念が暗示的に盛り込まれた．2009 年版および 2015 年版 JASS 5 では,計画供用期間として，建築主または設計者が設定するものと位置づけられた．また，ISO 13823（General principles on the design of structures for durability）においても大規模な補修なしで要求性能を満足できる期間として定義されている．また，本会「建築物・部材・材料の耐久設計手法・同解説」では，経済性が耐用年数を設定するうえでの判断基準の一つとして明示されている．一方，減価償却資産の耐用年数等に関する財務省令には,建築物の減価償却資産としての法定耐用年数が定められており，鉄筋コンクリート造では，冷蔵倉庫の 21 年が最短で，事務所や美術館などの 50 年が最長であり，住宅および学校などは 47 年となっている．本来,法定耐用年数は,固定資産の減価償却費を算出する場合の最短期間とできる年数であり，本指針で対象としている性能の観点からみた耐用年数とは異なるが，建築物の経済性を考慮するうえでは重要な指標の一つとなるものである．

このように，建築物の耐用年数は経済性も含む要求性能との関係から定義されるべきものとして

認識されつつある．特に公共性のある建築物や住宅建築においては，できる限り長く性能を維持することが経済的に有効である．また，近年では，建替え等に伴う廃棄物の発生や天然資源の消費などの環境問題への配慮も考慮すべきであり，利用目的にあった耐用年数を定義することが重要となる．本指針では以上を踏まえ，要求耐用年数の期間中においては，建築物は全ての要求性能を満たし続ける必要があることとし，その一つでも満たさなくなった状態（限界状態）に達した時点を建築物の耐用限界と考えることとした．したがって，耐久設計は，建築主から要求される耐用年数と許容できる建築物の限界状態とに基づき，経済性を考慮したうえで進められることとなる．

　b．設計者は，設計を依頼された当該建築物の存続期間に対する建築主の最低限の要求，すなわち要求耐用年数をもとに，設計で目標とする耐用年数（設計耐用年数）を以下の関係を満たすような範囲で，具体的な年数として設定する必要がある．

$$要求耐用年数 \leqq 設計耐用年数$$

本来，建築物の耐用年数は建築主の方針により自由に設定することが可能であるが，建築物はそれ自体が社会性を帯びており，建築物の存在自体が社会に及ぼす影響を無視することはできない．したがって，設計者は，建築主の要求耐用年数を基に，減価償却資産としての法定耐用年数にも配慮しながら，建築物の用途，規模，社会的重要度などを鑑みて設計耐用年数を設定するものとし，たとえ建築主が耐用年数を明確に要求していない場合においても，設計者は設計耐用年数を設定し，これを目標として耐久設計を行う必要がある．

　一般に，用途，規模，社会的重要度などを考慮する必要がある建築物としては，以下のようなものがあると考えられる[1]．

① 記念碑的な建築物（国民の共通財産的な意味をもつ公共建築物や宗教建築物）
　　国会議事堂，国立劇場，寺社仏閣・教会など
② 貴重なものを収蔵するための建築物
　　美術館・博物館・公共図書館など
③ 劣化・損壊によって不特定多数の人命などに重大な危険性を生じるおそれのある建築物
　　病院，学校，ホテル，宿泊施設，住宅，物販店，公共交通施設など

設計耐用年数を具体的に設定する場合には，設計者は，将来の自然環境の変動，使用材料の品質変動や材料・部材の設置誤差など設計・施工の不確実性，劣化現象の進行の推定誤差などを考慮して，建築主から提示される要求耐用年数に一定の安全率を設け，例えば，要求耐用年数の1.2倍となるように設計耐用年数を設定するなどが考えられる．

　c．設計者は，建築物が置かれる場所の気温・降水量・風向・風速・日照時間などの気象条件，海岸や工場からの距離，交通量や隣接建築物などの周辺環境，および土壌・地下水の成分に関しての情報を収集するとともに，用途に応じた空間の使用条件および建築物の形状を踏まえて，構造体および部材に作用する劣化外力および劣化現象を想定する．次に，想定した劣化外力の程度，劣化外力の制御の可否，劣化外力を排除するために事前になされる特殊な配慮の有無などを勘案したうえで，要求耐用年数の期間中に制御すべき劣化現象を想定し，耐久設計を行うに際して考慮すべき劣化外力（設計劣化外力）を定める．

d．耐久設計を実施する際には，建築物に要求される機能・性能とその構成要素である部材・材料に対する要求性能との関係を把握しておく必要がある．建築物は，解説図2.1.1に示すように，柱・梁・壁・床・屋根など複数部材の集合体であり，さらに各部材はコンクリートや鉄筋など複数の材料から構成されている．現時点では，劣化現象の進行に伴う建築物全体の性能の低下を定量的に評価することは不可能に近いため，設計者は，建築主および社会からの建築物の機能・性能に対する要求を鉄筋コンクリート造の構造体および部材に対する要求性能に変換したうえで，その中からc項において想定した劣化現象によって変化・低下が生じると考えられる性能を抽出し，耐久設計を行うに際して考慮すべき構造体および部材の性能として定めるのが実際的である．

次に，設計者は，鉄筋コンクリート造の構造体および部材に対する様々な要求性能の個々に対して，許容し得る性能の限界値を定め，その限界値に到達する構造体および部材の劣化状態，または構造体および部材の構成要素であるコンクリートや鉄筋の劣化状態を設計限界状態として定める．このように，耐久設計を建築物，または構造体および部材の性能に基づいて実施するには，厳密には，劣化現象によって生じるコンクリートのひび割れや鉄筋の腐食が構造体および部材の性能にどのように影響するのかを定量的に評価できる手法が構築されていなければならない．

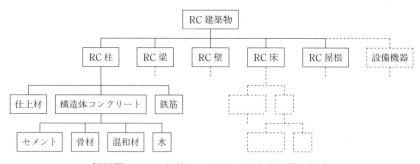

解説図2.1.1　鉄筋コンクリート造建築物の構成

e．鉄筋コンクリート造建築物の耐久設計は，b項で定められた設計耐用年数の期間内において，c項で定められた個々の設計劣化外力に対して，構造体および部材がd項で定められたそれぞれの設計限界状態に達することがないように，コンクリートの使用材料および調合，鉄筋のかぶり厚さ，仕上材の種類，コンクリートの養生方法，部材の形状などの仕様を，推定式による計算，コンピューターシミュレーション，経験に基づく標準仕様などに基づいて定めるという手順で実施される．ここで定められる仕様は，建築物の建設当初のものであり，それによって達成される構造体および部材の性能は，建築物の置かれる立地環境において生じる劣化現象によって徐々に低下していくのが一般的であり，解説図2.1.2に示すように，建築物の初期保有性能は要求性能よりも高めに設定しておく必要がある．設定すべき初期保有性能のレベルは，建築物に対する維持管理のあり方に依存しており，たとえば，設計耐用年数が長いにも関わらず通常の維持管理を行うことによって，構造体部分に対する大規模な補修を行うことのない状態としたい場合には，初期保有性能をかなり高く設定する必要がある．ここでいう通常の維持管理とは，集合住宅等において大規模修繕として計画

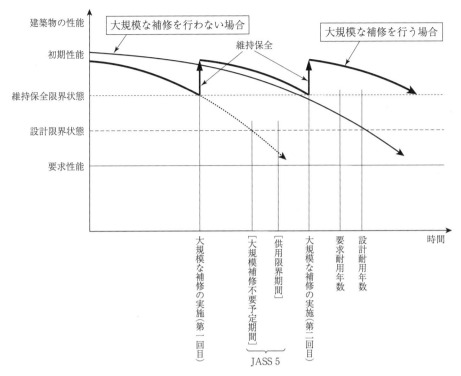

解説図 2.1.2 建築物の保有性能の経時変化の概念図

的に実施されている程度の外壁および鉄部の塗装の塗直しのことであり，かぶりコンクリートの打直しや再アルカリ化といった構造体および部材の性能回復を図ることを目的とした補修ではない．なお，本会「建築物の耐久計画に関する考え方」には，将来の要求性能の向上に対応した「改良保全」の考え方も紹介されているが，建築物の耐久設計を行う段階で将来の要求を予測することは困難であるため，本指針では，「改良保全」は扱わないものとした．

　JASS 5 には 1997 年版より計画供用期間の級という設計における建築物の供用期間のランク分けの概念が導入され，2009 年版および 2015 年版 JASS 5 では，構造体に鉄筋腐食やコンクリートの重大な劣化が生じないことが予定できる期間として短期，標準，長期，超長期の 4 つの級が示されている．本指針では，建築物が存続している期間は構造体および部材の性能全てが要求レベルを確保し続けることとし，ある性能が一つでも要求レベルを満足できなくなった時点をもって耐用限界に到達するものとしている．一方，JASS 5 においては，「一般的な劣化作用および特殊な劣化作用に対して，計画供用期間中は構造体に鉄筋腐食やコンクリートの重大な劣化が生じないこと」が旨とされている．また，本来は個々の建築物の構造形式や構造詳細に応じて劣化現象と構造体および部材の性能との関係を定量的に把握したうえで，計画供用期間中において当該の構造体および部材が性能低下を生じない劣化の限界状態を定め，それを目標として材料・施工等の仕様を定めるべきとされていることから，計画供用期間中は性能低下が生じる程度の劣化状態にならないことが目標として設定されていると考えられる．したがって，本指針の「設計耐用年数」に達する時点におい

て，想定している構造体および部材の劣化状態は，JASS 5における大規模な補修・補強を要する劣化状態に対応するものとして，5章および6章では，設計限界状態や仕様を定めている．

　f．設計耐用年数の期間内に構造体および部材が設計限界状態に達してしまうと，社会的信頼を損ね，その建築物を利用する全ての者の生活や経済活動に支障をきたすことになるため，そうならないようにする必要がある．しかしながら，建築物の置かれる環境が苛酷過ぎる場合や建築物に要求される性能がかなり高い場合，建築物を半永久的に利用・保存しようとする場合などは，設計耐用年数を満たす仕様が経済的・技術的にみて不可能であったり，合理的でなかったりすることが想定される．このような場合，解説図2.1.2に示すように，建築物を定期的に補修することを計画して，絶対に設計限界状態に達することがないようにしなければならない．そのためには，構造体および部材が設計限界状態に達するよりも前の段階で，技術的・経済的に容易に補修が実施できる時点を定め，構造体および部材がその状態に達する時点で計画的に構造体および部材に補修を実施する必要がある．本指針では，その計画的な補修を行う時点における構造体および部材の状態を維持保全限界状態として提案した．解説図2.1.3に示すように，通常，劣化は加速度的に進行することが多く，劣化した部分への劣化外力の作用が構造体および部材の劣化を一段と加速させる[2]．そのため，劣化が維持保全限界状態を超えて進行した場合，構造体および部材の性能を元の状態に戻すような補修・補強を実施するには，技術的な困難を伴うだけでなく，多大な経費を要する．また，補修・補強工事によって発生する建設廃棄物量も多くなり，環境の観点からも望ましくない．

　したがって，設計者は，建築物の用途，建築物が置かれる環境条件などを勘案して，設計耐用年数の期間内に定期的に維持保全を行うことが，技術的・経済的な観点からのみならず環境の観点からも望ましいと考えられる場合には，本指針8章に則って，適切な維持保全計画を立案しなければならない．すなわち，想定される劣化現象ごとに維持保全限界状態と定期的な維持保全の実施期間（維持保全年数）を設定するとともに，維持保全年数の期間内は維持保全限界状態に達することがないように，コンクリートの使用材料および調合，鉄筋のかぶり厚さ，仕上材の種類，コンクリートの養生方法，部材の形状などの仕様を定めなければならない．また，構造体および部材が維持保全限界状態に達した場合において，性能回復の図れる適切な補修・補強方法を建築物の設計段階から想定しておく必要がある．一般的に建築主は，設計耐用年数に応じた維持保全の知識を持ち合わせていないため，維持保全計画の立案を専門業者に依頼することが多いが，専門業者が作成した維持保全計画の妥当性を判断できない．そこで設計者は，それらを補完するために建築主からの要求がなくとも適切な維持保全計画およびその内容についても明示する必要がある．

　維持保全限界状態を定めて耐久設計を実施することが望ましい建築物またはその部位としては，海岸に近接して建てられる建築物，温泉地域に建てられる建築物の土に接する部分，化学薬品工場の床，魚市場の床，恒久的な利用が予定される宗教建築物などが挙げられる．

　その他に近年における技術進歩によって可能となった高強度コンクリートを用いた鉄筋コンクリート造の超高層建築物がある．超高層建築物の建替えや補修は，中低層建築物と異なり難易度が高く，設計耐用年数を満足するためには，コンクリートの耐久性がますます重要となる．そのため設計者は，必要な維持保全計画を立案しなければならない．また，建築主は，立案された維持管理

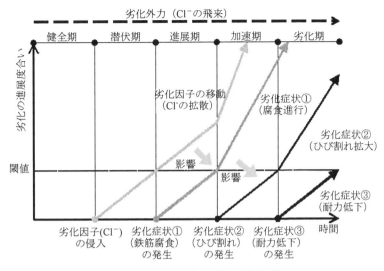

解説図 2.1.3 劣化の進展（模式図）

計画に基づき適切な補修費用を確保し，維持管理を実施することで，耐久性の低下や無計画な補修による経済的負担と資産価値の低下を防ぐことができる．

g．設計者は，施工者側から，設計者の要求する性能の趣旨を踏まえたうえで，施工上の観点から工法，材料等の新たな提案があった場合，提案内容の妥当性について精査し，設計者の要求事項と同等以上であることを確認したうえで承認することができる．

h．設計者は，施工者に 2.1「総則」の趣旨を確実に伝え理解してもらう．また，建築主にも趣旨を理解してもらい，設計者および施工者が一体となって「耐久設計の方針」が実践できる環境づくりを行う．

2.2 設計方針の決定

a．耐久設計は，性能検証型一般設計法または標準仕様選択型設計法のいずれかによることを標準とする．ただし，建築物が置かれる環境条件などにより性能検証型一般設計法または標準仕様選択型設計法では設計できない場合および合理的でないと考えられる場合は，性能検証型特別設計法によることができる．

b．性能検証型一般設計法は，設計耐用年数の期間中，構造体および部材が設計限界状態に達しないことを一般に確立された信頼できる手法により検証して，その材料・工法の仕様を定める．性能検証型一般設計法における仕様の具体的な検証方法は，5章による．

c．標準仕様選択型設計法は，主として建築物が置かれる環境条件および設計耐用年数に応じてあらかじめ設定された構造体および部材の材料・工法の標準仕様を選択することにより行う．標準仕様選択型設計法における仕様の具体的な選定方法は，6章による．

d．性能検証型特別設計法は，建築主，設計者，施工者およびその他の関係者の合意によって性能評価項目および評価手法を決定し，設計耐用年数の期間中，構造体および部材が設計限界状態に達し

ないことを検証して，その材料・工法の仕様を定める．

a．耐久設計は，基本的には 2.1 e 項に示された流れに沿って実施されるが，建築主からの要求耐用年数を基に設計耐用年数を設定する場合，要求耐用年数以上の範囲で任意の年数を設定するか，または本指針であらかじめ標準として設定された年数の中から選択するかについては，設計者の裁量で決定しても，建築主と設計者との協議によって決定してもよい．また，設計限界状態または維持保全限界状態についても同様に，任意に設定することも可能であるし，本指針で標準として設定した状態を採用することも可能である．このように，本指針では，これまで一律に標準仕様が定められており，目標とする性能が明確に認識されないままその標準仕様を選択することの多かった建築物の技術的側面に関する設計体系に，性能設計の概念を導入したものとなっている．性能設計を行うためには，建築物の目的・目標が示されるとともに，その目的・目標を達成するための性能指標，性能を評価・予測するための計算方法・試験方法などが用意されていなければならない．これらの目的・目標，性能指標，計算方法・試験方法の位置づけに関しては，解説図 2.2.1 に示す NKB 5 レベルシステムが参考となる．NKB 5 レベルシステムは，建築規基準の規定内容を階層的に整理するフレームとして，北欧 5 か国の建築規制当局で構成するノルディック建築基準委員会（NKB）が域内の建築規基準の整合化に取り組み提案したものである．本指針では，NKB 5 レベルシステムの「目的」に相当するものは建築主からの要求耐用年数と要求性能であり，設計者の定める設計耐用年数および設計限界状態・維持保全限界状態は「機能的要求」または「性能的要求」に相当する．また，性能検証型一般設計法および性能検証型特別設計法の性能検証法は「検証方法」に該当し，標準仕様選択型設計法において用意される標準仕様は「適合みなし仕様」そのものである．

解説図 2.2.1　NKB 5 レベルシステム

1998 年の建築基準法および 2000 年の政令改正により，建築物の耐火設計・避難安全設計など，建築物の技術的側面に関する設計の方式として，解説図 2.2.2[3]に示すように，ルート A，ルート B およびルート C の 3 種類が設けられたが，本指針で提案する標準仕様選択型設計法がルート A に，性能検証型一般設計法がルート B に，性能検証型特別設計法がルート C に相当するものといえる．すなわち，各設計法の概要は下記のように説明される．

（1）　標準仕様選択型設計法（ルート A に相当）

耐火設計に関して，平成 12 年建設省告示第 1358 号および第 1399 号にそれぞれ準耐火構造および

耐火構造の構造方法が定められているように，また，1997年版 JASS 5 において，計画供用期間の級に応じた耐久設計基準強度が標準として与えられたように，標準仕様選択型設計法においては，あらかじめ設定された数水準の設計耐用年数を満足するように，劣化現象ごとにコンクリートの使用材料・調合と鉄筋のかぶり厚さとの組合せがいくとおりか標準として示される．設計者は，建築物の立地環境と建築主からの要求耐用年数に応じて，与えられた組合せの中から適切な仕様を選択する．

（2）　性能検証型一般設計法（ルート B に相当）

耐火設計に関して，平成 12 年建設省告示第 1433 号に，室の用途および仕上材の仕様に応じた火災外力の設定方法，および構造種別ごとに部材の非損傷性を火災外力と構造詳細との関係において検証するための評価式が示されているように，性能検証型一般設計法においては，劣化現象ごとに，立地環境や建築部材の構法・納まりに応じた劣化外力の設定方法と，劣化外力とコンクリートの使用材料・調合，鉄筋のかぶり厚さ，仕上材の種類などがパラメータとして組み込まれた劣化現象の進行予測式が，一般に確立された信頼できる手法として提示される．設計者は，建築物の立地環境と建築主からの要求耐用年数に応じて，与えられた予測式を用いて適切な仕様を定める．

（3）　性能検証型特別設計法（ルート C に相当）

劣化外力の程度が厳し過ぎる場合，劣化外力が複合して作用する場合，コンクリートの使用材料や調合が特殊な場合，新開発で特殊な仕上材を適用することを予定する場合など，性能検証型一般設計法で示された劣化外力の設定方法や劣化現象予測式の適用が困難であると考えられる場合には，建築主，設計者，施工者およびその他の関係者の合意によって性能評価項目および評価手法を決定してもよい．また，一般的な環境において一般的な建築物を設計する場合であっても，新たに開発された高精度の性能評価手法を用いて耐久設計を行いたい場合には，建築主，設計者，施工者およびその他の関係者の合意が得られれば，性能検証型特別設計法によることができる．性能検証型特別設計法については，有限要素解析や確率論的評価など，近年コンピュータシミュレーションを適用した評価手法などが提案されている．それらを用いた評価事例が日本コンクリート工学会「既存鉄筋コンクリート構造物の性能評価指針 2014」[4]に示されているので参考にするとよい．

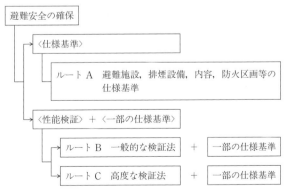

解説図 2.2.2　建築基準法における耐火性能検証法・避難安全性能検証法の流れ[3]

b, c, d. 耐久設計の具体的な手順とその詳細に関しては, 性能検証型一般設計法については5章に, 標準仕様選択型設計法については6章に示されている. それぞれの耐久設計の流れを解説図2.2.3および解説図2.2.4に示す.

これまで, 土木学会「コンクリート標準示方書[施工編]」(以下, 土木学会示方書[施工編])などにおいて, 鉄筋コンクリート造の建築物・土木構造物に耐久性を確保するための設計方策・手順が示されてきた. 解説図2.2.5, 解説図2.2.6および解説図2.2.7に, 土木学会示方書[施工編], 高耐久指針およびISO 15686-1における耐久設計の流れをそれぞれ示す. また, 解説図2.2.8にISO 16024 (Durability-Service life design of concrete structure) における耐久設計の流れを示す. ISO 16024では, full probabilistic method (確率論的手法), partial factor method (部分係数による設計手法), deemed-to-satisfy method(みなし仕様による設計手法), avoidance-of-deterioration method (劣化回避手法) の4つの設計手法から選択することとされている.

本指針では, a項に示したように, 建築主からの要求性能レベルの高さ, 建築物の置かれる環境の過酷さ, 建築物の仕様の特殊さなどを勘案したうえで, 建築物の耐久設計を3つのルートのいずれで行うかを選択すればよい.

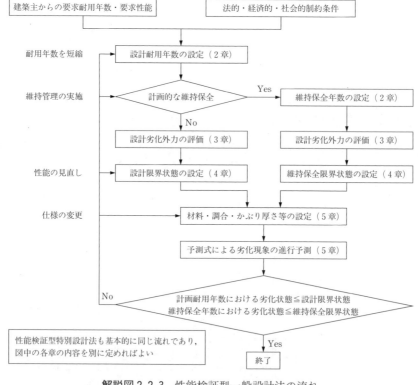

解説図2.2.3 性能検証型一般設計法の流れ

2章 耐久設計の方針 —41—

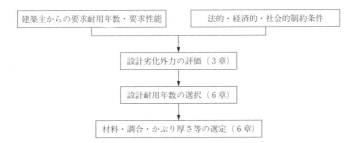

解説図 2.2.4 標準仕様選択型設計法の流れ

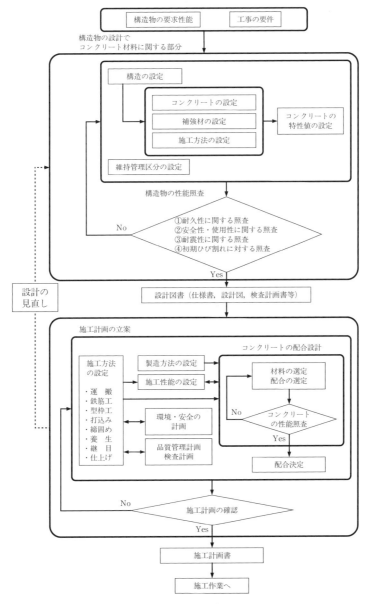

解説図 2.2.5 土木学会示方書［施工編］における耐久設計の流れ[5]

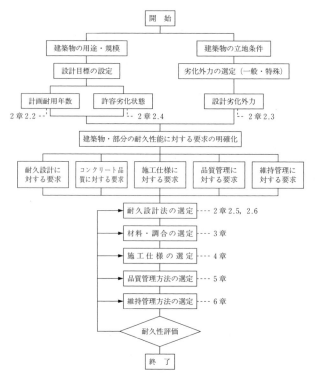

解説図2.2.6 高耐久指針における耐久設計の流れ[1]

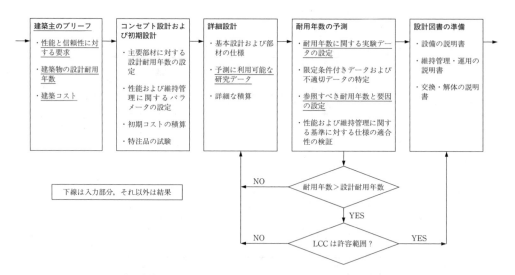

解説図2.2.7 ISO 15686-1[7]における耐久設計の流れ

2章 耐久設計の方針 —43—

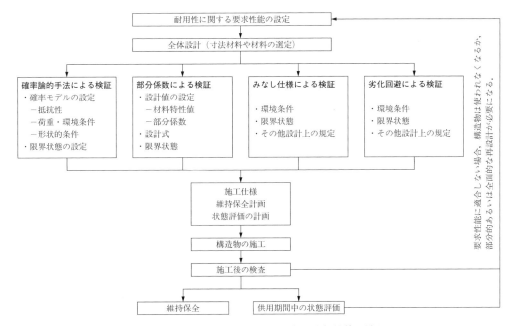

解説図 2.2.8 ISO 16024[8]における耐久設計の流れ

2.3 構造体および部材の要求性能

a．本指針において考慮する構造体および部材の要求性能は，構造安全性，使用性および修復性とする．

b．構造安全性に関する要求性能の項目および水準は，本会「鉄筋コンクリート構造計算規準・同解説（2010）」および JASS 5.2.3（構造安全性）を基に定める．

c．使用性に関する要求性能の項目および水準は，本会「鉄筋コンクリート構造計算規準・同解説（2010）」，JASS 5.2.6（使用性），JASS 5.2.4（耐久性）および JASS 5.3.10（特殊な劣化作用に対する耐久性）を基に定める．

d．修復性に関する要求性能の項目および水準は，JASS 5.2.4（耐久性）および JASS 5.3.10（特殊な劣化作用に対する耐久性）を基に定める．

a．2.1 a の解説に示したように，耐久設計を「建築物またはその部分の要求耐用年数に応じて，構造体および部材が所要の性能を保有するように行う設計行為」と位置づければ，耐久設計を行うに際し，建築主および一般社会から構造体および部材に対してどのような性能が要求されるかが重要となる．1998年の建築基準法の改正による建築基準の性能規定化および2000年に施行された「住宅の品質確保の促進等に関する法律」（以下，住宅品確法）における「日本住宅性能表示基準」〔解説表 2.3.1 参照〕の導入や大規模地震の発生により，21世紀初頭において建築物の性能に対する社会の関心が高まった．また，土木学会「コンクリート標準示方書［維持管理編］」[9]（以下，土木学会示方書［維持管理編］）では，解説表 2.3.2 に示す性能がコンクリート構造物の維持管理の対象となる要求性能として示されている．

解説表 2.3.1　日本住宅性能表示基準の概要

性能	性能の小項目
構造の安定に関すること	耐震等級，耐風等級，耐積雪等級，地盤または杭の許容支持力等およびその設定方法，基礎の構造方法および形式等
火災時の安全に関すること	感知警報装置設置等級，避難安全対策，脱出対策，耐火等級
劣化の軽減に関すること	劣化対策等級
維持管理への配慮に関すること	維持管理対策等級，更新対策
温熱環境に関すること	省エネルギー対策等級
空気環境に関すること	ホルムアルデヒド対策，換気対策，室内空気の化学物質の濃度等
光・視環境に関すること	単純開口率，方位別開口比
音環境に関すること	重量衝撃音対策，軽量衝撃音対策，透過損失等級
高齢者等への配慮に関すること	高齢者等配慮対策等級
防犯対策に関すること	開口部の侵入防止対策

解説表 2.3.2　土木学会示方書［維持管理編］[9]における要求性能

大分類	小分類および性能の表す意味
安全性	断面破壊に関する安全性，疲労破壊および安定性に関する安全性等
使用性	使用上の快適性に対する性能（走行性等），構造物の諸機能から定まる性能（水密性等）
復旧性	構造物の性能を回復させ，継続的な使用を可能とする性能
第三者影響度	構造物の利用者への被害や第三者への公衆災害等に対する抵抗性
美観	周囲に不安感や不快感を与えず，構造物の使用を妨げないようにするための性能

　建築物の性能設計という概念自体は最近の話ではなく，戦後間もない頃の近代建築の導入と時を同じくして性能設計の必要性が議論されるようになり，解説表2.3.3および解説表2.3.4に示すように，建築物や部材の性能の分類・項目・定義等に関する規格が整備されている．また，本会「鉄筋コンクリート造建築物の靱性保証型耐震設計指針・解説」には，使用性，復旧可能性および安全性が構造物の性能として定められている．

　本指針の設計対象建築物は，構造種別としては鉄筋コンクリート造建築物であり，その構造体および部材の性能を設計耐用年数の期間中確保し続けることができるような仕様を定める手法を提示することが本指針の目的である．したがって，本指針で対象となる可能性のある性能は，解説表2.3.1～解説表2.3.4に示した性能のうち鉄筋コンクリート造建築物の構造体および部材に関連する性能であり，下記に示すようなものが該当する．

　　構造安全性（耐震性，耐風性，耐積雪性など）
　　火災安全性（耐火性）
　　日常安全性（使用安全性，対人・対物安全性）

使　用　性（防振性，断熱性，遮音性，防水性，気密性，放射線遮蔽性など）

復旧可能性（修復性）

視　環　境　性（美観性）

経　済　性

　しかしながら，上記の性能のうち，コンクリートのひび割れ・剥離・剥落・脆弱化，鉄筋の腐食などの劣化現象との関係が，これまで定量的に研究されておらず明確になっていないもの(美観性，放射線遮蔽性など)，技術資料等に基づいても構築しにくいもの(断熱性，遮音性など)については，設計耐用年数期間内の性能の確保を目的として耐久設計を行うことは困難である．また，相当激し

解説表 2.3.3 ISO 6241 (Performance standards in building－Principles for their preparation and factors to be considered)[10]における性能項目

安定性，火災安全性，日常安全性，気・水密性，水・温熱特性，空気清浄性，音特性，視環境，触覚環境，動的特性，衛生，特定用途に対する空間の適合性，耐久性，経済性

解説表 2.3.4 JIS A 0030（部材の性能，構造耐力に関するものを除く）の概要

性能の種別	作用因子	性能項目	測定項目	性能項目の意味
使用因子を制御するための性能	光	反射性 光沢性	光反射率	光を反射する程度 光沢の程度
	日射	日射反射性	日射反射率	直射日光による屋根面の熱されにくさ
	熱	断熱性 蓄熱性	熱貫流抵抗 熱容量	常温における熱の貫流に対する抵抗の程度 温度の変動しにくさ
	音	遮音性 吸音性 発音性 衝撃音遮断性	透過損失 吸音率 衝撃音レベル 標準曲線上の音圧レベル差	空気伝ぱ音を遮る程度 音を吸収する程度 たたいた音あるいは衝撃音が発音しない程度 歩行などによって起こる発音が直下階に伝わらない程度
	水	防水性 (透水性) (吸水性) 撥水性 排水性 防湿性 調湿性	水密圧力 透湿抵抗 単位吸湿量	雨水などの水を通さない程度 水を吸水しない程度 水をはじく程度 水が円滑に排水される程度 湿気を通さない程度 湿気を吸収または発散する程度
	空気	気密性 (透気性) 小屋裏換気性	気密抵抗	気圧差によって生じる空気の透過に対する抵抗の程度 小屋裏空気の換気性
	振動	防振性		振動が伝わらない程度
	人・物	帯電防止性		静電気がたまらない程度
	放射線	放射線遮断性	放射線吸収率	

い劣化が生じるまでは構造体および部材の性能には関与しないと考えられるもの(耐火性，断熱性，遮音性など)については，他の性能の低下が先行して生じるため，その性能の確保を目的として耐久設計を行うこと自体無意味である．したがって，本指針で考慮する性能は，構造安全性，使用性および修復性とした．

b．構造安全性とは，建築物が固定荷重・積載荷重・雪荷重・風荷重・地震力などを受けた際に，建築物またはその一部が，建築物の内外の人命に危険を及ぼしたり，収蔵品に損害を与えたりするような崩壊に至らない性能のことであり，構造体および部材の軸方向耐力，曲げ耐力およびせん断耐力によって評価される．

本会「鉄筋コンクリート構造計算規準」は，許容応力度設計法に基づく構造計算の方法を示したものであり，柱，梁，柱梁接合部，床スラブ，耐震壁および基礎について，許容軸方向力，許容曲げモーメント，許容せん断力，必要付着長さ・必要定着長さなどの算定方法または算定式が示されている．各算定方法または各算定式中には，コンクリートの設計基準強度・ヤング係数，および鉄筋の降伏点・ヤング係数・断面積・周長がパラメータとして組み込まれており，コンクリートのひび割れ・剥離・脆弱化や鉄筋の腐食などの劣化の影響を考慮して，構造安全性を評価できると考えられる．

また，JASS 5.2.3（構造安全性）には，「構造安全性は，構造設計図書による」とあり，さらに，構造安全性を確保するための構造体コンクリートおよび鉄筋の品質ならびに施工に関わる基本原則が示されている．構造設計図書は，通常，「構造設計一般仕様書・特記仕様書」，「構造設計図」および「構造計算書」から構成されており，構造設計図書には，各種荷重・外力を受けた場合の構造安全性に関する要求品質・性能および目標品質・性能が明示される訳ではないが，構造体コンクリートに関しては，要求品質・性能の基本として設計基準強度と断面寸法が示され，場合によってはヤング係数に対する要求がなされることもある．また，鉄筋に関しては，材種・品質という形で降伏点，ヤング係数および断面寸法が要求品質・性能として示される．

したがって，本指針においては，構造安全性に関する要求性能の項目および水準は，本会「鉄筋コンクリート構造計算規準・同解説（2010）」およびJASS 5.2.3（構造安全性）を基に定めることとした．具体的には，軸方向耐力，曲げ耐力およびせん断耐力が構造安全性に関する要求性能の項目であり，それぞれの要求水準，すなわち許容できる限界状態（設計限界状態）については，4章による．

c．使用性という言葉の含む意味は広く，建築物の使いやすさおよび住みやすさを確保するために必要な全ての性能であり，併せて本指針では，使用時の安全性をも含んでいる．

本会「鉄筋コンクリート構造計算規準・同解説（2010）」においては，使用性に関する性能項目として，床スラブのたわみおよび振動障害を防止するための床スラブ厚さの最小値に関する規定が定められており，また，構造安全性と使用性を満足するために，短辺有効スパン長さの1/250および1/4 000をそれぞれ床スラブの長期たわみおよび弾性たわみの限界値とする旨の説明がなされている[11]．

また，JASS 5.2.6（使用性）には，使用性に関する要求性能として，防振性および水密性（防水

性)が明示されており，JASS 5.2.4(耐久性)および JASS 5.3.10(特殊な劣化作用に対する耐久性)には，中性化およびその他の劣化現象に起因する鉄筋の腐食やコンクリートのひび割れ・剥離・脆弱化によって，コンクリート片または仕上材が剥離・落下し，人的・物的被害をもたらすことがないように，要求性能として使用安全性が暗示的に定められていると解釈できる．

床スラブや壁の構造体コンクリートにおいて，部材断面を貫通するひび割れが発生すると，そのひび割れを通じて音や熱が伝達されると考えられる．平面的な隙間を介しての音や熱の伝達については，環境工学分野において理論的な検討もなされ定式化されるに至っているが，コンクリートに発生する現実のひび割れ形状は複雑であり，その算定式を用いるには無理がある．また，本指針で対象とする劣化外力においては，部材断面を貫通するひび割れが発生するほど，劣化の進行を放置しておくことはあり得ない．したがって，遮音性および断熱性に関しては，本指針では使用性の要求性能項目として取り上げないこととした．

したがって，本指針においては，使用性に関する要求性能の項目および水準は，本会「鉄筋コンクリート構造計算規準・同解説(2010)」，JASS 5.2.6(使用性)，JASS 5.2.4(耐久性)および JASS 5.3.10(特殊な劣化作用に対する耐久性)を基に定めることとした．具体的には，使用安全性，漏水性，たわみおよび振動が使用性に関する要求性能の項目であり，それぞれの要求水準，すなわち許容できる限界状態(設計限界状態)については，4章による．

d．一般的に，鉄筋コンクリート造建築物の構造体および部材の劣化は，解説図 2.1.3 に示すように加速度的に進行するため，劣化の進んだ時点で補修・補強を施して構造体および部材に要求される性能の回復・向上を図ろうとすると，技術的な困難を伴うだけでなく，経済的な損失をも伴う．補修・補強工事費用がかなり高く見積もられてしまうようになると，建築主はその建築物を建て替えることを模索するようになる．したがって，劣化を軽度な段階で留めておくことは経済的な観点からも重要であり，本指針では耐久設計を行う場合の要求性能として，修復性を取り上げることとした．

JASS 5.2.4(耐久性)および JASS 5.3.10(特殊な劣化作用に対する耐久性)には，大規模補修不要予定期間としての計画供用期間が定められている．大規模な補修工事が必要になるまで建築物を放置しておくことは，たとえばコンクリート片の剥落を生じる可能性が高くなり，使用安全性の低下を招くだけでなく，補修工事が技術的にも経済的にも困難になることが予想される．したがって，大規模な補修が必要とならないように建築物を維持する性能，すなわち修復性に対する配慮が JASS 5.2.4 および JASS 5.3.10 にはなされていると解釈できる．

したがって，本指針においては，修復性に関する要求性能の項目および水準は，JASS 5.2.4(耐久性)および JASS 5.3.10(特殊な劣化作用に対する耐久性)を基に定めることとした．具体的には，修復に要する費用が修復性に関する要求性能の項目であり，その要求水準，すなわち許容できる限界状態(設計限界状態)については，4章による．

2.4 設計劣化外力の設定

> a．設計劣化外力は，建築物が置かれる環境条件に応じて想定される劣化現象ごとに，種類および強さを設定する．
> b．設計劣化外力の具体的な設定方法は，3章による．

a．建築物に作用し，建築物またはその部分を劣化させる要因を劣化外力というが，その種類および強さは，建築物を構成する材料に対して必ずしも同一ではない．また，建築物の部位によっても作用する劣化外力の種類・強さは一般に異なる．さらに，建築物全体に作用する劣化外力と，局所的に限られた部位にのみ作用する劣化外力とを区別しなければならないこともある．例えば，温湿度条件に関しては，温暖地域，寒冷地域，亜熱帯地域のような大きな地域区分のみ考慮すればよい場合と，対象とする建築物またはその各部位の表面近傍の温湿度条件である局所気候（マイクロクライメイト）までをも考えなければならない場合とがある．また，建築物全体に作用する劣化外力には，一般的な環境条件の下で作用するものと，海岸地域，温泉地域または寒冷地域などのように特殊な環境下のみで考慮すればよいものとがある．本指針では，建築物が置かれる環境条件に応じて想定される劣化現象ごとに，設計劣化外力の種類および強さを設定することとした．なお，建築物の局所的な部分に作用するマイクロクライメイトについては，建築物の各部位と劣化外力の強さとの関係などについて定量的に明確になっていない点が多いので今後の課題としている．ISO 6241-1984（建築分野の性能規格－策定のための原則と考慮すべき要因）の6.4（建築物の性能に関係する作用要因）[10]では，建築物およびその構成部品の性能に影響を及ぼす劣化外力は，①機械的劣化外力（重力，外力および強制/拘束変形，運動エネルギー，振動および騒音），②電磁的劣化外力（放射線，電気，磁気），③熱的劣化外力（温度変化，高温，低温），④化学的劣化外力（水，酸化剤，還元剤，酸，アルカリ，塩），⑤生物的劣化外力（菌類，動物）の5つに分類されるとともに，建築物において考慮すべき劣化外力の因子が示されている．実際には，建築物の立地環境，各部位の納まりなどに応じて，上に示した①～⑤の劣化外力およびそれらの各因子は独立または複合的に作用し，様々な劣化現象を同時に生じさせる．たとえば，打放しコンクリート外壁面に，化学的劣化外力である酸性雨と熱的劣化外力である高温が同時に作用するような場合には，コンクリート中のセメント水和物の溶解を促進するだけでなく，鉄筋の腐食をも促進させることとなる．したがって，建築物の耐久設計を適切に実施するためには，建築物の立地環境および各部位の納まりを基に，考慮すべき劣化外力の種類および強さを設定する必要がある．また，ISO 22965-1 Concrete－Part 1 : Methods of specifying and guidance for the specifier（コンクリート　第1部　仕様決定方法および仕様決定者のための指針）[12]では，コンクリート構造物が置かれる環境に応じて，劣化現象ごとに劣化外力の強さを解説表2.4.1のようにクラス分けしている．

解説表 2.4.1 劣化外力の強さのクラス分類[12]

クラス	環境	暴露環境の例
1 腐食および有害作用のリスクが少ない		
X0	極めて乾燥	湿度が極めて低い建築物内部のコンクリート
2 中性化による腐食		
XC1	乾燥または常時湿潤	湿度の低い建築物内部のコンクリート，常に水に浸漬されているコンクリート
XC2	湿潤，まれに乾燥	長期間水に接するコンクリート表面，基礎
XC3	中程度の湿潤，乾湿繰返し	中程度または高い湿度の建築物内部のコンクリート，水に接することのあるコンクリート表面（暴露クラスXC2に該当するものを除く），雨よけのある屋外コンクリート
3 塩化物による腐食		
XD1	中程度の湿潤	塩化物を含む水が直接噴霧されるコンクリート表面
XD2	湿潤，まれに乾燥	プール，塩化物を含む工業用水と接触するコンクリート
XD3	乾湿繰返し	橋の一部，舗道，駐車場のスラブ
4 海水の塩分による腐食		
XS1	飛来塩分に曝されるが海水には直接接触しない	海岸の，または海岸近くの構造物
XS2	常時海水中	海洋構造物の一部
XS3	潮の干満，波飛沫を受ける	海洋構造物の一部
5 凍結融解作用		
XF1	中程度の水の飽和，塩分なし	雨と凍結作用を受けるコンクリート鉛直表面
XF2	中程度の水の飽和，塩分あり	凍結作用と空気中の塩分を受ける道路構造物の鉛直表面
XF3	高度の水の飽和，塩分なし	雨と凍結作用を受けるコンクリート水平面
XF4	高度の水の飽和，塩分あり	塩分を受ける道路および橋，塩分を含む水の噴霧と凍結作用を受けるコンクリート鉛直面
6 化学作用		
XA1	わずかに化学的に活発な環境	
XA2	中程度に化学的に活発な環境	
XA3	非常に化学的に活発な環境	

2.5 設計限界状態および維持保全限界状態の設定

> a．設計限界状態は，構造体および部材の保有性能がそれ以上低下すると要求性能を満たさなくなると考えられる限界状態として設定する．
> b．維持保全限界状態は，構造体および部材の保有性能がそれ以上低下すると維持保全が困難になると考えられる限界状態として設定する．
> c．設計限界状態および維持保全限界状態の具体的な設定方法は，4章による．

a，b，c．建築物の劣化状態として許容できる限界の状態に関しては，建設省総合技術開発プロジェクト「建築物の耐久性向上技術の開発（1980年～1984年）」（以下，耐久性総プロ）では，建築物の劣化度を解説表2.5.1のように定め，設計耐用年数の期間内に劣化度5以上の劣化状態にならないように耐久設計を行うことが提案されている．

解説表2.5.1 建築物の劣化度

劣化度	劣化状態
1	美観に影響を与えるレベル
2	放置可能な程度の軽微なレベル
3	局部的に補修を要するレベル
4	一部の部材に日常安全性に影響する放置しえない劣化が生じ，中程度の補修・交換が必要となるレベル
5	多数の部材または建築物の広い範囲にわたる部分の補修・交換を要するレベル
6	構造上危険な状態，使用を禁止すべき状態

また，解説表2.5.1の劣化度の区分に対して，鉄筋コンクリート造の構造体および部材の劣化状態は，以下のように想定されている．

劣化度1：コンクリートの構造体表面がカビや煤煙の付着，雨水の流れなどによって黒く汚れたり，エフロレッセンスによる汚れが生じたりしている状態，あるいはヘアクラックが生じているが，コンクリート表面部のみに留まっている状態．

劣化度2：乾燥収縮ひび割れ，打継ぎ・コールドジョイントなどの部分に生じた軽微なさび汚れ，エフロレッセンスあるいはコンクリート表面のざらつき程度の表面劣化が生じている状態．当面は放置しておいても差し支えないと考えられる程度の劣化状態．

劣化度3：かなり大きなさび汚れを伴うようなひび割れや，かぶり厚さ不足部分における鉄筋腐食によるひび割れが屋外面のところどころに見られる状態．

劣化度4：劣化度3がより進行して鉄筋が一部腐食し始め，一部の部材の屋外面でかぶりコンクリートの剥離や水平部材の隅角部のコンクリートの浮き・剥落などが生じる状態．

劣化度5：劣化度4がさらに進行し，屋外部の過半で鉄筋腐食によるひび割れ，かぶりコンクリートの剥落が生じる状態

劣化度 6：屋外面の至る所で断面欠損を伴う鉄筋腐食および鉄筋露出が生じる状態

　耐久性総プロでは，限界状態を建築物の性能ごとに限界状態を設定するのではなく，一連の劣化プロセスの流れの中で性能に関わらず設定しており，高耐久指針でもそれを踏襲しているが，劣化度 5 では劣化が進行し過ぎていて安全が保証できないという観点から，許容劣化状態（設計限界状態）を劣化度 4 の状態に設定している．本指針では，設計耐用年数の期間内における要求性能の継続的な確保を耐久設計と位置づけているため，性能ごとに限界状態を設定する必要がある．したがって，本指針では，設計限界状態を，構造体および部材の保有性能がそれ以上の低下を許容しえない限界状態として設定することとした．たとえば，本指針においては，使用安全性についての設計限界状態における劣化度は，劣化度 4 程度とし，局所的なコンクリート片や仕上材の浮き・剥落を限界とし，かぶりコンクリートの剥落が多発する状態は許容しえないことを想定している．一方，構造安全性についての設計限界状態における劣化度は，劣化度 5 程度とし，断面欠損を伴う鉄筋腐食は許容しえないことを想定している．

　構造体および部材が設計耐用年数の期間内に設計限界状態を上回る劣化状態に至ることは絶対に許されないため，構造体および部材が設計限界状態に達するよりも前の段階で，技術的・経済的に容易に補修が実施できる時点（維持保全限界状態）を定め，構造体および部材がその状態に達する時点で計画的に構造体および部材に補修を実施しなければならない．したがって，本指針では，維持保全限界状態は，構造体および部材の保有性能がそれ以上低下すると維持保全が困難になると考えられる限界状態として設定することとした．

　性能ごとの具体的な設計限界状態および維持保全限界状態については，本指針 4 章「設計限界状態および維持保全限界状態」に示してある．

参考文献

1) 日本建築学会：高耐久性鉄筋コンクリート造設計施工指針（案）・同解説，1991
2) 日本コンクリート工学協会：複合劣化コンクリート構造物の評価と維持管理計画研究委員会報告書，p.3，2001
3) 国土交通省住宅局建築指導課・国土交通省建築研究所・日本建築主事会議・(財)日本建築センター：2001 年版避難安全検証法の解説および計算例とその解説，p.14，2001
4) 日本コンクリート工学会：既存コンクリート構造物の性能評価指針 2014，pp.424〜455，2014
5) 土木学会：2012 年制定コンクリート標準示方書［施工編］，p.4，2012
6) 日本建築学会：高耐久性鉄筋コンクリート造設計施工指針（案）・同解説，p.36，1991
7) ISO：ISO 15686-1 Buildings and constructed assets-Service life planning-Part 1: General principles, p.8, 2012
8) ISO：ISO 16024 Durability-Service life design of concrete structure, 2012
9) 土木学会：2013 年制定コンクリート標準示方書［維持管理編］，2013
10) ISO：ISO 6241 Performance standards in building-Principles for their preparation and factors to be considered, 1984
11) 日本建築学会：鉄筋コンクリート構造計算規準・同解説，2010
12) ISO：ISO 22965-1: 2007 Concrete-Part 1: Methods of specifying and guidance for the specifier, 2007

3章　設計劣化外力

3.1　総　　則

> a．建築物が置かれる環境条件に応じて想定される劣化現象は，中性化・塩害およびその他の原因による鉄筋腐食，凍害・アルカリシリカ反応・化学的侵食およびその他の原因によるひび割れ・浮き・剥落・表面劣化・強度低下などのコンクリートの劣化ならびにその他の劣化現象とする．
> b．耐久設計で考慮する設計劣化外力は，中性化に対する劣化外力，塩害に対する劣化外力，凍害に対する劣化外力，アルカリシリカ反応に対する劣化外力，化学的侵食に対する劣化外力およびその他の劣化現象に対する劣化外力とする．

a．建設省総合技術開発プロジェクト「建築物の耐久性向上技術の開発（昭和55～59年度）」の成果の一つである「鉄筋コンクリート造建築物の劣化診断技術の開発」では，鉄筋コンクリート造建築物の8大劣化現象として，①コンクリートの中性化，②鉄筋腐食，③コンクリートのひび割れ，④漏水，⑤コンクリートの強度劣化，⑥大たわみ，⑦表面劣化，⑧凍害を取り上げているが，鉄筋コンクリート造に生じる劣化現象は，鉄筋の腐食とコンクリートのひび割れ・組織崩壊・強度劣化などのコンクリート自身の劣化とに大別される．しかし，これら両者の関係は，鉄筋が中性化や塩害によって腐食するとコンクリートのひび割れや剥落などの劣化を招き，コンクリートがひび割れや組織崩壊を起こすと鉄筋の腐食が促進されるというように互いに助長し合う関係にある．

一般に，一つの劣化外力に対して一つの劣化現象を特定することは難しいが，本指針においては，鉄筋腐食を生じさせる主な作用要因として中性化と塩害，コンクリート自身の劣化現象を生じさせる主な作用要因として凍害・アルカリシリカ反応・化学的侵食，という整理を行った．

コンクリートの中性化は，大気中に建設される鉄筋コンクリート構造物中の鉄筋に対する防錆機能を低下させることから，鉄筋コンクリートの耐久性に最も普遍的に影響を及ぼす劣化作用要因である．塩害は，コンクリート表面に付着した塩分がコンクリート躯体の内部に浸透・拡散し，コンクリート中の塩化物イオン量が増大するとコンクリート内部の鉄筋が腐食し，コンクリートにひび割れや剥落などの損傷を生じさせる劣化現象であり，劣化作用要因としては中性化よりも影響が大きい．なお，塩害は，コンクリート材料として水洗いしていない海砂や多量の塩化物イオンを含む促進形のコンクリート用化学混和剤等を使用した場合に生じる内部塩害と，海水滴・海水飛沫が直接かかる海岸地域，海塩粒子が飛来するような海岸近接地域および塩化物イオンを含む凍結防止剤・融雪剤等を散布する寒冷地域において生じる外部塩害とがあるが，フレッシュコンクリート中に含まれる塩化物量は，建築基準法第37条に基づく平成12年建設省告示第1446号（建築物の基礎，主要構造部等に使用する建築材料並びにこれらの建築材料が適合すべき日本工業規格又は日本農林規格及び品質に関する技術的基準を定める件）において，塩化物含有量が規制されているため，本

指針では，内部塩害は対象とせず，外部塩害を対象とすることとした．

　寒冷地域においては，コンクリート中の水分が凍結融解を繰り返し，そのためコンクリートの組織が緩んでひび割れが生じたり，表層が剝離したりして，表層から次第に劣化していく．このような現象を凍害と呼んでいるが，寒冷地域においては，このような凍害に関する劣化外力を考慮する必要がある．

　アルカリシリカ反応とは，反応性シリカなどを含む骨材とセメントなどに含まれる Na^+，K^+ のアルカリ金属イオンが反応してアルカリケイ酸塩を生成し，これが水分の存在下で膨張してコンクリートにひび割れ，ポップアウトなどを生じさせる現象をいう．

　化学的侵食とは，温泉地域などにおける酸性土壌や硫酸塩土壌，酸性の地下水等の酸性物質，工場地域などにおける亜硫酸や硫化水素を含んだ酸性霧，または化学工場における酸や塩類等の腐食性物質によるコンクリートや鉄筋の腐食またはコンクリートのひび割れ・強度劣化をいう．

　また，その他の劣化現象としては，流水によるセメント水和物の溶脱によって生じるコンクリートの強度低下，砂塵の吹付けによるコンクリート表面の摩耗，高低温繰返し・乾湿繰返しによる仕上材の浮き・剝離などが考えられる．

　b．建築物に作用する劣化外力は複雑であり，劣化外力の種類を分類することは，厳密に考えると非常に難しいが，本指針において考慮する設計劣化外力は，中性化に対する劣化外力，塩害に対する劣化外力，凍害に対する劣化外力，アルカリシリカ反応に対する劣化外力，化学的侵食に対する劣化外力およびその他の劣化現象に対する劣化外力とする．また，建築物の劣化現象を促進させる最も基本的な要因として，気温・湿度・日射熱などの気象作用があるが，これらの気象作用が建築物の劣化現象に及ぼす影響は，気候条件および部材の位置によって異なるのが通常であり，これらに関しては，次節以降に述べるそれぞれの設計劣化外力を設定する際に考慮するものとする．

3.2 中性化に対する設計劣化外力

> a．中性化に対する設計劣化外力は，大気中の二酸化炭素濃度，硫黄酸化物濃度および窒素酸化物濃度とし，必要に応じて建築物に接する土壌中の二酸化炭素濃度および水の炭酸濃度を考慮する．
> b．大気中の二酸化炭素濃度，硫黄酸化物濃度，窒素酸化物濃度および建築物に接する土壌中の二酸化炭素濃度および水の炭酸濃度は，建築物が置かれる場所で連続的に測定して求める．
> c．大気中の二酸化炭素濃度の測定値がない場合は，信頼できる資料によって定める．信頼できる資料がない場合は，屋外では 0.05％，屋内では 0.10％ を標準とする．
> d．大気中の硫黄酸化物濃度，窒素酸化物濃度，ならびに建築物に接する土壌中の二酸化炭素濃度および水の炭酸濃度の測定値がない場合は，信頼できる資料によって定める．
> e．中性化に対する劣化外力の強さは，コンクリートに作用する水分の影響を考慮して定める．コンクリートに作用する水分の影響の程度は，雨がかりの有無，湿度環境など部材の置かれる状況を考慮して定める．

　a．コンクリートは，通常 pH＝12.6〜13 程度の強アルカリ性を呈し，このような強アルカリ雰囲気下では鉄筋は腐食から保護されている．しかし，大気中の二酸化炭素や硫黄酸化物，窒素酸化物

等の酸化物，および建築物に接する土および水の炭酸により，コンクリートのアルカリ性は表面から徐々に低下していく．この現象を中性化と呼んでいる．

　水酸化カルシウムと二酸化炭素との反応は，
$$Ca(OH)_2 + CO_2 \rightarrow CaCO_3 + H_2O$$
水酸化カルシウムと二酸化硫黄との反応は，
$$Ca(OH)_2 + SO_3 \rightarrow CaSO_4 + H_2O$$
水酸化カルシウムと二酸化窒素との反応は，
$$2\,Ca(OH)_2 + 4\,NO_2 \rightarrow Ca(NO_3)_2 + Ca(NO_2)_2 + 2\,H_2O$$
である．これらの反応は，大気中の二酸化炭素や硫黄酸化物，窒素酸化物がコンクリートの空隙中の凝縮水（液状水）に溶解・イオン化することで進行すると考えられている．

　コンクリートが中性化すると，鉄筋の腐食に対する保護性能を失い，酸素と水の供給があれば鉄筋は腐食し始める．このように，コンクリートの中性化は，コンクリートの鉄筋に対する防錆性能を低下させるため，鉄筋コンクリートの耐久性に影響を及ぼす最も普遍的な劣化作用要因の一つとして位置付けられる．そのため，中性化に対する劣化外力として，大気中の二酸化炭素濃度，硫黄酸化物濃度および窒素酸化物濃度を取り上げることとした．

　土壌中の二酸化炭素濃度は気中より高く，0.1～10%程度であるとされており，例えば，シルト質の草地における実測事例[3]においては，地表より20～100 cmの位置における二酸化炭素濃度は0.62～6.62%であり，深度が深くなるにつれて濃度が高くなる様子が報告されている．しかしながら，一般に，基礎梁など土に接する部位の中性化進行は遅いと考えられており，例えば，築80年程度の建築物の基礎梁・フーチングを調査した事例では，実環境における中性化速度は促進中性化試験で得られた中性化速度の7～17%程度であったことが報告[1]されており，土中の矩形とう道とマンホールを調査した事例において，表層含水率の高い箇所では中性化の進行が著しく抑制されることが報告[2]されている．これは，土中では乾燥が抑制されコンクリートの含水率が高く保たれていることが支配的な影響を及ぼしているためと考えられる．以上のように，土中のコンクリートの中性化の進行は遅いという事実はあるものの，土壌中の二酸化炭素濃度の影響を明示的に検討した事例は見当たらないことから，建築物に接する土壌中の二酸化炭素濃度および水の炭酸濃度の影響は必要に応じて考慮することとした．すなわち，地中梁など土に接する部位はe項に示す湿潤部位に該当することから，加えての土壌中の二酸化炭素濃度の影響の考慮が必要なケースは限定的と考える．

　b．大気中の二酸化炭素濃度，硫黄酸化物濃度および窒素酸化物濃度，ならびに建築物に接する土および水の炭酸濃度は，屋内であるか屋外であるか，都市部であるか農村部であるか，工場や道路の近くであるか等，多くの要因によって大きく異なることが知られており，さらにこれらの濃度は年々上昇していることが指摘されている．したがって，個々の建築物または部位・部材が置かれる場所で，これらを連続的に測定して確認することを原則とした．

　c．気象庁で大気中の二酸化炭素濃度等の観測を行っている大気環境観測所（岩手県大船渡市綾里），南鳥島気象観測所（東京都小笠原村）および与那国島測候所（沖縄県八重山郡与那国町）の3地点における二酸化炭素年平均濃度[4]は，解説図3.2.1に示すように年々増加し，2002年の各観測点

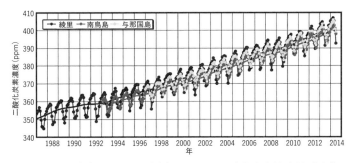

解説図 3.2.1 綾里，南鳥島および与那国島における二酸化炭素濃度月平均値の経年変化[4]

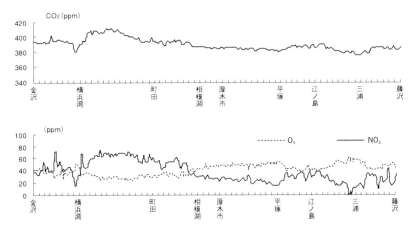

解説図 3.2.2 高度 300〜600 m での二酸化炭素濃度（上）と大気汚染物質濃度（下）の分布
（1998 年 3 月 17 日　14：00〜15：00）[5]

における二酸化炭素年平均濃度は，綾里で 375.8 ppm，南鳥島で 373.8 ppm，与那国島で 375.5 ppm である．この増加傾向は世界的に認められ，年に約 1.8 ppm の割合で上昇し，全世界の 2013 年の二酸化炭素平均濃度は 396.0 ppm で，産業革命（18 世紀後半）以前の濃度（約 280 ppm）より 14.1% 増加しており，前回指針発刊時より 25 ppm 増加している．

また，2000 年に横浜市にある神奈川県庁で二酸化炭素濃度を測定したところ，年平均値は 410.0 ppm であり，ヘリコプターにより高度 300〜600 m での二酸化炭素濃度および窒素酸化物濃度の分布を測定した結果は，解説図 3.2.2 のようであり，人口密集地域ほど，燃焼過程から生じる発生源がある場合ほど，二酸化炭素濃度および窒素酸化物濃度が高いことが示されている．さらに，二酸化炭素濃度の鉛直方向の分布として解説図 3.2.3 が示されており，二酸化炭素は一般的に高度 1 000 m 程度までの低い部分で濃度が高く，高度が増すに従って減衰する状況が明らかになっている．大気中の二酸化炭素濃度は，気象庁をはじめ，都道府県および市町村で測定・公開されている場合も多く，ホームページ等で入手できる場合がある．

一般に，水温 20℃ の場合，淡水中には酸素および二酸化炭素がそれぞれ体積比 0.6% および 0.03% で溶け込んでいる．溶存酸素濃度は大気中の 30 分の 1 でしかないが，溶存している二酸化炭

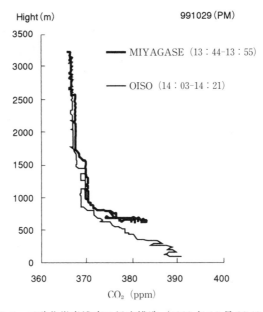

解説図 3.2.3 二酸化炭素濃度の鉛直構造（1989年10月29日の例）[5]

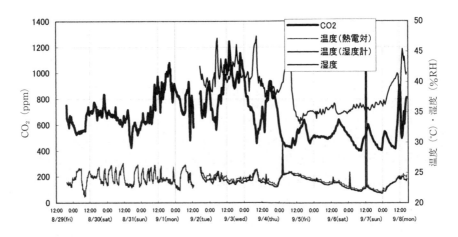

測定日　　　：平成15年9月2日～8日
測定位置　　：床上10cm
室面積　　　：160 m²程度、
収容人数　　：最大20名程度
冷暖房機器　：ファンコイルユニット5台
外気CO_2濃度：400ppm程度

解説図 3.2.4 屋内の二酸化炭素濃度の一例[6]

素濃度は大気中とほぼ等しい．

また，屋内の二酸化炭素濃度は，人間が二酸化炭素を排出するため屋外よりも高い．一例として，東京都内の国立大学の大学院生室で測定された二酸化炭素濃度を解説図3.2.4に示す[6]．屋内における二酸化炭素濃度は，居住条件によっても異なるが，外気と同等程度から2 000 ppmの範囲にあ

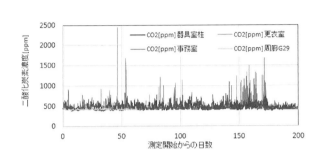

解説図3.2.5 競技場施設における二酸化炭素実測例[7]

る．解説図3.2.5に，東京都内の競技施設の管理オフィス，更衣室，倉庫，その他廊下など共用部分における二酸化炭素濃度の実測事例[7]を示す．解説図3.2.4と同様に，更衣室等で一時的に2 000 ppmを超える二酸化炭素濃度が観測されているが，事務室といえども1 000 ppmを超えるのはごくまれであり，測定期間中の平均CO_2濃度では，外気が421.1 ppmに対して，事務室で17.1%，更衣室で13.0%の増加にとどまる．すなわち，前指針の推奨値である2 000 ppmよりは相当小さい値であることがうかがえる．

なお，平成15年4月1日の「建築物における衛生的環境の確保に関する法律（略称：建築物衛生法）関連政省令」の一部改正により，中央管理方式かどうかにかかわらず，空気調和設備（空気を浄化し，その温度，湿度および流量を調節して供給をすることができる設備），機械換気設備（空気を浄化し，その流量を調節して供給をすることができる設備）のいずれかの設備を設けている場合には，二酸化炭素の含有率を1 000 ppm（0.10%）以下に抑えるよう努めなければならないことが規定されている．

そこで，これらの状況に基づき，本指針では，大気中の二酸化炭素濃度について，その測定値がない場合には，安全側に考慮して屋外では500 ppm（0.05%），屋内では1 000 ppm（0.10%）として設計するものとした．

d．兵庫県が公開している同県の硫黄酸化物濃度および窒素酸化物濃度の測定結果によれば[8]，二酸化硫黄および二酸化窒素の濃度の推移は解説図3.2.6のとおりである．二酸化硫黄濃度は，環境基準値が改定された1973年度から1983年度にかけて大幅な改善が図られ，1973年度以降の二酸化硫黄濃度は低濃度で推移し，さらに，1992年度以降は大幅に低下していることがわかる．一方，二酸化窒素濃度は，1982〜1985年度の間に濃度低下が認められたものの，1986年度以降再び上昇していることがわかる．

なお，全国的にみても都市部の二酸化硫黄濃度および二酸化窒素濃度は，山間部等に比べ高い値が測定されているが，それぞれ高々0.020 ppmおよび0.100 ppm程度であり，二酸化炭素に比べて極めて低い濃度である．なお，平成8年環境庁告示第73号（大気の汚染に係る環境基準について）

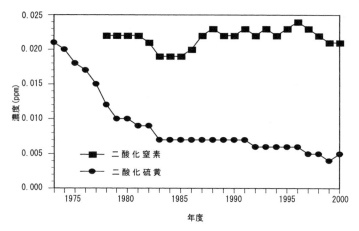

解説図 3.2.6 兵庫県の硫黄酸化物濃度および窒素酸化物濃度の推移[8]より再構築

では，二酸化硫黄濃度は，1時間値の1日平均値が 0.04 ppm 以下であり，かつ1時間値が 0.10 ppm 以下であることが望ましいとされており，二酸化窒素については，平成8年環境庁告示第74号（二酸化窒素に係る環境基準について）により，1時間値の1日平均値が 0.04 ppm から 0.06 ppm までの範囲内またはそれ以下であることが望ましいとされている．なお，平成27年度版「環境白書・循環型社会白書・生物多様性白書」によると，酸性雨に関しては「降水は引き続き酸性化の状態にある（全平均値 pH 4.72)」とされている．

　大気中の硫黄酸化物濃度および窒素酸化物濃度も，気象庁をはじめ，都道府県および市町村で測定・公開されていることが多く，ホームページ等で容易に入手できる場合もある．水温 20℃ の場合，淡水中には一般に窒素が体積比 1.2% 溶け込んでいる．

　e．コンクリートの劣化現象の多くは外部からの劣化因子（水分，二酸化炭素，塩化物イオンなど）の侵入に起因し，これら劣化因子は主としてコンクリート内の細孔中を移動すると考えられている．また一般に，中性化や塩害などの劣化の進行は，雨がかりの有無，および含水状態によって大きく異なることが知られており，さらには鉄筋腐食もそれらによって影響を受けることが知られている．例えば中性化は，大気中の二酸化炭素がコンクリート中に侵入することで進行するが，二酸化炭素の移動のみに着目すると，細孔が水分で満たされているとその移動が妨げられ，結果として中性化の進行は遅くなる．

　そこで，中性化に対する劣化外力の強さは，コンクリートに作用する水分の影響によって異なるものとし，部材の置かれる状況により雨がかりの有無や湿度環境などにより区別することとした．具体的には，湿潤の程度に応じて，湿潤環境，雨がかり環境，乾燥環境とする．

　「湿潤環境」とは，地下水など直接水に接することで常時水分が供給される環境や，土中や常時高湿度な環境条件にあるためコンクリートの乾燥が妨げられ，コンクリートが高含水率に維持されている環境を言う．

　対して，「雨がかり環境」とは，文字どおり降雨時に直接表面に雨滴がかかる環境を言い，外装部やバルコニー，雨ざらしの内廊下や階段室，屋上まわりなどが該当する．

その他，雨のかからない部位および室内は「乾燥環境」と定義する．

一般に，コンクリートは養生終了後は環境中の温湿度とバランスして乾燥が進むが，湿潤部位においては表層からの水分供給により表層部の含水率が高く保たれることが想定される．一方で，白石らの研究[9]によれば，地面の露出した地下空間などは年間を通して湿度が高く保たれコンクリートの乾燥が進みにくい環境であり，同様に高い含水率が維持されることが報告されており，湿潤環境とみなすこととする．なお，コンクリートに作用する水分の影響の程度の耐久設計上の評価方法については5章に示す．

3.3 塩害に対する設計劣化外力

> a．塩害に対する設計劣化外力は，建築物が置かれる場所において，建築物の各面へ到達する塩化物イオン量および建築物に接する水の塩化物イオン濃度とする．
> b．建築物が置かれる場所において，建築物の各面へ到達する塩化物イオン量および建築物に接する水の塩化物イオン濃度は，その位置で連続的に測定して求める．
> c．建築物が置かれる場所において，建築物の各面へ到達する塩化物イオン量および建築物に接する水の塩化物イオン濃度の測定値がない場合は，信頼できる資料によって定める．

a．コンクリート中に一定量以上の塩化物が存在した場合，コンクリートの中性化が進行しなくても，塩化物イオンの作用によって，腐食保護作用のある鉄筋表面の不動態被膜が破壊され，鉄筋は腐食し始める．この塩化物イオンによる鉄筋の腐食作用は，コンクリートが中性化するとさらに助長される．

コンクリート中への塩化物イオン導入経路は二つあり，一つは未洗浄の海砂や塩化物イオンを含む促進形の混和剤などを用いることによって，コンクリートの練混ぜ時に塩化物イオンがもたらされる場合と，もう一つは海からの海水飛沫や海塩粒子によって運ばれた塩化物イオンがコンクリート中に浸透する場合とがある．ここで，対象とする劣化外力は，後者の海水からもたらされる塩化物イオンとする．

埋立て地や沿岸地域の地下水においては，海水の影響により内陸部より多く塩化物イオンが含まれている場合があると報告されている[10]．多摩川沿いの地下水を調査した結果では，Cl^-で1 000 ppm以上の濃度が記録されている[10]．埋立て地や沿岸地域に位置する建築物の地下構造体が地下水に接する場合は，地下水に含まれる塩化物イオン濃度の調査が必要と考えられる．

b．海水からもたらされる塩化物は，一般的な建築物に対しては大気中を飛来し侵入する．その飛来量は季節ごとに変動する．5年間の測定結果の一例[11]を解説図3.3.1に示す．図に示すように，月毎に飛来塩分量は変動するため，年間を通しての連続的な測定が必要である．

大気中の塩分量を測定する方法としては，解説図3.3.2に示すJIS Z 2382(ガーゼ法)[12]や解説図3.3.3に示す土研式塩分捕集方法[13]がある．なお，ガーゼ法ではガーゼ自体の塩分付着容量が小さいため，飛来塩分量の多い地域では全ての塩分を捕集できないおそれがあるとの指摘がなされている[13]．また，近年では薄板モルタル供試体を用いて塩害環境を評価する手法も提案されている[14]．

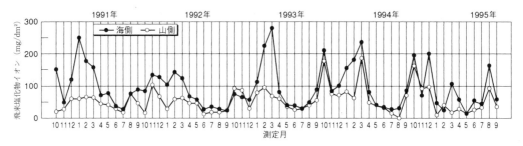

解説図 3.3.1　飛来塩分の測定結果の一例[11]

解説図 3.3.2　ガーゼ法[12]

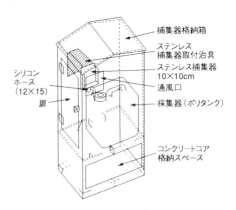

解説図 3.3.3　土研式塩分捕集方法[13]

　c．建築物に到達する海水飛沫や海塩粒子によってもたらされる塩化物イオン量は，海岸からの距離，海岸の地形，建築物の周囲における遮蔽物の存在の有無など，建築物の立地条件に影響される．海塩粒子の濃度と海岸からの距離との関係を調査した事例[15]を解説図 3.3.4 に示す．海塩粒子は海岸から数 km の距離まで飛来するとされているが，その減衰は著しく，海岸から 100～200 m の位置での濃度は，0 m の位置の濃度の 1/5～1/10 に低下する．

　建築物の各面に到達する塩化物イオン量は，遮蔽物等の影響により建築物周辺の大気中の塩化物イオン量と同量とは限らない．海に対して開いている建築部位と遮蔽物などにより陰になっている建築部位とでは海塩粒子の付着量は異なり，海から 100 m までの範囲で 1：0.4 であり，海から 500 m の地点で 1：0.8 との報告[15]がある．また，海岸からの距離と飛来塩分量との関係については，標高による影響もある．解説図 3.3.5 は，海岸からの距離と標高を考慮に入れた飛来塩分量の推定式を基に沖縄県那覇市内の飛来塩分量の分布を地図化したものである[16]．同図より，海岸付近の標高の低い埋立て地域や低標高の河川域においては，比較的内陸まで塩分が輸送されていることが分かる．飛来塩分量を求める際には，上述のことを考慮に入れるとよい．

　また，海岸からの距離と飛来塩分量との関係については，地域的な特徴もある．解説図 3.3.6 は，地域別の付着塩化物イオン濃度と海岸線からの距離との関係を示している[17]．ここで，付着塩化物イオン濃度とは，コンクリート表面に常時一定量で付着しコンクリート中に浸透する塩分量である．同図より海岸から離れるにしたがって付着塩化物イオン濃度が減少することがわかる．また，同図

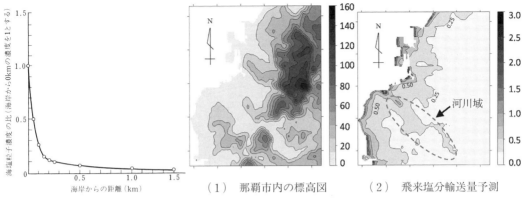

解説図 3.3.4　海塩粒子の濃度と海岸からの距離との関係[15]

（1）那覇市内の標高図　　（2）飛来塩分輸送量予測

解説図 3.3.5　地形と飛来塩分の輸送状況[16]

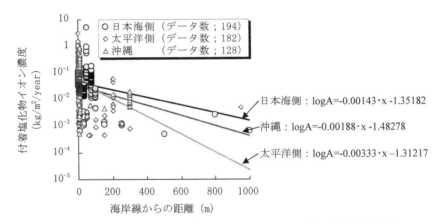

解説図 3.3.6　付着塩化物イオン濃度と海岸線からの距離の関係（地域別）[17]

より，日本海側は付着塩化物イオン濃度が高く，太平洋側の付着塩化物イオン濃度は低いことが分かる．

解説図 3.3.7（1）～（3）は地域別に海岸からの距離と飛来塩分量との関係を調査したもの[13]であるが，これによると，北海道日本海側，東北地方日本海側，東北地方太平洋側，九州地方東シナ海側および沖縄県は飛来塩分量の多い地域であり，瀬戸内海に面した地域は飛来塩分量が特に少ない地域であることがわかる．

解説図 3.3.4 に示された海塩粒子の濃度と海岸からの距離との関係を踏まえ，解説図 3.3.7（2），（3）から推定したおおよその海岸 0 m の位置における飛来塩分量を解説表 3.3.1 に示す．

また，冬期に凍結防止剤・融雪剤が散布される降雪地域では，屋外の駐車場は言うまでもなく，屋内においても車両に付着して凍結防止剤・融雪剤が持ち込まれるため注意が必要である．

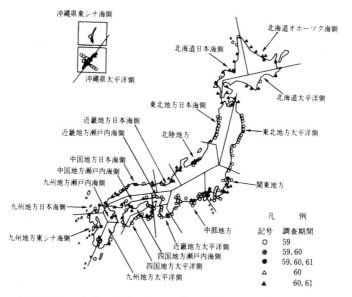

解説図 3.3.7(1) 海岸からの距離と飛来塩分量（調査地点）[13]

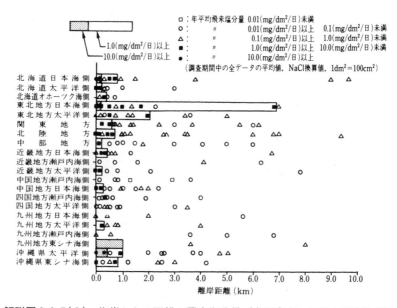

解説図 3.3.7(2) 海岸からの距離と飛来塩分量（全測定点における測定結果）[13]

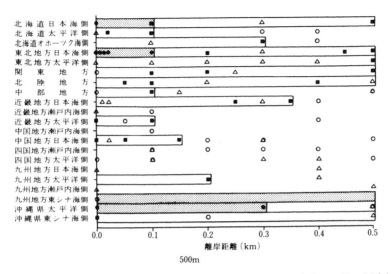

解説図 3.3.7(3)　海岸からの距離と飛来塩分量（500m以内の測定点における測定結果）[13]

解説表 3.3.1　海岸0mの位置における飛来塩分量の推定値

地域	飛来塩分量 ($mg/dm^2/day$)
北海道日本海側	40
北海道太平洋	10
北海道オホーツク	10
東北地方日本海	40
東北地方太平洋	20
関東地方	10
北陸地方	10
中部地方	10
近畿地方日本海側	10
近畿地方瀬戸内海側	1
近畿地方太平洋側	10
中国地方瀬戸内海側	0.4
中国地方日本海側	10
四国地方瀬戸内海側	0.4
四国地方太平洋側	1
九州地方日本海側	1
九州地方太平洋側	10
九州地方瀬戸内海側	1
九州地方東シナ海側	10
沖縄太平洋側	100
沖縄東シナ海側	10

3.4 凍害に対する設計劣化外力

> a．凍害に対する設計劣化外力は，建築物の部材・部位における年間の凍結融解回数，建築物が置かれる場所における最低温度およびコンクリートに作用する水分とする．
> b．建築物の部材・部位における年間の凍結融解回数，最低温度およびコンクリートに作用する水分は，その位置で連続的に測定して求める．
> c．建築物の部材・部位における年間の凍結融解回数，最低温度およびコンクリートに作用する水分の測定値がない場合は，信頼できる資料によって定める．

a．凍害は，硬化したコンクリートに外部から浸入した水が空隙内で凍る際に，その体積膨張によって未凍結水が細孔内に押しやられるときの圧力が組織を破壊することによって生じる．この組織の破壊は，水が供給されやすい表面から始まり，凍結と融解が繰り返されれば，次第にその部分の被害は大きくなり，さらに水が内部へも移動するので，被害が次第に内部へと進行していく．組織の破壊は，最初は局部的な微細なひび割れの発生であるが，進行すると表面組織の緩み，膨張および剥離・剥落が生じてきて，内部の鉄筋が露出してしまうこともある．

この凍害の発生と進行には，次の劣化外力が主に関係している．

（1）凍結時の最低温度と凍結融解繰返し回数

特に，凍結時の最低温度が低いほど凍害劣化が大きくなり，また，年間の凍結融解繰返し回数が多いほど，凍害劣化が速く進行する．

（2）凍結融解作用を受けるときのコンクリートの含水程度

ある程度乾燥しているコンクリートは，凍結融解が生じる程度の温度変化を受けても凍害の発生はないが，外部からの水（冬季の融雪水・雨水・結露水など）の浸入により，ある限度以上に含水が高まってくると凍害が発生し始め，含水程度が高くなるほど被害が大きくなる．

JASS 5.26節[18]では，同節の適用の目安として，その地点の最低温度に基づく凍結融解作用係数による評価を示している．凍結融解作用係数は，次式によって計算される．

$$（凍結融解作用係数）＝－（最低気温）×（日射係数）×（部材係数） \qquad (解3.4.1)$$

JASS 5.26節では最低気温は，気象庁より発表されている日最低気温の平滑平年値の年間極値としている．また，日射係数として水平面および南面の場合は1.5倍することとされている．また，部材係数は，水と接して凍結融解作用を受ける部位（突出部など）を1.0，比較的水分供給の多い部位（一般の水平面など）を0.8，水分供給の少ない部位（外壁面一般など）を0.3として，水分の条件による影響度の違いを表現している．また，これらの劣化外力を考慮し，各地点の凍害の危険性を示した例として，長谷川の凍害危険度[19]がある〔解説図3.4.1〕．各地点における凍害の危険性を評価したこれらの事例では，本項で示した劣化外力が考慮されたものとなっている．b，c項において，当該部材・部位における設計劣化外力を求めるにあたり，まずは各地点の凍害の危険性を把握することが重要であり，これらの評価事例が参考となる．ここで，日最低気温の平滑平年値の年間極値と凍害危険度（良質骨材，AE剤を使用したコンクリートの場合）との関係を解説図3.4.2に

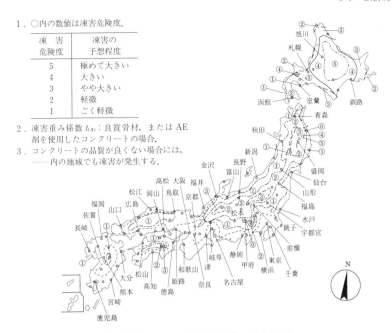

解説図 3.4.1 凍害危険度の分布図[19]

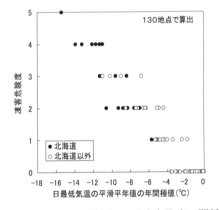

解説図 3.4.2 日最低気温と凍害危険度の関係[20]

示す[20]．凍害危険度は離散的に表されるため，両者は一対一の対応とはならないが，日最低気温が低くなるほど凍害危険度が大きくなることが確認できる．同じ日最低気温でも凍害危険度が異なる場合があり，これは各地点の凍結融解回数が影響している．各地点の凍害の危険性は，日最低気温の平滑平年値の年間極値によっておおよそ評価できると考えられるが，耐久設計を行う場合は，さらに凍結融解回数（凍結持続日数も含む）を劣化外力として考慮する必要がある．

 b，c．凍害の発生と進行に関係する設計劣化外力である年間の凍結融解回数は，コンクリートの最低温度およびコンクリートに作用する水分によって異なるため，その建築物が置かれている地域，立地，部材・部位などの条件を考慮しなければならない．

(1) 地域とのかかわり

建設地域の寒冷度から，凍結融解作用の強さを求める．具体的には，外気温上の年間の凍結融解回数を基本とし，これに日射によるコンクリート温度上昇を考慮して，方位・部材・部位に応じた凍結融解回数の増加を加え，凍結最低温度を考慮した凍結融解作用の強さを求める．

凍結融解作用を受けるときのコンクリートの含水程度を求める．具体的には，供給源となる融雪水・雨水によるコンクリート表面部の含水程度を方位・部材・部位を考慮して求める．

(2) 立地とのかかわり

方位は，日射による凍結融解回数の増加と関係する．

(3) 部材・部位とのかかわり

凍害発生の有無や程度は，温度作用とコンクリートの含水程度の両方に関係しており，水平部材，鉛直部材，隅角部，ひさし部などによりそれぞれ異なる．したがって，同一建築物の場合でも部材・部位の違いで，凍結融解温度や外部から作用する水の程度が異なるため，凍害発生の有無や程度は異なってくる．しかも，これらの値は一定のものではなく，常に状況によって変化しているものである．したがって，対象とするそれぞれの位置において，これらの値の連続的な変化を求める必要がある．

上記のように，建築物の部材・部位における年間の凍結融解回数，最低温度およびコンクリートに作用する水分は，その位置において連続的に測定して求めることになる．この場合，コンクリート温度の連続測定は，その位置に熱電対を埋め込むことなどにより，可能である．一方，コンクリートに作用する水分の測定は，外部からコンクリートに浸入する水分量ではなく，コンクリート表面部の含水程度を測定する方が簡便であり，特に連続測定する場合には，その位置への測定センサの埋込みが必要である．しかしながら，これらの測定値は一般にはすぐには求められない場合が多いので，信頼できる資料によって定めることになる．

信頼できる一般的な資料として，年間の凍結融解回数と最低温度については，たとえば建設地の毎日の日最高・最低気温データが利用できるが，対象とする部材・部位によっては，前述のように日射による凍結融解回数の増加を加味しなければならない．ここで，浜ら[21]は，気象データからASTM C 666(JIS A 1148) A法の相当サイクル数を算出する方法を提案しており，コンクリートの温度および凍結融解回数の測定データに代わるものとして利用できると考えられる．また，その位置のコンクリートの含水程度の連続データは一般的な資料としてはないので，既往の調査データから同条件と思われる部材・部位で得られた値を用いることになろうが，使用できる測定例はほとんどないのが現状である．

凍害に対する耐久設計では，その地域の最も厳しい方位に位置する部材・部位においても安全となるように設計することになるので，凍結融解作用による劣化現象が最も激しく現れる「水平部材の常に融雪水で濡れやすい外端部」の温度条件・含水条件を設計の基本値とするのが望ましい．この基本値に対して，対象とする位置の温度条件や含水条件に応じて劣化外力を緩和させて凍害に対する耐久設計を行うことが多い．

3.5 アルカリシリカ反応に対する設計劣化外力

> a．アルカリシリカ反応に対する設計劣化外力は，建築物が置かれる場所において，建築物の各面へ到達するアルカリイオン量，建築物に接する水のアルカリイオン濃度，ならびにコンクリートに作用する水分および温度とする．
> b．建築物が置かれる場所において，建築物の各面へ到達するアルカリイオン量，建築物に接する水のアルカリイオン濃度，ならびにコンクリートに作用する水分および温度は，その位置で連続的に測定して求める．アルカリイオン濃度の測定値がない場合は，塩化物イオン濃度の測定値から換算してよい．また，コンクリート内部のアルカリイオン濃度についても考慮する．
> c．建築物が置かれる場所において，建築物の各面へ到達するアルカリイオン量，建築物に接する水のアルカリイオン濃度または塩化物イオン濃度の測定値，ならびにコンクリートに作用する水分および温度の測定値がない場合は，信頼できる資料によって定める．

a．アルカリ骨材反応は，従来，アルカリシリカ反応（以下，ASR），アルカリシリケート反応，アルカリ炭酸塩反応の3つに分類されていたが，現在では，全てASRとして扱えるようになっている．アルカリシリケート反応は長期間にわたって反応が継続し，生成するゲルの量は少ないといった特徴を有するが，ASRと同様の反応であること，また，アルカリ炭酸塩反応は石灰岩に見られる現象であり，ペシマム現象が見られない，低アルカリでも反応するといった特徴はあるが，片山による岩石学的研究の成果[22]より，石灰岩中に含まれる隠微晶質石英によるASRに帰結できることが明らかとなったことによる．

ASRは，一般に次の3つの条件が揃った場合に，コンクリートに被害を生じさせる．
（1）　反応性骨材
（2）　高いアルカリ量
（3）　十分な湿度あるいは水分

したがって，設計劣化外力としては，（2）に関してはコンクリート外部から供給される，または内部にもともと存在するアルカリイオン量，（3）に関してはコンクリート内部の含水状態やコンクリートに作用する水分を考慮する必要がある．また，温度もASRの反応速度と密接な関係があるため，劣化外力の一つとして扱うこととした．

なお，骨材は劣化外力ではないが，骨材に反応性が無ければ，アルカリ量が高く，十分な湿度あるいは水分があっても，ASRによる被害は生じないことから，その特徴を把握しておく必要がある．そこで，我が国における反応性骨材の実態について次に説明する．

旧建設省（土木研究所）では，総プロ「コンクリートの耐久性向上技術の開発」（昭和60～62年度）[23),24)]の際，ASRを起こす可能性のある岩石の分布について明らかにすべく，操業中の砕石場の位置と岩型（岩種）について調査し，属している地質・岩体の区分を行って，その結果をもとに，試験をするための骨材を選定し（計367試料），さらに，砕石場のない地域の岩体の中から，将来砕石場として開発される可能性のあるもののうち，反応性を有している率が高そうなもの（計104試料）を試料として追加し，化学法およびモルタルバー法による試験を実施している．

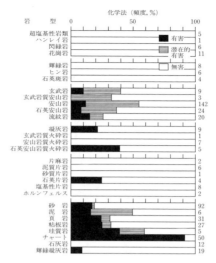

解説図3.5.1 化学法の判定結果[25]

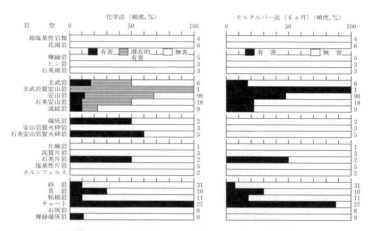

解説図3.5.2 化学法，モルタルバー法の判定結果[25]

　同一分類に属する岩種ごとに反応性のあるものとないものを分類し，その頻度を示したものが解説図3.5.1（化学法）および解説図3.5.2（化学法，モルタルバー法）である[25]．反応性を示す頻度の高い岩種は火山岩類，堆積岩類および変成岩類の一部であり，深成岩類および半深成岩類には反応性を示す岩種は認められていない．火山岩類では生成年代により反応性の有無が区分され，反応性が認められているのは中新世（約2500〜500万年前）以降の新しい岩石であり，斬新世（約3700〜2400万年前）以前の火山岩類には反応性は認められないという報告がなされている[23]．

　日本に産出する火成岩の分類を解説表3.5.1に示す[26]．火成岩は組織により，火山岩，半深成岩および深成岩に区分され，後者ほど結晶が粗粒化し，反応性は低下する傾向にある．また，化学組成により，酸性岩，中性岩，塩基性岩および超塩基性岩に分類され，酸性岩の方が高反応性であるとされている．

解説表 3.5.1　火成岩の分類（日本に多く産するカルクアルカリ系列）[26]

分類	塩基性	中性	酸性	
SiO$_2$量	45〜52%	52%〜63%	63%〜69%	69%〜
火山岩	玄武岩	安山岩	デイサイト（石英安山岩）	流紋岩
半深成岩	ドレライト（輝緑岩）	閃緑岩ポーフィリー	カコウ閃緑岩ポーリフィリー	カコウ岩ポーフィリー
深成岩	ガブロ（斑レイ岩）	閃緑岩（ダイオライト）	カコウ閃緑岩	カコウ岩

　解説図 3.5.3 は，日本列島における岩石の反応性の区分を次の4つに分類し，試験を行っていない岩体の反応性も地質学的に類推してまとめた結果である[24]．
　①骨材として使用されない，あるいはほとんど使用されないもの（新第三紀以降の堆積岩類）
　②反応性はほとんどないもの（深成岩類および斬新世以前の火山岩類）
　③岩型によっては反応性があるもの（変成岩類および堆積岩類）
　④反応性がある岩石が高い率で含まれるもの（中新世以降の火山岩類）
　試験結果によれば，火山岩に分類される安山岩（反応速度が速い）と堆積岩に分類されるチャート（反応速度は緩やかなものが多い）に反応性を有するものが多いということが報告されている．一般に安山岩がASRを起こすのは反応性シリカ鉱物であるクリストバライトとトリディマイトを含有する場合である．一方，チャートでは微晶質〜潜晶質もしくは非晶質シリカが反応するとされている．日本のチャートは通常頁岩と互層をなし，層状に産することから，層状チャートと呼ばれ，

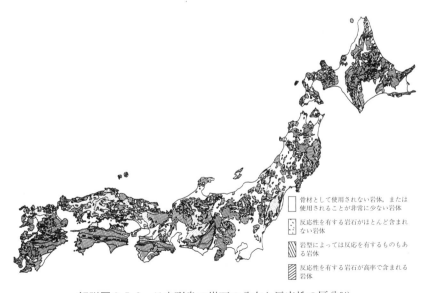

解説図 3.5.3　日本列島の岩石の分布と反応性の区分[24]

解説表 3.5.2　反応性鉱物のペシマム配合[27]

急速膨張性		急速～中間的		遅延膨張性	
オパール	＜5%	流紋岩質ガラス	100%	隠微晶質石英	50%
クリストバライト	＜10%	デイサイト質ガラス	100%	隠晶質石英	＞80%
トリディマイト	＜10%	安山岩質ガラス	境界線	二次的成長石英	―
カルセドニー	20%	玄武岩質ガラス	無害		

堆積岩中に薄く偏在し，まわりの堆積岩（粘板岩，砂岩など）を含むことも多い．

また，河川砂利を構成している岩石は，周辺の山地からもたらされているため，周辺地域の影響を強く受ける．極めて反応性が高い安山岩を含む砂利の場合には，化学法で「無害」と判定されても，ペシマム混合率付近では極めて大きな膨張を示す可能性があるので注意が必要とされる．なお，反応性鉱物のペシマム混合率は解説表 3.5.2 のように整理されている[27]．

一方，粘土鉱物を多く含む場合にはアルカリ濃度減少量が多くなるため，$S_c/R_c \geq 1$ の有害域にあってもモルタルバーの膨張が小さいものが多い．特に反応性を示す火山岩には変質鉱物としてモンモリロナイトを含むものが多く，こうした鉱物はアルカリを吸着する性質（陽イオン交換）があるため，アルカリ濃度を減少させ，アルカリ量の少ないケースでは過大な膨張に至らないケースも多いことが指摘されている[25]．

なお，解説図 3.5.4 は ASR による構造物の損傷が報告されている地域をまとめたものである[28]．ASR の損傷の発生には地域特性があることがわかる．

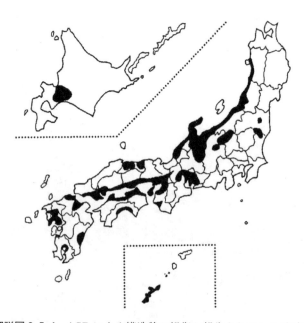

解説図 3.5.4　ASR による構造物の損傷が報告されている地域[28]

b．設計劣化外力としてのアルカリイオン濃度あるいは水分の供給（存在）については，コンクリート内部由来のものと外部由来のものの2種類を考慮する必要がある．

内部由来のアルカリイオン濃度は（解3.5.1）式によって算出される．

$$R_t = \frac{N_{a2}O_{eq}(\%)}{100} \cdot C + 0.9 \cdot Cl^- + R_m \qquad (解3.5.1)$$

ここに，R_t　：コンクリート中のアルカリ量（kg/m³）
　　　　　$N_{a2}O_{eq}$：セメントのアルカリ量（Na₂O換算）（%）
　　　　　C　：単位セメント量（kg/m³）
　　　　　Cl^-　：コンクリート中の塩化物イオン量（kg/m³）
　　　　　R_m　：混和剤からもたらされるアルカリ量（kg/m³）

なお，混合セメントのアルカリ量の計算は，混和材に含まれるアルカリ量がコンクリートのASRに及ぼす影響を考慮して行うのが合理的と考えられる．BS EN規格には，混和材の種類と置換率によって，解説表3.5.3のように換算して行う方法が示されており[29]，参考となる．また，ASRが進行すると，骨材中からもアルカリ分が溶出し，さらに劣化を加速させることもある点に留意が必要である．

一方，外部由来のアルカリイオン濃度については，建築物が置かれる環境条件によって左右されるが，アルカリイオン濃度が連続測定された例はほとんど無い．ただし，海洋環境地域や凍結防止剤・融雪剤の使用地域などのように，外部環境からアルカリイオンが侵入する可能性がある場合には，実建築物で想定されるアルカリ供給条件を適切な方法で再現した試験を行うか，測定例も豊富である飛来塩分量からNaイオン量を求めるなどの換算を行い，アルカリイオン濃度を推定すればよいと考えられる．

c．建築物が置かれる場所において，建築物の各面へ到達するアルカリイオン量，建築物に接する水のアルカリイオン濃度または塩化物イオン濃度の測定値，ならびにコンクリートに作用する水分量に関して測定値がない場合は，信頼できる資料によって定める．

解説表3.5.3　高炉スラグ微粉末およびフライアッシュに含まれるアルカリ量の換算方法[29]

混和材の割合	コンクリートのアルカリ含有量を算出する際の混和材のアルカリ含有量の換算割合
高炉スラグ微粉末が40%以上	0%
高炉スラグ微粉末が25～39%	50%
高炉スラグ微粉末が25%未満	100%
フライアッシュが25%以上	0%
フライアッシュが20～25%	20%
フライアッシュが20%未満	100%

3.6 化学的侵食に対する設計劣化外力

> a．化学的侵食に対する設計劣化外力は，大気，ならびに建築物に接する土および水に含まれる侵食性物質の濃度とする．
> b．大気，ならびに建築物に接する土および水に含まれる侵食性物質の濃度は，建築物が置かれる場所において連続的に測定して求める．
> c．大気，ならびに建築物に接する土および水に含まれる侵食性物質の濃度の測定値がない場合は，信頼できる資料によって定める．

a．コンクリートを化学的に侵食する物質の種類は非常に多いが，コンクリートの化学的侵食はそのメカニズムから二つに分類される．一つは，コンクリート中のセメント水和物と化学反応をおこし，本来，水に溶けにくい水和物を可溶性の物質に変えてしまい，コンクリートの劣化・崩壊を生じさせるものであり，大多数の酸性物質，無機塩類，および亜硫酸ガスなどの侵食性ガスがこれにあたる．もう一つは，コンクリート中のセメント水和物と反応して新たな化合物をつくる際に膨張を伴うものであり，各種硫酸塩がこれにあたる．また，物質によってはこの両方の現象を併せて生じさせるものもある．設計劣化外力としての侵食性物質の評価はその濃度にて行うことが適当であると考えられるが，コンクリートに影響を及ぼすと考えられる物質を構成する各種イオンとセメント水和物との反応式に基づき，その主要因となりうるイオンを特定し，評価する必要がある．コンクリートに化学的侵食をもたらす侵食性物質の例を解説表 3.6.1 に，化学的侵食が予想される暴露環境を化学物質の量・濃度により規定したものを解説表 3.6.2[30]に示す．

b．建築物の置かれる環境条件の違いによって，または同一建築物でも方位・部位等により，大気や水に含まれる侵食性物質が及ぼす影響は異なる．酸性物質の強さはその pH 値で概略推定は可

解説表 3.6.1 化学的侵食をもたらす酸，無機塩類，侵食性ガスの例

もたらされる劣化	侵食性物質の種類		対象地域・建築物・部材
水和物を可溶性の物質に変化	酸	硝酸　塩酸　フッ化水素酸 酢酸　ぎ酸　酪酸　酒石酸　フミン酸	化学工場，実験施設
	無機塩類	水酸化ナトリウム（濃度10%以上） 水酸化カリウム（濃度10%以上） 水酸化アンモニウム（濃度10%以上） 硝酸アンモニウム　硫酸アルミニウム 塩化カルシウム　塩化マグネシウム	
	侵食性ガス	亜硫酸ガス　フッ化水素 一酸化窒素　塩化水素 塩素　硫化水素	温泉地帯，工業地帯 煙突・化学工場 し尿下水施設
水和物と反応し膨張性化合物を生成	酸	硫酸	化学工場，実験施設
	無機塩類	硫酸ナトリウム 硫酸マグネシウム 硫酸アンモニウム	

解説表 3.6.2 化学的劣化環境クラスのための上限・下限値[30]

	試験方法	XA 1	XA 2	XA 3
SO_4^{2-} mg/l（水中）	EN 196-2	≥ 200, ≤ 600	>600, ≤ 3000	>3000, ≤ 6000
全 SO_4^{2-} mg/kg（土中）[2]	EN 196-2[3]	≥ 2000, ≤ 3000[1]	>3000[1], ≤ 12000	>12000, ≤ 24000
pH	ISO 4316	≤ 6.5, ≥ 5.5	<5.5, ≥ 4.5	<4.5, ≥ 4.0
土の酸性度[4]	prEN 16502	>200		
CO_2 mg/l（水中）	prEN 13577	≥ 15, ≤ 40	>40, ≤ 100	>100
NH_4^+ mg/l（水中）	ISO 7150-1	≥ 15, ≤ 30	>30, ≤ 60	>60, ≤ 100
Mg^{2+} mg/l（水中）	ISO 7980	≥ 300, ≤ 1000	>1000, ≤ 3000	>3000

1) 乾湿繰返しおよび毛管吸引によりコンクリート中に硫酸イオンの蓄積リスクがある場合 3 000 mg/kg の限度値を 2 000 mg/kg に引き下げる
2) 透水係数が 10^{-5} m/s 以下の粘土質土壌では一つ下のクラスに設定する
3) この試験方法は硫酸イオンの抽出を塩酸で行うが，コンクリートが使用される場所で試験可能の場合は水による抽出でもよい
4) Baumann Gully による指標

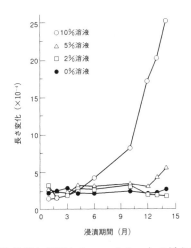

解説図 3.6.1 Na_2SO_4 溶液に浸漬したコンクリートの長さ変化（$W/C=0.57$）[31]

能であり，これまでにも温泉地帯等における土および水の pH 値の測定等の報告がある．pH を含む温泉の泉質とその地域の被害例を解説表 3.6.3 に示す．硫酸塩に関しては，解説図 3.6.1 に示すように，その濃度が比較的高いときに侵食性が大きいこと等が報告[31]されており，硫酸塩の濃度と侵食の程度に関しては，CEB Task Group Durability 20: Durability and Service life of Concrete Structures により，SO_3 量または硫酸ナトリウム（Na_2SO_4）換算値によりその侵食性が示されている．また，その他の侵食性物質に関しては，定性的な傾向は数多く報告されているが，定量的な評価にまでは至っていないのが現状であり，試験等によって確認することとする．

c．硫酸塩を含む地盤として，わが国には，主に古第三紀層に属す石炭の採掘ずり（ぼた）による盛土地盤，新第三紀泥岩層や第四紀洪積層の海成固結粘土またはシルトからなる丘陵地や台地の

解説表 3.6.3　各地の温泉における泉質とその被害の例[32]

	別府温泉			雲仙温泉	草津温泉
	塚原温泉	明ばん温泉	堀田温泉		
泉質	含みょうばん緑ばん酸性泉	酸性硫化水素泉	単純泉	硫黄泉	硫化水素を含む強酸性みょうばん泉
pH	1.75	2.25	6.60	2.1	1.45
泉温	62℃	82℃	54℃	90℃	61℃
Cl^- (ppm)	0.49	1.07	16.70	18.93	798.7
SO_4^{2-} (ppm)	3 700	550	63	1 075.1	1 172.0
HCO_3^- (ppm)	0	0	204	—	—
H_2S (ppm)	0.34	6.05	0.88	—	3.733
被害例	塚原地区の砂防堤などでは低pHの流水の影響により泉源水槽よりも浸食が激しい.	明ばん槽、及び各泉源地の水槽、マンホールは硫酸塩による化学的侵食もさることながら、かなりのスピードで物理的浸食を受けている.	2年間の浸漬試験では浸食深さ（消先深さ＋中性化深さ）は1mm程度で、ほとんどコンクリートの浸食は見られない.	清七地獄の前のコンクリート舗装道路は噴出するガスと熱と亜硫酸ガス蒸気のため、ぼろぼろに侵されている.	目地モルタルは約3ヶ月で石膏化し、浴室天井の鉄筋コンクリート梁材にも腐食が見られる.

那須温泉	霧島温泉（Ⅰ）	霧島温泉（Ⅱ）（新潟）	霧島川（みょうばん）	吾妻川（八ツ場ダム）	海水
みょうばん泉	概ね硫化水素泉一部食塩緑ばん泉	—	—	—	—
3～4	6.2	3.08	3.75	2.7～3.1	8～9（博多湾）
70℃	66.3℃	80℃	34℃		
453.8	6.727	4.26	21.64	101.8	1 800
700.9	52.84	53.9	294	316.8	2 600
—	160.9	—	—	—	140
10.5	12.06	—	—	—	—
目地モルタルは約3～6ヶ月で石膏化.	コンクリートの外観はあまり変化しないが内部中性化は早く、普通5年ほどで中性化が鉄筋に達する.	風呂その他のコンクリート構造物にひびわれ、石膏及びセメントバチスルと思われる白い粉をふいたものが見られる.	床固めコンクリートの流水部分は2～3年で赤褐色に変化し、骨材が現れている.	コンクリート供試体 ϕ 15 cm、W/C＝53.1%、C＝320 kg/m^3 を1年間侵漬した結果、表面から約2mmが溶脱し、次の2～3mmが中性化していた.	築造後4～14年を経過した港湾コンクリート構造物の場合、平均中性化深さは経過年数10年で約3mm、20年で5mm程度である.

解説表 3.6.4　各地盤における硫酸イオン濃度の平均値の幅および水溶化率[33]

地盤名	全硫酸 T-SO_4 (%)	水溶性硫酸 W-SO_4 (%)	水溶性化率* W-SO_4/T-SO_4 (%)	試料数
ぼた地盤	1.54～14.1	0.05～0.71	7.8	52
新第三紀泥岩層	0.90～3.00	0.03～0.52	2.6	94
第四紀洪積固結粘土層	0.65～4.64	0.018～0.038	3.5	40
第四紀沖積粘土層	0.64～2.24	0.14～1.14	34.0	55

切取地盤、および第四紀沖積層の粘土・シルト地盤が報告されており、それら地盤別に、土中の硫酸イオン濃度を測定した事例[33]として、解説表 3.6.4 を示す.

3.7 その他の劣化現象に対する設計劣化外力

> その他の劣化現象に対する設計劣化外力は，信頼できる資料によって定める．

　その他の劣化現象としては疲労，摩耗，溶脱などがあり，疲労に対しては荷重が，摩耗に対してはすり減り作用が，溶脱に対しては水の作用が劣化外力として考えられる．

参 考 文 献

1) 本名英理香・氏原菜摘・伊代田岳史・濱崎　仁：地中環境におけるコンクリートの中性化抑制効果の検討，第69回セメント技術大会講演要旨，2015
2) 藤倉規雄・岩崎英樹・福手　勤・柴田　智・鈴木崇伸：コンクリートの含水状態の季節変動が地中構造物の中性化特性に及ぼす影響，土木学会論文集E vol.65, No.4，pp.564〜576，2009
3) 土壌中のCO_2濃度のリアルタイム測定，土木学会第65回年次学術講演会講演概要集，第7部，VII-090，pp.179〜180，2010
4) 気象庁：報道発表資料「増え続ける大気中の二酸化炭素濃度－国内および世界の最新状況－」，平成15年3月19日
5) 相原敬次：神奈川県における二酸化炭素濃度の立体分布について，神奈川県市環境・公害研究機関協議会，第27回環境・公害研究合同発表会要旨，平成15年6月
6) 鉄筋コンクリート造建築物耐久設計研究小委員会資料，平成15年9月29日
7) 兼松　学・白石　聖・Sung Chul Bae・陣内　浩・田村政道・今本啓一・濱崎　仁・土屋直子・野口貴文：旧国立霞ヶ丘競技場の建築材料調査 その2：環境調査，日本建築学会大会学術講演論文集(関東)，pp.419〜420，2015.9
8) 兵庫県：兵庫県の環境(大気)，http://hyogowww.pref.hyogo.jp/JPN/ELS2/e210000j.html，平成15年11月10日掲載データ
9) 白石　聖・兼松　学・BAE Sung Chul・今本啓一・濱崎　仁・野口貴文・田村政道・土屋直子：旧国立霞ヶ丘競技場の建築材料調査 その7：含水率，日本建築学会大会学術講演論文集 (関東)，pp.429〜430，2015.9
10) 地質調査所：多摩川下流域における地下水位と水質の変化，地震予知連絡会会報，第15巻，pp.57〜64，1976.2
11) 金谷光秀：海岸に暴露したコンクリート中の塩化物イオン拡散性状，コンクリート工学年次論文報告集 Vol.18, No.1，1996
12) 西山直洋：コンクリートの塩害抑制に関する研究その1研究計画および飛来塩分，日本建築学会大会学術講演梗概集，1996.9
13) 建設省：総合技術開発プロジェクト「コンクリートの耐久性向上技術の開発」報告集第一編，昭和63年11月
14) 佐伯竜彦・能勢陽祐・菊地道生：薄板モルタル供試体を用いたミクロ塩害環境評価手法に関する基礎的検討，コンクリート工学年次論文集 Vol.33．No.1．pp.803〜808，2011
15) 日本建築学会：JASS 5 24節，海水の作用を受けるコンクリート，2003
16) 崎原康平・比嘉孝之・山田義智・湯浅　昇：沖縄本島における飛来塩分輸送状況の推定に関する基礎的検討，コンクリート工学年次論文集 Vol.36, No.1．1396〜1401，2014
17) 前田　聡・武若耕司・山口明伸：塩害データベースを用いたコンクリート中への塩化物イオン拡散の定量評価，土木学会論文集 No.760/V-63，pp.109〜120，2004.5
18) 日本建築学会：建築工事標準仕様書 JASS 5 鉄筋コンクリート工事，2015.7
19) 長谷川寿夫：コンクリートの凍害に及ぼす外的要因の影響と凍害危険度の表示法，セメント技術年報 XXIX，1975

20) 長谷川拓哉・千歩　修・長谷川寿夫：地域の凍害危険性評価指標の比較，日本建築学会技術報告集第25巻，pp.23〜27，2007.6
21) 浜　幸雄・松村光太郎・田畑雅幸・冨板　崇・鎌田英治：気象因子を考慮したコンクリートの凍害劣化予測，日本建築学会構造系論文集第523号，pp.9〜16，1999.9
22) 片山哲也：コンクリート中におけるアルカリ骨材反応の岩石学的研究，東京大学学位論文，2012.03
23) 建設省・国土開発技術研究センター：建設省総合技術開発プロジェクト「コンクリートの耐久性向上技術の開発」報告書〈第一編〉，pp.163〜178，1988.11
24) 建設省・国土開発技術研究センター：建設省総合技術開発プロジェクト「コンクリートの耐久性向上技術の開発」報告書〈第二編〉，pp.277〜278，1988.11
25) コンクリート工学協会：融雪剤によるコンクリート構造物の劣化研究委員会報告書・論文集，pp.45〜97，1999.11
26) コンクリート工学協会：セメント系材料・骨材研究委員会報告書，pp.178〜187，2005.09
27) 片山哲也：アルカリシリカ反応入門③アルカリシリカ反応の診断方法，コンクリート工学，Vol.52, No.12, pp.1083〜1090，2014.02
28) 鳥居和之：アルカリシリカ反応にいかに対応するか＜試験，診断と対策の課題＞，セメント・コンクリート No.696, pp.1〜9，2005.02
29) Annex D (normative)：Minimizing the risk of damaging alkali-silica reaction in concrete, pp.34〜39, Concrete－Complementary British Standard to BS EN 206-1－Part 2: Specification for constituent materials and concrete (BS 8500-2：2006＋A1：2012)
30) CEN：EN206-1 Concrete－Specification, performance, production and conformity, 2000
31) 松下博通ほか：硫酸塩によるコンクリートの劣化に関する基礎的研究，第7回コンクリート工学年次講演会論文集，pp.65〜68，1985
32) 徳光善治・松下博通：温泉地帯とコンクリート，コンクリート工学，vol.17, No.11, pp.31〜35，1979
33) 松下博通ほか：地盤調査結果に基づくコンクリートの硫酸塩劣化地盤の分類，土木学会論文集 E, Vol.66, No.4, pp.507〜519，2010

4章　設計限界状態および維持保全限界状態

4.1　総　　則

> a．設計限界状態および維持保全限界状態は，構造体および部材の性能について設定する．
> b．構造体および部材の性能について設計限界状態または維持保全限界状態を直接設定することができない場合は，鉄筋，コンクリートまたは仕上材を含めたコンクリートの劣化状態について設定する．

　a，b．建築物の耐久設計は，建築物に対して要求される機能・性能が建築主の要求する耐用年数の間維持し続けるように，本来，建築物全体の機能・性能を対象としてなされるべきであるが，2章の解説でも述べられているように，劣化現象の進行に伴う建築物全体の性能の低下を定量的に評価することは困難であるため，本指針では，耐久設計を行う対象を構造体および部材に設定している．したがって，耐久設計を行う際の目標となる設計限界状態および維持保全限界状態についても，解説図4.1.1(a)に示すように原則として構造体および部材の性能について設定するものとした．

　ただし，鉄筋，コンクリート，仕上材などの鉄筋コンクリート構造体および部材を構成する要素の劣化状態が構造体および部材の性能にどのような影響を及ぼすかについて，①定量的に評価するための信頼できる手法および資料が現時点では整備されていない場合，または②鉄筋，コンクリートおよび仕上材の劣化そのものが構造体および部材の寿命を直接決定すると考えられる場合には，解説図4.1.1(b)に示すように，鉄筋，コンクリートおよび仕上材を含めたコンクリートについて，それぞれ設計限界状態および維持保全限界状態を設定してもよいこととした．すなわち，本指針の基本方針は，解説図4.1.1(a)のように，構造体および部材の性能の限界状態を定量的に定め，その限界状態に至らないように，部材および構造体の構成要素の劣化を定量的に制御することであるが，上記①および②のような場合には，解説図4.1.1(b)のような形で劣化を制御してもよい．①の場合の例としては，鉄筋コンクリート造外壁の漏水に対する維持保全限界状態の設定が挙げられる．鉄筋コンクリート造外壁からの漏水は，ほとんどの場合，コンクリートに生じた貫通ひび割れを通じて生じるが，室内への漏水にまで至るかどうかは，その時の雨量，風速などの環境条件だけでなく，ひび割れ幅，ひび割れの三次元形状および壁厚によって決まる．模擬ひび割れを設けた試験体によって鉄筋コンクリート部材の漏水を調べた例はあるが，その場合のひび割れは一定の幅でかつ単純化された二次元形状であることが多く，実験から得られた漏水評価式をそのまま実際の鉄筋コンクリート造外壁には適用できない．また，現実に近い状態のひび割れを設けて漏水を調べた例もあるが，その場合のひび割れ幅・ひび割れ形状は相当に複雑なものであり，その特徴を的確に表すこと

ができる指標として，フラクタル次元などの適用[1]が研究されてはいるものの，漏水の指標として確立されるには至っていない．また，コンクリート内部のひび割れ状態を定量的に把握する技術も確立されていない．したがって，鉄筋コンクリート造の構造体および部材の漏水に対する維持保全限界状態は，その状態では漏水の発生は全く考えられず，予防保全的に補修が容易に行える程度のコンクリート表面のひび割れ状態として設定するのが現実的である．一方，②の場合の例としては，仕上材としてタイルが施された鉄筋コンクリート造外壁の使用安全性に対する設計限界状態の設定が挙げられる．鉄筋コンクリート造の構造体および部材の使用安全性は，その構造体および部材が建築物の利用者や建築物周囲に存在する人間・器物に被害・損害を与えない程度を示す性能であるため，タイルの剥離・落下現象自体が構造体および部材の使用安全性を決定する．したがって，仕上材としてタイルが施された鉄筋コンクリート造外壁の使用安全性に対する設計限界状態は，タイルが剥離する状態として設定するのが適切である．

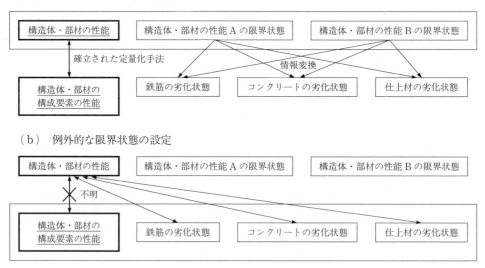

解説図 4.1.1　限界状態の設定方法

　以上の方針に基づき，構造体および部材の構造安全性，使用性および修復性それぞれについての評価項目と設計限界状態および維持保全限界状態を定めると，解説表4.1.1のようになる．

解説表 4.1.1 性能と限界状態

性能	評価項目	設計限界状態	維持保全限界状態
構造安全性	軸方向耐力	設計軸力以下	軸方向耐力の低下
	曲げ耐力	設計曲げモーメント以下	曲げ耐力の低下
	せん断耐力	設計せん断力以下	せん断耐力の低下
使用性	使用安全性	コンクリート・仕上材の浮き・剥落の発生	コンクリート・仕上材に浮き・剥落のおそれのあるひび割れの発生
	漏水	漏水の発生	漏水につながるおそれのあるひび割れの発生
	たわみ	設計用たわみ以上	たわみの増加
	振動	振動の限界値に到達	固有振動数・変位振幅の変化
修復性	修復費用	便益超過状態に到達	計画的な修復費用に到達

4.2 構造安全性

> a．構造安全性に対する設計限界状態は，鉄筋腐食またはコンクリートの劣化によって，構造体および部材の保有する軸方向耐力，曲げ耐力およびせん断耐力が，それぞれ設計軸力，設計曲げモーメントおよび設計せん断力以下になるときとする．
>
> b．構造安全性に対する維持保全限界状態は，鉄筋腐食またはコンクリートの劣化によって，構造体および部材の保有する軸方向耐力，曲げ耐力およびせん断耐力に低下が生じる状態に達するときとする．

a．地震荷重，風荷重，雪荷重などが作用した場合の建築物の崩壊は，柱・壁などの鉛直部材の圧縮破壊およびせん断破壊，ならびに梁・床などの水平部材の曲げ破壊およびせん断破壊によって生じる．竣工時の鉄筋コンクリート造建築物は，設計式・解析手法の不確実性や施工誤差などを考慮し，設計耐用年数の間に作用すると考えられる地震荷重，風荷重，雪荷重などに対してある安全率をもって耐えられるように設計されているが，立地環境条件に応じた劣化外力の影響を受けて，鉄筋の腐食やコンクリートのひび割れ・断面欠損などの劣化が生じることは避けられない．そのため，設計耐用年数の間に鉄筋やコンクリートに生じる劣化を見越して，竣工時の構造安全性を高めに設定しておかなければならない．また，通常は，立地環境および仕様に応じて適切な年限を定めて維持保全を定期的に行い，鉄筋やコンクリートの劣化が進行するのを最大限食い止める措置が施される．しかしながら，設計時に設定した安全率が不十分であったり，適切な維持保全が施されなかったりした場合には，鉄筋の腐食やコンクリートの断面欠損がかなり進んでしまい，鉄筋コンクリート造の構造体および部材の軸方向耐力，曲げ耐力およびせん断耐力が，設計軸力，設計曲げモーメントおよび設計せん断力を下回ってしまうことにもなりかねない．そのような状態にまで劣化が進行してしまうと，設計で想定した最大の地震荷重，風荷重，雪荷重などが生じた場合に建築物が崩壊してしまう危険性が高まるため，構造安全性に対する設計限界状態は，鉄筋腐食またはコンク

リートの劣化によって，構造体および部材の保有する軸方向耐力，曲げ耐力およびせん断耐力が，設計軸力，設計曲げモーメントおよび設計せん断力以下になる時点とした．

　鉄筋コンクリート造の場合，構造安全性に最も影響する劣化現象は鉄筋の腐食である．鉄筋は，コンクリートの中性化や塩化物イオンの拡散移動の影響によって，その表面から腐食し始め，その後，ある程度腐食が進行すると鉄筋に沿ったひび割れがかぶりコンクリートに発生する．この時点では，鉄筋とコンクリートとの付着耐力が低下し始めるものの，鉄筋の約1～3％程度の断面が腐食しているのみであり，鉄筋コンクリート梁部材では曲げ耐力にほとんど変化が認められないのが通常である．鉄筋の腐食程度と柱部材・梁部材などの構造耐力との関係については，これまで多くの実験や解析がなされてきている．解説図4.2.1は，電食により鉄筋の腐食程度を変化させた鉄筋コンクリート梁部材の曲げ耐力を実験により調べた例[2]であるが，鉄筋の断面積が一様に当初の約95～96％程度（約4～5％の断面が腐食）になるまでは梁部材の曲げ耐力に大きな変化は認められないことが報告されている．しかしながら，高濃度の塩化物イオンの存在により鉄筋に孔食が生じる場合や鉄筋周囲の腐食環境条件が不均一な状況下でマクロセル腐食が生じる場合には，鉄筋の腐食は不均一に進行し，断面積が局部的に減少することがある．そのような状態では，鉄筋一本全体における腐食割合が大きくない場合でも，局部的な鉄筋断面積の減少の影響により曲げ耐力が低下する可能性がある．

　一般的には，曲げ耐力の低下が生じる程度までに鉄筋が腐食した状態では，かぶりコンクリートのほとんどの部分は剥離・剥落してしまっており，鉄筋コンクリート梁部材としての原形を留めない状態になると考えられるため，現実的にはそのような状態にまで鉄筋の腐食を放置しておくような鉄筋コンクリート造建築物はほとんどないと言える．解説図4.2.2に，鉄筋の腐食程度を変化させた鉄筋コンクリート柱部材が軸圧縮力と水平せん断力を受けた場合の荷重変形曲線の一例[3]を示す．鉄筋の折曲げ部分は他の部分よりも腐食が進行しやすいため，帯筋の折曲げ部分の腐食が卓越して進行し，その部分の断面積が他よりも著しく小さくなった場合には，そこで破断が生じてしま

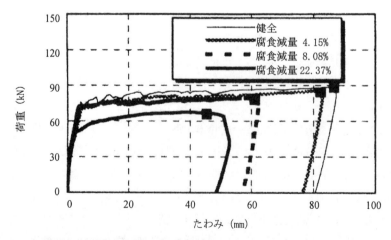

解説図4.2.1　鉄筋が腐食した鉄筋コンクリート梁部材の曲げ挙動[2]

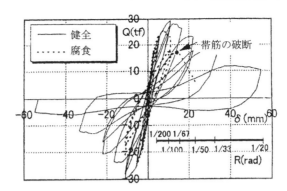

解説図 4.2.2 鉄筋が腐食した鉄筋コンクリート柱部材の荷重変形曲線[3]

い，柱部材のせん断耐力の低下が生じることが示されている．

本会「鉄筋コンクリート構造計算規準・同解説」[4]では，長方形梁の許容曲げモーメント，軸方向力と曲げモーメントを同時に受ける柱の許容軸方向力・許容曲げモーメント，梁・柱の許容せん断力，柱の許容せん断力，柱梁接合部の許容せん断力，壁部材の許容せん断力，および鉄筋の必要付着長さ・必要定着長さを算定する式を提示しており，それらを解説表 4.2.1 および解説表 4.2.2 に

解説表 4.2.1　「鉄筋コンクリート構造計算規準・同解説」における構造設計式（その 1）

性能	算定式
長方形梁の許容曲げモーメント (M)	$M = C \cdot b \cdot d^2,\ C = \min(C_1, C_2)$ $C_1 = \dfrac{p_t f_c}{3 x_{n1}} \{n(1-x_{n1})(3-x_{n1}) - \gamma(n-1)(x_{n1}-d_{c1})(3d_{c1}-x_{n1})\}$ $C_2 = \dfrac{p_t f_t}{3n(1-x_{n1})} \{n(1-x_{n1})(3-x_{n1}) - \gamma(n-1)(x_{n1}-d_{c1})(3d_{c1}-x_{n1})\}$ b　：長方形梁の幅 d　：曲げ材の圧縮縁から引張鉄筋重心までの距離（有効せい） p_t　：引張鉄筋比 f_c　：コンクリートの許容圧縮応力度 f_t　：鉄筋の許容引張応力度 x_n　：曲げ材の圧縮縁から中立軸までの距離 n　：ヤング係数比 γ　：複筋比 d_c　：曲げ材の圧縮縁から圧縮鉄筋重心までの距離
軸方向力と曲げモーメントを同時に受ける柱の許容軸方向力（N）・許容曲げモーメント（M）（中立軸が断面内にある場合）	$N = \min(N_1, N_2, N_3)$ $N_1 = \dfrac{S_n}{x_n} f_c,\ N_2 = \dfrac{S_n}{n(x_n - d_c)} {}_r f_c,\ N_3 = \dfrac{S_n}{n(D - d_t - x_n)} f_t$ $M = N \cdot e$ S_n　：中立軸に関する有効等価断面の 1 次モーメント ${}_r f_c$　：鉄筋の許容圧縮応力度 D　：曲げ材の全せい d_t　：曲げ材の引張縁から引張鉄筋重心までの距離 e　：偏心距離

性能	算定式
梁・柱の長期許容せん断力（Q_{AL}）	$Q_{AL}=b \cdot j \cdot \alpha \cdot f_s$ 　b　：梁・柱の幅（T形梁の場合はウェブの幅） 　j　：梁・柱の応力中心距離で，$(7/8)d$ とすることができる 　α　：梁・柱のせん断スパン比 M/Qd による割増し係数 　f_s　：コンクリートの長期許容せん断応力度 せん断ひび割れを許容する梁の場合 $Q_{AL}=b \cdot j \cdot \{\alpha \cdot f_s + 0.5 \cdot {_w}f_t \cdot (p_w - 0.002)\}$ 　${_w}f_t$　：あばら筋の長期許容引張応力度 　p_w　：梁のあばら筋比
損傷制御のための梁・柱の短期許容せん断力（Q_{AS}）	$Q_{AS}=b \cdot j \cdot \left\{\dfrac{2}{3} \cdot \alpha \cdot f_s + 0.5 \cdot {_w}f_t \cdot (p_w - 0.002)\right\}$ 　f_s　：コンクリートの短期許容せん断応力度 　${_w}f_t$　：せん断補強筋の短期許容引張応力度
安全性確保のための梁・柱の短期許容せん断力（Q_A）	梁：$Q_A=b \cdot j \cdot \{\alpha \cdot f_s + 0.5 \cdot {_w}f_t \cdot (p_w - 0.002)\}$ 柱：$Q_A=b \cdot j \cdot \{f_s + 0.5 \cdot {_w}f_t \cdot (p_w - 0.002)\}$
安全性確保のための柱梁接合部の許容せん断力（Q_{Aj}）	$Q_{Aj}=\chi_A(f_s-0.5)b_j D$ 　χ_A　：接合部の形状による係数 　　$\chi_A=10$（十字形接合部） 　　$\chi_A=7$（T形接合部） 　　$\chi_A=5$（ト形接合部） 　　$\chi_A=3$（L形接合部） 　b_j　：接合部の有効幅 　D　：柱せい

解説表 4.2.2 「鉄筋コンクリート構造計算規準・同解説」における構造設計式（その2）

性能	算定式
損傷制御のための壁部材の短期許容せん断力（Q_A）	$Q_A=\max(Q_1, Q_2)$ $Q_1=tlf$, $Q_2=\Sigma Q_w + \Sigma Q_c$ 　Q_w　：壁部材に含まれる壁板1枚が負担できる許容せん断力 　　$Q_w=p_s t l_e f_t$ 　Q_c　：壁板周辺の柱（1本）が負担できる許容せん断力 　　$Q_c=bj\{\alpha f_s + 0.5 {_w}f_t(p_w - 0.002)\}$ 　t　：壁板の厚さ 　l_e　：壁板の有効長さで，両側に柱がある場合 $l_e=l'$，片側に柱がある場合 $l_e=0.9l'$，柱がない場合 $l_e=0.8l'$ 　l'　：壁板の内法長さ 　b　：柱の幅 　D　：柱のせい 　p_s　：壁板のせん断補強筋比 　f_s　：コンクリートの短期許容せん断応力度 　f_t　：壁筋のせん断補強用短期許容引張応力度 長期荷重時　　　短期荷重時　　　大地震時 $l_d=\dfrac{{_L}\sigma_t \cdot d_b}{3.2 \cdot {_L}f_a}$　　$l_d=\dfrac{{_s}\sigma_t \cdot d_b}{3.2 {_s}f_a}+d$　　$l_d=\dfrac{\sigma_y \cdot d_b}{4 \cdot K \cdot f_b}+d$ 　${_L}\sigma_t$　：付着検定断面位置における長期荷重時の鉄筋存在応力度 　${_s}\sigma_t$　：付着検定断面位置における短期荷重時の鉄筋存在応力度

4章 設計限界状態および維持保全限界状態 —83—

引張鉄筋の必要付着長さ （l_d）	σ_y ：付着検定断面位置における鉄筋の降伏強度 $_Lf_a$ ：長期許容付着応力度 $_sf_a$ ：短期許容付着応力度 f_b ：付着割裂の基準となる強度 |	安全性確保のための検討	
	上端筋	その他の鉄筋
---	---	---
普通コンクリート	$0.8 \times \left(\dfrac{F_c}{40}+0.9\right)$	$\dfrac{F_c}{40}+0.9$
軽量コンクリート	普通コンクリートに対する値の0.8倍 || d_b ：曲げ補強鉄筋径（異形鉄筋の場合，呼び名の数値） d ：曲げ材の有効せい K ：鉄筋配置と横補強筋による修正係数 $$K=0.3\left(\dfrac{C+W}{d_b}\right)+0.4$$ C ：付着検定断面位置における鉄筋間のあき，または最小かぶり厚さの3倍のうちの小さいほうの数値 W ：付着割裂面を横切る横補強筋効果を表す換算長さ $$W=80\dfrac{A_{st}}{s \cdot N}$$ A_{st} ：当該鉄筋列の想定される付着割裂面を横切る1組の横補強筋全断面積 s ：1組の横補強筋の間隔 N ：当該鉄筋列の想定される付着割裂面における鉄筋本数
引張鉄筋の必要定着長さ （l_{ab}）	$l_{ab}=\alpha\dfrac{S \cdot \sigma_t \cdot d_b}{10 \cdot f_b}$ σ_t ：仕口面における鉄筋の応力度 d_b ：異形鉄筋の呼び名に用いた数値 f_b ：付着割裂の基準となる強度 α ：1.0（横補強筋で拘束されたコア内に定着する場合） 　　1.25（上記以外の場合） S ：必要定着長さの修正係数 | 種類 ||| S
---	---	---	---
直線定着	耐震部材（柱，大梁，耐震壁，基礎など） || 1.25
	非耐震部材（小梁，スラブ，非構造壁など）	片持形式	
		上記以外	1.0
	その他の部材 ||
標準フックまたは信頼できる機械式定着具	耐震部材（柱，大梁，耐震壁，基礎など） || 0.7
	非耐震部材（小梁，スラブ，非構造壁など）	片持形式	
		上記以外	0.5
	その他の部材 ||	

示す.

部材の種類を問わず,許容軸方向力,許容曲げモーメントおよび許容せん断力いずれの算定式においても,明示的か暗示的かの違いはあるが,鉄筋の断面積ならびにコンクリートの圧縮強度および断面積がパラメータとして組み込まれており,鉄筋の腐食状態またはコンクリートの劣化状態(ひび割れ,剥離など)を基に算定式中のパラメータを適切に評価することができれば,劣化した鉄筋コンクリート造の構造体および部材の構造安全性を評価することも可能であると考えられる.

また,有限要素法(FEM)による解析によって鉄筋が腐食した鉄筋コンクリート梁部材の曲げ耐力を算定する方法についての検討[5]もなされている.鉄筋の腐食量に応じて,解説図4.2.3および解説図4.2.4に示すように,鉄筋のヤング係数および降伏点を見かけ上低下(元の断面積で評価する場合)させるとともに,解説図4.2.5に示すように,鉄筋とコンクリートとの付着剛性および付着強度も低下させるように,鉄筋要素および付着要素の構成方程式を設定することにより,解説図4.2.6に示すように,鉄筋コンクリート梁部材の曲げ耐力および曲げ変形挙動を推測できることが報告されている.また,局部的な腐食が生じた場合の鉄筋コンクリート梁部材の曲げ耐力および曲げ変形挙動についても有限要素解析がなされており,解説図4.2.7に示すように,局部腐食が生じる場合には均一腐食の場合よりもかなり少ない腐食量で曲げ耐力の低下が生じることが示されている.

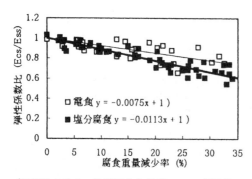

解説図4.2.3 鉄筋腐食と鉄筋のヤング係数[5]

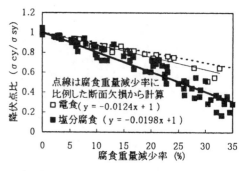

解説図4.2.4 鉄筋腐食と鉄筋の降伏点[5]

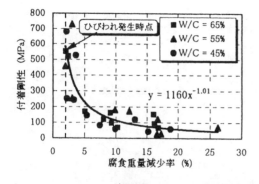

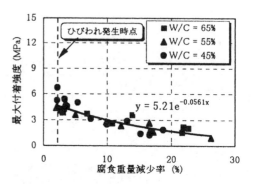

解説図4.2.5 鉄筋腐食に伴う付着剛性・付着強度の低下[5]

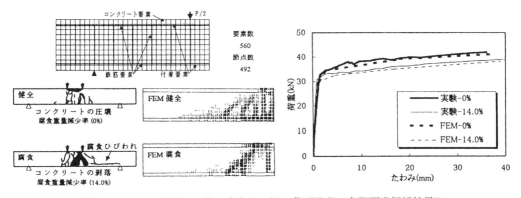

解説図 4.2.6 鉄筋が一様に腐食した梁の曲げ挙動の有限要素解析結果[5]

種類	腐食状態	降伏点 (N/mm²)	弾性係数 (kN/mm²)	腐食減量 (%)
Case 1	健全	343	197	0
Case 2	全面腐食	248	166	14
Case 3	局部腐食(等曲げ区間)	34	97	45
Case 4	局部腐食(せん断区間)	34	97	45

解説図 4.2.7 鉄筋が局部的に腐食した梁の曲げ挙動の有限要素解析結果[5]

　以上のように，本会規準・指針等の算定式や有限要素解析により，鉄筋コンクリート造の構造体および部材が構造安全性に対する設計限界状態となる時点における鉄筋の腐食量やコンクリートの断面欠損量が算定できれば，その状態を目標として耐久設計を行うことが可能となる．ただし，鉄筋の腐食やコンクリートの断面欠損が均一に生じるのか局部的に生じるのかによって，本来ならば限界状態となる鉄筋の腐食量やコンクリートの断面欠損量を変える必要がある．

　b．構造安全性に対する設計限界状態は，その状態よりも劣化が進むと地震荷重，風荷重，雪荷重などによって構造体および部材が破壊に至る可能性が極めて高い状態であり，その状態には決して至らないように，適切な維持保全を行う必要がある．したがって本指針では，構造安全性に対する維持保全限界状態としては，十分な安全率を見込んで，鉄筋腐食またはコンクリートの劣化によって，構造体および部材の保有する軸方向耐力，曲げ耐力およびせん断耐力に低下が生じる状態に達するときとした．すなわち，維持保全限界状態は竣工時の状態から構造耐力に影響を及ぼす劣化が生じる時点であり，コンクリートの中性化やコンクリート中の塩化物イオン濃度の上昇によって鉄筋が腐食し，かぶりコンクリートに鉄筋に沿ったひび割れが発生する時点，あるいは凍結融解作用

の繰返しによって構造体および部材のかぶりコンクリートが全体的に剥落してしまう時点などが，構造安全性に対する維持保全限界状態に相当すると考えられる．

4.3 使 用 性

> a．使用性は，構造体および部材の使用安全性，漏水，たわみおよび振動によって評価する．
> b．使用安全性は，コンクリートの一体性またはコンクリートと仕上材との一体性によって評価し，設計限界状態は，鉄筋腐食およびコンクリートの劣化によって，かぶりコンクリートまたは仕上材に浮き・剥落が生じるとき，または仕上材に浮き・剥落が生じるときとする．また，維持保全限界状態は，コンクリートまたは仕上材に浮き・剥落につながるおそれのあるひび割れが生じるときとする．
> c．漏水の評価は，防水層のない雨がかり部分および水まわり部分のコンクリートを対象とし，設計限界状態は，コンクリートのひび割れを通じて漏水が生じるときとする．また，維持保全限界状態は，漏水につながるおそれのあるひび割れが生じるときとする．
> d．たわみに対する設計限界状態は，鉄筋腐食およびコンクリートの劣化によってたわみが設計用たわみ以上になるときとする．また，維持保全限界状態は，たわみが増加するときとする．
> e．振動は，固有振動数・変位振幅によって評価し，設計限界状態は，鉄筋腐食およびコンクリートの劣化によって構造体および部材の固有振動数・変位振幅が設計用固有振動数・変位振幅から求まる振動の限界値に達するときとする．また，維持保全限界状態は，固有振動数・変位振幅に変化が生じるときとする．

a．使用性とは，建築物の使いやすさ・住みやすさ・使用安全性の確保，すなわち感覚障害，機能障害および使用安全性に対する障害を生じさせないことを目的とした性能の総称であり，様々な項目において評価されるものである．感覚障害を引き起こす現象としては，床の揺れ・たわみ・傾斜・段差，外壁の汚染・過大ひび割れなどがあり，耐振動性，曲げ剛性，平面性，耐汚染性，ひび割れ抵抗性などの性能として評価され，機能障害を引き起こす現象としては，ひび割れを通じての煙・悪臭・水・熱・音の流入・流出などがあり，遮煙性，気密性，防水性，断熱性，遮音性などの性能として評価される．また，使用安全性を損なう障害としては，外壁タイルの落下やひび割れを通じての隣室からの有毒ガスの流入などが挙げられる．このように，建築物について使用性を評価する項目は非常に多くあるが，本指針は，鉄筋コンクリート造建築物の構造体および部材を対象とした耐久設計手法を示すものであるので，本指針では，構造体および部材に密接に関連する使用性の評価項目として，使用安全性，漏水，たわみおよび振動を取り上げることとした．断熱性，遮音性，気密性などの室内居住環境に関する性能に関しては，これらの性能を鉄筋コンクリート造の構造体・部材のみによって確保することは困難であり，通常は断熱材，吸音材，仕上材などに負うところが大きいため，本指針では，断熱性，遮音性，気密性などの性能は評価対象外とした．

fib Model Code：2010 では，使用性の限界状態として以下の5項目が示されており，変形抵抗性，耐振動性，ひび割れ抵抗性，非損傷性および耐漏水性・耐漏気性を使用性の評価項目としていることがわかる．

① 構造物の機能を損なったり，非構造部材に害を及ぼしたり，使用者に不快感を与えたり，美観や設備機器の機能に影響を及ぼしたりするほどの変形・たわみ
② 構造物の機能に支障を来したり，非構造部材に悪影響を及ぼしたり，使用者に不快感を与えたり，設備機器の機能に障害を及ぼしたりするほどの振動
③ 構造安全性には影響を及ぼさないが構造部材・非構造部材の美観に影響を及ぼすひび割れや接合部のずれなどの部分的な損傷
④ 劣化外力によって引き起こされる構造部材・非構造部材の美観に影響を及ぼす部分的・全体的な劣化
⑤ 構造物の機能を制限したり，使用者に不快感を与えたりするほどの漏水・漏気

また，土木学会「コンクリート標準示方書改定に関する中長期ビジョン」[6]には，解説表4.3.1に

解説表4.3.1 土木学会「コンクリート標準示方書改定に関する中長期ビジョン」における使用性の評価項目と評価指標[6]

項目	項目の説明	精緻な照査指標	簡便な照査指標
乗り心地・歩き心地（振動使用性）	車両の乗客・歩行者の体感	乗客・歩行者に伝わる応答加速度または応答速度	たわみ，段差，隙間，折れ角，舗装面
耐振動性（環境振動・騒音）	近隣者の体感	発生する振動レベル	たわみ，段差，隙間，折れ角
景観	遠景	照査しない	
視覚的快適性（見た目の快適性）	近景	ひび割れ幅，ひび割れ密度 汚れの領域の大きさ，汚れの密度	
視覚的安全性（見た目の安心感）	中・近景	たわみ，ひび割れ幅，ひび割れ密度	
耐騒音性	車両の乗客・歩行者に対する騒音	発生する音圧レベル	舗装面，段差，隙間
耐臭気性・耐湿気性	使用者・近隣者の臭気，湿気	構造物近傍での臭気物質の濃度，湿度	臭気物質の使用量，表面付近の含水率
水密性	水の漏洩	単位時間あたりの透過水量	コンクリートの透水性，打継ぎ目・ひび割れの有無，ひび割れ幅，ひび割れ密度
気密性	気体の漏洩	単位時間あたりの透気量	コンクリートの透気性，打継ぎ目・ひび割れの有無，ひび割れ幅，ひび割れ密度
遮音性	近隣者への騒音	構造物からの漏洩音圧レベル	遮音壁の効果の実績
遮熱性	近隣者への熱の漏洩，輻射熱の反射	漏洩する熱エネルギー，反射する熱エネルギー	構造物外壁の厚さ，表面の反射特性
その他の物質・エネルギー遮蔽性	タンク，エネルギー関連施設	単位時間あたりの当該物質・エネルギーの透過量	

示すように，コンクリート構造物の使用性に関する評価項目と評価指標についての検討結果が示されている．

b．使用安全性とは，建築物の利用者および建築物周囲の歩行者・器物等に危害を与えないことを目的とした性能であり，床面の凹凸・段差などによって歩行者がつまずかないことや，天井または壁からの脱落物によって歩行者・器物等が損傷を被らないことを保証するものである．建築物の欠陥や所有者の維持管理の不備により，歩行者に傷害を与えたり，車両に損傷を与えたりした場合には，被害者には民法において損害賠償請求権が認められていることから，使用安全性は使用性の第一義的な評価項目と考えられる．仕上材までも含めた鉄筋コンクリート造の構造体および部材における使用安全性は，柱，梁，壁および床下面においては，コンクリート片または仕上材が落下しないことによって保証され，床上面においては，コンクリートまたは仕上材に歩行者がつまずくような不陸・欠けが生じないことによって保証されると考えられるため，本指針では，使用安全性は，コンクリートの一体性またはコンクリートと仕上材との一体性によって評価することとした．使用安全性を脅かすコンクリート片または仕上材の剥離・剥落現象が生じる状況としては，鉄筋コンクリート造においては，鉄筋の腐食膨張によるかぶりコンクリートのひび割れが進展・拡大してコンクリート片および仕上材の剥離・剥落に至る場合や，凍結融解の繰返しに起因する微細ひび割れが連結して生じるコンクリート片および仕上材の剥離・剥落に至る場合が想定される．そのため本指針では，使用安全性に対する設計限界状態は，鉄筋腐食およびコンクリートの劣化によってかぶりコンクリートに浮き・剥落が生じるとき，または仕上材に浮き・剥落が生じるときとした．また，使用安全性に対する維持保全限界状態は，コンクリート片やタイルが剥離・剥落に至る前に十分な余裕を持って維持保全を行うことができる状態でなければならないため，コンクリートまたは仕上

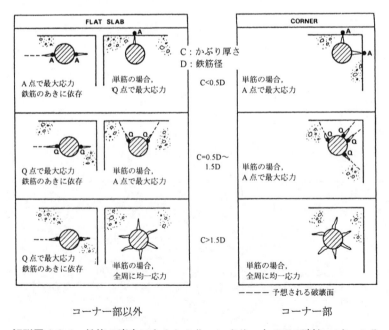

解説図 4.3.1 鉄筋の腐食によるかぶりコンクリートのひび割れパターン[6]

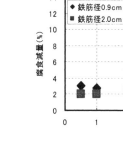

解説図 4.3.2　鉄筋の腐食によるかぶりコンクリートのひび割れパターン[8]

解説図 4.3.3　かぶりコンクリートのひび割れ発生時の鉄筋の腐食減量

材にひび割れが生じるときとした．

　鉄筋の腐食によるかぶりコンクリートのひび割れパターンは，鉄筋径，コンクリートのかぶり厚さ，鉄筋のあき，断面内の鉄筋の位置などによって異なることが知られている．解説図 4.3.1[6]および解説図 4.3.2[8]に示すように，コンクリートのかぶり厚さが鉄筋径と比較して相対的に小さい場合には，鉄筋から放射線状に発生したひび割れが進展して剥離を生じることが多く，一方，コンクリートのかぶり厚さが十分に確保されている場合は，コンクリート表面に垂直なひび割れが発生することが多い．また，鉄筋のあきが小さい場合は，鉄筋間を連結するひび割れが生じ，かぶりコンクリートが広範囲に渡って剥離することもある．かぶりコンクリートにひび割れが生じるときの鉄筋の腐食減量についても多くの実験・解析がなされており，既往の実験[9]を基に作成した解説図 4.3.3 および（解 4.3.1）式[10]に示すように，かぶり厚さが大きいほど，鉄筋径が小さいほど，ひび割れ発生までの鉄筋の腐食減量は大きくなることがわかる．また，図および式には明示されていないが，コンクリート強度が大きいほど，ひび割れ発生までの鉄筋の腐食減量は大きくなる．したがって，設計耐用年数の間の使用安全性を考慮して，鉄筋の径・配置およびコンクリートの調合を定める必要がある．

$$Q_{cr} = 0.602 \cdot (1 + 2 \cdot c/d)^{0.85} \cdot d \quad\quad\quad\quad (解 4.3.1)$$

　　ここで，Q_{cr}：かぶりコンクリートのひび割れ発生時の鉄筋の腐食減量（×10⁻⁴g/cm²）
　　　　　　c：かぶり厚さ（mm）
　　　　　　d：鉄筋径（mm）

　タイルの剥離現象についても，解説図 4.3.4[11]に示すように，張付け仕様やタイル寸法をパラメータとした有限要素解析がなされている．図には，下地モルタルやコンクリート躯体の乾燥収縮，日射熱等によるタイルの温度変化などによって，タイル，下地モルタルおよびコンクリートそれぞれが異なる伸縮を示した場合に，お互いが変形を拘束し合うことによって，コンクリート躯体と下地モルタルの境界面や下地モルタルとタイルの境界面に引張応力およびせん断応力が生じ，タイルの貼り方によってはタイルが剥離するほどの応力が生じる可能性があることが示されている．本指針では，鉄筋の腐食またはコンクリートのひび割れに伴って生じる仕上材のひび割れ・剥離現象は耐久設計時の制御対象としているが，仕上材および下地材の劣化に起因する仕上材の剥離現象は制御

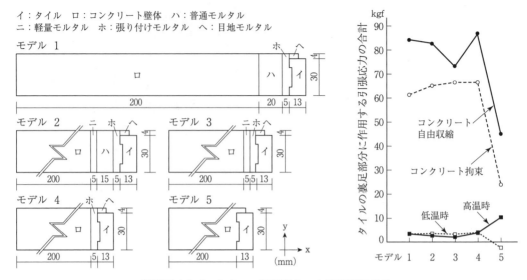

解説図 4.3.4 タイルの剥離現象の有限要素解析[11]

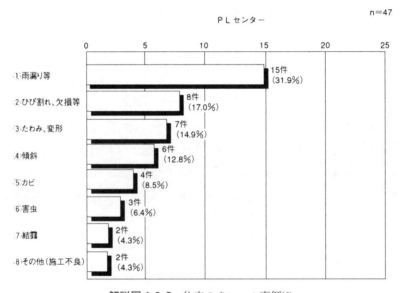

解説図 4.3.5 住宅のクレーム事例[12]

対象とはしていない．しかしながら，原因が何であれ，タイル等の仕上材の剥落によって人間や器物などが損害を被るようなことがあってはならないので，仕上材，下地材およびコンクリート躯体それぞれが，想定される劣化作用条件下においてどのような挙動をするのかを踏まえたうえで，耐久設計を行う必要がある．

c．漏水は，解説図 4.3.5[12]に示すように，住宅性能表示制度が設けられる背景となった住宅のクレームに関する調査において明らかなように，最も重視されかつ事例の多いクレームである．したがって，耐漏水性は建築物の最も基本的な性能の一つである．鉄筋コンクリート造建築物の中で最

も水の影響を受けるのは屋根スラブであるが，通常，屋根スラブには防水層が施されているため，屋根の耐漏水性は鉄筋コンクリートスラブではなく，防水層によって決定される．このため，鉄筋コンクリート造の構造体および部材において漏水が問題となるのは，地下水に接する外壁および最下階床スラブならびに室内プールに面する壁・床のように，常時水に接している構造体および部材の断面全体を通じて透水する場合と，構造体および部材を貫通するひび割れを通じて漏水する場合である．前者の場合には，コンクリート断面を通じての単位時間あたりの透水量は，コンクリートの透水係数をパラメータとする（解4.3.2）式のダルシー則によって表される．

$$Q_0 = K_c \cdot A \cdot \Delta H / W \quad (解4.3.2)$$

ここで，Q_0 ：透水流量（cm³/s）
K_c ：コンクリートの透水係数（cm/s）
A ：透水面積（cm²）
ΔH ：流入側と流出側の水頭差（cm）
W ：部材厚さ（cm）

また，表面にひび割れが生じた状態での単位時間あたりの透水量は，ひび割れ間隔，ひび割れ深さおよび部材厚さをパラメータとした浸透流解析により，（解4.3.3）式のように，ひび割れがない場合の透水量に対する比の形で求められている[13]．

$$Q_2/Q_0 = [(D/W)/\{(0.0793 \cdot H + 0.5672) - (0.0831 \cdot H + 0.534) \cdot D/H\}] + 1 \quad (解4.3.3)$$

ここで，Q_2 ：任意のひび割れ間隔・ひび割れ深さ・部材厚さにおける透水量（cm³/s）
D ：ひび割れ深さ（cm）
H ：ひび割れ間隔（cm）

解説図4.3.6[13]に示すように，コンクリートの透水係数は水セメント比（強度），粗骨材の最大寸

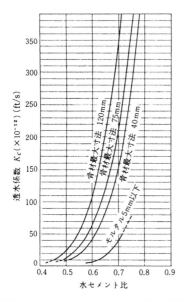

解説図4.3.6 コンクリートの透水係数[13]

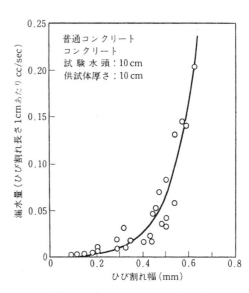

解説図4.3.7 ひび割れ幅と漏水量[15]

法および材齢の影響を受けるが，通常のコンクリートであれば 10^{-11}～10^{-12} (cm/s) 程度であるため，(解 4.3.2) 式および (解 4.3.3) 式を基に考えると，部材を貫通するひび割れがない場合には，外壁や床スラブ等を通じての漏水が問題になることはないものと考えられる．

一方，部材を貫通するひび割れがある場合には，解説図 4.3.7[15] に示すように，ひび割れ幅の 3～4 乗に比例して漏水量が増大し，その値は，貫通ひび割れのない場合に比べて相当大きくなる．ひび割れのような間隙を通じての漏水に対しては，圧力を受けて管内を流れる水の流量を表す (解 4.3.4) 式に示すポアズイユの式，および実際のひび割れからの漏水量を求めた (解 4.3.5) 式[16] が示されており，漏水を防止するにはひび割れ幅をある限度以下に抑える必要があることがわかる．

$$Q_p = K_v \cdot A \cdot r^2 \cdot P / H \tag{解 4.3.4}$$

ここで，Q_p：管内流量
　　　　K_v：液体の粘性に関する係数
　　　　A：管の面積
　　　　r：管の半径
　　　　P：圧力
　　　　H：管の長さ

$$Q = K \cdot w^3 \cdot \cos\theta / (1+d)^2 \tag{解 4.3.5}$$

ここで，Q：ひび割れからの漏水量
　　　　K：係数
　　　　w：ひび割れ幅
　　　　θ：水平面に対する部材の勾配
　　　　d：部材厚

本会「鉄筋コンクリート造建築物の収縮ひび割れ制御設計・施工指針（案）・同解説」[17] では，数多くの実験結果を調査した結果，漏水抵抗性上の許容ひび割れ幅は 0.03～0.2 mm と差異があるものの，一般の外壁は，常時水圧が作用するわけではないこと，昨今は一般的に 180 mm 以上の壁厚があること，鉄筋によって内部のひび割れ幅はある程度制限されていること，仕上塗材が施される場合が多いことなどを考慮して，漏水抵抗性を確保する場合の許容ひび割れ幅として 0.15 mm という値を示している．しかしながら，防水層を設けない屋根スラブのような水平部材や水圧が常時生じている地中外壁のような垂直部材など，漏水の危険性の高い部材では，0.15 mm というひび割れ幅が存在すると漏水を防止することはできず，そのような部材ではひび割れ幅を 0.05 mm 以下に抑える必要がある．ただし，鉄筋コンクリート造においては，乾燥収縮や温度変化に伴う体積変化も生じるため，ひび割れ幅を 0.05 mm 以下に抑えることは，現実的には技術上・経済上困難であり，漏水の危険性の高い部材には防水層を設けることが必須と考えられる．

以上を踏まえ，本指針では，漏水の評価は，防水層のない雨がかり部分および水まわり部分のコンクリートを対象に行い，設計限界状態は，劣化外力の影響によってコンクリートにひび割れが発生し，そのひび割れを通じて漏水が生じるときとし，維持保全限界状態は，漏水につながるおそれのあるひび割れが生じるときとした．ただし，耐久設計で対象とする劣化現象によって部材を貫通

するひび割れが生じることはほとんどなく，ひび割れが発生しても部材を貫通していなければ，漏水の危険性は低いと考えられるが，ひび割れが部材を貫通するか否かを予測するのは技術的にも困難である．また，ひび割れが部材を貫通していなくても，そのひび割れを通じて鉄筋の腐食を生じさせる様々な物質が侵入してくる可能性があるため，風雨等の作用条件に応じて，ひび割れ幅をある値以下に制御することは，鉄筋コンクリート造建築物の耐久性確保の観点からも望ましいことである．したがって本指針では，適切な予防保全を実施することを主眼としていることから，貫通の有無は問わずコンクリートまたは仕上材の表面に漏水につながるおそれのあるひび割れが生じた時点を維持保全限界状態とし，その場合には適切な維持保全を実施する必要があるという安全側の基準を設けることとした．

d．鉄筋コンクリート造の構造体および部材である梁および床スラブに過度のたわみが生じると，歩行障害を生じるだけでなく，設備機器の誤動作，給排水設備のトラブル，ドアの開閉困難，水勾配の障害，水溜りなどを生じることがあるため，梁および床スラブのたわみ量を制限する必要がある．本会「鉄筋コンクリート構造計算規準・同解説」では，規準18条において周辺固定場所打ち床スラブの長期たわみの制限値をスパンの1/250としているが，「付7．長期荷重時における変形とひび割れ」では，建築物の使用条件や用途に配慮してたわみ限界値を設定することが推奨されており，集合住宅では，居住者の感覚的鋭敏性や建具の納まり具合を考慮して弾性たわみをスパンの1/4 000以下とすることが望ましいとしている．

梁および床スラブにたわみが生じる要因としては，自重および積載荷重による弾性たわみやクリープによる長期たわみが考えられる．耐久設計上は，鉄筋の腐食やコンクリートの剥離などに伴う長期たわみの増大を抑制することが重要である．本会「鉄筋コンクリート構造計算規準・同解説」の「付7．長期荷重時における変形とひび割れ」には，長期たわみの予測提案式として（解4.3.6）式が示されており，引張鉄筋の断面積および部材寸法をパラメータとして各係数 K_1，K_2 および K_3 の標準値が記された付表も示されている．

$$(長期たわみ)=(K_1+K_2+K_3)\times(弾性たわみ) \qquad (解4.3.6)$$

ここで，K_1：ひび割れによる倍率

K_2：クリープによる倍率

K_3：乾燥収縮による倍率

また，梁の弾性たわみは，（解4.3.7）式から得られる弾性曲率を用いて算定される．

$$\varphi=12\cdot M/E\cdot I\cdot b\cdot D^3 \qquad (解4.3.7)$$

ここで，φ　：曲率

M　：曲げモーメント

$E\cdot I$：梁の曲げ剛性（鉄筋を無視した場合：$E\cdot b\cdot D^3/12$）

E　：コンクリートのヤング係数

b　：部材幅

D　：部材せい

以上のように，梁および床スラブのたわみは，鉄筋の腐食による鉄筋断面積の減少および鉄筋と

コンクリートとの付着力の低下，凍結融解作用および酸・塩の作用によるコンクリート断面積の減少，ならびに様々な劣化現象に伴うコンクリートのひび割れの発生・増大によって，短期的にも長期的にも増大する可能性がある．したがって本指針では，たわみに対する設計限界状態は，鉄筋腐食およびコンクリートの劣化によってたわみが設計用たわみ以上になるときとし，維持保全限界状態は，たわみが増加するときとした．

　e．鉄筋コンクリート造の構造体および部材に生じる振動としては，風，地震，交通などに起因する水平振動および鉛直振動が考えられる．日常の居住空間においては，感覚障害を生じるような振動や，精密機器類に支障をきたすような振動の発生は避けなければならない．人体の振動に対する感覚は，振動方向，振動数，振動継続時間などの影響を受けるが，振動数および変位振幅が評価尺度として用いられることが多く，建築物の用途に関わらず振動数および変位振幅が大きいほど感覚障害を生じる可能性が高い．障害を生じると考えられる床スラブの振動評価曲線を建築物の用途（環境係数：精密作業区域＝1，住宅・病院＝2，事務所・学校＝4，作業所＝8）に応じて解説図4.3.8に示すが，建築物の振動による感覚障害を引き起こさないようにするためには，振動評価曲線よりも下側の範囲に振動数および変位振幅を留めておく必要がある．

　構造設計においては，それらの振動を生じさせる要因の固有周期，加速度振幅および発生頻度などを考慮したうえで，振動評価曲線に基づき，居住者が感覚障害を生じず，かつ設備機器の誤動作

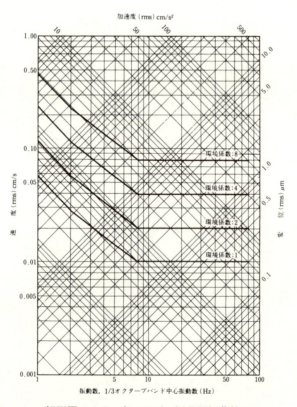

解説図4.3.8　床スラブの振動評価曲線[18]

が生じないように，構造体および部材の剛性についての検討が行われる．床スラブについては，歩行やリズム運動による共振現象への配慮もなされる．本会「鉄筋コンクリート構造計算規準・同解説」には，「1970年前後において，スパンの大きなスラブの増加に伴い，スラブの剛性不足による過大なたわみ，ひび割れや振動障害が多く報告されるようになった．このような障害が生じたスラブの調査や過大なたわみの原因追及のための実験研究が多く実施され，スラブの(たわみ量/スパン長)の比をある程度に収めることによって，この種の障害を防止できるという判断のもとにスラブ厚さの算定式を1982年版より規定した．」と記載されており，床スラブの厚さ t の最小値が(解4.3.8)式によって制限されており，床スラブ厚さを確保することで振動障害の発生を抑制するという設計体系になっている．

$$周辺固定の場合：t = 0.02 \cdot \left(\frac{\lambda - 0.7}{\lambda - 0.6}\right) \cdot \left(1 + \frac{w_p}{10} + \frac{l_x}{10\,000}\right) \cdot l_x \qquad (解4.3.8)$$

$$片持ちの場合：t = \frac{l_x}{10}$$

ここで，$\lambda = l_y/l_x$
$\quad l_x$：短辺有効スパン長さ (mm)
$\quad l_y$：長辺有効スパン長さ (mm)
$\quad w_p$：積載荷重と仕上荷重との和 (kN/m²)

構造体および部材の振動数および変位振幅は，構造体および部材の剛性によって決定されるが，劣化外力の影響によりコンクリートにひび割れ・剥離が生じたり，セメント水和物の分解・溶脱が生じたりすると，剛性の低下を生じ，振動数や変位振幅の増大を招くことになる．

以上より，本指針では，鉄筋コンクリート造の構造体および部材の振動特性は，部材の固有振動数および変位振幅によって評価することとした．また，設計限界状態は，鉄筋腐食およびコンクリートの劣化によって構造体および部材の固有振動数・変位振幅が設計用固有振動数・変位振幅から求まる振動の限界値に達するときとし，維持保全限界状態は，固有振動数・変位振幅に変化が生じるときとした．

4.4 修復性

> a．構造体および部材の修復性に対する設計限界状態は，修復に要する費用が修復によってもたらされる便益を超過する状態に達するときとする．
> b．構造体および部材の修復性に対する維持保全限界状態は，修復に要する費用が維持保全計画に基づく修復費用に達するときとする．

a．現在の補修・補強技術をもってすれば，どんな劣化状態であろうとも，建設当初の性能レベルの状態に修復可能であることは間違いなく，さらにはそれ以上の性能レベルの状態にまで建築物を修復することも可能であろう．しかしながら，現実には，劣化した建築物を修復すべきか否かの

判断は，当該建築物に存続させる価値があるか否かを拠り所とすることが多い．この場合の価値としては，寺社仏閣などに代表される国宝，重要文化財などの持つ文化的価値と，オフィスビル，デパートなどの持つ経済的価値が考えられる．数百年を超えて存在し続ける木造建築物とは異なり，鉄筋コンクリート造建築物の歴史はせいぜい100年程度と浅く，現時点で文化的価値を有する鉄筋コンクリート造建築物はごくわずかしか存在しないと言っても過言ではない．住宅全般に関してではあるが，日本の住宅の平均寿命は30年程度であり，欧米諸国の1/3〜1/4の寿命であるという調査結果[19]がある．鉄筋コンクリート造に限って言えば，それより長い寿命ではあるが，それでも共同住宅で45年程度，事務所建築物で50年程度である[20]．この短命の原因としては，機能的な要求が飛躍的に向上したために，居室面積・設備機器などが現代の要求に応えられなくなってしまったこと，それによって住宅・オフィスなどの借り手がつかなくなってしまったこと，すなわち経済的価値の喪失が考えられる．そうなると，文化的価値が見出せない限り，建築物は解体され，時代の要求に合った建築物が新築されることとなる．したがって，建築物を新築する場合には，設計耐用年数の間，少なくとも建築主や使用者の新築当初における機能的要求および経済的要求を建築物が満足し続けるように，耐久設計を実施しなければならない．劣化外力により鉄筋コンクリート造の構造体および部材に劣化が生じ，建築物としての機能性や経済性に問題が生じてきた場合，当該建築物を解体し建て替えるべきか，補修・補強して使い続けるべきかの判断が必要となる．その際，劣化が相当に進行した状態では，多大な補修・補強工事費用に加えて，工事期間中における使用者に対する補償費用や代替費用までも必要となることがあるため，修復費用が修復のもたらす便益を上回ることになりかねないので，解体・建替えに傾くことが多い．したがって，建築物の経済的価値の観点からも劣化の進行をある限度以下に抑える必要があるため，本指針では，構造体および部材の修復性に対する設計限界状態は，修復に要する費用が修復によってもたらされる便益を超過する状態に達するときとした．

b．最近は，新築時に必要な初期費用だけでなく，建築物の運用時の費用までをも含めたライフサイクルコストを考慮した設計がなされるようになってきている．共同住宅等では，建築物の竣工段階において，建築物の初期性能および立地環境条件を考慮して大規模修繕計画（維持管理計画および維持保全計画）が策定され，それに基づいて日常的な維持管理および定期的な点検・整備・修繕が実施されるとともに，定期的な修繕積立計画および一時金の徴収計画も策定されるのが一般的である．したがって，あらかじめ設定された維持管理計画と補修・補強計画（維持保全計画）に基づく修復費用を上回るような劣化現象が生じることは，経済的な観点から望ましくないため，本指針では，構造体および部材の修復性に対する維持保全限界状態は，修復に要する費用が維持保全計画に基づく修復費用に達するときとした．

参考文献

1) 山田雅美・三橋博三：コンクリート構造物におけるひびわれパターンの定量的評価方法に関する研究，日本建築学会大会学術講演梗概集（北陸），A-1，pp.885〜886，2002
2) 李　翰承・野口貴文・友澤史紀：鉄筋の腐食したRC梁の炭素繊維シートによる曲げ補強効果，セメ

ント・コンクリート論文集，No. 51，pp.542〜547，1997
3) 鹿毛忠継・友澤史紀・野口貴文・李　翰承：鉄筋の腐食したRC柱の炭素繊維シートによるせん断補強効果，コンクリート工学年次論文報告集，Vol. 19，No. 1，pp.1195〜1200，1997
4) 日本建築学会：鉄筋コンクリート構造計算規準・同解説，2010.2
5) 李　翰承・野口貴文・友澤史紀：引っ張り主筋の腐食したRC梁の有限要素法による耐力性能評価に関する基礎的研究，日本建築学会構造系論文集，No. 506，pp.43〜50，1998
6) 土木学会コンクリート委員会：性能照査型設計システムにおけるコンクリート構造物の使用性照査，コンクリート標準示方書改定に関する中長期ビジョン，コンクリート技術シリーズNo. 32，pp.197〜215，1999
7) R.D. Browne: Mechanisms of Corrosion of Steel in Concrete in Relation to Design, Inspection, and Repair of Offshore and Coastal Structures, ACI SP-65 "Performance of Concrete in Marine Environment", pp.169〜204, 1980
8) 丸山久一・田森清美・小田川昌史・橋本親典：鉄筋の発錆によるコンクリートのひび割れ性状に関する基礎的研究，コンクリート工学年次論文報告集，Vol. 18，No. 2，pp.505〜510，1988
9) 前田孝一：電食を用いた鉄筋の腐食に伴なうかぶりコンクリートのひび割れに関する研究，日本建築学会大会学術講演梗概集，pp.499〜500，1984
10) 森永　繁：鉄筋の腐食速度に基づいた鉄筋コンクリート建築物の寿命予測に関する研究，東京大学学位論文，1986
11) 平居孝之・小笠原和博・小野木貴宏ほか：タイル張りの剥離に関する研究（その1〜その4），日本建築学会大会学術講演梗概集（北陸），A，pp.1193〜1200，1992
12) 建設省住宅局：図解・住宅の品質確保の促進等に関する法律，(財)ベターリビング，1999
13) 名倉健二・廣永道彦・遠藤孝夫・小野　定：非貫通ひび割れを有するコンクリートの水密性評価に関する検討，コンクリート工学年次論文報告集，Vol. 19，No. 1，pp.661〜666，1997
14) U.S. Bureau of Reclamation: Concrete Manual, 8th Edition, 1977
15) 仕入豊和：きれつによるコンクリートの水密性低下の防止に関する実験的研究，日本建築学会論文報告集，No. 69，1961
16) 松下清夫・山田水城・中村　襄：木造住宅の雨仕舞について：雨仕舞に関する資料その16，日本建築学会論文報告集，No. 54，pp.161〜164，1956
17) 日本建築学会：鉄筋コンクリート造建築物の収縮ひび割れ制御設計・施工指針（案）・同解説，2006
18) 日本建築学会：鉄筋コンクリート構造計算規準・同解説，p.358，2010
19) 小松幸夫・加藤裕久・吉田倬郎・野城智也：わが国における各種住宅の寿命分布に関する調査報告，日本建築学会計画系論文報告集，No. 439，pp.101〜110，1992
20) 小松幸夫：建物寿命の現状，総合論文誌No. 9，pp.23〜26，2011.1

5章 性能検証型一般設計法

5.1 総　　則

> a．性能検証型一般設計法は，建築物が置かれる環境条件に応じて想定される劣化現象ごとに設定された要求性能をすべて満たすように，材料・工法の仕様を決定する．
> b．構造体および部材は，設計耐用年数の期間内は，劣化現象によって設計限界状態に達してはならない．また，設計耐用年数の期間内に維持保全を行うことを計画している場合は，構造体および部材は，維持保全期間内は，劣化現象によって維持保全限界状態に達してはならない．

　a，b．建築物は，その置かれている環境条件により異なる劣化外力を受け，建築物の構造体および部材は，劣化外力に対して所定の耐久性能を有するように耐久設計を行い，使用材料や工法などの仕様を定めなければならない．本指針では，中性化および塩害による鉄筋腐食ならびに凍害，アルカリシリカ反応および化学的侵食によるコンクリートの劣化に対して耐久設計を行うこととしている．

　耐久設計法には，本章に示す性能検証型一般設計法と6章に示す標準仕様選択型設計法とがあるが，後者があらかじめ設定された標準仕様の中から材料・工法・施工方法などの仕様を選択するのに対し，本章の設計法は自由に決定された仕様について検証を行い，要求性能を満たす仕様(材料，調合，かぶり厚さなど)を決定する設計法である．

　現在の研究開発の状況や技術水準からは，性能検証型設計法とはいっても標準仕様からそれほどかけ離れた仕様になることは考えられないが，新しい技術開発や研究成果をより反映させやすいことが期待される．

　本章に示す性能検証型一般設計法で扱う性能項目は，4章に示した構造安全性，使用性および修復性であるが，先に述べた鉄筋腐食やコンクリートの劣化という劣化現象に対しては，構造安全性で限界状態が定まるような状況はほとんどなく，使用安全性や修復性で限界状態が定まることになると考えられる．したがって5.2節以降では，主として最初に限界状態に達する部分を対象に設計を行うことになる．

　性能検証型一般設計法は，劣化現象ごとに要求性能を設定し，その性能を満足するような材料，調合，かぶり厚さなどの仕様を選定する．想定される劣化現象が複数ある場合は，その全ての要求性能を満足する仕様を決定する．なお，複数の劣化外力が同時に作用する複合劣化は，近年研究が盛んであるが，その検証方法は確立されていないことから本指針では扱わないこととした．また，性能検証型特別設計法も本章に準じて設計を進めていけばよい．

5.2 中性化に対する性能の検証方法

a．構造体および部材は，設計耐用年数の期間内は，中性化によって設計限界状態に達してはならない．また，設計耐用年数の期間内に維持保全を行うことを計画している場合は，構造体および部材は，維持保全期間内は，中性化によって維持保全限界状態に達してはならない．

b．中性化に対する設計限界状態は，コンクリートの中性化が進行して，最外側鉄筋の20％が腐食状態になったときとする．また，中性化に対する維持保全限界状態は，中性化深さが，いずれかの鉄筋表面を腐食させる位置に達したときとし，最外側鉄筋の3％が腐食状態に到達したときとする．

c．コンクリートの材料，調合，施工および仕上材の仕様は，コンクリートの中性化深さの平均およびその変動ならびに最外側鉄筋のかぶり厚さの平均およびその変動から，最外側鉄筋の腐食確率を算定し，設計限界状態または維持保全限界状態に達していないことを検証して定める．

d．鉄筋が腐食し始めるときの中性化深さは，コンクリートに作用する水分の影響を考慮して，試験または信頼できる資料により定める．試験を行わない場合および信頼できる資料がない場合は，常時水が作用するような湿潤環境，雨がかりまたは乾湿繰返し環境においては，中性化深さが鉄筋のかぶり厚さまで達したときとし，屋内などの乾燥環境では中性化深さが鉄筋のかぶり厚さから20 mm奥まで達したときとする．

e．コンクリートの大気に接する面の平均中性化深さは，コンクリートの材料および調合，ならびに環境条件をもとに，(5.1)式により算定する．
　　中性化速度係数 A は，信頼できる資料または試験に基づいて定める．

$$C = A \cdot \sqrt{t} \tag{5.1}$$

　　ここに，C：コンクリートの平均中性化深さ（mm）

　　　　　　t：材齢（年）

　　　　　　A：コンクリートの材料および調合，ならびに環境条件により決定する中性化速度係数（mm/$\sqrt{年}$）

なお，中性化速度係数を試験により定める場合，JIS A 1153（コンクリートの促進中性化試験方法）による．

f．構造体および部材に仕上材を施す場合は，仕上材による中性化抑制効果および中性化抑制効果の持続性を検討し，中性化深さの算定に取り入れる．仕上材による中性化抑制効果および中性化抑制効果の持続性は信頼できる資料または試験に基づいて定める．

g．コンクリートの中性化深さの変動は，コンクリートの材料・調合・製造および施工方法に応じて，信頼できる資料に基づいて変動係数で設定する．信頼できる資料がない場合，変動係数は10％とする．

h．最外側鉄筋のかぶり厚さの平均は，設計かぶり厚さとする．また，かぶり厚さの変動は，鉄筋・型枠工事における施工方法に応じて，信頼できる資料に基づいて標準偏差で設定する．信頼できる資料がない場合，かぶり厚さの標準偏差は10 mmとする．

i．コンクリートの収縮ひび割れ，温度ひび割れ，温湿度変化の繰返しによるひび割れおよび施工不具合によるひび割れは，その部分の中性化が著しく進行する前に適切に処置しておく．

a．中性化は，一般の環境条件において想定される劣化現象である．しかし，中性化速度や中性化が鉄筋腐食に与える影響は，屋内外の環境の差や，使用材料，工法により変化する．これらを考慮して，構造体および部材が，設計耐用年数の期間内に中性化によって設計限界状態に達しないように材料，調合および工法の仕様を選定しなければならない．また，維持保全を行う場合は，維持

保全によって構造体および部材の低下した性能は回復し，一般に，その後の中性化速度は，小さくなる．維持保全を行う場合は，これらのことを考慮して，計画耐用年数期間内に維持保全限界状態に達しないように，材料，調合および工法の仕様を選定しなければならない．

　ｂ．設計限界状態は，要求性能に対して，構造体および部材の性能のそれ以上の低下を許容しえない限界状態として設定する．また，維持保全限界状態は，要求性能に対して，構造体および部材の性能がそれ以上低下すると維持保全が困難になると考えられる限界状態として設定する．

　構造体および部材の要求性能は，2章に示したように，構造安全性，使用性および修復性である．このうち，構造安全性に関する設計限界状態は，劣化によって構造体および部材の耐力が低下し，地震，風，積雪および過荷重などの外力を受けた場合に，構造物全体が倒壊・変形したり，部材そのものが大きな損傷などを受けたりしないように設定する．

　しかし，耐久設計上は，他の性能項目が先に設計限界状態に達し，構造安全性が設計限界状態に達するような状況はほとんどないと考えられる．また，構造安全性における維持保全限界状態は，鉄筋腐食によって構造性能が少しでも低下する時点と定義しており，いずれかの鉄筋が腐食してひび割れやかぶりコンクリートの浮きが生じる時点と考えられる．コンクリート中の鉄筋は，一般に最外側鉄筋から腐食し始めるので，使用安全性に関する維持保全限界にまず達し，ついで使用安全性に関する設計限界状態および構造安全性に関する維持保全限界に達すると考えられる．したがって，中性化による鉄筋腐食の設計限界状態は，最外側鉄筋の何％かが腐食状態に達したときに設定するのが妥当であると考えられる．ここでいう「腐食状態」とは鉄筋が中性化領域に存在する状態をいい，全ての最外側鉄筋のうち腐食状態にある鉄筋の割合を腐食確率とした．その求め方についてはｃ項に定める．

　設計限界状態の考え方として，構造安全性に着目して主筋の腐食について定義することも可能であるが，最外側鉄筋の腐食が進行すると，かぶりコンクリートの剥離・剥落が発生し，第三者災害を引き起こすおそれがある．また，かぶりコンクリートの剥離・剥落により主筋の中性化や腐食が急激に進展する可能性が考えられることから，ここでは最外側鉄筋の腐食状態により設計限界状態を判定することにした．

　耐久設計における腐食確率の設定方法は，建物の重要度や鉄筋の種類，損傷を与える可能性の有無などに応じて解説表5.2.1に示すような値が提案されている[リ]．本指針では，中性化に対する設計限界状態は，コンクリートの中性化が進行して，最外側鉄筋の20％が腐食状態になったときとした．すなわち，腐食確率20％の状態では，躯体の一部にはひび割れが発生すると考えられ，剥離等が生じる可能性が高まる時点と考える．一方で，中性化に対する維持保全限界状態は，中性化深さがいずれかの鉄筋表面を腐食させる位置に達したときとした．本指針においては，中性化およびかぶり厚さがばらつくことを前提としていることから，「最外側鉄筋の3％が腐食状態に到達したとき」とすることで十分な余裕度を持って要求性能を満足することができるとみなせることとした．

　ｃ．鉄筋のかぶり厚さは，その施工精度によりある程度のばらつきがある．また，中性化深さもコンクリートの品質の変動などによりばらつきが生じる．ここでは，これらのばらつきは正規分布に従うものと仮定した．中性化深さは時間の経過とともに鉄筋に近づき，互いの正規分布範囲の一

解説表 5.2.1　鉄筋の許容腐食確率[1]

構造物の重要性*	柱，梁　主筋	その他の鉄筋 （帯筋，あばら筋，壁筋，スラブ筋）	
		損傷を与える可能性有り	損傷を与える可能性無し
特に重要	3％以下	7％以下	15％以下
重要	5％以下	15％以下	30％以下
普通	10％以下	30％以下	50％以下

[注]＊：構造物の重要性とは，公共性，メンテナンスのしやすさ，供用期間などを考慮して設計者が定める．

部がやがて重複する．この重複部分に存在する鉄筋は腐食状態にあると考え，全鉄筋の中で腐食状態にある鉄筋の割合を「鉄筋の腐食確率 P」と定義する．鉄筋の腐食確率の考え方[2]を解説図 5.2.1 に示す．

材齢 t における中性化深さの分布と鉄筋のかぶり厚さの分布が重複する部分は，$(D-C_t)$ を平均とし，$\sqrt{C_t^2 \cdot v^2 + \sigma^2}$ を標準偏差とする正規分布となる．

ここで　D：鉄筋のかぶり厚さの平均値
　　　　C_t：中性化深さの平均値
　　　　v：中性化深さの変動係数
　　　　σ：鉄筋のかぶり厚さの標準偏差

d．鉄筋が腐食し始めるときの中性化深さは，コンクリートの含水率などの影響を考慮して，試験または信頼できる方法により確かめる．近年，コンクリートの含水状態が鉄筋の分極特性に及ぼす影響などが研究されているので参考にするとよい[3),4)]．

試験を行わない場合および信頼できる資料がない場合は，次のように考える．

中性化深さと鉄筋腐食との関係は，解説図 5.2.2 に示すように屋外では鉄筋位置まで中性化した時点で急速に腐食が始まる．屋内では鉄筋位置まで中性化しても腐食の進行に急激な変化は見られ

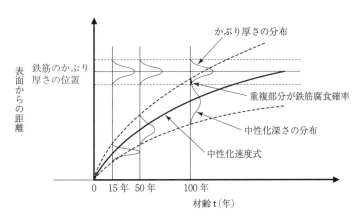

解説図 5.2.1　鉄筋の腐食確率の考え方

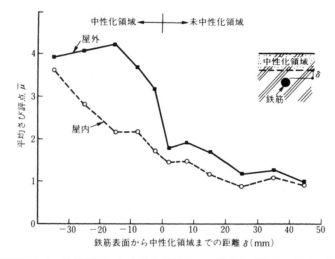

解説図 5.2.2 鉄筋表面から中性化領域までの距離と平均さび評点の関係[5]

ず，屋外で中性化深さが鉄筋に達した時と同程度の腐食状態となるのは，鉄筋表面から中性化領域までの距離 δ が約 −20 mm の時点である．したがって，鉄筋が腐食し始めるときの中性化深さは次のように定めた．

（1）　常時水が作用するような湿潤環境，雨がかり環境，および屋内の水まわり部分等湿度の高い環境では，中性化深さが鉄筋のかぶり厚さまで達したとき

（2）　屋外の雨がかりでない部分および一般の屋内では中性化深さが鉄筋のかぶり厚さから 20 mm 奥まで達したとき

中性化深さがこの深さに達しても，ただちに鉄筋が躯体の耐久性に影響を及ぼすような腐食状態になるものではないが，中性化領域にある鉄筋の腐食速度を明確に把握できないことから，安全側に評価するために中性化深さをもって，腐食状態にあると判断することとする．なお，耐久性に影響がある腐食状態とは，本会「鉄筋コンクリート造建築物の耐久性調査・診断および補修指針（案）同解説」に規定されている，鉄筋腐食度評価基準のグレードⅢ以上をいう．すなわち，「点さびがつながって面さびとなり，部分的に浮きさびが生じている状態」以上に腐食が進行した状態のことである．

　e．中性化の進行予測は耐久設計の要であり，その物性の評価方法は何よりも重要である．従来，中性化に対する性能検証にはいわゆる $\sqrt{t}$ 則が採用され，中性化速度係数を中心とする耐久性評価が行われてきた．1997 年版 JASS 5 において耐久設計基準強度が導入され，強度を介した耐久性（中性化抵抗性）の確保の考え方が示されたが，2009 年版 JASS 5 ではさらに構造体コンクリートの中性化抵抗性と強度との関係が整理され，$\mathit{\Delta}A$ の考え方が示された〔解説図 5.2.3〕．すなわち，従前の構造体コンクリート強度の確保を目的とした際の構造体コンクリートの強度と対応する中性化速度係数の関係において，構造体コンクリートの所要の中性化速度係数を A_s（本指針 5.1 式の A と同義）とすると，これは構造体コンクリートで保証される強度，すなわち耐久設計基準強度 F_d に対応させる必要があり，A_s と F_d との関係は実構造物の調査結果に基づいて求められる．

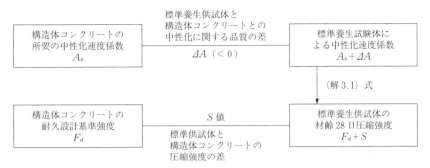

解説図 5.2.3 強度と中性化速度係数の関係[7]

さて本項では,「中性化速度係数は,信頼できる資料または試験などに基づいて定める」としたが,上記のような耐久性確保の枠組みの中で,どのように位置付けるべきかについて触れる.

耐久設計では,本質的には構造体コンクリートにおける所要の中性化速度係数 A_s が最終的な設計対象となるべきであり,A_s は長期暴露された実際の構造体コンクリートで得られる中性化速度係数として評価されるべきである.しかしながら,実際の暴露による方法は現実的ではない.

そこで,JASS 5 では標準養生試験体による中性化速度係数($A_s+\varDelta A$)を現実的な設計のターゲットとしている.本来,$A_s+\varDelta A$ は促進試験ではなく実際の暴露試験により評価すべきであるため,JASS 5 では既往の暴露試験で得られた中性化速度係数と 28 日水中養生の圧縮強度との関係〔解説図5.2.4〕を用いて,調合管理強度と対応づけて $A_s+\varDelta A$ を求めることとしている.

しかしながら,各種混和材料を含む新規材料の評価などにおいては実暴露による方法はあまり現実的ではない.本指針の範囲では,促進試験により得られた中性化速度係数を CO_2 濃度で換算して予測に用いても良いとする立場をとってきたが,この場合,促進試験が実暴露環境におけるどの環境条件に対応するのか明確でなかった.促進試験で得られた中性化速度と実暴露に基づく中性化速度との関係を求めた研究は十分ではなかったが,最近の研究では,中村ら[6]は高炉セメント,フライアッシュセメントを含む広範な調合のコンクリートの中性化速度係数を比較しており,その結果か

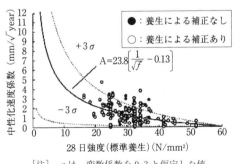

[注] σ は,変数係数を 0.3 と仮定した値

解説図 5.2.4 28 日標準養生の圧縮強度と暴露試験における中性化速度係数との関係[7]

ら，促進試験で得られた中性化速度係数をCO_2濃度で補正した値と屋外の実暴露結果とが同等となっていることを報告している．

そこで本指針では，促進中性化試験はJIS A 1153によることとし，CO_2濃度による補正を行って中性化速度係数を導出することとした．CO_2濃度による補正は解説式5.2.17（後述）によるものとし，標準的なCO_2濃度として3.2節で定めた屋外のCO_2濃度（500 ppm（0.05％））における中性化速度係数は，促進試験で得られた中性化速度係数を0.10倍することで求められるものとする．

ここで求めた$A_s + \Delta A$と構造体コンクリートの中性化速度係数A_sとの間には，以下の差（ΔA）がありこれを補正する必要がある．

（1） CO_2濃度は，参照したCO_2濃度（500 ppm（0.05％））に対して，実際の環境条件のCO_2濃度を用いて補正する必要がある．

（2） CO_2濃度補正により求まる$A_s + \Delta A$は雨がかり条件に対応すると考えられ，3章で雨がかりでないと判断された部位については補正が必要である．

（3） 養生などの施工条件や施工時の外気温などの施工環境に応じて，表層品質を評価する場合には，その補正が必要である．

（4） 温湿度条件による補正が必要である．

なお，早期材齢における混和材の中性化促進試験による評価は実暴露と大きく差が出ることが知られており，これらを普通ポルトランドセメントとの比較で定量評価することは必ずしも適切ではない．特に，高炉スラグやフライアッシュを用いたコンクリートにおいては材齢や養生条件などが影響すると考えられており，上記で示したΔAとの切分けをどのように扱うかが課題である．

さて，中性化の進行は，コンクリート中の中性化領域における二酸化炭素（CO_2）の拡散と，中性化領域と未中性化領域との境界領域における水酸化カルシウム（$Ca(OH)_2$）とCO_2との反応という2つの現象を組み合せた現象であると理解される．この中性化領域と未中性化領域との境界線または境界領域が順次コンクリートの内部へ進行していく過程を数学モデルで表そうとする理論的な研究が近年いくつかなされている．その代表的なものとして，CO_2と$Ca(OH)_2$の両者の拡散と境界線における反応を考慮した福島による非定常速度論的解析[8]，境界線の移動をStefan問題として定式化した前田による非線形解析[9]，および$Ca(OH)_2$と炭酸カルシウム$CaCO_3$の両者が共存する領域を考慮した桝田らの中性化進行予測モデル[10]などがある．これらの理論的解析は，中性化の現象を厳密にとらえようとしたものであるが，もう少し簡略化して解説図5.2.5に示すモデルが考えられる．

材齢tにおいてコンクリートの表面から深さxの位置まで中性化が進行しており，コンクリート表面のCO_2濃度をC_0とし，深さxの位置でのCO_2濃度は0とする．CO_2は，中性化したコンクリート中（中性化領域）をフィックの第一法則に従って拡散していくと仮定する．定常状態では，深さ方向に直角な面の面積SあたりをΔt時間に拡散し，深さxに達するCO_2の量ΔCO_2は，（解5.2.1）式で表される．

$$\Delta CO_2 = D \cdot \frac{C_0}{x} \cdot S \cdot \Delta t \qquad (\text{解}5.2.1)$$

中性化領域を拡散してきたCO_2は，厚さΔxの境界領域に存在する$Ca(OH)_2$と瞬時に反応して

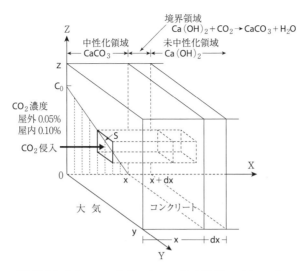

解説図 5.2.5 コンクリートの中性化進行のメカニズム

$CaCO_3$ になるとすると,消費される CO_2 の量 ΔCO_2 は,(解 5.2.2)式で表される.

$$\Delta CO_2 = H \cdot S \cdot \Delta x \tag{解 5.2.2}$$

ここに, x : 中性化深さ
$\qquad t$: 時間
$\qquad C_0$: コンクリート表面の CO_2 濃度
$\qquad D$: 拡散係数
$\qquad S$: 面積
$\qquad H$: コンクリートの単位体積あたりの $Ca(OH)_2$ 量
$\qquad \Delta x$: 境界領域の厚さ
$\qquad \Delta t$: 微小時間

(解 5.2.1),(解 5.2.2)式より,$\Delta t \to 0$ とすれば,次の微分方程式(解 5.2.3)が得られる.

$$x\frac{dx}{dt} = \frac{D \cdot C_0}{H} \tag{解 5.2.3}$$

(解 5.2.3)式の両辺を積分する.

$$\int_0^x x\,dx = \frac{D \cdot C_0}{H} \cdot \int_0^t dt$$

$$\frac{x^2}{2} = \frac{D \cdot C_0}{H} \cdot t$$

したがって,中性化深さは(解 5.2.4)式によって表される.

$$x = \frac{\sqrt{2 \cdot D \cdot C_0}}{\sqrt{H}} \cdot \sqrt{t} \tag{解 5.2.4}$$

(解 5.2.4)式より,中性化深さは理論的に時間の平方根($\sqrt{t}$ 則)および CO_2 濃度の平方根に比例することが理解される.また,コンクリートの組織が緻密な場合は,拡散係数 D の値は小さくなり,

中性化深さは小さくなる．さらに，Ca(OH)$_2$ の生成量が少ないセメントを用いる場合やポゾラン反応などによって Ca(OH)$_2$ が消費される場合には，H の値は小さくなり，中性化深さは大きくなる．

　中性化の進行が，時間の平方根に従うとした中性化速度式は数多く提案されており，その代表的なものとして，濱田・岸谷[11]による式，それを修正した白山[12]による式，また和泉[13]による式（解5.2.7）などがある．特に，岸谷式は，佐野利器らの作製した鉄筋コンクリート試験体の20年暴露試験結果から導かれた内田・濱田式を基本とし，その後の調査結果や促進中性化試験の結果を加えて提案されたものであり，水セメント60％を基本としており，実環境下の中性化速度を予測することが可能である．

　本指針では，岸谷式を原型として，コンクリートの材料・調合や外的条件の影響を白山式および和泉式に基づいて標準化し，中性化速度式を定めることとした．以下に，その概要を示す．

[岸谷式]

W/C が60％以下で

$$t = \frac{7.2}{R^2(4.6 \cdot W/C - 1.76)^2} \cdot C^2 \tag{解5.2.5}$$

　　ここに，t　　：期間（年）

　　　　　　W/C：水セメント比

　　　　　　C　　：中性化深さ（cm）

　　　　　　R　　：中性化比率（一般のコンクリートでは $R=1.0$）

[白山式]

$$t = \alpha \cdot \beta \cdot \gamma \cdot \delta \cdot \varepsilon \cdot \frac{5\,000}{(W/C - 38)^2} \cdot C^2 \tag{解5.2.6}$$

　　ここに，t　：期間（年）

　　　　　　W/C：水セメント比（％）

　　　　　　C　：中性化深さ（cm）

　　　　　　α　：骨材・混和剤による差

　　　　　　β　：セメントによる差

　　　　　　γ　：施工程度による差

　　　　　　δ　：仕上げによる差

　　　　　　ε　：室内外による差

[和泉式]

$$C = 3.54 \cdot R_1 \cdot R_2 \cdot R_3 \cdot R_4 \cdot R_5 \cdot R_6 \cdot \sqrt{t} \tag{解5.2.7}$$

　　ここに，C　：中性化深さ（cm）

　　　　　　t　：材齢（年）

　　　　　　R_1：セメント種類および水セメント比の影響係数

　　　　　　R_2：セメント種類および湿潤養生の影響係数

　　　　　　R_3：炭酸ガス濃度の影響係数

R_4：温度の影響係数

R_5：湿度の影響係数

R_6：仕上げの影響係数

上記の岸谷式および白山式を中性化深さ C で整理すると

$$C = 1.72 \cdot R \cdot (W/C - 0.38) \cdot \sqrt{t} \tag{解 5.2.8}$$

$$\begin{aligned}C &= \sqrt{\frac{1}{5\,000 \cdot \alpha \cdot \beta \cdot \gamma \cdot \delta \cdot \varepsilon}} \cdot (W/C - 38) \cdot \sqrt{t} \\ &= 1.41 \cdot \sqrt{\frac{1}{\alpha \cdot \beta \cdot \gamma \cdot \delta \cdot \varepsilon}} \cdot (W/C - 0.38) \cdot \sqrt{t}\end{aligned} \tag{解 5.2.9}$$

となり，両式は式の構造として同じであると考えることができる．

中性化速度式は，上述のとおり $C = A\sqrt{t}$ の形に表すことが可能であり，中性化深さ C を求めるための係数 A を決定すればよいことがわかる．そこで，以下に係数 A の決定の手順を示す．係数 A は，コンクリートの材料および調合，ならびに環境条件の影響を考慮して，（解5.2.10）式で表される．

$$A = k \cdot \alpha_1 \cdot \alpha_2 \cdot \alpha_3 \cdot \beta_1 \cdot \beta_2 \cdot \beta_3 \tag{解 5.2.10}$$

ここに，A：中性化速度係数（mm/$\sqrt{年}$）

k：中性化速度に関する定数（mm/$\sqrt{年}$）

α_1：コンクリートの種類（骨材の種類）による係数

α_2：セメントの種類による係数

α_3：調合（水セメント比）による係数

β_1：気温による係数

β_2：湿度およびコンクリートに作用する水分の影響による係数

β_3：CO_2濃度による係数

・k：中性化速度に関する定数（mm/$\sqrt{年}$）

中性化速度式の概形を定める基本となる係数であり，中性化速度式の実倍率を定める基本となる．本指針では，岸谷式によるものとし，原則として17.2とする．

・α_1：コンクリートの種類（骨材の種類）による係数

コンクリートの中性化速度に影響を及ぼすCO_2の拡散係数は，コンクリートの使用骨材によるコンクリートの種類によって異なると考えられる．

解説表 5.2.2 岸谷式における骨材による係数 R

使用骨材	R
川砂・川砂利	1.0
川砂・火山れき	1.2
火山れき	2.9

解説表 5.2.3　白山式におけるコンクリートの種類（骨材・混和剤）による係数 α

コンクリートの種類	プレーン	AE 剤	分散剤
普通コンクリート	1.0	2.8	6.2
軽量コンクリート1種	0.7	1.6	4.0
軽量コンクリート2種	0.12	0.31	0.83

　コンクリートの種類(骨材の種類)による係数は，岸谷式における係数 R では解説表 5.2.2 となっており，白山式における係数 α では解説表 5.2.3 となっている．
　しかし，これらの係数は天然軽量骨材を用いたコンクリートのデータであり，現在利用されている人工軽量骨材は，骨材内部はポーラスであるが，表面は比較的緻密なガラス質の層で覆われていること，および人工軽量骨材は一般にプレソーキングを行うことから，人工軽量骨材を用いた軽量コンクリートでは，中性化の進行は遅いといわれている．ただし乾燥が進むと骨材がポーラスであるために中性化が速くなる傾向があるので注意が必要である．
　解説図 5.2.6 および解説図 5.2.7 は，水セメント比が 40～60％の普通コンクリート，軽量コンクリート 1 種および 2 種を屋外および屋内（ただし，CO_2 濃度は屋外と大差ない）に 15 年間暴露して中性化を計測した結果[14]をもとに作成したものである．この結果から，軽量コンクリート 1 種は，普通コンクリートに比べて 1.1～1.2 倍，2 種は 1.2～1.3 倍速く中性化が進行することがわかる．また，建築研究所では，軽量コンクリートを 33 年間暴露した場合の中性化の測定結果[15]を報告しており，これらのデータも参考になる．本指針では，コンクリートの種類による係数 α として解説表 5.2.4 に示す値を推奨する．

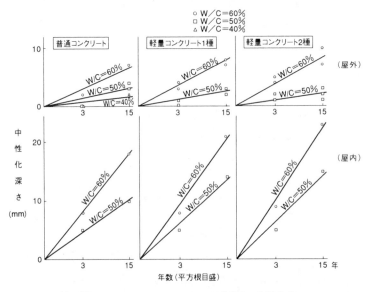

解説図 5.2.6　コンクリートの種類別の中性化深さ

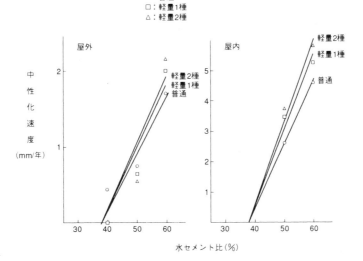

解説図 5.2.7 コンクリートの種類別の中性化速度

解説表 5.2.4 コンクリートの種類による係数 α_1

コンクリートの種類	α_1
普通コンクリート	1.0
軽量コンクリート 1 種	1.2
軽量コンクリート 2 種	1.4

解説表 5.2.5 普通ポルトランドセメントの鉱物組成と $Ca(OH)_2$ 生成量（例）

種類	鉱物組成（％）	各鉱物の単位量あたりの $Ca(OH)_2$ 生成量 [g/g]	セメントの単位量あたりの $Ca(OH)_2$ 生成割合（％）
C_3S	51	0.49	25.0
C_2S	25	0.21	5.3
計	—	—	30.3

・α_2：セメントの種類による係数

　中性化は $Ca(OH)_2$ と CO_2 とが反応して $CaCO_3$ になる反応であることから，（解5.2.4）式に示すようにコンクリート中の $Ca(OH)_2$ の量が多いほど，中性化は遅くなる．

　セメントの鉱物中で C_3S（エーライト：$3CaO \cdot SiO_2$）が水和時に最も多く $Ca(OH)_2$ を生成し，次いで C_2S（ビーライト：$2CaO \cdot SiO_2$）が水酸化カルシウムを多く生成する．

　普通ポルトランドセメントの鉱物組成と $Ca(OH)_2$ 生成量[16]の例を解説表5.2.5に示す．

　次に，各種ポルトランドセメントの鉱物組成の割合[17]から $Ca(OH)_2$ の量を計算し，普通ポルトラ

解説表 5.2.6　各種ポルトランドセメントの Ca(OH)$_2$ 生成量の比率

セメント種類	C$_3$S 含有量 (%)	C$_2$S 含有量 (%)	セメントの単位量あたりの Ca(OH)$_2$ 量生成割合 (%)			中性化比率
			C$_3$S から	C$_2$S から	合計	
早強	64	11	31.4	2.3	33.7	0.95
中庸熱	43	35	21.1	7.4	28.5	1.03
低熱	27	58	13.2	12.2	25.4	1.09

解説表 5.2.7　混合セメントの Ca(OH)$_2$ の生成量の比率と中性化比率

セメント種類	混合物含有量 (%)	C$_3$S 含有量 (%)	C$_2$S 含有量 (%)	セメントの単位量あたりの Ca(OH)$_2$ 生成割合 (%)			中性化比率
				C$_3$S から	C$_2$S から	合計	
高炉 A	30.0	35.7	17.5	17.5	3.7	21.2	1.20
高炉 B	45.0	28.1	13.8	13.8	2.9	16.7	1.35
高炉 C	70.0	15.3	7.5	7.5	1.6	9.1	1.82
FA	10.0	45.9	22.5	22.5	4.7	27.2	1.06
FB	20.0	40.8	20.0	20.0	4.2	24.2	1.12
FC	30.0	35.7	17.5	17.5	3.7	21.2	1.20

ンドセメントを用いた場合の Ca(OH)$_2$ 含有量を 1 として $\sqrt{1/含有量比率}$ を求め，中性化比率を計算すると解説表 5.2.6 となる．

また，混合セメントのベースセメントを普通ポルトランドセメントとし，その混合物の比率から C$_3$S および C$_2$S の含有量を求め，Ca(OH)$_2$ の生成量を算定し，中性化比率を計算すると解説表 5.2.7 となる．

なお，コンクリート中の Ca(OH)$_2$ 量は，セメントの鉱物組成だけでなく，セメントの水和反応率にも影響される．セメント粒子が細かいと，水和反応率が高くなる傾向があり，Ca(OH)$_2$ の生成量が増加して，中性化が遅くなる[18]．また，フライアッシュのポゾラン反応は Ca(OH)$_2$ を消費するので，フライアッシュを用いたコンクリートの中性化速度は速くなる．そのため，セメントの鉱物組成から算出される Ca(OH)$_2$ 生成量のみから中性化速度を判断することはできない[18]．

岸谷式および白山式で用いられているセメントの種類による係数は，解説表 5.2.8 および解説表 5.2.9 に示すとおりである．

以上の結果から，普通ポルトランドセメントの係数を 1.0 とした．各種セメントの係数として解説表 5.2.10 に示す値を推奨する．

なお，フライアッシュを用いたコンクリートでも，本会「フライアッシュの調合設計施工指針・

解説表 5.2.8　岸谷式におけるセメントによる係数 R

普通	早強	高炉			フライアッシュ B 種
		A 種	B 種	C 種	
1.0	0.6	1.4	2.2	—	1.9

解説表 5.2.9　白山式におけるセメントによる係数 β

普通	早強	高炉			フライアッシュ B 種
		A 種	B 種	C 種	
1.0	1.6	0.6	0.5	0.3	0.3

解説表 5.2.10　セメント種類による係数 α_2 の推奨値

セメント種類	岸谷式	白山式	$Ca(OH)_2$ の生成量から得られる値	α_2
普通ポルトランドセメント	1.00	1.00	1.00	1.0
早強ポルトランドセメント	0.60	0.79	0.95	0.85
高炉 A 種	1.40	1.29	1.20	1.25
高炉 B 種	2.20	1.41	1.35	1.4
高炉 C 種	—	1.82	1.82	1.8
フライアッシュ B 種	1.90	1.82	1.12	1.8

同解説」に述べられているように，ポルトランドセメントに対する置換率が 20％程度まで（B 種相当）は耐久設計基準強度の割増しは必要がないとされている[19]．これは，置換率が 20％程度以下の範囲であれば，標準養生したコンクリートの 28 日材齢の圧縮強度と中性化速度係数との間には相関関係が成り立つので，構造体コンクリートが耐久設計基準強度を満足するように調合設計を行えば，フライアッシュを用いたコンクリートであっても，その中性化速度係数は，普通ポルトランドランドセメントを用いたものと変わらないという結果[20]に基づいている．

　フライアッシュを用いたコンクリートについては，まだ強度発現が十分になされていない状態で促進中性化試験を実施した場合には，過大な値を示す試験結果となることが指摘されている[21]．一方，実際の屋外暴露の試験体においては，普通ポルトランドセメントを用いたコンクリートと比較して α_2 は 1.8 倍にまではならないとの報告がある[22]．しかしながら現段階では，普通ポルトランドセメントを用いたコンクリートと同様な条件下で大規模な比較試験がなされていないため，α_2 の値をどの程度小さくすることができるかを判断することは非常に難しい．

　一方，船本によれば，普通ポルトランドセメントとフライアッシュセメント B 種を用いたコンク

解説表 5.2.11　和泉式におけるセメントによる係数 R_1

セメント種類	W/C
普通ポルトランドセメント	$\exp(3.34 \cdot W/C - 2.004)$
早強ポルトランドセメント	$0.977 \cdot \exp(3.39 \cdot W/C - 2.004)$
高炉A種	$0.968 \cdot \exp(3.42 \cdot W/C - 2.004)$
高炉B種	$1.586 \cdot \exp(2.69 \cdot W/C - 2.004)$
フライアッシュA種	$1.188 \cdot \exp(3.06 \cdot W/C - 2.004)$

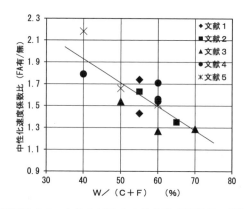

解説図 5.2.8　水結合材比と中性化速度係数比の関係[23]

リートについて，既往の暴露試験結果から，水結合材比と中性化速度係数比の関係を求めるとほぼ直線関係が成り立ち，水結合材比 $W/(C+F)$ が大きくなると，中性化速度係数比は小さくなり，解説図 5.2.8 に示すとおり上限値はほぼ 1.8 程度となる[23]．

・α_3：調合（水セメント比）による係数

中性化速度に影響を及ぼす主な調合要因は水セメント比であり，岸谷式および白山式では（解 5.2.11）式で表される．

$$\alpha_3 = W/C - 0.38 \qquad (解5.2.11)$$

ここに，W/C：水セメント比

（解 5.2.11）式によれば水セメント比が 38% 以下では中性化速度は 0 になり，中性化が進行しないことがわかる．実際，水セメント比が 30～40% では中性化はほとんど進行しない．和泉式では，セメント種類別に水セメント比による係数 R_1 を解説表 5.2.11 のように与えている．

普通ポルトランドセメントについては，水セメント比が 38% 以下で中性化速度が 0 になることとなるが，船本らはフライアッシュセメント B 種の既往の暴露試験結果について，水結合材比 $W/(C+F)$ と中性化速度係数の関係について整理すると，図 5.2.9 となることを報告している[24]．そしてこの結果から，フライアッシュセメント B 種の水セメント比による係数として（解 5.2.12）を提案している．

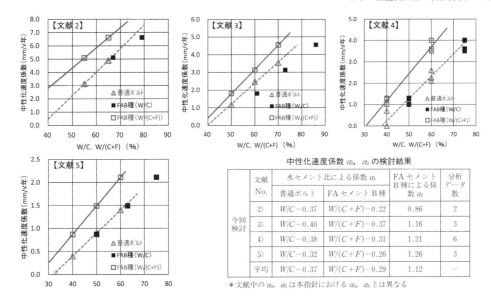

解説図 5.2.9 水ポルトランドセメント比（W/C）および水結合材比（$W/(C+F)$）と中性化速度係数の関係[24]

$$\alpha_2 \cdot \alpha_3 = 1.1 \cdot (W/(C+F) - 0.29) \quad (解5.2.12)$$

普通ポルトランドセメントの（解 5.2.11）式を基準とし，セメント種類に応じた係数 α_2 を乗じることで，そのセメントの水セメント比による係数が求められることになるが，この方法の他，（解5.2.12）式のように，実験または信頼できる資料を基に，セメント種類に応じた α_2，α_3 の組合せとして求められるセメント種類ごとの水セメント比の係数を用いることもできる．

・β_1：気温による係数

温湿度条件は，コンクリート中の CO_2 の拡散係数やコンクリート中での $Ca(OH)_2$ と CO_2 との反応速度に影響を及ぼすことが考えられる．そのため中性化速度は温湿度条件の影響を受ける．

温度による係数[25]は，建設省総合技術開発プロジェクト「コンクリートの耐久性向上技術の開発」における共同研究の成果に基づき，（解5.2.13）式で示されており，和泉式に採用されている．

$$R_4 = 0.017 \cdot T + 0.48 \quad (解5.2.13)$$

ここに，R_4：温度の影響係数

T：温度（℃）

代表的な都市の 1971 年から 2000 年までの年平均気温をもとに和泉式における温度による係数 R_4 を求め，気温による係数 β_1 を東京を 1 として換算し，各都市の係数を計算すると解説表 5.2.12 のようになる．

なお，ここで用いる温度は，3 章に基づき耐久設計の対象となる部材の置かれる温度環境を想定して検討することとする．

また，β_1 で意図する影響係数ではないものの，養生期間中の外気温変動はセメントの水和に影響を与えるため，結果として中性化に影響を与えることが知られている．養生期間中の温度の影響については，和泉式において湿潤養生の影響係数 R_2 としてセメント種類ごとに値が示されている．し

解説表 5.2.12　各都市における中性化速度に及ぼす温度の影響

都市	年平均（℃）	R_4	β_1
東京	15.9	0.75	1
札幌	8.5	0.62	0.83
仙台	12.1	0.69	0.91
大阪	16.5	0.76	1.01
鹿児島	18.3	0.79	1.05

解説表 5.2.13　和泉式におけるセメント種類および湿潤養生の影響係数 R_2

セメント種類	W/C
普通ポルトランドセメント	$R_2 = 2.60 \cdot M^{-0.175}$
早強ポルトランドセメント	$R_2 = 1.32 \cdot M^{-0.027}$
中庸熱ポルトランドセメント	$R_2 = 3.58 \cdot M^{-0.176}$
高炉セメントB種	$R_2 = 2.90 \cdot M^{-0.115}$
フライアッシュセメントB種	$R_2 = 5.08 \cdot M^{-0.191}$

［注］　M：水中養生期間中の積算温度（D・D）

かしながら，本指針は適切な施工により十分な養生期間が採られていることを前提としているため，施工要因を評価式に含めておらず R_2 は原則適用していない．参考までに，解説表5.2.13に R_2 の値を示す．

・β_2：湿度およびコンクリートに作用する水分の影響による係数

湿度による係数[25]も，前記の共同研究の成果に基づき，（解5.2.14）式のように求められており，和泉式に採用されている．

$$R_5 = H_u \cdot (100 - H_u) \cdot (140 - H_u) / 192\,000 \qquad (解\,5.2.14)$$

ここに，R_5：湿度の影響係数

H_u：相対湿度（％）

気温の場合と同様に，1971年から2000年までの年平均湿度から，湿度の影響係数を求め，東京地区を1として換算すると，解説表5.2.14のようになる．

一方，雨がかりがある場合において，コンクリートの含水率が大きい場合には中性化速度係数は小さくなる．これに対して雨がかりがない乾燥環境においては，コンクリートの中性化速度係数は大きくなる．例として，和泉らの実構造物における調査結果[26]では，雨がかからない環境では，雨がかかる環境より1.0～2.0倍程度中性化の進行が速いことが示されており，平均値で1.6倍と報告されている．また，土木学会のコンクリート標準示方書[27]では雨がかりの環境に対して乾燥しやすい環境では1.6倍としている．一方，並木，湯浅らの調査結果[28]によると，築34年で8.3mm（雨がか

解説表 5.2.14 湿度による係数 β_2

地域	年平均（%）	R_5	β_2
東京	63	0.93	1
札幌	70	0.77	0.82
仙台	71	0.74	0.79
大阪	64	0.91	0.98
鹿児島	71	0.74	0.79

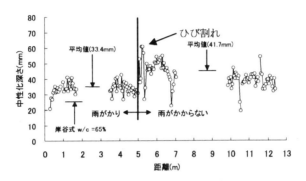

解説図 5.2.10 雨がかりの有無による中性化深さ（東側）[28]

からない/雨がかる＝1.25）の差があったことが報告されている〔解説図 5.2.10〕.

以上より本指針では，岸谷式が雨がかりがあり乾湿の繰り返される環境を基準に導かれていることに鑑み，雨がかりの無い屋外を雨がかりがある場合の 1.6 倍とすることとした.

なお，常時水が作用するような湿潤環境においては中性化はほとんど進行しないことが知られている．算定式が若干異なるものの，本名らの研究[29]によれば，建築物の地下構造躯体（地中環境）では，中性化率が 0.07～0.17 と報告されている．そこで，本指針では安全側に設定して湿潤環境における中性化速度係数は雨がかりがある場合の 0.2 倍とすることとした.

以上をまとめると，3 章で定義した，湿潤環境，雨がかり環境，乾燥環境の 3 区分に応じて以下のとおり定義される.

ⅰ）雨がかり環境および乾燥環境

$$\beta_2 = k_r \cdot H_u \cdot (100 - H_u) \cdot (140 - H_u)/192\,000 \qquad (解5.2.15)$$

ここに，k_r：雨がかりを表す係数で，雨がかり環境においては 1.0，乾燥環境においては 1.6 とする.

H_u：相対湿度（%）

ⅱ）湿潤環境

$$\beta_2 = k_w \qquad (解5.2.16)$$

ここに，k_w：湿潤環境に対する係数で，0.2 とする.

解説表 5.2.15　CO_2濃度による係数

屋内外	CO_2濃度（％）	R_3	β_3
屋外	0.05	0.1	1
屋内	0.1	0.141	1.41

なお，ここで用いる湿度・雨がかり環境は，3章に基づき耐久設計の対象となる部材の置かれる湿度環境を想定して検討することとする．

・β_3：CO_2濃度による係数

中性化速度係数に及ぼすCO_2濃度の影響は，(解5.2.4) 式で理解されるように，CO_2濃度の平方根に比例すると考えられる．

岸谷式や白山式ではCO_2濃度については一般の環境条件を想定しているものと考えられるが，和泉式におけるR_3はCO_2濃度が5.0％の条件で行った促進試験をもとに (解5.2.17) 式で与えられ，CO_2濃度の影響を考慮している．

$$R_3 = \sqrt{CO_2/5.0} \tag{解5.2.17}$$

ここに，CO_2：CO_2濃度（％）

耐久設計上は屋外で0.05％，屋内で0.10％とし，CO_2濃度による係数β_3を解説式5.2.18により求めると解説表5.2.15のようになる．

なお，前指針では屋内のCO_2濃度を0.2％としてβ_3を2.0としていた．今回の改定により室内側が乾燥環境であることを考慮すると，雨がかりのある屋外に対して屋内は1.6倍となり，上記β_3の倍率（1.41）を加味すると，2.3倍となりおおよそ整合することとなる．

$$\beta_3 = \sqrt{CO_2/0.05} \tag{解5.2.18}$$

新たな材料を用いたコンクリートの中性化速度係数Aを実験によって求めることも考えられる．この場合，促進中性化試験の方法はJIS A 1153（コンクリートの促進中性化試験方法）による．この試験方法は，CO_2濃度を5％とし，温度20℃，相対湿度60％の環境下で中性化を生じさせているので，温度20℃，相対湿度60％の大気中の中性化深さCは (解5.2.19) 式で示される．

$$C = A\sqrt{CO_2/5.0} \cdot \sqrt{t} \tag{解5.2.19}$$

ここに，C　：中性化深さ（mm）
　　　　CO_2：CO_2濃度（％）
　　　　A　：定数（促進中性化試験による定数：mm/$\sqrt{週}$）
　　　　t　：材齢（週）

この式から，

$$t = \frac{5.0}{CO_2 \cdot A^2} \cdot C^2 \tag{解5.2.20}$$

となる．

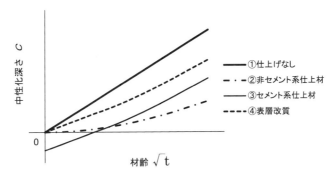

解説図 5.2.11 表面仕上層の種類別のコンクリート中性化傾向

 (解 5.2.20) 式を用いて, 促進中性化試験結果をもとに雨がかりのない屋外 (温度 20°C, 相対湿度 60%) および屋内 (温度 20°C, 相対湿度 60%) における中性化深さが C になる期間を予測すると次のようになる.

1) 屋外の場合, $CO_2=0.05\%$ とすれば (解 5.2.21) 式のようになり, 促進中性化試験結果が大気中屋外の 100 倍の期間に相当することを示している.

$$t=\frac{100}{A^2}\cdot C^2 \tag{解 5.2.21}$$

2) 屋内の場合, $CO_2=0.10\%$ とすれば (解 5.2.22) 式のようになり, 促進中性化試験結果が大気中屋内の 50 倍の期間に相当することを示している.

$$t=\frac{50}{A^2}\cdot C^2 \tag{解 5.2.22}$$

f. 仕上材の中性化抑制効果は, セメント系の場合, 仕上材自身の中性化が進行し, その後躯体コンクリートの中性化が始まる. また, 非セメント系の場合は, 紫外線や風雨により仕上材の劣化が進行し, 徐々に中性化抑制効果が失われる. 仕上材の中性化抑制効果は解説図 5.2.11 に示すようであり, それぞれの中性化の進行は次のように表すことができる[30),31)].

① 仕上げなしの場合の中性化は (5.1) 式で表される.

$$C=A\sqrt{t} \tag{5.1}$$

② 非セメント系の仕上材, 仕上塗材および塗装が有る場合については, 中性化は (解 5.2.23) 式で表される.

$$C=A(\sqrt{t+R^2}-R) \tag{解 5.2.23}$$

ここに, R：中性化抵抗 ($\sqrt{年}$)

③ セメントモルタルなどのセメント系仕上材やポリマーセメントモルタルで仕上げた場合, 仕上げ層が全て中性化した後, コンクリートの中性化は (解 5.2.24) 式で表される.

$$C=A(\sqrt{(t-T_c)+R^2}-R) \tag{解 5.2.24}$$

$$T_c=\left(\frac{d_c}{A_c}\right)^2 \tag{解 5.2.25}$$

ここに，T_c：セメント系仕上げ層が全て中性化する時間（年）
　　　　d_c：セメント系仕上げ層の厚さ（mm）
　　　　A_c：セメント系仕上げ層の中性化速度係数（mm/√年）

④ コンクリート系打込み型枠や含浸材により表層を緻密にし，中性化抑制効果が期待できる場合については，表層部分の中性化は（解5.2.26）式で表され，表層が全て中性化した後のコンクリートの中性化は（解5.2.27）式で表される．

$$C = A'\sqrt{t} \qquad \text{(解5.2.26)}$$

$$C = A(\sqrt{(t-T')+R^2} - R) + d' \qquad \text{(解5.2.27)}$$

$$T' = \left(\frac{d'}{A'}\right)^2 \qquad \text{(解5.2.28)}$$

ここに，A'：表層コンクリートの中性化速度係数（mm/√年）
　　　　T'：表層コンクリートが全て中性化する時間（年）
　　　　d'：表層コンクリートの厚さ（mm）

上に示すように，仕上材の中性化抑制効果については中性化抵抗 R で表される．これまでいくつかの仕上材の中性化抵抗 R について報告がなされているが[30),32),33)]，中性化抵抗 R は，仕上材の種類や塗厚さによって異なるため，信頼できる資料または試験により仕上材ごとに R を導出することを原則とする．

非セメント系の場合は，紫外線や風雨により仕上材の劣化が進行し，徐々に中性化抑制効果が失われるため，中性化抵抗 R は，仕上材の劣化の進行に応じて低下する．そのため，（解5.2.23）式を用いて，非セメント系の仕上塗材などを施したコンクリートの中性化進行を精度良く予測するためには，中性化抵抗 R の経年変化に関するデータが必要となる．解説図5.2.12は，自然環境下での暴露6年および12年を想定して促進劣化させた仕上塗材を施したコンクリートの促進中性化試験の報告例であり，中性化深さの測定結果から，仕上塗材の経年変化後の中性化抵抗 R を算出している[34)]．自然環境下で劣化した仕上塗材を試験的に再現するため，この報告では，まず，モルタル板に

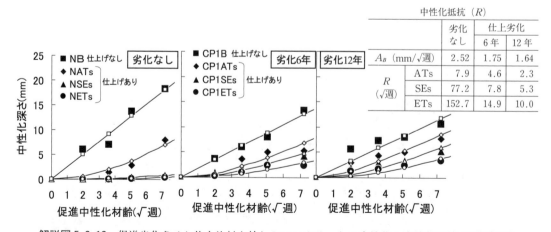

解説図5.2.12 促進劣化させた仕上塗材を施したコンクリートの中性化と中性化抵抗 R [文献34)に加筆]

仕上塗材を施し，日射を模擬した化学的な劣化を耐候性試験機により与え，そのモルタル板をコンクリートに打ち込み，さらに躯体の伸縮を模擬した物理的な劣化として曲げひずみを振動試験機により与えている．解説図5.2.13は，解説図5.2.12の中性化抵抗Rと仕上塗材の樹脂塗膜厚さとの関係を示したものである．中性化抵抗Rは仕上塗材の樹脂塗膜厚さと相関があり，劣化年数が進むほど中性化抵抗Rが小さくなる傾向が示されている．

仕上塗材の経年劣化を考慮した中性化進行予測手法として，上記実験結果の劣化年数と中性化抵抗Rの関係に基づき，(解5.2.23)式に中性化抵抗Rの経時的変化を組み込んだ(解5.2.25)式が提案されている[34]．解説図5.2.14に，仕上塗材の劣化を考慮した中性化進行の解析例を示す．

$$C_{(i)} = A_0[\sqrt{\{(t'_{(i-1)} + \Delta t) + R'_{(i-1)}{}^2\}} - R'_{(i-1)}] \qquad (解5.2.29)$$

$$t'_{(i-1)} = (C_{(i-1)}/A_0 + R'_{(i-1)})^2 - R'_{(i-1)}{}^2$$

$$R'_{(i-1)} = \frac{R_{(i-1)}}{\sqrt{(52)} \times \sqrt{(CO/5)}}$$

$$R_{(i-1)} = \alpha T_r(-0.0098 t_{(i-1)}{}^* + 0.088) \qquad [t_{(i-1)}{}^* \leq 6]$$

$$R_{(i-1)} = \alpha T_r(-0.0018 t_{(i-1)}{}^* + 0.041) \qquad [6 < t_{(i-1)}{}^* \leq 12]$$

条件　$\Delta t = 1$，$C_{(0)} = 0$，$t_{(0)} = 0$

　　　仕上塗材は13年以内に塗り替える

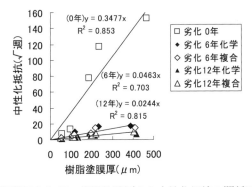

解説図5.2.13　樹脂塗膜厚さと中性化抵抗の関係[34]

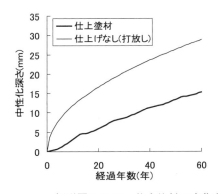

算定条件	
部位	外壁
コンクリートの中性化速度係数	3.73 mm/√年
仕上塗材	複層塗材E
樹脂塗膜厚さ	104 μm
仕上塗材の塗替え頻度	13年ごと
塗厚さのばらつきを表す係数	1.0

解説図5.2.14　仕上塗材の劣化を考慮した中性化進行の解析例[34]

ここに，$C_{(i)}$ ：ステップ i での中性化深さ（mm）

A_0 ：中性化速度係数（mm/$\sqrt{年}$）

$t'_{(i-1)}$ ：ステップ $i-1$ での見かけ材齢（年）

$R'_{(i-1)}$ ：ステップ $i-1$ での中性化抵抗（$\sqrt{年}$）

$R_{(i-1)}$ ：促進中性化試験により得られたステップ $i-1$ での中性化抵抗（$\sqrt{週}$）

CO ：炭酸ガス濃度（%）（屋外は 0.05%）

T_r ：樹脂塗膜厚さ（μm）

$t_{(i-1)}{}^*$ ：ステップ $i-1$ の仕上塗材の劣化材齢（年）

（$t_{(i-1)}{}^* \leq 12$，仕上塗材塗替え後は 0 年に戻る）

a ：仕上塗材の塗厚さのばらつきを表す係数

中性化抵抗 R については理論上，コンクリートと仕上塗材の拡散係数から（解5.2.30）式で表されると報告されており[35]，中性化抵抗 R は仕上塗材の物性だけではなく，コンクリートの物性も関連している．

$$R = \frac{D_c}{\left(\frac{D_f}{d}\right)} \cdot \frac{1}{A} \qquad (解5.2.30)$$

ここに，D_c：コンクリートの CO_2 拡散係数（mm²/s）

D_f：仕上塗材の CO_2 拡散係数（mm²/s）

d ：仕上塗材の厚さ（mm）

A ：コンクリートの中性化速度係数（mm/$\sqrt{年}$）

（解5.2.30）式に基づけば，劣化させた仕上塗材の拡散係数を測定することによっても，仕上塗材の劣化を考慮した中性化予測が可能である．解説図5.2.15は，仕上塗材の CO_2 の透過量から拡散係

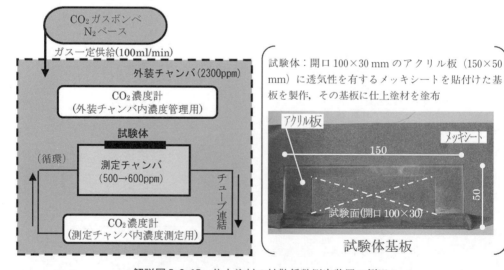

解説図5.2.15　仕上塗材の拡散係数測定装置の例[35]

数を測定する装置の一例である[35]．拡散係数は（解5.2.31）式から求められる．

$$D = \frac{\Delta CO_2}{C_{out} - C_{in}} \cdot \frac{h}{A \cdot t} \tag{解5.2.31}$$

ここに，D ：試験体のCO$_2$拡散係数（mm²/s）

ΔCO_2 ：経過時間に測定チャンバ内に流入したCO$_2$の質量（g）

C_{out} ：外装チャンバ内のCO$_2$濃度（g/mm³）

C_{in} ：測定チャンバ内のCO$_2$濃度（g/mm³）

h ：試験体（仕上塗材）の厚さ（mm）

A ：試験体（開口）の面積（mm²）

t ：経過時間（s）

耐候性試験機により仕上塗材を促進劣化させ，解説図5.2.15の装置を用いて測定された劣化後の仕上塗材の拡散係数と耐候性試験機の照射時間との関係を解説図5.2.16に示す．仕上塗材が劣化すると拡散係数が大きくなる傾向が示されている．

その他，仕上塗材の透気性に着目し，付録2に示すダブルチャンバー法（トレント法）による透気係数を測定して，仕上塗材の中性化抑制効果を評価する方法が研究されている[36]．

仕上塗材のほか，中性化の抑制効果が期待できる仕上材として外断熱材の促進中性化試験の結果が報告されている〔解説図5.2.17〕[37]．外断熱材を施したコンクリートの中性化進行についても〔解

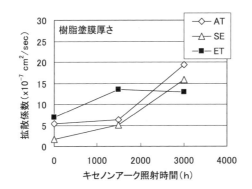

解説図5.2.16 耐候性試験機による照射時間と仕上塗材の拡散係数の関係[35]

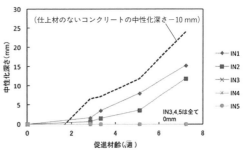

解説図5.2.17 外断熱材の促進中性化試験の報告例[37]

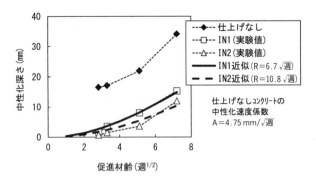

記号	中性化抵抗 R	
	促進中性化（$\sqrt{週}$）	屋外暴露換算*（$\sqrt{年}$）
IN 1	6.7	9.3
IN 2	10.8	14.9
IN 3	（無限大）	
IN 4	（無限大）	
IN 5	（無限大）	

＊：屋外二酸化炭素濃度 0.05%

実験データから求めた中性化抵抗 R

解説図 5.2.18 外断熱材の中性化抵抗の算出結果

5.2.23）式で表すことが可能である．解説図 5.2.17 で中性化進行が確認された IN 1 と IN 2 について，（解 5.2.23）式で実験データを近似し，中性化抵抗 R を最小二乗法により求めた結果を解説図 5.2.18 に示す．中性化抵抗 R は，材質，厚さおよび施工法により異なるため，使用する材料と採用する施工法により試験体を作製して実験的に求めるか，または信頼できる資料等により決定する．

（解 5.2.24）式に示すセメント系仕上げを施した場合の中性化抵抗 R，および（解 5.2.27）式に示すコンクリート表層の組織が内部コンクリートと異なる場合の中性化抵抗 R についても，それぞれの仕上げまたは表層条件による試験体を作製し，促進中性化試験の結果から実験的に得ることができる．また，セメント系仕上げ層，または改質されたコンクリート表層の拡散係数がわかれば（解 5.2.30）式を用い，D_f に拡散係数，D_c に厚さを代入することによっても中性化抵抗 R を求めることができる．

（解 5.2.24）式を用いたセメント系仕上げが施された場合の中性化進行の解析例を解説図 5.2.19 に，（解 5.2.26）式および（解 5.2.27）式を用いたコンクリート表層が改質された場合の解析例を解説図 5.2.20 に示す．

タイル張り仕上げについては，促進中性化試験により中性化の抑制効果が十分期待できることが報告されている[38]．また，タイル張り仕上げにおけるコンクリートの中性化進行予測としては，目地部から CO_2 が侵入し円弧状に中性化が拡がる状況を解析モデルとした予測方法が提案されている[39],[40]．解説図 5.2.21 に示す中性化進行モデルから，隣り目地からの中性化と接するまでの中性化進行は，（解 5.2.32）式，（解 5.2.33）式で表されることが報告されている[40]．なお，本モデルは，タイルがコンクリートと密着し，タイルの透気性がない場合のものである．解説図 5.2.22 に，タイル張りコンクリートの中性化進行の解析例を示す．

$$r = \left(\frac{3s}{\pi}\right)^{\frac{1}{3}} \cdot A^{\frac{2}{3}} \cdot \sqrt[3]{t} \tag{解 5.2.32}$$

$$d = \frac{\pi r^2}{4} \cdot \frac{1}{(w+s)} \tag{解 5.2.33}$$

ここに，r：中性化深さ
　　　　s：目地幅

コンクリート		仕上モルタル			T	R
W/C	A	調合	d	A'		
50	3	貧調合	20	8	6.25	0.63
50	3	富調合	20	3	44.44	4.44
65	8	貧調合	20	8	6.25	1.67
65	8	富調合	20	3	44.44	11.85

内部コンクリート		表層コンクリート		T	R
W/C	A	d	A''		
65	8	10	4	6.25	5
65	8	10	1.33	56.25	45

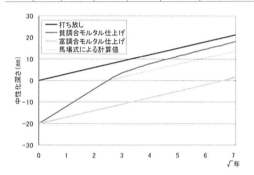

仕上モルタルを塗った場合の中性化進行（W/C 50%）

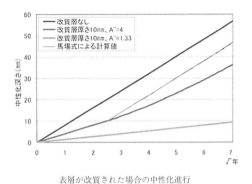

表層が改質された場合の中性化進行

解説図 5.2.20 表面が改質されたコンクリートの中性化進行解析例[31]

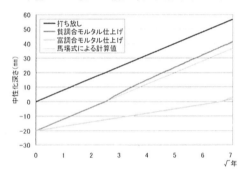

仕上モルタルを塗った場合の中性化進行（W/C 65%）

解説図 5.2.19 モルタル仕上げを施したコンクリートの中性化進行解析例[31]

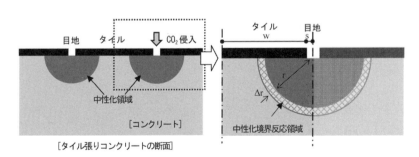

解説図 5.2.21 タイル張り仕上げが施されたコンクリートの中性化進行のモデル[40]

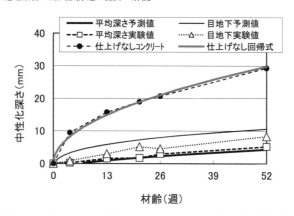

解説図 5.2.22 タイル張りコンクリートの中性化進行解析例[39]

A：仕上げなしコンクリートの中性化速度係数
d：平均中性化深さ
w：タイル幅

　タイル張り工法ではコンクリートの不陸調整から下地調整用のモルタル系の塗材が施されるが，塗材の材料品質および施工法によっては，タイル張りによる中性化抑制効果が低下することが報告されている[37]．タイル張りによる中性化抑制効果を取り入れる場合，塗付け後の下地調整材および張付けモルタルの品質は，少なくともコンクリートと同等以上の中性化抵抗性を有することが必要である．したがって，事前に使用する下地調整材や張付けモルタルの中性化抑制効果を試験または信頼できる資料により確認し，材料を選定することが重要である．下地調整材については塗付け後の養生が品質に大きく影響するため，タイル張りによる中性化抑制の観点からはタイルの打込みまたは直張り施工が望ましい．また，外装用に用いられる磁器質タイルは一般的に透気性が低いため，タイルからのCO_2の透過を考慮する必要はないと考えられる．しかしながら，タイル張りによる中性化抑制効果を取り入れる場合，あらかじめ，使用するタイルの透気性を確認しておくことが必要である．透気性が高くCO_2の透過が認められる場合は，（解5.2.19）式を用いてタイルから透過するCO_2による中性化進行分を累加する必要がある．付録2に示す表層透気試験の一つとして採り上げているトレント法によって透気性が評価でき，例えばトレント法による透気係数k_Tが$0.01×10^{-16}$ m²以下であれば透気性は十分小さいと考えられ，タイルからのCO_2の透過は考慮せずともよいと考えられる．

　コンクリートに密着させる仕上材によって中性化抑制効果を得る場合，躯体との付着性が失われることで，CO_2が直接躯体に接し，中性化抑制効果が失われる．そのため，仕上材による中性化抑制効果を期待する場合，仕上材の剥離が生じないよう維持管理が重要である．

　g．中性化深さの変動について，建設省総合技術開発プロジェクト「長期耐用都市型集合住宅の建設・再生技術の開発（マンション総プロ）」では，建築物全体における中性化深さの変動係数として40％という値を算出している．

　これらばらつきには，材料・調合，施工条件などに起因して生じるコンクリートの品質自体のば

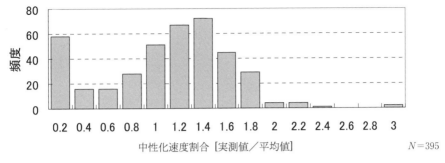

解説図 5.2.23 実構造物における中性化速度割合のばらつき

らつきと，コンクリートの置かれる温湿度環境や使用条件に起因する環境作用のばらつきとが含まれたものと考えられ，実測においてはさらに大きくばらつくことも少なくない[例えば41),42)]．しかしながらこれら個々の影響を分析して評価した研究は多くは無い．コンクリートの品質自体のばらつきは，構造体強度のばらつき程度と仮定すると，構造体強度（例えばコア強度）を前提とした経年建築物の中性化速度係数のばらつきの主な原因は，コア採取箇所の劣化外力のばらつきによるものと考えられる．

例えば，玉井ら[43)]の実構造物調査に基づくデータを用い，打放しの普通コンクリートの中性化速度について，コア強度から予測される中性化速度係数と実測された中性化速度係数とを比較すると，解説図 5.2.23 のような分布となる．このばらつきは，前述した環境作用のばらつきに相当するものと考えられ，変動係数は 0.55 となる．コンクリートの品質のばらつきを先述したとおり 0.1 程度とすると，全体で 0.65 程度の変動係数を持つこととなる．事前に環境条件が特定できないような場合においては，環境条件は地域の代表的な温湿度を用いることとするが，中性化速度係数の変動係数にはこのような 0.5〜0.8 程度の値が用いられるべきと考える．例えば，JASS 5 の耐久設計基準強度の算定においては，所要の中性化速度係数に対応する強度が与えられる方法が採られているが，この場合，環境条件を考慮することができないことから，大きい変動係数が採用されている．

一方，コンクリートの置かれる環境条件が特定できる場合には，同一材料・調合で製造されたコンクリートで作られた構造物および部材については，変動係数はこれより更に小さいことが予想される[44)]．本指針では，原則同一環境にある部材ごとに環境条件を特定して設計を行うことを想定していることから，ここでは旧指針で採用されている中性化深さの変動係数を用いることとし，10%を標準とした．

h．かぶり厚さの変動は実測するか，鉄筋・型枠工事における施工方法に応じて，信頼できる資料に基づいて標準偏差を設定する．旧指針においては，和泉らが提案した前述の信頼性設計法[2)]の値を用い，かぶり厚さの標準偏差は 10 mm とすることとしていた．その後のより詳細に検討された調査研究[45)]においても，かぶり厚さの標準偏差は 10 mm 程度であることが明らかとなっており，さらには，2009 年版以降の JASS 5 で想定しているかぶり厚さのばらつきも同程度であることから，本指針においてもかぶり厚さの標準偏差は 10 mm を標準とした．PCa 部材や先組み鉄筋工法の場合，かぶり厚さの標準偏差をさらに小さくすることも可能と考えられる．

ⅰ．コンクリートの収縮ひび割れ，温度変化の繰返しによるひび割れおよび施工不具合によるひび割れなどは，ひび割れからCO_2が侵入し，部分的に著しく中性化が進行することが考えられる．したがって，そのような局所的な劣化を防ぐために，ひび割れなどは中性化が著しく進行する前に適切に処置しておく．

5.3 塩害に対する性能の検証方法

a．構造体および部材は，設計耐用年数の期間内は，塩害によって設計限界状態に達してはならない．また，設計耐用年数の期間内に維持保全を行うことを計画している場合は，構造体および部材は，維持保全期間内は，塩害によって維持保全限界状態に達してはならない．

b．塩害に対する設計限界状態は，コンクリート表面からの塩化物イオンの侵入によって，最外側鉄筋の20％が腐食状態になったときとする．また，塩害に対する維持保全限界状態は，コンクリート中の塩化物イオン量が，いずれかの鉄筋を腐食させる量に達したときとする．

c．コンクリートの材料，調合および施工，ならびに仕上材の仕様は，コンクリート中の鉄筋位置における塩化物イオン量の平均およびその変動，ならびに最外側鉄筋のかぶり厚さの平均およびその変動から，最外側鉄筋の腐食確率を算定し，設計限界状態または維持保全限界状態に達していないことを検証して定める．

d．鉄筋が腐食するときのコンクリート中の鉄筋位置における塩化物イオン量は，コンクリートの含水率，かぶり厚さなどの影響を考慮して，信頼できる方法により確かめる．これらの影響が不明の場合は，コンクリート中の鉄筋位置における塩化物イオン量が$0.6\,\mathrm{kg/m^3}$を超えたとき，鉄筋は腐食し始めるものとする．

e．コンクリートの表面から塩化物イオンが侵入する場合の鉄筋位置における塩化物イオン量は，コンクリートの材料・調合・施工状態・含水状態，コンクリート表面の塩化物イオン量，および材齢をもとに，(5.2) 式により算定する．

$$Cl = (C_0 - C_{init}) \cdot \left\{1 - erf\left(\frac{x}{2 \cdot \sqrt{D_p \cdot t}}\right)\right\} + C_{init} \tag{5.2}$$

ここに，　Cl　：鉄筋位置における塩化物イオン量（kg/m³）
　　　　　C_0　：コンクリート表面の塩化物イオン量（kg/m³）
　　　　　C_{init} ：コンクリート中の初期塩化物イオン量（kg/m³）
　　　　　erf　：誤差関数
　　　　　x　：鉄筋位置のコンクリート表面からの深さ（mm）
　　　　　D_p　：コンクリートの材料，調合，施工状態および含水状態に応じて定まるコンクリート中の塩化物イオンの見かけの拡散係数（mm²/年）
　　　　　t　：材齢（年）

　［注1］ 単位時間にコンクリート表面へ到達する塩化物イオン量とコンクリート表面の塩化物イオン量との関係は，信頼できる方法や資料に基づいて定める．

　［注2］ コンクリート中の塩化物イオンの拡散係数は，信頼できる方法や資料に基づいて定める．

f．構造体および部材に仕上材を施す場合は，仕上材による塩化物イオンの侵入抑制効果および侵入抑制効果の持続性を検討し，鉄筋位置における塩化物イオン量の算定に取り入れる．

g．コンクリート中の鉄筋位置における塩化物イオン量の変動は，コンクリートの品質，および環境

> h．最外側鉄筋の平均かぶり厚さは，設計かぶり厚さとする．また，かぶり厚さの変動は，鉄筋・型枠工事における施工方法に応じて，信頼できる資料に基づいて標準偏差を設定する．信頼できる資料がない場合，かぶり厚さの標準偏差は 10 mm とする．
> i．コンクリートの収縮ひび割れ，温度変化の繰返しによるひび割れ，および施工不具合によるひび割れは，その部分の塩化物イオンの侵入が著しくなる前に適切に処置しておく．

a．塩害環境に鉄筋コンクリート造建築物を建設する場合は，塩害に対する劣化外力の程度に応じて，構造体および部材が設計耐用年数の期間内は設計限界状態に達しないことを，また維持保全を計画する場合は維持保全の期間内は維持保全限界に達しないことを検証し，材料・調合・工法の仕様選定と維持保全計画の作成を行う．

b．塩害に関する設計限界状態も，中性化に関する設計限界状態と同様であり，最外側鉄筋の 20％が腐食状態にある状態としてよいと考えられる．コンクリート中に侵入した塩化物イオンによって鉄筋が腐食すると，コンクリートにひび割れが生じ，ひび割れから塩化物イオンが容易に侵入して鉄筋腐食がさらに促進され，ひび割れが連結してかぶりコンクリートの剥落が生じ，また鉄筋が断面欠損して，構造安全性が低下するおそれがある．このため，設計限界状態は鉄筋腐食によりコンクリートにひび割れが発生した時とみなすと，このときの鉄筋腐食はコンクリート表面への見付面積として 20％程度に達していると考えられるので，設計限界状態を「最外側鉄筋の 20％が腐食状態になったとき」とした．

また，維持保全は，塩害によってコンクリートにひび割れが発生するのを未然に防止するために行うものとし，塩化物イオン量がいずれかの鉄筋位置で鉄筋を腐食させ始める量（腐食限界塩化物イオン量）に達したとき，すなわち最外側鉄筋の腐食確率が 0 ％でなくなったときを維持保全限界状態と設定した．

c．鉄筋のかぶり厚さは，その施工精度によりある程度のばらつきが生じる．また，コンクリート中の塩化物イオンの拡散係数もコンクリートの品質の変動などによりばらつきが生じ，腐食限界塩化物イオン量に達する侵入深さにもばらつきが生じる．ここでは，鉄筋のかぶり厚さおよび侵入深さのばらつきは正規分布と仮定する．腐食限界塩化物イオン量となる位置は時間の経過と共に鉄筋に近づき，互いの正規分布の一部がやがて重複する．この重複部分にある鉄筋は腐食状態にあると考える．全鉄筋の中で腐食状態にある鉄筋の割合を「腐食確率（P）」と定義し，腐食確率が設計限界状態または維持保全限界状態に達していないことを検証する．塩化物イオンによる鉄筋の腐食確率の考え方も中性化の場合とほぼ同様に解説図 5.3.1 のように示される．

d．鉄筋の不動態被膜の破壊には，鉄筋近傍の空隙水中の自由な塩化物イオン（Cl^-）と水酸化物イオン（OH^-）の濃度比，鉄筋とコンクリートとの密着度，酸素供給量，鋼材の電位などが影響する．塩化物イオンを含むアルカリ水溶液へ鋼材を浸漬した場合には，$Cl^-/OH^-=0.6$ を境に不動態被膜の破壊が起こることが報告されている[46]．コンクリートが中性化すると，OH^- 濃度が減少するとともに，高 pH 時にセメント水和物（フリーデル氏塩）として固定されていた塩化物イオンが解離して Cl^- 濃度が増し，細孔液中の Cl^-/OH^- が高くなる．コンクリート中の塩化物イオン固定量や OH^-

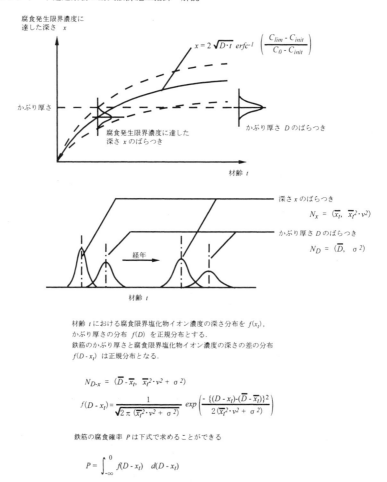

解説図 5.3.1 鉄筋の腐食確率の考え方

量はセメントの種類や単位セメント量によって異なるため，鉄筋腐食に対する塩化物イオン量の影響が異なる．鉄筋とその周囲のセメント水和物の密着度が高い場合には，腐食限界塩化物イオン量は大きくなる．かぶり厚さが小さい場合には鉄筋位置までのコンクリートが中性化する期間が短く，また，水や酸素も供給されやすいことから，腐食限界塩化物イオン量は小さくなると考えられる．

腐食限界塩化物イオン量は，解説図5.3.2に示すように，コンクリートの品質や暴露環境によって変化するため，腐食限界塩化物イオン量はコンクリートの品質，使用環境などの要因を考慮して決めるべきである．

しかし，現実に即した腐食限界塩化物イオン量を試験などに基づいて決定するのは，試験期間の制約などのために困難である場合が多い．その場合には，既往の実態調査に基づく腐食限界塩化物イオン量によって性能を検証することになる．本会「鉄筋コンクリート造建築物の耐久性調査・診断および補修指針（案）・同解説」では，実態調査に基づき，鉄筋位置の塩化物イオン量が腐食速度に及ぼす影響を解説表5.3.1のように示している．本指針でもこの値を参考に，腐食限界塩化物イオン量を試験に基づいて決定できない場合の限界塩化物イオン量を $0.6\,\mathrm{kg/m^3}$ とした．

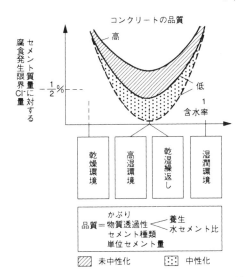

解説図 5.3.2 鉄筋腐食限界塩化物濃度とコンクリート品質および暴露環境の関係[47]に加筆

解説表 5.3.1 コンクリート中の塩化物量による劣化要因の強さの分類

劣化要因の強さ	鉄筋位置の塩化物イオン量の平均値による分類
小	0.3 kg/m³を超え,0.6 kg/m³以下
中	0.6 kg/m³を超え,1.2 kg/m³以下
大	1.2 kg/m³以上

なお,土木学会「2013年制定コンクリート標準示方書[維持管理編]」においては,腐食発生限界塩化物イオン量は,セメント種類と水セメント比(W/C)により,以下の式によって求められるとしている.

(a) 普通ポルトランドセメントを用いた場合

$$C_{lim} = -3.0(W/C) + 3.4 \tag{解 5.3.1}$$

(b) 高炉セメントB種相当,フライアッシュセメントB種相当を用いた場合

$$C_{lim} = -2.6(W/C) + 3.1 \tag{解 5.3.2}$$

(c) 低熱ポルトランドセメント,早強ポルトランドセメントを用いた場合

$$C_{lim} = -2.2(W/C) + 2.6 \tag{解 5.3.3}$$

(d) シリカフュームを用いた場合

$$C_{lim} = 1.20 \tag{解 5.3.4}$$

ここに,C_{lim}:腐食発生限界塩化物イオン量(kg/m³)

W/C:水セメント比($0.30 \leq W/C \leq 0.55$)

e.塩化物イオンは,毛細管吸収による移流,濃度差による拡散,電気泳動,およびセメント水和物への吸着・解離などが混在したメカニズムでコンクリート中を移動するが,電気的な駆動力や

乾湿による移動が卓越しない場合は，コンクリート中における塩化物イオンの移動の基本的な機構は拡散によって表現できると考えられている．

コンクリート中の塩化物イオンの拡散による移動を表す式[48]としては，近年，単純な拡散方程式だけでなく，塩化物イオン量のコンクリート中への浸透量経過時間変化を考慮した拡散方程式[49]，拡散係数を各種要因の関数で表現した拡散方程式[50]，拡散に加えて拡散以外の駆動力を考慮した式などが提案されている．しかし，これらの研究成果を現時点で設計に取り込むことは困難なので，本章では，塩害に対する性能検証として，(5.2)式に示す拡散方程式の解析解を用いて，塩化物イオンの侵入深さおよび濃度分布の経時変化を評価することとした．(5.2)式では，コンクリート表面の塩化物イオン濃度と見かけの拡散係数がコンクリート中の塩化物イオン濃度の分布を決定する要因となる．

見かけの拡散係数は環境条件（温度，湿度），セメントの種数および水和の程度，コンクリートの調合（水セメント比，単位セメント量，単位水量，単位細骨材量，単位粗骨材量など）などによって変化し，大略 $10^{-7} \sim 10^{-8}$ cm²/s 程度である．

拡散係数の温度依存性はアレニウス（Arrhenius）式で表されると言われている[47]．希薄溶液中のイオンの拡散係数（基本拡散係数）の温度依存性の例を解説図5.3.3に示す．実効拡散係数は基本拡散係数と空隙率と細孔の屈曲度の比による係数との積で表され[51]，見かけの拡散係数は実効拡散係数に比例する[52]といわれていることから，温度が高いほど見かけの拡散係数は大きくなると考えられる．

一方，相対湿度と拡散係数比との関係の例を解説図5.3.4に示す．コンクリート中の塩化物イオンは連続的な細孔内に十分な水が存在するときに拡散により移動でき，乾燥によって経路が断たれると拡散は停止する．拡散が生じるためには，細孔内に相対湿度が60〜80％の状態において平衡状態となる水分が少なくとも必要であり，拡散は飽水状態で最大となる．このように，含水状態によって塩化物イオンの拡散係数は10倍程度相違する[54]．

水和が進行するとセメントペースト中の空隙率が減少するため，拡散係数は低下する．粗骨材量が増加すると，骨材とセメントペーストとの界面に形成される遷移帯が増加するので拡散係数は大

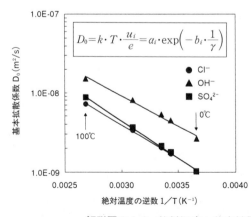

解説図5.3.3　絶対温度と基本拡散係数との関係（陰イオン）[53]

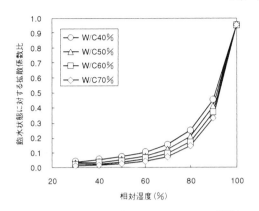

解説図 5.3.4 相対湿度と拡散係数比との関係[53]

きくなると考えられるが，一方で骨材の物質遮蔽効果も増大するため，拡散係数は小さくなる．

土木学会「2013年制定コンクリート標準示方書［維持管理編］」では，コンクリート構造物中の塩化物イオン量分布の調査結果をもとに，セメント種類ごとにコンクリート中の塩化物イオンの見かけの拡散係数を求める式を(解5.3.5)式～(解5.3.8)式のように与えている[55]．各種セメントを使用した場合の水セメント比45%，50%および55%に対する塩化物イオンの見かけの拡散係数は解説表5.3.2のようになる．

普通ポルトランドセメント（N）を使用する場合
$$\log_{10}D_p = 3.0(W/C) - 1.8 \tag{解 5.3.5}$$

低熱ポルトランドセメント（L）を使用する場合
$$\log_{10}D_p = 3.5(W/C) - 1.8 \tag{解 5.3.6}$$

高炉セメントB種相当（BB）を使用する場合
$$\log_{10}D_p = 3.2(W/C) - 2.4 \tag{解 5.3.7}$$

フライアッシュセメントB種相当（FB）を使用する場合
$$\log_{10}D_p = 3.0(W/C) - 1.9 \tag{解 5.3.8}$$

ここで，W/C：水セメント比（$0.30 \leq W/C \leq 0.55$）

D_p：塩化物イオンの見かけの拡散係数（$cm^2/年$）

性能検証に用いる拡散係数は，信頼できる資料の予測式などに基づいて，環境条件に応じて増減を行って決定するものとする．

解説表 5.3.2 塩化物イオン拡散係数の予測値 D_p（$cm^2/年$）

W/C (%)	N	L	BB	FB
45	0.35	0.60	0.11	0.28
50	0.50	0.89	0.16	0.40
55	0.71	1.33	0.23	0.56

3.3節(塩害に対する設計劣化外力)の解説に示したように,建築物に到達する飛来塩分量は季節風・台風・地形などの影響を受け,地域による差が大きい.また,同じ地域でも,建築物の立地条件によって異なる.大気中の塩分量は海岸からの距離が大きくなるに従って解説図3.3.4のように減衰する.コンクリート中への浸透塩分量は飛来塩分量が多いほど多くなる.初期塩化物イオン量がゼロである場合のコンクリートの表面塩化物イオン濃度(C_0)は,拡散係数によっても異なるが,時間経過(t)とともに増加し,ある濃度に近づいていく傾向があり,その時間変化は(解5.3.9)式[56],(解5.3.10)式[57],および(解5.3.11)式[58]によって表せることが報告されている[59].

$$C_0 = S \cdot \sqrt{t} \quad \text{(解5.3.9)}$$

$$C_0 = b \cdot (1 - e^{-\beta t}) \quad \text{(解5.3.10)}$$

$$C_0 = \frac{1}{2} \cdot M \cdot \sqrt{\frac{\pi}{D_t \cdot t}} \quad \text{(解5.3.11)}$$

ここに,S,b,β:環境条件,セメント種類などに関わる係数

M:侵入した塩化物イオンの総量

D_t:等価拡散係数(コンクリートの打込み後の経過時間も考慮した拡散係数)

道路橋の実態調査よりコンクリート表面の塩化物イオン濃度と年間飛来塩化物イオン量との関係を(解5.3.12)式で表した報告がある[60].この式を解説表3.3.1に示す地域の海岸に立地するコンクリートに適用して表面塩化物イオン濃度を計算すると,解説表5.3.3のようになる.海岸から離れた位置における初期塩化物イオン量がゼロであるコンクリート表面の塩化物イオン濃度は,解説図3.3.4,解説図3.3.6,また合理的方法により推定した飛来塩分量を用いて同様に計算するとよい.

$$Cl_0 = 0.00079 \cdot Cl + 0.027 \sqrt{Cl} \quad \text{(解5.3.12)}$$

ここで,Cl_0:コンクリート表面の塩化物イオン濃度(%)

Cl:年間飛来塩化物イオン量(g/m²/年)

なお,土木学会「2013年制定コンクリート標準示方書[維持管理編]」では,初期塩化物イオン量がゼロである場合のコンクリート表面の塩化物イオン量と1日あたりの飛来塩分量との関係を(解

解説表5.3.3 表面塩化物イオン濃度の計算例

(海岸からの距離0m,コンクリートの単位容積質量2 200 kg/m³)

地域例	飛来塩分量 (NaCl) (mg/dm²/日)	年間飛来塩化物イオン量 (Cl^-) (g/m²/年)	表面塩化物イオン濃度 (Cl^-) (%)	表面塩化物イオン量 (Cl^-) (kg/m³)
北海道 日本海側	40	881	1.32	29.0
北陸地方	10	220	0.49	10.7
近畿地方 瀬戸内	1	22	0.16	2.6
中国地方 瀬戸内	0.4	8.8	0.07	1.5

5.3.13) 式で表し，国土交通省の橋梁マネジメントシステム[61]では，(解5.3.14) 式で表している．

$$C_0 = -0.016 C_{ab}^2 + C_{ab} + 1.7 \quad (C_{ab} \leqq 30.0) \qquad \text{(解5.3.13)}$$

$$C_0 = 1.2 C_{ab}^{0.4} \times 0.608 \qquad \text{(解5.3.14)}$$

ここで，C_0：コンクリート表面の塩化物イオン量（kg/m³）

C_{ab}：1日あたりの飛来塩分量（NaCl：mg/dm²/日）

飛来塩分量とコンクリート中に蓄積される塩化物イオン量との関係については，解説図5.3.5のような調査結果[62]がある．コンクリート中に蓄積される塩化物イオン量は飛来塩分量におおむね比例し，飛来塩分総量が100～300 mg/dm²の場合には塩化物イオン浸透量は飛来塩分総量の10～30%であるが，飛来塩分総量が1 000～2 000 mg/dm²の場合には塩化物イオン浸透量は飛来塩分総量の3～7%となる．すなわち，飛来塩分が少ない場合には，飛来塩分総量に対するコンクリートへ浸透する塩化物イオン量の割合は大きくなる傾向にある．

解説図5.3.6に示すコンクリート表層部の塩化物イオン量の経年変化の測定例[63]では，コンクリート表層の塩化物イオン量（表層部厚さ0.5 cmの測定値）は測定開始直後から年々増加し，おおむね5年で1年目のおおよそ2倍となって収束している．他の報告[57]でも，おおむね5年で塩化物イ

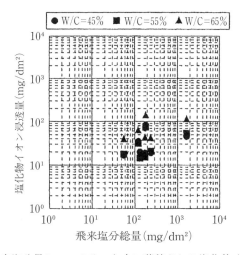

解説図 5.3.5 飛来塩分量とコンクリート中に蓄積される塩化物イオン量の関係[62]

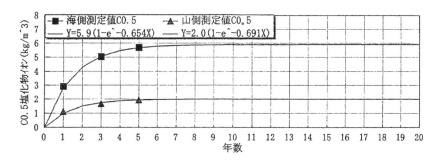

解説図 5.3.6 コンクリート表層部（0.5 cm）の塩化物イオン量の経年変化[63]

オン量は一定状態となり，その量はおおよそ1年目の2～2.5倍となっている．

上記の調査結果より，初期塩化物イオン量がゼロであるコンクリートの表層部の塩化物イオン量は年間の飛来塩分量を用いて（解5.3.15）式で推定できると考えられる．

$$C_0 = a \cdot b \cdot C_y / L \tag{解 5.3.15}$$

ここに，C_0：コンクリート表面の塩化物イオン量（kg/m³）

C_y：年間の飛来塩化物イオン量（kg/m²/年）

a：コンクリートに浸透する割合

b：定常状態の割増し

L：暴露開始後1年間での塩化物イオン浸透深さ（m）

【計算例】 $C_y=1$ mdd（NaCl）×35.5/58.4＝0.0365 kg/m²/年×0.608＝0.0222 kg/m²/年（Cl⁻），$a=0.3$，$b=2$，$L=1$ cm＝0.01 m とした場合のコンクリート表面の塩化物イオン量の推定値は $C_0=0.3 \cdot 2 \cdot 0.0222$ kg/m²/年/0.01 m＝1.33 kg/m³ となる．

解説表3.3.1に示すように，飛来塩分量の多い北海道および東北の日本海側では，海岸から0 mの地点の飛来塩分量を40 mdd としている．（解5.3.15）式を $C_y=40$ mdd（NaCl）×0.608＝1.46 kg/m²/年×0.608＝0.888 kg/m²/年（Cl⁻），$a=0.1$，$b=2$，$L=0.01$ m として計算すると，コンクリート表面の塩化物イオン量 C_0 は 17.8 kg/m³ となる．実際の建築物におけるコンクリート表面部の塩分濃度の測定例[64]を解説図5.3.7に示す．飛来塩分量の多い地域の海岸0 mの位置におけるコンクリート表面の塩分濃度（NaCl）は1.5%前後であり，塩化物イオン量（Cl⁻）で20 kg/m³前後となる．飛来塩分量から（解5.3.15）式を用いて求めた推定値からおおよその表面塩化物イオン量が推定できると考えられる．

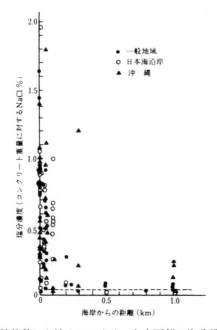

解説図 5.3.7 実際の建築物におけるコンクリート表面部の塩分濃度と海岸からの距離[64]

コンクリート表面の塩化物イオン量は，飛来塩化物量の相違，乾湿による濃縮，表面の洗われ方などによって相違し，また，年間を通して変動する．したがって，コンクリート表面の塩化物イオン量は，単位時間にコンクリート表面へ到達する塩化物イオン量との関係，立地条件，使用条件などを考慮して，信頼できる方法により定める必要がある．性能の検証に用いるコンクリート表面の塩化物イオン量は，構造物の立地する位置におけるデータに基づくものが最も信頼できると考えられるが，有効なデータがない場合には既往の調査結果を参考に決定することとする．

表面塩化物イオン量と見かけの拡散係数が決定されると(5.2)式を用いて塩化物イオンの濃度分布を計算することになるが，略算式として(解5.3.16)式[54]や(解5.3.17)式[65]も提案されている．

ここで，見かけの拡散係数 (D_p) を 10^{-7} cm²/s および 10^{-8} cm²/s とし，かぶり厚さ (x) を 4 cm と仮定し，各式中の誤差関数項 $(1-erc(\ ))$ 相当部分の計算値を比較した結果を解説図 5.3.8 に示す．3式ともよく一致しており，誤差関数または誤差関数の逆関数を用いなくとも，(解5.3.16)式または (解5.3.17) 式を用いて計算することにより，塩化物イオンの濃度分布や見かけの拡散係数の推定を行うことができると考えられる．

$$Cl = (C_0 - C_{init}) \cdot \left\{ 1 - \frac{x}{2 \cdot \sqrt{3 D_p \cdot t}} \right\}^2 + C_{init} \quad (解 5.3.16)$$

$$Cl = (C_0 - C_{init}) \cdot \left\{ 1 - \sqrt{1 - \exp\left(-\frac{x^2}{\pi \cdot D_p \cdot t}\right)} \right\} + C_{init} \quad (解 5.3.17)$$

上記において，コンクリート表面の塩化物イオン量を境界条件とする拡散解析によりコンクリート中の塩化物イオン量を計算する手法を示したが，コンクリート表面における塩化物イオンのコンクリート中への浸透量（フラックス）を境界条件としてコンクリート中の塩化物イオン量を求める方法もあり，(解5.3.18) 式にその解析解を示す[66]．

$$Cl = 2 I_s \left(\sqrt{\frac{t}{\pi D_a}} \exp\left(\frac{-x^2}{4 D_a t}\right) - \frac{x}{2 D_a} erfc\left(\frac{x}{2 \sqrt{D_a{}^t}}\right) \right) + C_{init} \quad (解 5.3.18)$$

ここで，(解5.3.18) 式の拡散係数 D_a (cm²/年) は，コンクリート表面における塩化物イオンのコンクリート中への浸透量を一定とした境界条件で得られたものであり，コンクリート表面の塩化物イオン量を一定とする(解5.3.5)式～(解5.3.8)式で計算される拡散係数 D_p とは異なるので注

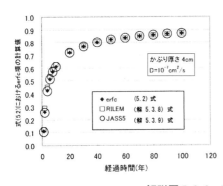
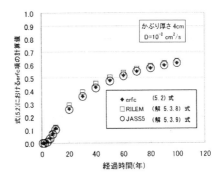

解説図 5.3.8　誤差関数項の比較

意が必要である．また，I_sはコンクリート表面における塩化物イオンのフラックス（mg/dm²/日）であり，解説図5.3.5より飛来塩分量の3～30%がI_sの値となり，飛来塩分量が少ないほどI_sの割合は大きくなる傾向にある．

なお，文献49），66）によると，コンクリート表面における塩化物イオンのフラックスは，洗い流し作用なども考慮すると経過時間とともに変化する．また，コンクリートの拡散係数も経過時間に伴い変化することが指摘されており[49]，これらの影響を考慮して解くためには有限要素法等の数値解析による必要があり，性能検証型特別設計法の適用となる．

f．通常，仕上塗材等が躯体を保護する効果が期待できなくなるまでの年数は10～15年であるため，適切な維持管理を実施することが必要になる．このため，コンクリートに密着して仕上材を施す場合は，仕上材による塩化物イオンの浸透抑制効果およびその持続性を検討し，保護効果を期待する期間を設定することが必要になる．

仕上材の耐用年数は，例えば，実証・検証試験結果，実態調査結果，専門家の知見・情報，信頼できる資料などをもとに，環境条件・劣化外力を考慮して耐久性能評価・劣化予測を行って決定する．そのため，仕上材を施した鉄筋コンクリート造建築物の劣化予測を行うには，仕上材を含めた劣化進行モデルが必要である．

仕上材による塩化物イオンの浸透抑制効果を評価する方法として，（a）仕上材とコンクリートを2層材料として塩化物イオンの拡散係数を別個に設定した拡散方程式により予測する方法，（b）仕上材によって塩分浸透が遮蔽されると仮定した拡散方程式により予測する方法などがある．以下に，それぞれの概要を記す．

まず，上記（a）の仕上材とコンクリートを2層材料として塩化物イオンの拡散係数を別個に設定した拡散方程式による方法としては，仕上材により表面被覆を施した場合のコンクリート表面からの距離xにおけるコンクリート中の塩化物イオン量を仕上材の厚さや拡散係数を考慮して（解5.3.19）式で求める方法が提案されている[67]．

なお，（解5.3.19）式は，仕上材による塩化物イオンの浸透抑制効果をコンクリートのかぶり厚さの増加（等価かぶり）とみなした式である．

$$Cl = C_0 \cdot \left\{1 - erf\left(\frac{1}{2\sqrt{t}}\left(\frac{s}{\sqrt{D_s}} + \frac{x}{\sqrt{D_p}}\right)\right)\right\} + C_{init} \qquad \text{(解5.3.19)}$$

ここに，s ：仕上材の厚さ（cm）

D_s：仕上材の拡散係数（cm²/年）

なお，仕上材の拡散係数D_sは，遮塩性試験の結果より（解5.3.20）式で求められる．

$$D_s = \frac{q_{test}}{c_{test}} \times sD_s = \frac{q_{test}}{c_{test}} \times sD_s = \frac{q_{test}}{c_{test}} \times sD_s = \frac{q_{test}}{c_{test}} \times s \qquad \text{(解5.3.20)}$$

ここに，q_{test}：遮塩性試験から得られる仕上材の塩化物イオンの透過量（mg/cm²・年）

c_{test}：遮塩性試験の塩水中の塩化物イオン量（=18 mg/cm³）

遮塩性試験により仕上材の塩化物イオンの拡散係数を求めた結果の例を解説表5.3.4に示す．

次に，（b）仕上材の適用によって塩分浸透が抑制されると仮定した拡散方程式による方法では，

コンクリート表面で仕上げにより塩化物イオンのフラックスが低減されることを考慮して（解5.3.21）式にてコンクリート中の塩分浸透状況を求めることになる．

解説表5.3.5に塗膜系仕上材の促進劣化試験結果を示し，解説表5.3.6には同じ塗膜系仕上材を施したモルタル試験体の塩水浸漬試験結果[68]を示す．ここで，劣化率とはカーボンアーク照射による促進劣化試験を行った$4 \times 4 \times 4$ cm試験体の仕上材の劣化状況を模写し，劣化の状況に応じた点数評価を行った最大合計点100点に対する割合である．解説表5.3.6より，仕上材を施さない場合に比べて仕上材を施した場合は，モルタル中への塩化物イオンの浸透量が大幅に低下していることがわかる．

解説表5.3.6に示す遮塩効果率F（無仕上げの試験体中に侵入した塩分量と仕上げした試験体中に侵入した塩分量の差を無仕上げの試験体中に侵入した塩分量で除して百分率で表したもの）より，飛来塩分量に$(100-F)/100$を乗じた値が仕上材を経てコンクリート表面に到達する塩分量となる．ここで，$(100-F)/100$を透過率と称する．この透過率$(100-F)/100$を飛来塩分量C_{ab}（または年間飛来塩化物イオン量Cl）に乗じて，（解5.3.12）式～（解5.3.14）式より仕上材を施したコンクリート表面の塩化物イオン量C_0（またはCl_0）を各々求めることができる．これらの表面塩化物イオン量を境界条件として，（5.2）式を解くと，仕上材の効果を考慮したコンクリート中の塩化物イオンの濃度分布を求めることができる．

また，透過率$(100-F)/100$を（解5.3.18）式で考慮すると，仕上材の効果を取り入れた塩化物イオンのフラックスを境界条件とする拡散方程式の解析解が次式で得られる．

$$Cl = 2I_s \cdot \left(\frac{100-F}{100}\right) \cdot \left(\sqrt{\frac{t}{\pi D_a}} \exp\left(\frac{-x^2}{4D_a{}^t}\right) - \frac{x}{2D_a} \mathrm{erfc}\left(\frac{x}{2\sqrt{D_a{}^t}}\right)\right) + C_{init} \quad \text{（解5.3.21）}$$

なお，上記の解法ではいずれも拡散係数や境界条件を一定値とする必要があるので，仕上材の劣

解説表5.3.4　遮塩性試験から求められる仕上材の見かけの拡散係数[67]

		遮塩性 (mg/cm²・日)	膜厚 (μm)	見かけの拡散係数	
				(cm²/年)	(cm²/sec)
有機系被覆材	アクリルゴム系	<3.40 E−04	436	2.97 E−04	9.43 E−12
	ポリブタジエン系	<7.00 E−04	90	1.26 E−04	4.01 E−12
	エポキシ樹脂系1	<9.00 E−05	380	6.86 E−05	2.17 E−12
	エポキシ樹脂系2	<3.40 E−04	190	1.30 E−04	4.11 E−12
	エポキシ樹脂系3	<1.00 E−03	380	7.62 E−04	2.42 E−11
（土木学会規準評価基準値）		<1.00 E−03	500	1.00 E−03	
無機系被覆材	ポリマーセメントペーストアクリル系（P/C=35%）	3.90 E−03	1 000	7.82 E−03	2.48 E−10
	ポリマーセメントペーストアクリル系（P/C=38%）	1.23 E−03	900	2.22 E−03	7.04 E−11

解説表 5.3.5 塗膜系仕上材の促進劣化試験結果[68]

仕上材番号	名称	種類	上塗材の有無(種類)	製造会社	劣化率 (%) 10サイクル	20サイクル	30サイクル	40サイクル	50サイクル	60サイクル
1	複層仕上塗材	合成樹脂エマルション系	なし*	A	1.17	1.46	6.42	14.2	23.4	33.9
2		合成樹脂エマルション系	有*(フッ素)	A	0	1.32	4.17	8.25	16.5	22.6
3		合成樹脂エマルション系	有*(アクリルウレタン)	A	0.48	5.21	9.63	16.3	24.3	30.4
4		合成樹脂エマルション系	有(シリコンアクリル)	A	0.46	3.83	6.63	11.2	21.5	27.8
5		合成樹脂エマルション系 防水形	なし	A	3.85	10.6	20.5	21.7	30.0	31.8
6		合成樹脂エマルション系 防水形	有(アクリル)	B	0	0.53	0.88	1.71	3.71	4.17
7		合成樹脂エマルション系 防水形	有(アクリルウレタン)	C	0.13	5.42	11.1	13.8	20.8	22.3
8		合成樹脂エマルション系 防水形	有(アクリルウレタン)	D	2.19	11.4	19.0	19.8	23.2	27.7
9		反応硬化形合成樹脂エマルション系	有(アクリル)	C	1.13	20.2	32.1	36.5	46.0	52.8
10		合成樹脂溶液系(エポキシ)	有(アクリル)	C	2.23	9.21	18.4	19.6	26.1	30.5
11		合成樹脂溶液系(ウレタンゴム)	なし*	A	0.77	1.32	4.25	7.50	20.0	32.2
12		合成樹脂溶液系(ウレタンゴム)	有(アクリルウレタン)	A	0	0.13	0.75	5.07	12.0	15.5
13		合成樹脂溶液系(クロロプレンゴム)	なし*	A	1.92	7.46	15.1	23.7	27.6	35.3
14		合成樹脂溶液系(クロロプレンゴム)	有(アクリルウレタン)	A	0	4.09	10.5	11.3	16.5	22.0
15	屋根用塗膜防水材	アクリルゴム系	なし*	B	0.50	1.21	2.71	3.58	7.88	9.04
16		アクリルゴム系	有(アクリル)	B	0.07	0.38	0.50	0.50	1.67	2.00
17		クロロプレンゴム系	なし*	E	0.67	0.67	1.29	1.25	1.91	2.54
18		クロロプレンゴム系	有(CSM)	E	0.33	0.63	0.63	0.75	2.63	2.96
19	その他	シリコンゴム系	なし*	F	0	3.88	10.4	10.5	13.2	14.8
20		シリコンゴム系	有(シリコン)	F	0	1.94	7.75	9.33	13.5	15.3

[注] *は標準仕様から上塗材を除くか上塗材の種類を変えた場合，その他は標準仕様による．

解説表 5.3.6　塗膜仕上材の塩水浸漬試験結果[68]

仕上材番号	塩化物濃度 (ppm)			仕上げなしに対する比率 (%)			遮塩効果率 (%)
	0サイクル	10サイクル	30サイクル	0サイクル	10サイクル	30サイクル	
0	4 200	4 430	4 942	100	100	100	—
1	1 819	2 321	4 398	43.3	52.4	89.0	63.9
2	538	425	1 705	12.8	9.6	34.5	90.1
3	403	651	3 850	9.6	14.7	77.9	89.8
4	340	877	1 878	8.1	19.8	38.0	91.9
5	2 419	4 445	4 984	57.6	100*	100*	38.4
6	378	257	899	9.0	5.8	18.2	94.0
7	34	58	79	0.8	1.3	1.6	98.5
8	235	213	316	5.6	4.8	6.4	95.9
9	395	1 276	4 186	9.4	28.8	84.7	93.4
10	231	288	395	5.5	6.5	8.0	96.6
11	46	71	69	1.1	1.6	1.4	99.0
12	21	27	30	0.5	0.6	0.6	99.1
13	1 579	1 116	1 932	37.6	25.2	39.1	65.9
14	109	151	178	2.6	3.4	3.6	97.1
15	109	102	158	2.6	2.3	3.2	96.8
16	88	97	138	2.1	2.2	2.8	97.6
17	46	66	252	1.1	1.5	5.1	98.8
18	34	84	356	0.8	1.9	7.2	98.9
19	34	75	59	0.8	1.7	1.2	99.1
20	29	75	54	0.7	1.7	1.1	99.2

［注］仕上材番号は，解説表5.3.5の仕上材番号と同じ仕上材を表す．

化〔解説表5.3.5参照〕により変化する仕上材の拡散係数 D_s や遮塩効果率 F を経過時間の関数として扱うことはできない．

　仕上材の経時劣化を定式化し，かつ，コンクリートの拡散係数の経時変化を考慮したより精度の高い解析を行う場合には，差分法や有限要素法等による数値解析が必要であり，性能検証型特別設計法の適用となる．

　g．コンクリート中の鉄筋位置における塩化物イオン量の変動に関しては，まだ調査データもほとんどなく，今後の調査研究を待つところが大きい．塩化物イオン量の変動の代わりに腐食限界塩化物イオン量に達する位置の変動で表すこととすれば，中性化における信頼性設計と同様な設計が可能となる．

h. 5.2（中性化）に対する性能の検証方法の h 項と同様に，最外側鉄筋のかぶり厚さの平均は設計かぶり厚さとし，標準偏差は 10 mm とすればよい．

i. ひび割れ位置では塩化物イオンが容易にコンクリート中へ侵入するため，ひび割れは塩化物イオンの侵入が著しくなる前に適切に処置しておく必要がある．

5.4 凍害に対する性能の検証方法

a. 構造体および部材は，設計耐用年数の期間内は，凍害によって設計限界状態に達してはならない．また，設計耐用年数の期間内に維持保全を行うことを計画している場合は，構造体および部材は，維持保全期間内は，凍害によって維持保全限界状態に達してはならない．

b. 凍害に対する設計限界状態は，凍害によって構造体および部材の表面に使用安全性上問題のあるスケーリング・ひび割れが生じたときとする．また，凍害に対する維持保全限界状態は，凍害によって構造体および部材の表面に耐久性上支障のあるスケーリング・ひび割れが生じたときとする．

c. 凍害によるひび割れに対する限界状態は相対動弾性係数により設定する．限界状態の相対動弾性係数は，試験または信頼できる資料により定める．試験を行わない場合および信頼できる資料がない場合は，設計限界状態は相対動弾性係数が 60%，維持管理限界状態は相対動弾性係数が 85% に達したときとする．

d. 凍害によるスケーリングに対する限界状態はスケーリング深さにより設定する．限界状態のスケーリング深さは，試験または信頼できる資料により定める．試験を行わない場合および信頼できる資料がない場合は，設計限界状態はスケーリング深さが 10 mm，維持管理限界状態はスケーリング深さが 5 mm に達したときとする．

e. コンクリートの耐久設計は，コンクリートの材料・調合・含水状態，ならびに年間の凍結融解回数および最低温度を考慮して，(5.3) 式を満足するものとする．

$$SL < \min(SL_d, SL_s) \tag{5.3}$$

ここに，SL：設計耐用年数（年），SL_d：ひび割れが限界状態に至る年数（年），SL_s：スケーリングが限界状態に至る年数（年）

a. 構造体および部材の凍害に対する耐久設計は，建築物の部分で冬季に含水量が増加して凍害を受ける可能性のある部分を対象としており，建築物全体の耐久設計ではない．この点が，コンクリートの中性化や塩害に対する耐久設計とは異なる．また，凍害は，コンクリート表面から徐々に内部に劣化（表面ひび割れと剥離）が進行するものであり，鉄筋腐食に至る前にも耐久性上の対応が必要となる．

b. 凍害によって生じた使用安全性上問題のあるスケーリング・ひび割れとは，表面部が脆弱化して剥落の危険性が高い状態にあるものである．また，耐久性上支障のあるスケーリング・ひび割れとは，ひとつの目安としてコンクリート表面部のみに生じた幅 0.15 mm を超えるひび割れ，または深さ 5 mm 以上のスケーリングをいう．RILEM における分類を解説図 5.4.1 に示す．

c. 凍害によって設計限界状態となる使用安全性上問題のあるひび割れが生じるときのコンクリートの劣化指標を，相対動弾性係数で表すこととした．

表面および内部に生じるひび割れは，凍結融解試験の場合には直接的には長さ増加比で表される．

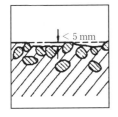 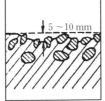 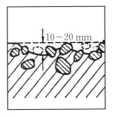 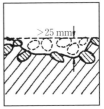

　　軽度のスケーリング　　中程度のスケーリング　　強度のスケーリング　　激しいスケーリング

解説図 5.4.1　スケーリング

一方，試験時に劣化の目安として測定される相対動弾性係数は，試験体のひび割れ程度を示すものとされ，したがって長さ増加比とは良い相関性がある．

　凍害によって設計限界状態となる使用安全性上問題のあるひび割れが生じるときの相対動弾性係数は，コンクリートの材料・調合によって多少異なることも考えられるため，試験または信頼できる資料により定めるとした．しかし，これらによらない場合は，これまでの多くの試験結果より，耐久設計上設計限界状態を相対動弾性係数が60%に達したときとした．相対動弾性係数が60%程度に低下したときは，ひび割れによる組織の膨張も長さ増加比でおよそ$1×10^{-3}$（0.1%）の関係がある[69]．相対動弾性係数が60%を下回ると急激に動弾性係数が低下し，コンクリートの組織が緩み剥落しやすくなると考えられるため，使用安全性上問題があるといえる．

　また，凍害によって維持保全限界状態となる耐久性上支障のあるひび割れが生じるときの相対動弾性係数は，試験を行わない場合または信頼できる資料がない場合には85%に達したときとした．これはこれまでの凍結融解試験結果より，相対動弾性係数が85%前後を過ぎてから急激に劣化が進行することが多いからである．このような組織の緩みが生じると，コンクリート内部へ水分，二酸化炭素，塩化物など劣化因子の侵入が容易となり，耐久性上の限界（特に表層部のコンクリートとして）とみなし得る劣化状況（ひび割れが鉄筋に到達する状態）につながりやすくなる．

　d．凍害によって設計限界状態となる使用安全性上問題のあるスケーリングは，スケーリング深さを劣化指標とした．なお，スケーリングは部材表面から内部膨張劣化が顕著になる以前から生じることが多いため，前項のひび割れとは別に取り扱うこととしている．

　凍害によって設計限界状態となる耐久性上支障のあるスケーリングが生じるときのスケーリング深さは，前項のひび割れ同様，コンクリートの材料・調合によって異なることが考えられるため，試験または信頼できる資料により定めるとした．しかし，これらによらない場合は，スケーリング深さ10 mmとした．前述のとおり，RILEMではスケーリング深さ10～20 mmを「強度のスケーリング」として分類している．スケーリングがこの段階まで進行すると，表層コンクリートが剥離・剥落しやすくなっており，第三者安全性の観点からも補修が必要な状況といえる．

　また，凍害によって維持保全限界状態となる耐久性上支障のあるスケーリングは，スケーリング深さ5 mmとした．RILEMの分類では「中程度のスケーリング」となっており，粗骨材の剥離などは生じていない段階である．しかし，スケーリングが生じている部分よりもさらに内部で微細なひ

び割れが生じており，水分，二酸化炭素，塩化物など劣化因子に対する物質移動抵抗性が低下していると考えられる．

e．性能を検証する方法として，ここではひび割れおよびスケーリングが，cおよびd項の限界状態に至るまでの年数を算出し，そのいずれか短い方の年数が，設計上想定している耐用年数を上回ることを確かめることとしている．

限界状態に至るまでの年数の算出として，ISO 16204「Durability － Service life design of concrete structures」[70]では，確率論的な方法と確定論的な方法が規定されている．

同ISOの凍害に対する耐用年数設計は，限界飽水度法に基づく手法が示されている．ここで，限界飽水度法とは，材料が凍結融解で劣化する限界の飽水度（S_{cr}）を求め，材料の吸水性状（S_{act}）と比較し，耐凍害性を評価するものである．同ISOの確率論的方法は，式（解5.4.1）に示すとおり，設計耐用年数の期間中S_{act}がS_{cr}を超えて凍害が発生する確率が，目標とする確率を超えないようにすることを主旨としている．

$$p\{\}=p\{T(t<t_{SL}), S_{cr}-S_{act}(t<t_{SL})<0\}<p_0 \tag{解5.4.1}$$

ここに，$p\{\}$：凍害発生確率，S_{cr}：限界飽水度，$S_{act}(t)$：経過年数tにおけるの飽水度，$T(t)$：経過年数tにおけるコンクリート温度（℃），t_{SL}：設計耐用年数（年），p_0：目標とする凍害発生確率

具体的な方法については，fibのモデルコード「Model Code of Service Life Design」[71]などを参考とすることとされている．ただし，目標とする凍害発生確率については，明確な定めはなく，その設定は設計者などに委ねられている．

本指針では，cおよびd項で示した限界状態とISOで想定している限界状態との関係が現段階では明確ではなく，また確率論的な手法が十分に整備されておらず，今後の検討が必要と考えられるため，検証方法としては既往の研究で提案されている方法に基づく確定論的な手法によることとした．以下にその手法を示す．

1）SL_dの決定

SL_dは，以下により求めることとする．

$$SL_d = C_{yn}/C_{yp} \tag{解5.4.2}$$

ここに，C_{yn}：ASTM C 666（JIS A 1148）A法による限界状態の相対動弾性係数となる時の試験サイクル数（回）．使用するコンクリートのA法による試験結果，または信頼できる資料による．

C_{yp}：ある地点の年間ASTM相当サイクル数（回/年）．建設地点の気象データから信頼できる資料を用いて求める．

なお，C_{yn}およびC_{yp}を，試験または信頼できる資料によって求めない場合は，それぞれ次に示す方法によることができる．

C_{yn}については，次式により定めてもよい[72]．

$$C_{yn}=25\times(100-E/(AIR \cdot WC \cdot Q)) \tag{解5.4.3}$$

ここに，E：相対動弾性係数（％），AIR，WC，Q：それぞれ空気量，水セメント比，骨材

の吸水率による係数であり，信頼できる資料がない場合は解説表5.4.1による．
C_{yp} については，次の R_{a90} または R_{a60} として求めてもよい[73]．

$$R_{a90} = 4.2T - 5.4 \qquad (解 5.4.4)$$

$$R_{a60} = s \cdot C \cdot F \cdot 1.64 R_{a90} \qquad (解 5.4.5)$$

$$T = T_{amin}(1 - D_f/D_w) \qquad (解 5.4.6)$$

ここに，R_{a90}, R_{a60}：相対動弾性係数が90％，60％となる時のASTM相当サイクル数（回/年）

T_{amin} ：日最低気温の年間極値（℃）

D_f ：凍結持続日数（日）

D_w ：凍結融解総日数（日）

s, C, F ：それぞれ，日射条件，養生条件，凍結融解条件に関する係数であり，解説表5.4.2による．

C_{yn} は，ASTM C 666（JIS A 1148）A法による限界状態の相対動弾性係数となる時の試験サイクル数であり，実際に試験を行い求めることを原則とする．なお，（解5.4.3）式は，旧指針[72]に示された検証方法であり，信頼できる資料がない場合はこの式によることができる．ただし，ここで想定されている300サイクル時の相対動弾性係数を計算すると解説表5.4.3に示すとおりであり，耐凍害性が高いコンクリートを想定している点に十分注意が必要である．JASS 5の26節[74]では，激しい凍結融解作用を受ける地域に用いるコンクリートの300サイクル時における相対動弾性係数は特記によることとしており，特記のない場合は85％以上となるコンクリートを用いることとしている．旧指針が想定しているコンクリートは，一部を除いてこれを満足するものとなっている．しかし，JASS 5の26節の対象とならない地域・部位においては，これよりも耐凍害性が低いコンク

解説表5.4.1　目標空気量，水セメント比，粗骨材吸水率による係数[72]

係数 (AIR, WC, Q)	目標空気量 (%)	水セメント比 (%)	粗骨材吸水率[*1] (%)
1.0	4.5〜6.0	40以下	2.0以下
0.95	4.0	41〜50	
0.9		51〜55	2.1〜2.5
0.8	(3.5)[*2]	(56〜60)[*2]	2.6〜3.0
0.7			
0.6			
0.5	(3.0)[*2]		
0.4			
0.3			
0.2	(2.5以下)[*2]		

［注］　＊1：普通骨材の場合　　＊2：JASS 5の規定外で参考値として掲載

解説表 5.4.2　ASTM相当サイクル数算定式の諸係数[74]

係数		凍害劣化の過程	
		劣化の兆候 ($100\% \geqq E_d > 90\%$)	明確な劣化 ($90\% \geqq E_d > 60\%$)
部材係数	日射条件 s　北面	1.00	1.00
	水平・南面	1.45	1.45
	養生・乾燥条件 C　水中	1.00	1.00
	気中	0.66	1.41
	20℃乾燥	0.26	0.80
	30℃乾燥	0.14	0.45
	凍結融解条件 F　水中凍結水中融解	1.00	1.00
	気中凍結水中融解	0.21	0.23

解説表 5.4.3　旧指針の検証法で想定しているコンクリートのASTM C 666法の試験結果[75]

目標空気量	W/C	粗骨材の吸水率	係数	相対動弾性係数60%となるサイクル
4.5〜6.0%	40%以下	2.0%以下	1.00	1 450
	41〜50%		0.95	1 336
	51〜55%		0.90	1 208
	56〜60%		0.80	906
	40%以下	2.1〜2.5%以下	0.90	1 208
	41〜50%		0.86	1 081
	51〜55%		0.81	940
	56〜60%		0.72	604
	40%以下	2.6〜3.0%以下	0.80	906
	41〜50%		0.76	763
	51〜55%		0.72	604
	56〜60%		0.64	227
4.0%	40%以下	2.0%以下	0.76	763
	41〜50%		0.95	1 336
	51〜55%		0.90	1 215
	56〜60%		0.86	1 081
	40%以下	2.1〜2.5%以下	0.68	445
	41〜50%		0.86	1 081
	51〜55%		0.81	947
	56〜60%		0.77	798
	40%以下	2.6〜3.0%以下	0.61	48
	41〜50%		0.76	763
	51〜55%		0.72	613
	56〜60%		0.68	445

リートが用いられる場合もある．このため，本指針では，実際のコンクリートのA法の試験結果によって検証を行うことを原則としている．

C_{yp} は，建設地点における1年間の凍害に関する劣化外力がASTM C 666(JIS A 1148) A法の何サイクルに相当するかを示すものである．この算出方法については，旧指針も含めいくつか提案[73],[76],[77]されており，信頼できる資料によって C_{yp} を求めることができる．信頼できる資料がない場合は，本指針では一般的によく用いられている浜らの研究[73]によって算出することとした．

ここで，C_{yp} は，各地の気象データに基づき算出することとしているが，用いる気象データによって結果が異なることに注意が必要である．解説表5.4.4に統計期間の異なる平年値を用いたASTM相当サイクル数の算出例と凍害に関する各種指標との比較を示す[75]．表中の値は，気象データとして

解説表5.4.4 平年値を用いたASTM相当サイクル数の算出例と凍害に関する各種指標との比較（北海道地方のみ）[75]

地点番号・地名	日最低気温の平滑平年値の極値（℃）*			凍害危険度		ASTM相当サイクル数 C_{eq}（回/年）	ASTM相当サイクル数（回/年）					
	1990年版	2000年版	2010年版	AE	non-AE		1990年版		2000年版		2010年版	
							R_{a90}	R_{a60}	R_{a90}	R_{a60}	R_{a90}	R_{a60}
47401 稚内	-8.7	-8.3	-7.8	2	5 over	21	6.5	10.7	5.3	8.7	4.7	7.8
47402 北見枝幸	-11.7	-11	-10.4	3	5 over	36	12.3	20.2	11.4	18.7	10.5	17.2
47404 羽幌	-11	-10.6	-10.0	2	5 over	27	16.1	26.5	18.0	29.6	17.9	29.3
47405 雄武	-13.8	-13.2	-12.8	4	5 over	39	19.7	32.3	19.3	31.7	18.0	29.5
47406 留萌	-9.9	-9.3	-8.8	2	5 over	25	14.9	24.5	16.1	26.4	15.7	25.7
47407 旭川	-14.4	-13.9	-13.5	4	5 over	37	20.9	34.2	20.1	33.0	20.5	33.6
47409 網走	-12.1	-11.3	-10.8	3	5 over	34	15.9	26.1	14.3	23.5	13.9	22.7
47411 小樽	-7	-7	-6.7	2	5 over	21	11.3	18.6	13.2	21.6	12.9	21.1
47412 札幌	-9	-8.4	-7.5	3	5 over	33	17.2	28.1	17.4	28.5	16.1	26.4
47413 岩見沢	-11.3	-11	-10.3	4	5 over	40	16.8	27.6	16.9	27.7	15.8	25.8
47417 帯広	-15.5	-15.4	-14.5	5	5 over	64	32.2	52.8	32.9	54.0	31.1	51.1
47418 釧路	-13	-12.1	-11.4	4	5 over	40	29.9	49.0	28.7	47.1	28.4	46.6
47420 根室	-9.5	-8.8	-8.3	2	5 over	26	13.2	21.6	12.8	21.0	12.8	21.1
47421 寿都	-5.6	-5.7	-5.4	1	5 over	15	8.5	14.0	10.6	17.4	10.1	16.6
47423 室蘭	-5.1	-5.1	-4.8	1	5 over	12	8.6	14.1	10.3	16.9	11.0	18.0
47424 苫小牧	-9.8	-9.6	-9.0	3	5 over	30	22.9	37.6	26.6	43.6	27.4	44.9
47426 浦河	-7	-7.1	-6.7	2	5 over	18	18.4	30.2	21.2	34.8	22.7	37.3
47428 江差	-4.3	-4.3	-4.0	1	5	10	12.7	20.8	12.7	20.8	11.4	18.7
47430 函館	-7.8	-7.6	-6.8	2	5 over	24	23.2	38.0	24.7	40.5	23.2	38.0
47433 倶知安	-12	-11.7	-10.9	4	5 over	42	19.5	31.9	19.5	32.0	17.5	28.7
47435 紋別	-11.8	-11.1	-10.5	3	5 over	36	15.8	25.9	14.2	23.2	13.1	21.4
47440 広尾	-11.5	-11.3	-10.8	4	5 over	44	25.0	41.0	26.2	43.0	25.7	42.2

*1990年版：観測期間1961〜1990年の平年値，2000年版：観測期間1971〜2000年の平年値，2010年版：観測期間1981〜2010年の平年値

統計期間1961〜1990年（1990年版），1971〜2000年（2000年版）および1981〜2010年（2010年版）を用いて計算したものである．表から，日最低気温の平滑平年値の極値は，最近の統計期間になるほど，高い値となる傾向を示しており，ASTM相当サイクル数も減少傾向にあることがわかる．このため，最近の統計期間による気象データを用いると，ASTM相当サイクル数が少なく計算されるといえる．しかし，気象は変動するものであることに注意し，ASTM相当サイクル数を求める際には，その地点の過去の気象データも考慮することが望ましい．

2）SL_s の決定

SL_s は，下式によって求める．

$$SC - SC_e(t) = 0, \quad t = SL_s \tag{解5.4.7}$$

ここに，SC ：限界状態のスケーリング深さ（mm）：5 mm，10 mm

$SC_e(t)$ ：期間 t（年）時点のスケーリング深さ（mm）であり，$SC_e(t)$ は，信頼できる資料によって求める

スケーリングの進行性は，ASTM C 672やRILEM CIF/CDF法等の試験によって評価することも考えられるが，現時点において，スケーリング深さまたは量を予測する手法として一般的なものはない．ここでは近年提案された手法を示す．

遠藤ら[78]は，塩化物が作用する環境下において，コンクリートの品質が適切な場合，打設面における長期的なスケーリングの進行性（室内実験では100〜500サイクル，構造物では10数年〜約40年）は，次式を用いることで，水セメント比と凍結融解履歴年数（サイクル）から簡易的に評価できることを示している．

$$\begin{cases} \gamma_w = \left(a\left[\dfrac{t}{A}\right] + b\right)\left(\dfrac{W/C}{B}\right) + c\left(\dfrac{t}{A}\right) + d & \text{(解5.4.8)} \\ D_m = f e^{g \log \gamma_w} & \text{(解5.4.9)} \end{cases}$$

ここに，γ_w ：無次元化された剥離度であり，次式により求める．

$$\gamma_w = D_m / M$$
$$D_m = D \times A_s$$

ここに，M ：無次元化のための係数

D_m ：剥離度（mm）

D ：剥離深さ（mm）

A_s ：剥離面積率

t ：期間（年）

W/C ：水セメント比（％）

a, b, c, d, f, g ：調査等で求められる係数

A, B ：無次元化のための係数

実構造物の調査結果に基づき，実験室実験の解析方法に準じて整理を行い，次に示す関係式を示している（$D_m/7.3$ を γ_w としている）．

$$\gamma_w = \left(12.1\left[\frac{t}{23.4}\right] - 4.48\right)\left(\frac{W/C}{59.1}\right) - 11.3\left(\frac{t}{23.4}\right) + 4.56 \tag{解 5.4.10}$$

$$SC_e(t) = 6.66 e^{2.91\log\gamma_w} \tag{解 5.4.11}$$

なお，この式は，あくまで調査結果に基づく一例であり，使用するコンクリートに関して，各係数を実験等から求める必要がある．

また，日本コンクリート工学協会（現日本コンクリート工学会）に設置された「コンクリートの凍結融解抵抗性の評価方法に関する研究委員会」（平成18～19年度）では，塩分のない場合の質量減少率の予測式を提案している[79]．この式をスケーリング量の予測式になおすと次式となる．なお，次式は，短期間（約20年）での適用が想定されている点に留意が必要である．

$$SC_e(t) = \alpha \times \rho \times P \times A \times (0.036(W/C) - 1.208) \times C_{ys} \times t \tag{解 5.4.12}$$

ここに，α ：質量減少率からのスケーリング量への換算係数であり，1.7×10^{-4} とする．

ρ ：水中に十分浸漬したコンクリートの密度（kg/m³）

P ：養生に関する係数．次式による．

　　水中養生：$P = 1.0$

　　気中養生：$P = 1.933(C/W) - 1.519$

　　20°C 乾燥：$P = 0.164(C/W) - 0.038$

　　30°C 乾燥：$P = 0.275(C/W) - 0.059$

A ：空気量に関する係数であり，AEコンクリートの場合1.0とし，nonAEコンクリートの場合0.6とする

W/C ：水セメント比（%）

C_{ys} ：各地点のスケーリングにおける ASTM C 666（JIS A 1148）A法に相当するサイクル数（S-ASTM相当サイクル数）（回/年）〔解説表5.4.5参照〕

t ：期間（年）

解説表 5.4.5 平年値を用いた S-ASTM 相当サイクル数の算出例（北海道地方のみ）

地点番号・地名	S-ASTM 相当サイクル数（回/年）		
	1990 年版	2000 年版	2010 年版
47401 稚内	6.9	6.3	6.0
47402 北見枝幸	10.9	10.8	10.5
47404 羽幌	14.5	17.5	17.7
47405 雄武	16.7	17.2	16.1
47406 留萌	14.3	16.7	16.7
47407 旭川	17.7	17.6	18.2
47409 網走	13.4	12.9	13.0
47411 小樽	14.0	15.5	15.9
47412 札幌	19.0	19.6	19.4
47413 岩見沢	16.7	17.1	16.7
47417 帯広	30.2	30.1	30.2
47418 釧路	30.4	31.0	32.3
47420 根室	12.5	13.1	13.5
47421 寿都	11.9	13.1	13.3
47423 室蘭	11.6	12.7	14.2
47424 苫小牧	27.2	31.6	35.3
47426 浦河	23.3	26.2	29.4
47428 江差	16.7	14.9	13.9
47430 函館	30.2	31.1	30.5
47433 倶知安	20.4	20.9	20.0
47435 紋別	13.7	13.2	12.6
47440 広尾	26.5	28.6	28.4

5.5 アルカリシリカ反応に対する性能の検証方法

a．構造体および部材は，設計耐用年数の期間内は，アルカリシリカ反応によって設計限界状態に達してはならない．また，設計耐用年数の期間内に維持保全を行うことを計画している場合は，構造体および部材は，維持保全期間内は，アルカリシリカ反応によって維持保全限界状態に達してはならない．

b．アルカリシリカ反応に対する設計限界状態は，コンクリートにアルカリシリカ反応が生じ，0.3 mm 以上の膨張ひび割れを生じる状態となったときとする．アルカリシリカ反応に対する維持保全限界状態は，コンクリートにアルカリシリカ反応が生じ，膨張ひび割れを生じる状態となったときとする．

c．アルカリシリカ反応に対する性能の検証は，信頼できる試験方法を選択して行う．

a，b．アルカリシリカ反応（ASR）を生じ，変状の認められる部材であっても，ある程度の鉄筋量が確保されていれば，静的載荷，動的載荷にかかわらず，構造安全性は，低下しないという結果が報告されている[80]．この理由としては，コンクリートの膨張が一種のケミカルプレストレスに

なっていることが挙げられている．ただし，過大な変形を生じた場合には，ひび割れ幅の増大に伴い鉄筋腐食や鉄筋破断へと繋がる危険性が高くなり，何らかの手を打たなければならない．以上の点を踏まえ，0.3 mm 以上の膨張ひび割れを生じると，ひび割れからの劣化因子の侵入が容易となり，鉄筋腐食への抵抗性が著しく失われることから，その時点を設計限界状態とした．一方，ASRによる劣化進行予測は極めて困難であるだけでなく，劣化進行を抑制するための補修技術も確立されていないのが現状である．このため，維持保全限界状態は，コンクリートに ASR が生じ，膨張ひび割れを生じる状態となったときとした．

c．佐川らは，オパールや多量のクリストバライトを含む，極めて反応性の高い骨材を使用し，粗骨材中に占める反応性骨材の体積割合（反応性骨材混合率 V_r/V_g）およびアルカリ総量を変え，円柱供試体を製作して，湿布で包み，40℃の環境下で加速養生を行い，長さ変化試験を行った結果について報告している[81]．アルカリ総量別の試験結果を解説図 5.5.1 に，反応性骨材混合率と促進期間 300 日における膨張率との関係を解説図 5.5.2 に示す．これらの図より次の①～③が指摘でき，実際のコンクリート調合を用いて試験しなければ，ASR によるコンクリートの膨張挙動の推定は難しいことが示唆される．

①アルカリ総量が 3.0 kg/m³ と少ない場合でも，V_r/V_g＝20％および 30％の条件では促進期間 300 日で 0.15％程度の著しい膨張を生じた．つまり，アルカリ総量が 3.0 kg/m³ 以下という規制では，抑制対策として十分でない結果となっている．

②いずれのアルカリ総量においても，V_r/V_g＝100％において膨張率は最も小さく，アルカリ総量が 3.0 および 4.0 kg/m³ の条件においては，膨張率は 0.03％と小さかった．つまり，極めて反応性が高い骨材を用いたケースでも，条件によってはほとんど膨張しない結果となっている．

③アルカリ総量が 3.0 kg/m³ の場合には V_r/V_g＝30％で，アルカリ総量が 4.0 kg/m³ と 5.0 kg/m³ の場合には V_r/V_g＝40％で，膨張率は最も大きく，アルカリ量が多いほど，膨張率は大きくなっ

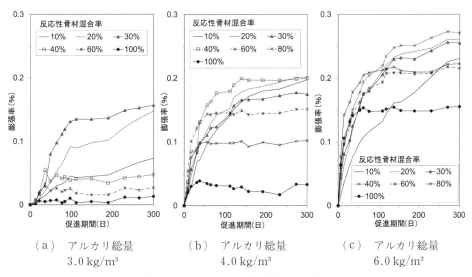

解説図 5.5.1 アルカリ総量別の試験結果[81]

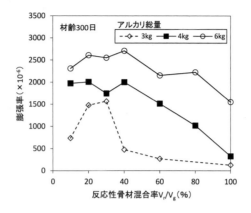

解説図5.5.2 反応性骨材混合率と促進期間300日におけるASR膨張率との関係[81]

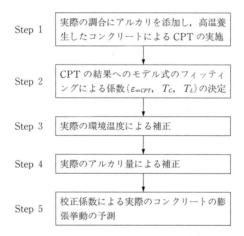

解説図5.5.3 実調合を用いたASR促進試験による膨張率の予測フロー[82]

た．つまり，反応性骨材混合率やアルカリ量によってコンクリートの膨張率が大きく異なる結果となっている．

ところで，ASRの促進試験によってコンクリートの膨張挙動を推定できたとしても，促進試験による促進倍率がわからなければ，任意の材齢における膨張量の推定はできない．逆に，促進試験における促進倍率がわかれば，任意の材齢における膨張量の推定が可能になる．こうした考えのもと，川端らはASRによる膨張の温度依存性とアルカリ濃度依存性に着目し，実際のコンクリート調合を用いたコンクリートプリズム法（CPT）による促進試験の結果から，ある時点における膨張率を予測する方法を提案している[82]ので，検証方法の参考例として紹介する．

予測フローは解説図5.5.3に示すとおりであり，まず実調合のコンクリートのアルカリ量を変え，高温条件下で，CPTによる実験を実施する（ステップ1）．次に，CPTで得られた解説図5.5.4の膨張挙動について，（解5.5.1）式を実験結果にフィッティングすることで，3つの定数（ε_∞, τ_L, τ_c）を決定する（ステップ2）．

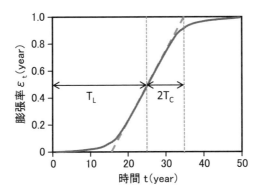

解説図 5.5.4 モデル化したコンクリートの ASR 膨張曲線[82]

$$\varepsilon_t = \varepsilon_\infty \frac{1-\exp(-t/\tau_c)}{1+\exp\{-(t-\tau_L)/\tau_c\}} \qquad (解5.5.1)$$

ここに，ε_t ：時間 t における膨張量（％）

ε_∞ ：最終膨張量（％）

$\tau_c,\ \tau_L$ ：時間を表す定数（年）

CPT と実環境との違いは，温度とアルカリ濃度である．温度依存性についてはアレニウス式に従うものと仮定すると，（解5.5.2）～（解5.5.4）式を用いることで，CPT の養生温度 T_2〔K〕における各定数を，実環境温度 T_1〔K〕においてのそれらに補正することができる（ステップ3）．

$$\frac{\varepsilon_\infty(T_1)}{\varepsilon_\infty(T_2)} = \exp\left[\frac{U_\infty}{R}\left(\frac{1}{T_1}-\frac{1}{T_2}\right)\right] \qquad (解5.5.2)$$

$$\frac{\tau_L(T_1)}{\tau_L(T_2)} = \exp\left[\frac{U_L}{R}\left(\frac{1}{T_1}-\frac{1}{T_2}\right)\right] \qquad (解5.5.3)$$

$$\frac{\tau_c(T_1)}{\tau_c(T_2)} = \exp\left[\frac{U_c}{R}\left(\frac{1}{T_1}-\frac{1}{T_2}\right)\right] \qquad (解5.5.4)$$

ここに，$R=8.314$ [JK^{-1}mol^{-1}]

$U_\infty=15.8$ [kJmol^{-1}]

$U_L=64.7$ [kJ/mol^{-1}]

$U_c=64.6$ [kJ/mol^{-1}]

一方，アルカリ濃度依存性による補正に関しては，2つの方法がある．一つは，異なるアルカリ総量のコンクリートを用いてCPT試験を実施し，CPT試験におけるアルカリ総量 R_2 の各定数を実調合におけるアルカリ総量 R_1 の値に補正する方法であり，コンクリートのASR膨張のアルカリ濃度依存性を直接評価することができる（ステップ4）．もう一つは，アルカリ総量を変えた試験は行わず，コンクリートが膨張を開始する限界アルカリ総量（R_{llm}）を仮定して，（解5.5.5）～（解5.5.8）式に示す簡易モデルでアルカリ濃度依存性を求めるものである（ステップ4'）．後者は，あくまでも簡易法であるため，異なるアルカリ総量のコンクリートを用いてCPT試験を実施する場

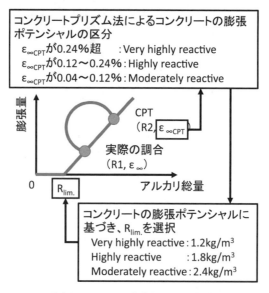

解説図 5.5.5 ASR 膨張のアルカリ濃度依存性に関するモデル化の概念[82]

合と比べると，精度は悪い．

　解説図 5.5.5 に最終膨張量 ε_∞ のアルカリ濃度依存性に関するモデル化の概念を示す．本式は，ある限界アルカリ総量まで膨張が生じず，それ以上になるとアルカリ総量に比例して最終膨張量が増加するというモデルである．川端らは，CPT で得られたアルカリ総量 R_2 の時の膨張量（$\varepsilon_{\infty-CPT}$）から，骨材の反応性が Very highly reactive（$\varepsilon_{\infty-CPT} > 0.24\%$），Highly reactive（$0.12\% < \varepsilon_{\infty-CPT} \leq 0.24\%$），Moderately reactive（$0.04\% < \varepsilon_{\infty-CPT} \leq 0.12\%$）のどれであるかを判定し，その判定結果に応じて，コンクリートが膨張を開始する限界アルカリ総量（R_{lim}）を解説図 5.5.5 のとおり設定し，（解 5.5.6）式を用いて実際の調合（アルカリ総量 R_2〔kg/m³〕）における最終膨張量に変換する方法を提案している．最終的に，補正された定数を（解 5.5.1）式に再度代入することで，実環境におけるコンクリートの膨張挙動を予測できるとし，ASR の促進試験方法の条件として解説表 5.5.1 を示している．

解説表 5.5.1 ASR の促進試験方法の条件[82]

温度	60℃
保管条件	濡れウエスによるラップなしに，反応槽内の個々の容器中の水の上に設置
調合	実際のコンクリート調合
アルカリ総量	5.5 kg/m³（NaOH によるアルカリ添加）
寸法	(75±5) mm×(75±5) mm×(250±5) mm

$$\begin{cases} \varepsilon_\infty = 0 & (R_1 < R_{1\text{lim}}) \\ \varepsilon_\infty = \varepsilon_{\infty-CPT} \dfrac{R_1 - R_{1\text{lim}}}{R_2 - R_{1\text{lim}}} & (R_1 \geqq R_{1\text{lim}}) \end{cases} \qquad \text{(解 5.5.5)}$$

(解 5.5.6)

$$\frac{\tau_c(R_1)}{\tau_c(R_2)} = \exp\left[V_c\left(\frac{1}{R_1} - \frac{1}{R_2}\right) \right] \qquad \text{(解 5.5.7)}$$

$$\frac{\tau_L(R_1)}{\tau_L(R_2)} = \exp\left[V_L\left(\frac{1}{R_1} - \frac{1}{R_2}\right) \right] \qquad \text{(解 5.5.8)}$$

ここに,　$\varepsilon_{\infty-CPT}$＝CPT で得られた最終膨張量 [％]
　　　　$R_{1\text{lim}}$＝限界アルカリ総量 [kg/m³]
　　　　$V_c = -0.24$ [kg/m³]
　　　　$V_L = -0.25$ [kg/m³]

5.6 化学的侵食に対する性能の検証方法

> a．構造体および部材は，設計耐用年数の期間内は，化学的侵食によって設計限界状態に達してはならない．また，設計耐用年数の期間内に維持保全を行うことを計画している場合は，構造体および部材は，維持保全期間内は，化学的侵食によって維持保全限界状態に達してはならない．
> b．化学的侵食に対する設計限界状態および維持保全限界状態は，侵食性物質によってコンクリートが劣化し始め，ひび割れ，剥離，表面劣化および強度低下などを生じる状態になったときとする．
> c．化学的侵食に対する性能の検証は，信頼できる方法を選択して行う．

a．化学的侵食に対する耐久設計は，建築物の置かれる環境条件や鉄筋コンクリート造に劣化を生じさせる侵食性物質を特定したうえで行う必要がある．コンクリートの化学的侵食としては，強い酸性土壌や温泉地域の強酸性地下水がコンクリートを侵食する場合，あるいは土壌中に硫酸ナトリウム（ぼう硝）が多く含まれていてコンクリート中に水分とともに浸透し，その結晶圧によってコンクリート組織を破壊させる場合などがある．また，特殊な薬品，化学物質，有機物の腐食によって生じる酸などの侵食性物質による作用，あるいは工場・倉庫などで高熱あるいは冷熱の作用を受けることもある．

b．化学的侵食によるコンクリートの劣化は，劣化させる物質の種類や濃度，環境条件の相違などにより，様々な様相を呈する[87]．そのため，化学的侵食に対する設計限界状態および維持保全限界状態は，侵食性物質やそれに応じた劣化状況によって異なると考えられるが，それぞれを規定することは現状では困難である．本指針では，コンクリートが劣化し始め，ひび割れ，剥離，表面劣化および強度低下などを生じる状態を，設計限界状態および維持保全限界状態とするが，詳細には，試験または信頼できる資料により設定する．

c．現在，化学的侵食に対する性能の検証方法として，一般にオーソライズされたものはなく，それぞれの場合で千差万別であるといえる．そのため，対象となる建築物が置かれる地域による過去の事例，近隣建物の状況調査，化学的侵食による劣化作用とその対策などに関する信頼できる資

料などを参考にするのがよい．ただし，実際には，化学的侵食に対して設計限界状態や維持保全限界状態に達しないように，①いわゆる腐食しろ（代）をとり適当な時期に補修を繰り返し行う方法，②コンクリートの表面に耐酸性の保護被膜を施し劣化を防止する方法，などにより対処するのが一般的である．

なお，既往の研究として下記のようなものもある．

① 硫化水素濃度と侵食速度の関係について[84]

硫化水素濃度と侵食速度との関係について，実験装置から得たもの，および実際の下水道施設構造物の侵食状況から得たものとして，（解5.6.1）式および（解5.6.2）式が示されている．

実験装置を用いた場合の侵食速度式

$$y = 0.0086x + 0.0148 \qquad (解 5.6.1)$$

ここで，y：侵食速度（インチ/年）

x：硫化水素濃度（ppm）

実際の下水道施設のデータから得られた侵食速度式

$$y = 0.0666x + 1.4292 \qquad (解 5.6.2)$$

ここで，y：侵食速度（mm/年）

x：硫化水素濃度（ppm）

② 温泉環境におけるコンクリートの侵食速度について[85]

全国各地の温泉水中に暴露されたコンクリート供試体について，その侵食深さ x が $\sqrt{t}$ 則に従うと仮定し，下式が提案されている．

$$x = K \cdot \sqrt{t} \qquad (解 5.6.3)$$

ここで，x：侵食深さ

K：侵食速度係数

t：暴露期間

（解5.6.3）式の侵食速度係数 K については，普通ポルトランドセメントおよび耐硫酸塩ポルトランドセメントを使用したコンクリートに対し，侵食要因をパラメータとした回帰式として，（解5.6.4）式と（解5.6.5）式を示している．

・普通ポルトランドセメントの場合

$$K = 1.300 + 0.0232 \cdot T - 0.307 \cdot pH - 3.562 \times 10^{-5} \cdot C_s \qquad (解 5.6.4)$$

・耐硫酸塩ポルトランドセメントの場合

$$K = 2.136 + 0.0237 \cdot T - 0.530 \cdot pH - 1.190 \times 10^{-4} \cdot C_s \qquad (解 5.6.5)$$

ここで，K：侵食速度係数

T：泉温（℃）（$40 \leq T \leq 90$）

pH：pH値（$1.0 \leq pH \leq 6.6$）

C_s：硫酸イオン濃度（ppm）（$0 \leq C_s \leq 3700$ ppm）

③ 促進試験による検証方法について

化学的侵食に対する設計劣化外力に基づいて，対象とする劣化機構を変化させない範囲で適切な

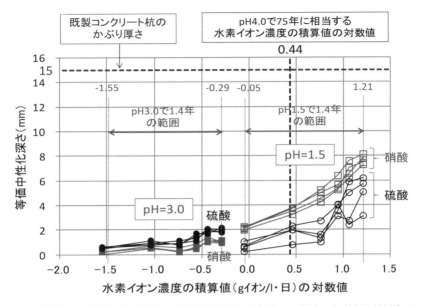

解説図 5.6.1 酸溶液への浸漬により生じた中性化深さと水素イオン濃度の積算値（対数）との関係[86]

濃度を用いた促進試験を行うことにより，コンクリートの侵食深さや劣化因子の浸透深さなどを予測することが検討されている．建材試験センター規格「溶液浸せきによるコンクリートの耐薬品性試験方法（JSTM C 7401：1999）」は試験方法として参考となる．

また，酸溶液への浸漬試験結果に基づく方法として，酸溶液のpHと浸漬期間から算定される水素イオン濃度の積算値を設計劣化外力とし，酸に対する抵抗性を評価する手法が提案されている[86]．解説図 5.6.1[87]は，様々な強度のコンクリート杭（目標強度：85，105，123 N/mm²，養生は常圧蒸気養生，105 N/mm²の強度のみ常圧蒸気養生＋オートクレーブ養生も実施）を $pH=1.5$ および 3.0 の酸溶液（硫酸および硝酸）に浸漬させ，所定の浸漬経過後に測定した中性化深さを，水素イオン濃度の積算値（対数）に対してプロットしたものである．この図を利用し，実環境の酸性土壌のpHを4.0，コンクリート杭の耐用年数を75年，と想定した場合の水素イオン濃度の積算値（対数），ならびに JIS で規定されているかぶり厚さ＝15 mm 以上，を評価すると，当該劣化環境において，コンクリート杭は十分な耐久性を有していると判断できる．

参 考 文 献

1) 和泉意登志ほか：鉄筋コンクリート造建築物の耐久性診断法，日本建築学会大会学術講演梗概集，pp. 277～278，1986.8
2) 和泉意登志・嵩 英雄・友澤史紀・福士 勲：鉄筋のかぶり厚さの信頼設計による耐久性向上技術の提案，第6回コンクリート工学年次講演会論文集，pp.185～188，1984.10
3) 岩田 亮・Qi Lukuan・関 博：中性化したコンクリート中における鉄筋腐食機構の電気化学的考察，コンクリート工学年次論文集，Vol. 22，No. 1，pp.181～186，2000
4) 山本佳城・衣笠秀行・古賀一八・桝田佳寛：コンクリートの含状態が鉄筋腐食に及ぼす影響に関する基礎的実験，コンクリート工学年次論文集，Vol. 23，No. 2，pp.535～540，2001

5) 嵩　英雄・和泉意登志・友澤史紀・福士　勲：経年 RC 構造物におけるコンクリートの中性化と鉄筋の腐食．第6回コンクリート工学年次講演会論文集，pp.181～184，1984
6) 中村英佑・石井　豪・渡辺博志：暴露試験と促進試験に基づく混和材を用いたコンクリートの中性化抵抗性に関する実験的研究，vol. 37, No. 1, pp.97～102, 2015
7) 日本建築学会：建築工事標準仕様書 JASS 5 鉄筋コンクリート工事，2015
8) 福島敏夫：コンクリートの炭酸化過程と中性化進行過程関連についての速度論的考察，日本建築学会大会学術講演梗概集（九州），pp.405～406, 1981
9) 前田孝一：コンクリートの中性化の数値解析に関する研究，日本建築学会構造系論文報告集，No. 402, pp.11～20, 1989.8
10) 桝田佳寛・棚野博之：コンクリートの中性化進行予測モデル，コンクリート工学論文集，第2巻第1号，pp.125～133，1991.1
11) 岸谷孝一：鉄筋コンクリートの耐久性，鹿島出版社，1963.2
12) 日本建築学会：コンクリートの調合設計・調合管理・品質検査指針案・同解説，1976
13) 和泉意登志：コンクリート構造物の問題点とその対策　中性化，コンクリート工学 Vol. 32, No. 2, pp.772～83, 1994.2
14) 富田六郎・城所卓明：人工軽量骨材コンクリートの中性化，セメント・コンクリート，No. 458, pp. 32～40, 1985
15) 大久保孝昭・長谷川拓哉・濱崎　仁・杉本　央・上村克郎・友澤史紀・飛坂基夫：長期間屋外暴露させた人工軽量骨材コンクリートの諸性状，日本建築学会構造系論文集，第 561 号，No. 561, pp.23～29, 2002.11
16) チェルニン・特根吉郎（訳）：建設技術者のためのセメント・コンクリート化学，技報堂出版，pp. 39～45, 1985.5
17) 日本コンクリート工学協会：コンクリート技術の要点　01, pp.5～6, 2001.9
18) 永嶋正久・飛内圭之：セメント・コンクリート化学とその応用・コンクリートの中性化，セメント・コンクリート，No. 466, pp.47～52, 1985
19) 日本建築学会：フライアッシュを使用するコンクリートの調合設計・施工指針・同解説，2007
20) 花田淳也ほか：フライアッシュコンクリートの中性化屋外暴露試験に関する文献調査，日本建築学会大会学術講演梗概集，2005.9
21) 今川健一・石川嘉崇・小山明男：促進中性化試験によるフライアッシュコンクリートの中性化速度評価に関する文献調査研究，日本建築学会大会学術講演梗概集（関東），pp.81～82, 2015.9
22) 石川嘉崇・桝田佳寛・嵩　英雄：フライアッシュコンクリートを使用した長期暴露試験体の中性化，第 49 回日本学術会議材料工学連合講演会講演論文集，pp.296～297, 2005.9
23) 船本憲治：FA セメント B 種を使用したコンクリートの屋外暴露中性化速度係数に関する研究，日本建築学会技術報告集，No. 49, pp.897～900, 2015.10
24) 船本憲治・石川嘉崇：フライアッシュセメント B 種を使用したコンクリートの屋外暴露中性化速度係数に関する研究，日本建築学会大会学術講演梗概集（関東），pp.83～84, 2015.9
25) 阿部道彦・桝田佳寛・田中　斉・柳　啓・和泉意登志・友澤史紀：コンクリートの促進中性化試験方法の評価に関する研究，日本建築学会構造系論文報告集，第 409 号，pp. 1～10, 1990.3
26) 和泉意登志・押田文雄：経年建築物における中性化と鉄筋の腐食，日本建築学会構造系論文報告集，No. 406, pp.1～12, 1989.12
27) 土木学会：コンクリート標準示方書［設計編］，2012
28) 並木　洋・阿部道彦・湯浅　昇：RC 造建物のコンクリートの中性化に及ぼす各種要因の影響に関する調査，日本建築学会大会学術講演梗概集．A-1，材料施工，pp.1153～1154, 2005.7
29) 本名英理香・氏原菜摘・伊代田岳史・濱崎　仁：地中環境におけるコンクリートの中性化進行抑制効果の検討，第 69 回セメント技術大会講演要旨，pp.218～219, 2015
30) 馬場明生・千歩　修：各種の表面層をもつコンクリートの中性化深さ推定方法に関する一考察，コンクリート工学年次論文報告集，pp.333～338, 1987

31) 李　榮蘭・桝田佳寛：表層コンクリートの品質と中性化進行に関する解析的検討, 日本建築学会構造系論文報告集, No. 649, pp.499〜504, 2010.3
32) 千歩　修・馬場明生・小俣一夫・松島泰幸：コンクリートの外装仕上げ材料の躯体保護効果（水分移動性状と中性化抑制効果）, 日本建築学会大会学術講演梗概集 A, pp.159〜160, 1990.10
33) 朴　宰弘・長谷川拓哉・樫野紀元・千歩　修・濱崎　仁：10年屋外暴露した新設・改修仕様の仕上塗材の各種性状　その2 仕上塗材の中性化抑制効果, 日本建築学会大会学術講演梗概集, pp.155〜156, 2010.9
34) 河野政典・桝田佳寛・落合亮太・唐沢智之：仕上塗材の経年劣化を考慮した中性化抑制効果に関する研究, 日本建築学会構造系論文報告集, No. 584, pp.15〜21, 2004.10
35) 河野政典・桝田佳寛・起橋孝徳・中村裕介：仕上塗材の経年劣化を考慮した拡散理論に基づく中性化進行予測に関する研究, セメント・コンクリート論文集, No. 62, pp.318〜325, 2008
36) 唐沢智之・桝田佳寛・李　榮蘭：既存建物の調査結果に基づく仕上塗材の中性化抑制効果と透気係数による中性化予測に関する研究, 日本建築学会構造系論文報告集, No. 669, pp.1885〜1890, 2011
37) 親本俊憲ほか：仕上材によるコンクリートの中性化抑制効果に関する基礎的研究　その4　促進中性化試験（その2）, 日本建築学会大会学術講演梗概集, pp.465〜466, 2012.9
38) 河野政典・長瀬公一・都築正則・金森誠治・久保田浩・井上和政：躯体コンクリートの中性化抑制に寄与する各種仕上げ材の評価　その9 外装タイルの中性化抑制効果確認実験, 日本建築学会大会学術講演梗概集, pp.957〜958, 2008.9
39) 河野政典・桝田佳寛：タイル張りコンクリートの中性化進行予測に関する解析的検討, 日本建築学会大会学術講演梗概集, pp.705〜706, 2015.9
40) 河野政典・桝田佳寛：タイル張りコンクリートの中性化進行予測に関する解析的検討, 日本建築学会関東支部研究報告集, pp.45〜48, 2016.3
41) 川西泰一郎・濱崎　仁・桝田佳寛：実建物調査に基づくコンクリートの中性化進行に関する分析, 日本建築学会構造系論文集, No. 608, pp.9〜14, 2006.10
42) 木原　孝・阿部道彦・濱崎　仁：築後70年を経過したRC造集合住宅の劣化度調査その2　非破壊検査及び中性化，鉄筋腐食についての調査結果, 日本建築学会大会学術講演梗概集, A-1, pp.1115〜1116, 1999.7
43) 玉井孝幸・嵩　英雄・林　静雄・桝田佳寛・兼松　学：1953年から1985年に建設された建物の構造体コンクリートの中性化の実態, 日本建築学会技術報告集第25号, pp.1〜6, 2007.6
44) 桝田佳寛・友沢史紀・矢島義麿：実際の鉄筋コンクリート造建築物における鉄筋のかぶり厚の実態, 第7回コンクリート工学年次講演会論文集, pp.45〜48, 1984.10
45) 濱崎　仁ほか：RC建築物のかぶり厚さ確保に関するアンケートおよび実測調査結果その2　かぶり厚さの分布に関する調査結果, 日本建築学会大会学術講演梗概集, A-1, pp.635〜636, 2012.9
46) Schiessl. P : Corrosion of Steel in Concrete, RELEM REPORT Report of RILEM Report Technical Committee 60-CSC, Chapman & Hall, London, 1988
47) RELEM REPORT 12 Performance Criteria for Concrete Durability, 1995
48) 古澤靖彦：コンクリート中の物質移動評価に関する研究の現状, コンクリート工学, Vol. 37, No. 4, pp.3〜10, 1999.4
49) 山田義智・大城　武・桝田佳寛：塩害環境下におけるコンクリート中への塩化物イオンの浸透に関する解析的研究, 日本建築学会構造系論文報告集, No. 501, pp.13〜18, 1997
50) K. Takewaka and S. Matsumoto : Quality and cover thickness of concrete based on the estimation of chloride penetration in marine environments, ACI SP109, pp.381〜400, 1998
51) 土木学会：鉄筋腐食・防食および補修に関する研究の現状と今後の動向（その2）, コンクリート技術シリーズ No. 40, 2000.12
52) 土木学会規準, 電気泳動試験による実効拡散係数を用いた見掛けの拡散係数計算方法（案）, 2003
53) 横関康祐・渡邊賢三・林　大介・大即信明：水和反応と温度依存性を考慮したセメント系材料のイオン拡散係数予測モデル, 土木学会論文集 No. 725/V-58, pp.131〜142, 2003.2

54) RILEM REPORT 14 Durability Design of Concrete Structure, 1996
55) 土木学会：コンクリート標準示方書［維持管理編］, 2013
56) 丸屋　剛・宇治公隆：コンクリートへの塩分の拡散浸透に関する表面塩分量の定式化, コンクリート工学年次論文報告集 No.11, No.1, pp.597〜602, 1989
57) 竹田宣典・十河茂幸・迫田恵三・出光　隆：種々の海洋環境条件におけるコンクリートの塩分浸透と鉄筋腐食に関する実験的研究, 土木学会論文集, V-40, No.599, pp.91〜104, 1998
58) 佐伯竜彦・植木　聡・嶋　　毅：コンクリート表面における塩化物イオン濃度に関する検討, コンクリート工学年次論文報告集 No.21, No.2, pp.985〜990, 1999
59) 土木学会：鉄筋腐食・防食および補修に関する研究の現状と今後の動向（その2）－コンクリート委員会腐食防食小委員会（2期目）報告－, 2000
60) 青山實伸：道路橋における塩害対策, コンクリート工学, pp.74〜79, Vol.25, 1987.11
61) 玉越隆史・大久保雅憲・渡辺陽太：道路橋の計画的管理に関する調査研究－橋梁マネジメントシステム（BMS）－, 国土技術政策総合研究所資料, 2009.3
62) 掛川　勝・桝田佳寛・大城　武・清水昭之・鹿毛忠継・伊部　博：飛来塩分とコンクリートへの塩分浸透に関する調査, 日本建築学会大会学術講演梗概集, pp.147〜148, 1994.9
63) 金谷光秀・桝田佳寛・阿部道彦・西山直洋：海岸に暴露したコンクリート中の塩化物イオン拡散状態, コンクリート工学年次論文報告集 Vol.18, No.1, pp.747〜752, 1996
64) 岸谷孝一・笠井　浩：鉄筋コンクリート構造物の塩分侵入に関する文献的研究, 昭和60年度日本建築学会大会学術講演梗概集, 1985.10
65) 日本建築学会：建築工事標準仕様書・同解説 JASS 5 鉄筋コンクリート工事, 2003
66) 細川佳史・山田一夫・山田義智：飛来塩分環境下に暴露されたコンクリートの塩化物イオン拡散係数の算定に関する一考察, 日本建築学会大会学術講演梗概集, pp.145〜146, 2009.8
67) 土木学会：コンクリートライブラリー119　表面保護工法設計施工指針（案）, pp.113〜118, 2005.4
68) 池永博威：塗膜系仕上材の耐候性劣化と遮塩性能に関する研究, 日本建築学会構造系論文集, No.432, pp.11〜18, 1992.2
69) 鎌田英治：コンクリートの耐凍害性に関する研究（凍伸度を指標とする耐凍害性の判定について）, 日本建築学会論文報告集, 166号, pp.11〜17, 1969.12
70) ISO 16204 Durability －Service life design of concrete structures, 2012.9
71) fib bulletin no.34, Model Code for Service Life Design (MC-SLD), International Federation for Structural Concrete (fib), Case Postale 88, CH-1015 Lausanne, Switzerland., 2006
72) 日本建築学会：鉄筋コンクリート造建築物の耐久設計指針（案）・解説, 2004
73) 浜　幸雄・松村光太郎・田畑雅幸・冨板　崇・鎌田英治：気象因子を考慮したコンクリートの凍害劣化予測, 日本建築学会構造系論文集第523号, pp.9〜16, 1999.9
74) 日本建築学会：建築工事標準仕様書 JASS 5鉄筋コンクリート工事, 2015
75) 長谷川拓哉・千歩　修・福山智子：コンクリートの凍害劣化を対象とした劣化予測手法および気象データの違いによる耐用年数の比較, コンクリート工学年次論文集 Vol.37, No.1, pp.859〜864, 2015.7
76) 石井　清・江川顕一郎・堤　知明・野口博章：凍結融解作用を受けるコンクリートの劣化予測に関する研究, 土木学会論文集 No.564/V-35, pp.221〜232, 1997.5
77) 計算力学研究センター：LECCA 2 理論解説書, 2010.2
78) 遠藤裕丈・田口史雄・名和豊春：スケーリング進行性評価に関する研究, コンクリート工学年次論文集, Vol.31, No.1, pp.1129〜1134, 2009.7
79) 日本コンクリート工学協会：コンクリートの凍結融解抵抗性の評価方法に関する研究委員会報告書, 2008
80) 例えば, 小林和夫：アルカリ骨材反応を生じた部材や構造物の耐荷重性能－はり部材－, コンクリート工学, Vol.24, No.11, pp.70〜78, 1986.11
81) 佐川康貴・山田一夫・鳥田慎也・江里口玲：ペシマム現象を示す骨材を用いたコンクリートの加速試

験および暴露試験における膨張挙動，コンクリート工学論文集，Vol. 25，pp.135〜145，2014
82) 川端雄一郎・山田一夫・小川彰一・佐川康貴：加速コンクリートプリズム試験を用いた ASR 膨張の簡易予測，セメント・コンクリート論文集，Vol. 67，pp.449〜455，2014
83) コンクリート構造物の耐久性シリーズ「化学的腐食」，技報堂出版，p.45，1986
84) 土木学会：コンクリートライブラリー99　平成 11 年度版コンクリート標準示方書[施工編]－耐久性照査型－改訂資料，pp.34〜35，2000
85) 土木学会：コンクリートライブラリー99　平成 11 年度版コンクリート標準示方書[施工編]－耐久性照査型－改訂資料，pp.36〜37，2000
86) 田中　斉・桝田佳寛・鹿毛忠継：硫酸および硝酸によるコンクリートの化学的腐食進行速度に関する実験，コンクリート工学年次論文集，Vol. 30，No. 1，pp.1185〜1190，2008
87) 辻大二郎ほか：既製コンクリート杭の化学的浸食試験（その 3　試験材齢 18 ヶ月における検討），日本建築学会大会学術講演梗概集（近畿），pp.379〜380，2014

6章　標準仕様選択型設計法

6.1　総　　則

> 標準仕様選択型設計法は，建築物が置かれる環境上の区分および設計耐用年数ごとにあらかじめ設定された標準仕様を選択することにより行う．

　標準仕様選択型設計法は，5章で示した定量的な検証を行って材料・工法を決定する性能検証型一般設計法とは異なり，建築物の立地環境および建築主の意向を考慮し，あらかじめ設定された環境条件および耐用年数を選択し，それらの条件ごとに決められた標準仕様に従って設計する方法である．5章が性能設計型であるのに比較し，本章は従来の仕様設計型である．

　建築物は，その環境条件によって劣化外力が異なる．また，建築物に要求される設計耐用年数も建築物ごとに異なってくる．このため，建築物が置かれる環境上の区分と設計耐用年数ごとに，標準仕様を選択することにより行うこととした．環境条件の区分については6.2で，設計耐用年数については6.3で具体的に述べる．

6.2　環境条件による区分

> 建築物が置かれる環境条件による区分は，一般環境地域，塩害環境地域，凍害環境地域および化学的侵食環境地域とする．

　環境条件による区分は，一般環境地域，塩害環境地域，凍害環境地域および化学的侵食環境地域の4区分とする．これらの4区分以外の特別な劣化外力が想定される場合は，本章では扱わない．当該環境が上記区分の複数に該当する場合には，そのいずれの区分の標準仕様をも満足するような仕様としなければならない．詳細は，6.4～6.7による．

6.3　設計耐用年数

> a．設計耐用年数は，100年を標準とする．ただし，塩害環境地域および化学的侵食環境地域では，65年を標準とする．
> b．建築物は供用期間中，維持保全を行うことを原則とする．

　a．設計耐用年数に関し，JASS 5では，計画供用期間は，構造体および部材について，局部的な軽微な補修を超える大規模な補修を必要とすることなく鉄筋腐食やコンクリートの重大な劣化が生

じないことが予定できる期間(構造体の大規模な補修を必要としないことが予定できる期間)、および継続使用のためには構造体の大規模な補修が必要となることが予想される期間(供用限界期間)を基準として設定されている。JASS 5.2.4(耐久性)では、計画供用期間の級として、短期30年、標準65年、長期100年および超長期200年を大規模補修不要予定期間として区分している。この前提は、環境条件が一般環境であること、つまり劣化外力としてコンクリートの中性化を対象としたもので、中性化によってコンクリート内部の鉄筋が腐食して建築物が使用限界になる状況に限定したものであることによる。ここで、今後あるべき建築物の耐用年数の例として、「長期優良住宅の普及の促進に関する法律」に基づく構造躯体等の劣化対策の認定基準では、「通常想定される維持管理条件下で、構造躯体の使用継続期間が少なくとも100年程度となる措置をとること」が考えられている。本指針では、こうした状況とともに1章でも示したとおり、今後の建築物の耐用性のあり方を鑑み、一般環境地域における設計耐用年数として、JASS 5.2.4(耐久性)に示されている長期の100年を標準とした。なお、凍害環境地域においても、同様に100年を標準とした。また、塩害環境地域および化学的侵食環境地域では、一般環境地域よりも劣化外力が大きいことを考慮して、設計耐用年数65年を標準とすることにした。設計者は、建築主の意向および設計時に建築物が建設される地域性を考慮して設計耐用年数を決めなければならない。

b．実際の建築物の老朽化および劣化の速度は、気温・日射・湿度・凍結融解作用、塩化物イオン、化学的浸食作用などの劣化外力によって変わる。建築物の耐久性能および維持保全の水準が同じならば、劣化外力の激しいところでは建築物の耐用年数は短くなり、耐用年数を同じようにしようとすれば、劣化外力の激しいところでは建築物の耐久性能および維持保全の水準を高めなければならない。また、将来のこれらの劣化外力の強さ変化には不確定な要素も含まれる。このため、建築物は計画的な維持保全を行うことを原則とする。さらに、建築物供用中にも状況に見合った維持保全の見直しと実行が常に必要である。

6.4 一般環境地域における標準仕様選択型設計法
6.4.1 総　　　則

> a．建築物は、耐久性の弱点が生じにくいように計画する．
> b．建築物の屋外面は、必要な維持保全が容易に行えるように計画する．

a．RC造建築物の耐久性を確保するためには、耐久性上の弱点を生じにくい建物形状とすることが望ましい。特に不同沈下などによるひび割れの発生を防止するためには、基本設計の段階からエキスパンションジョイントによる建物の分割などにより、ひび割れの発生を制御するなどの処置が必要である。解説図6.4.1にエキスパンションジョイントを設けるとよい箇所の例を示す。また、乾燥収縮などによる耐久性上有害なひび割れの発生を防止するためには、伸縮目地を設けるなどにより、発生する温度応力・収縮応力によるひび割れの発生を制御するなどの処置が必要である。

b．設計耐用年数を100年とし、維持保全を行うことを原則としている。維持保全のための点検

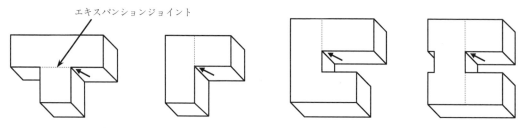

解説図6.4.1 エキスパンションジョイントを設けるとよい箇所の例

や必要な補修を円滑かつ経済的に行うためには，維持管理・維持保全用の足場，ゴンドラなどが建築物の全周にわたって移動できるようにするなど，建物形状における一層の配慮が必要となる．

6.4.2 構造詳細

> a．建築物の規模，形状，地盤などの条件に応じて，構造物の分割，エキスパンションジョイント，誘発目地，ひび割れ補強筋，断熱層などの設置およびこれらの適当な組合せにより有効なひび割れ制御対策を講じる．
> b．耐久性上の許容ひび割れ幅は，0.3 mm とする．
> c．漏水上の許容ひび割れ幅は，常時水圧が作用する部位は 0.05 mm，常時水圧が作用することのない部位は 0.2 mm を目標とする．
> d．部材断面は，鉄筋の交差部，継手，端部の定着部などにおいても所要のかぶり厚さおよび鉄筋相互の間隔が保持され，コンクリートの打込みおよび締固めが円滑に行える寸法とする．
> e．外壁はダブル配筋とし，壁厚は 180 mm 以上とする．また，屋根スラブおよび床スラブの厚さは原則として 180 mm 以上とする．
> f．部材断面を減少させる誘発目地・水切りなどの溝状の部分は，その部分のコンクリートおよび鉄筋が適切に保護されるよう設計・施工および維持保全の仕様を定める．

a．RC造建築物のひび割れを低減し，ひび割れに伴う耐久性の低下を防止するためには，意匠，構造および設備設計にわたる総合的な配慮が必要である．特に構造計画にあたっては建築物の規模・形状・地盤などの条件に応じて，ひび割れ対策上有効な構造物の分割，収縮目地の設置などの積極的な対策を講じる必要がある．RC造建築物に生じるひび割れには，地震・過大荷重・不同沈下などの荷重に起因するもの，温度差・凍結融解・鉄筋の腐食膨張などの外的・物理的要因によるもの，コンクリートの乾燥収縮・水和熱・反応性骨材などのコンクリートの材料的性質に起因するもの，配筋の乱れ・かぶり不足・型枠の早期撤去などの施工に関係するものなど，種々のものがあるが，現在の標準的な構造設計ではひび割れについての検討および対策が必ずしも十分とは言えない．具体的なひび割れ制御対策については，本会「鉄筋コンクリート造建築物の収縮ひび割れ制御設計・施工指針（案）・同解説」（以下，収縮ひび割れ指針）を参照されたい．

b，c．コンクリートのひび割れは，それ自体が構造物の劣化現象であるばかりでなく，他の劣化現象を引き起こす原因にもなる．ひび割れの許容値として，国内・国外の規格・基準類で扱われ

てきた値は，解説表 6.4.1～解説表 6.4.3 に例を示すように，0.1～0.4 mm の範囲にある．解説表 6.4.3 は，アンケートの結果より示されたものである．また，収縮ひび割れ指針では，一般環境下において劣化抵抗性を確保するための許容ひび割れ幅は，屋外では 0.3 mm としている．また，JASS 5.3.8 では，計画供用期間が長期および超長期のコンクリートの特記がない場合には，許容ひび割れ幅を 0.3 mm としている．

解説表 6.4.1 耐久性上からの許容最大ひび割れ幅の例(1)（ACI 224 委員会)[1]

条件	許容最大ひび割れ幅（mm）
乾燥空気中あるいは保護層のある場合	0.40
湿空中・土中	0.30
凍結防止剤に接する場合	0.175
海水・潮風により乾湿の繰返しを受ける場合	0.15
水密構造部材	0.10

解説表 6.4.2 耐久性上からの許容最大ひび割れ幅の例(2)（CEB・FIP 国際指針)[2]

条件	許容最大ひび割れ幅（mm）	
	永久荷重と長期に作用する変動荷重	永久荷重と変動荷重の不利な組合せ
有害な露出条件下の部材	0.1	0.2
保護されていない部材	0.2	0.3
保護されている部材	0.3	美観上のチェック

解説表 6.4.3 補修の要否に関するひび割れ幅の限度[3]

区分	その他の要因*1	環境*2 厳しい	中間	ゆるやか	防水性からみた場合 —
		耐久性からみた場合			
補修を必要とするひび割れ幅（mm）	大	0.4 以上	0.4 以上	0.6 以上	0.2 以上
	中	0.4 以上	0.6 以上	0.8 以上	0.2 以上
	小	0.6 以上	0.8 以上	1.0 以上	0.2 以上
補修を必要としないひび割れ幅（mm）	大	0.1 以下	0.2 以下	0.2 以下	0.05 以下
	中	0.1 以下	0.2 以下	0.2 以下	0.05 以下
	小	0.2 以下	0.3 以下	0.3 以下	0.05 以下

*1：その他の要因（大・中・小）とは，コンクリート構造物の耐久性および防水性の及ぼす有害性の程度を示し．下記の要因の影響を総合的に判断して定める．ひび割れの深さ・パターン，かぶり厚さ，コンクリート表面被覆の有無，材料・調合，打継ぎなど．
*2：主として鉄筋のさびの発生条件の観点からみた環境条件．

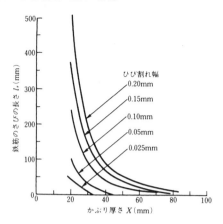

解説図 6.4.2　ひび割れ部分の鉄筋に生じるさびの長さ[4]

　許容ひび割れ幅は，部材の環境条件および仕上げの有無によって異なるが，本指針では RC 造建築物のかなり過酷な環境にさらされた場合を想定して，0.3 mm とした．しかし，解説図 6.4.2 に示すように，かぶり厚さが小さいほど，ひび割れ幅が大きいほど，ひび割れ部の腐食面積が大きくなる．したがって，鉄筋コンクリート部材の表面に発生するひび割れ幅はできるだけ小さくするように設計することが望ましい．ひび割れが外壁に発生した場合には，美観上の障害ばかりでなく漏水の危険も大きい．漏水の発生は水圧の有無に大きく影響されることから，常時水圧が作用する部位では 0.05 mm，常時水圧が作用することのない部位では 0.2 mm を目標とした．これらの許容ひび割れ幅は，維持保全の限界値と考えられ，本章においては許容ひび割れ幅に達しないように計画するか，許容ひび割れ幅に達する前に維持保全を行うように計画する．

　d．RC 造建築物の耐久性の確保にあたっては，適切なかぶり厚さを確保し，密実なコンクリートを打ち込むことが重要である．そのためには部材の設計は，すべての鉄筋について所定のかぶり厚さが確保されるよう，また鉄筋コンクリート部材の各部分にコンクリートを円滑に打ち込み，十分な締固めができ，耐久性上有害な豆板などの打込み欠陥のない構造体コンクリートが得られるように十分考慮して行う．

　部材断面の算定に際しては，かぶり厚さ，鉄筋の交差による位置のずれ，継手の位置などの配筋の詳細を考慮する．特に，鉄筋が密になる柱・梁の接合部については原寸図，模型などによって十分に配筋の状況を検討し，所定のかぶり厚さが確保され，またコンクリートの良好な充填性が得られることを確認して決定する．また，鉄筋の加工・組立て，型枠の組立てなどを標準化して施工精度を高められるよう，部材断面の単純化および標準化を図ることが望ましい．

　柱および梁の断面寸法は，鉄筋の本数，主筋・帯筋およびあばら筋の径，鉄筋の間隔，かぶり厚さなどのほか，加工・組立て方法についても考慮して定める必要がある．特に，柱・梁の接合部では柱筋と梁筋が交差するため，接合部内の梁筋を正規の位置から移動させる必要を生じることがある．解説図 6.4.3 に示すような断面配置とする場合は，柱筋の内部に梁筋を貫通または定着させるために，図の斜線部分の幅を割増して断面設計する必要がある．また，柱・梁接合部の梁折曲げ筋

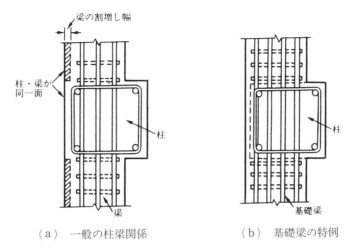

解説図 6.4.3 柱・梁接合部における鉄筋の納まりと梁断面の割増し幅

挿入，小梁・梁接合部の折曲げ筋定着などについても詳細図で検討して柱・梁の断面を決定するのがよい．

 e．壁の配筋で，ダブル配筋とした場合の最小壁厚は，コンクリートの打込みが容易で，かつ棒形振動機の挿入が可能な壁厚として 180 mm 以上が必要である．また，部材の断面厚が大きいほど，かぶり厚さの確保および打込み・締固めが容易となるほか，乾燥収縮を小さくする効果が大きい．

 スラブ厚さも同様に構造計算によるほか，使用する鉄筋径，粗骨材最大寸法，かぶり厚さ，仕上げの有無，埋設設備配管の径，開口部の有無とその補強方法などの条件で定まる．本節では，ひび割れとたわみ防止およびかぶり厚さの確保の観点からスラブ最小厚さを 180 mm とした．過大なたわみ・振動障害などの発生のおそれのある場合は，その条件に応じてスラブ厚さを決定しなければならない．また，最近は，遮音性能の確保を目的として厚さが決まることも多くなってきた．太径の鉄筋を使用する場合およびスラブ内埋設配管の径が大きい場合はスラブ厚さおよび配管交差位置について十分検討しなければならない．

 また，壁やスラブ内への配管の埋設は行わないことを原則とする．

 f．外壁に収縮目地を設ける場合には，断面欠損率を 1/5~1/4 程度以上とすることが望ましいとされており，耐久性上必要とされるかぶり厚さが確保しにくいので，目地底部に対してシーリングなどにより漏水の防止および耐久性の確保を図る必要がある．ただし，その場合でも，建築基準法施行令第 79 条に規定する数値は満足する必要がある．また，目地部のシーリング材等が劣化した場合，補修・交換の必要が生じるので，あらかじめ維持保全の計画を定めておくのが望ましい．

 庇やバルコニーの下端の水切などは通常シールをしないことから，下端筋のかぶり厚さが確保できない場合は，欠損深さ分，部材断面をふかすなどの検討を行う．

6.4.3 配筋設計

> 配筋設計では，鉄筋の交差，継手，定着，フック，折曲げ部分などを考慮して，所定のかぶり厚さを確保するよう行う．

　ここでいう配筋設計とは，施工にあたって諸条件を考慮しつつ，断面算定に基づいて配筋の決定，設計図書の作成および施工図の作成を行うことをいう．現状のRC造建築物の設計・施工においては，RC構造計算規準に基づいて構造設計を行い，JASS 5によって施工するのが一般的であるが，実施工における鉄筋コンクリート工事の実状をみると，鉄筋の加工・組立てについては，構造設計で意図したとおりに行われていない場合も多く，配筋の精度不足によってかぶり厚さの不足や打込み欠陥を生じて，建築物の耐久性を低下させている事例も少なくない．この原因として，JASS 5の鉄筋の加工・組立てに関する仕様が必ずしも守られていないことや，施工技術が不十分であることが考えられるが，配筋設計時点で鉄筋の加工・組立て・納まりなどについての配慮が欠けていることによる場合も多いと考えられる．

　したがって，配筋設計は部材断面，鉄筋の寸法，鉄筋の交差による位置のずれ，継手の位置・方法などを考慮して，配筋が物理的に可能であり，所定のかぶり厚さが確保され，またコンクリートの打込みに際して十分な充填性が確保されるように行わなければならない．

6.4.4 かぶり厚さ

> 一般環境地域における設計かぶり厚さは，表6.1による．

表6.1　一般環境地域における設計かぶり厚さ（mm）

設計耐用年数				100年
土または水に接しない	床スラブ 屋根スラブ 非耐力壁	屋内		30
		屋外	仕上げあり	30
			仕上げなし	40
	柱 梁 耐力壁	屋内		40
		屋外	仕上げあり	40
			仕上げなし	50
土または水に接する	土または水に接する柱・梁・床スラブ・耐力壁			50
	基礎・擁壁			70

［注］「仕上げあり」は，コンクリートに密着する耐久性上有効な仕上材を原則とする．

鉄筋のかぶり厚さとは，鉄筋の表面と鉄筋を被覆するコンクリートの表面までの最短距離をいう．基礎においては，捨てコンクリートはかぶり厚さに算入しない．設計かぶり厚さとは，設計図書に示された最小かぶり厚さが確保されるように，施工誤差等を考慮して最小かぶり厚さに施工精度に応じた割増しを加えたかぶり厚さである．鉄筋のかぶり厚さによってコンクリート中の鉄筋の腐食が大きく影響されるため，設計におけるかぶり厚さの適切な設定と施工におけるかぶり厚さの精度の確保は RC 造建築物の耐久性確保のうえで重要な項目の一つとなる．

なお，設計耐用年数 65 年および 200 年の建築物では，設計かぶり厚さは解説表 6.4.4 のようになる．また，塩害環境地域における設計かぶり厚さは表 6.2 による．

設計耐用年数 100 年までについては，耐久性上有効な仕上材を施した場合，「床スラブ，屋根スラブ，非耐力壁」の屋外での設計かぶり厚さを 40 mm から 30 mm に，「柱，梁，耐力壁」の屋外での設計かぶり厚さを 50 mm から 40 mm に減じることができる．仕上塗材の中性化進行については中性化抵抗 R を用いて(解 5.2.23)式で表される．例えば，水セメント比 50% の材齢 100 年時のコンクリートの中性化に対して 10 mm 減じることができる中性化抵抗を求めると，解説図 6.4.4 に示すように $R=3.7\sqrt{年}$ となる．ここで，水セメント比と $R=3.7\sqrt{年}$ を用いた材齢 100 年時の中性化深さの関係を解説図 6.4.5 に示す．水セメント比が 50% より小さくなると，$R=3.7\sqrt{年}$ を用いた場合では仕上げなしとの中性化深さの差が 10 mm より小さくなる．しかしながら，水セメント比が小さくなると，仕上げなしコンクリートの中性化深さも小さくなり，$R=3.7\sqrt{年}$ を用いたときの中性化深さも同じ比率で小さくなるので，中性化抵抗 $R=3.7\sqrt{年}$ 以上を目安とした仕上材の選定を条件に，表 6.1 に示す「仕上げあり」の設計かぶり厚さを適用できると考えられる．

解説図 6.4.6 は仕上塗材を施したコンクリートの屋外暴露 10 年の中性化測定結果より求められた各仕上塗材の中性化抵抗を示したものである．これによれば，JIS A 6909（建築用仕上塗材）に規定する，複層塗材 E，防水形複層塗材 E の多くが $R=3.7\sqrt{年}$ 以上であり，耐久性状有効な仕上材であると考えられる．解説図 6.4.7 は文献調査に基づいた暴露年数と仕上塗材の中性化抵抗の関係を示したものである．同様に，複層塗材 E，防水形複層塗材 E が耐久性状有効な仕上材であると考

解説表 6.4.4 一般環境地域における設計耐用年数 65 年および 200 年の設計かぶり厚さ（mm）

設計耐用年数				65 年	200 年
土または水に接しない	床スラブ 屋根スラブ 非耐力壁	屋内		30	40
		屋外	仕上げあり	30	50
			仕上げなし	40	
	柱 梁 耐力壁	屋内		40	40
		屋外	仕上げあり	40	50
			仕上げなし	50	
土または水に接する	土または水に接する柱・梁・床スラブ・耐力壁			50	
	基礎・擁壁			70	

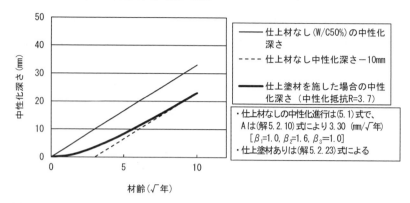

解説図 6.4.4 水セメント比 50%のコンクリートに仕上塗材を施した場合の中性化進行

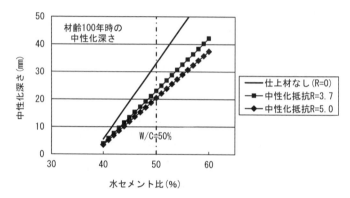

解説図 6.4.5 水セメント比と材齢 100 年時のコンクリートの中性化深さ

えられる．ただし，解説図 6.4.6 からは，同じ塗材種類でもトップコートの違いにより中性化抵抗が異なること，解説図 6.4.7 からは中性化抵抗が経年により低下することがうかがえるため，仕上塗材を用いてかぶり厚さを減じる場合は，膜厚の比較的大きい複層仕上塗材 E もしくは防水形複層仕上塗材 E を選定し，仕上塗材の耐用年数に応じた塗替えを行うことが条件となる．また，塗布量などの塗付け作業の管理も重要であり，JASS 23「吹付け工事」に準拠した工事管理が必要である．

解説図 6.4.4 に示した仕上材を施したコンクリートの中性化深さについて，仕上材のないコンクリートの中性化深さに対する比（中性化率）を解説図 6.4.8 に示す．材齢経過とともに中性化率は徐々に大きくなっていることがわかる．材齢 10 年を一つの目安とした場合，その時の中性化率は 0.4 程度となる．解説表 6.4.5 は既往の文献調査と実態調査に基づいて，仕上材を施したコンクリートの中性化率を示したもので，耐久性上有効な仕上材選定の目安になると考えられる．JIS A 6021 に規定される塗膜防水材についても高い中性化抑制効果が期待される．

解説図 6.4.9 は，付録 2 に示すトレント法で測定された透気係数と中性化率を比較したものである．その他の仕上げについては，透気係数が $0.1 \times 10^{-16} \mathrm{m}^2$ 以下であれば中性化抑制効果は高いと判断できる．

また，タイル張りではコンクリートの不陸調整に用いる下地調整用の塗材の材料品質および施工

記号	種別	仕上塗材種類	下地 W/C (%)	中性化抵抗 R^* ($year^{0.5}$)
1	新設仕様	複層仕上塗材E（TP：溶剤形アクリル）	60	9.09
2		複層仕上塗材E（TP：溶剤形2液ウレタン）	60	∞
3		防水形薄塗材E	60	7.37
4		防水複層仕上塗材E（TP：溶剤形2液弾性ウレタン）	60, 40	8.82
5		薄塗材E	60, 40	0.16
6	改修仕様	仕様1＋非セメント系水性下地調整材～水性1液ウレタン	60	4.16
7		仕様1＋非セメント系水性下地調整材～水性1液シリコン	60	9.05
8		仕様1＋非セメント系水性下地調整材～溶剤形2液ウレタン	60	5.35
9		仕様1＋防水形薄塗材E	60	12.37
10		仕様1＋防水複層仕上塗材E（TP：溶剤形2液弾性ウレタン）	60	7.69

［注］ TP：トップコート ＊：促進中性化試験から算出

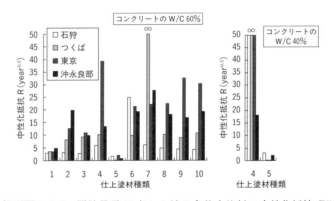

解説図6.4.6 屋外暴露10年における各仕上塗材の中性化抵抗 R [5)]

法によっては，解説図6.4.10に示すように中性化抑制効果にばらつきが生じると報告されているものの，かぶり厚さを10mm減じる程度の中性化抑制効果が確認されており[9)]，「耐久性上有効な仕上材」といえる．

モルタル塗りについても，解説図6.4.11に示すように，モルタルの種類により効果は異なるものの，かぶり厚さを10mm減じる程度の中性化抑制効果が確認されている[10)]．ただし，塗厚さの薄いものや，材料種類によっては10mm減じるまでの効果が得られないものもあるため[11)]，「耐久性上有効な仕上材」として評価できるモルタルは，かぶり厚さを10mm減じる中性化抑制効果を有することが試験，もしくは信頼できる資料により確認された材料および施工条件によって施されたものに限られる．

いずれの仕上材についても，コンクリートに仕上材が密着していることで，中性化抑制効果が得られるため，仕上材によってかぶり厚さを減じる場合，仕上材の剥離が生じないよう維持管理が重要である．

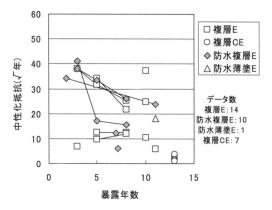

解説図 6.4.7 暴露年数と中性化抵抗の関係[6]

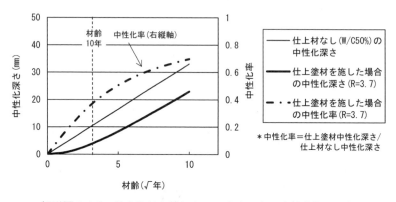

解説図 6.4.8 仕上塗材を施したコンクリートの中性化深さの比

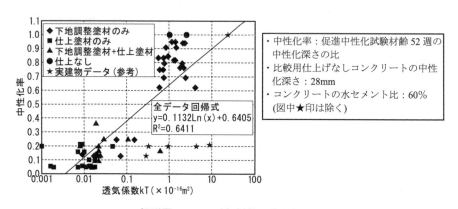

解説図 6.4.9 透気係数と中性化率[8]

解説表 6.4.5　各種仕上材の中性化率[7]

分類	分類別中性化率	仕上げの種類	種類別中性化率
複層塗材	0.32	複層塗材 E	0.22
		複層塗材 RE	0.30
		防水形複層塗材 E	0.40*
		防水形複層塗材 RE	0.08
		可とう形複層塗材 CE	0.00
		防水形複層塗材 RS	0.00
薄付け仕上塗材	1.02	外装薄塗材 E	1.02
		可とう形外装薄塗材 E	0.86
		防水形外装薄塗材 E	0.68
厚付け仕上塗材	0.35	外装厚塗材 C	0.31
		外装厚塗材 E	0.35
塗膜防水材	0.10	アクリルウレタン系	0.00
		アクリルゴム系	0.12*
		アクリル系	0.32*
		ウレタンゴム系	0.00
		外装塗膜防水材	0.09
		ウレタン系	0.00
塗料	0.81	エナメル塗り	0.12
		エマルションペイント塗り	0.64
		ワニス塗り	0.81
下地調整塗材	0.87	セメント系 C-1	0.61
		セメント系厚塗材 CM-1, 2	0.87
		合成樹脂エマルション系 E	0.29

［注1］：表中の数字は中性化率の最大値を示す．
［注2］：種類別中性化率のうち，分類別中性化率で外れ値となったものには，＊を付けた．
［注3］：防水形複層塗材 E は，促進試験で所定の1/2の厚さで試験したものもあるため，安全側の数値である．

試験体名	仕上材大分類	仕上材中分類	仕様
C1	なし	なし	コンクリート打放し
T1	タイル	吸水率I類 (95×45 mm)	下地無：モルタル後張り
T2			下地M8有：モルタル後張り
T3			下地無：接着剤後張り
T4		吸水率II類 (108×60 mm)	下地無：モルタル後張り
T5			下地M8有り：モルタル後張り

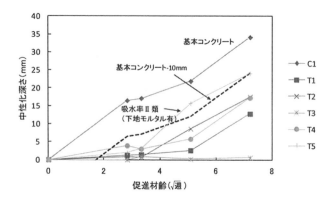

解説図 6.4.10　タイル張りコンクリートの促進中性化試験結果[9]

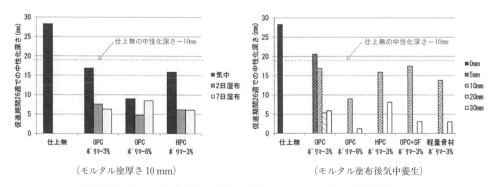

（モルタル塗厚さ10 mm）　　　　　　　　（モルタル塗布後気中養生）

解説図 6.4.11　促進材齢26週におけるコンクリートの中性化深さ[10]

6.4.5　コンクリートの品質

a．コンクリートは，所要のワーカビリティーおよび強度を有するものとする．
b．コンクリートの種類は，普通コンクリートを原則とする．
c．コンクリートの設計基準強度は，構造設計図書による．
d．コンクリートの耐久設計基準強度は，30 N/mm²を標準とする．

> e．コンクリートの品質基準強度の定め方は，JASS 5による．
> f．コンクリートの乾燥収縮率は，8×10^{-4}以下とする．
> g．コンクリート中に含まれる塩化物イオン量は，$0.30\,\text{kg/m}^3$以下とする．
> h．コンクリートは，アルカリシリカ反応による膨張ひび割れを生じるおそれのないものとし，次の①～③のうち，少なくともいずれかを満足するものとする．また，①～③によらない場合は，実際のコンクリート調合により適切な試験を行って，有害な膨張を生じないことを確認する．
> 　① コンクリート中のアルカリ総量の規制
> 　② 抑制効果のある混合セメント等の使用
> 　③ 安全と認められる骨材の使用

a．RC造建築物に使用されるコンクリートに要求される品質の基本は，施工に際して適切なワーカビリティーを有すること，および所定の材齢で必要な強度を発現することである．

建築用コンクリートには，土木用コンクリートと比較してスランプの大きい軟練りのコンクリートが多く用いられてきた．これは，部材断面が小さく配筋が密であるため，ある程度スランプを大きくしないと施工が困難な場合が多いからである．スランプの大きいコンクリートは単位水量が多いことにつながり，耐久性が劣ると考えられてきたが，現在では呼び強度33程度でも従来のAE減水剤より減水率の高いAE減水剤あるいは高性能AE減水剤を使用するため，単位水量を増加せずにスランプを自由に設定できる．しかし，セメントなどの粉体量が少ないコンクリートでスランプを大きくした場合は，材料分離を起こしたり，ブリーディングが増加して部材の上下方向でのコンクリートの強度のばらつきを助長したりする．

そこで，信頼できる資料によるか事前の試し練りによって，調合を検討することが重要である．

b．コンクリートは，使用する骨材の種類によって普通コンクリート，軽量コンクリートおよび重量コンクリートに分類できる．本指針では，使用できるコンクリートの種類は，設計耐用年数が100年の場合は普通コンクリートとし，設計耐用年数が65年の場合は普通コンクリートおよび軽量コンクリート1種，軽量コンクリート2種とする．なお，重量コンクリートでは遮蔽用コンクリートなど特殊なコンクリートに用いる．軽量コンクリートは吸水率が大きく，吸水によって耐久性が低下するおそれがあることから，土または水に直接接する部分には用いないことが望ましい．また，土または水に直接接する部分とは，建築物では基礎や地下部分となり，特に軽量コンクリートを用いて軽量化を図る必要が少ないと考えられる．

c, d．コンクリートの設計基準強度は設計図書による．しかし，耐久性の観点からコンクリート強度の限度を設け，耐久設計基準強度とする考え方が1997年版JASS 5から採用された．

コンクリートの耐久性に関わる性能のうち，中性化，表面劣化，塩化物イオンの浸透，鉄筋腐食などに対する抵抗性は，コンクリートの水セメント比に支配されるところが大きい．そのため，耐久性の観点から水セメント比の最大値が設定されることが多い．しかし，本項は塩害地域や凍害地域を除く一般環境下ではJASS 5と同様に耐久設計基準強度を定めることとした．

JASS 5では，計画供用期間の級を1997年版では一般，標準，長期としていたが，2009年版ではこれを改め短期，標準，長期，超長期とし，以下のとおり定めている．

1）短期（計画供用期間としておよそ30年）

2）標準（計画供用期間としておよそ65年）

3）長期（計画供用期間としておよそ100年）

4）超長期（計画供用期間としておよそ200年）

の4水準とし，それぞれの耐久設計基準強度を計画供用期間の級に応じて

1）短期が 18 N/mm²

2）標準が 24 N/mm²

3）長期が 30 N/mm²

4）超長期が 36 N/mm²

としている．

本指針において，設計耐用年数とは2.1.eに示すようにその年数に達するまで維持管理・維持保全を行い，大規模な修繕を必要としない期間であることから，JASS 5の計画供用期間をあてはめ，設計耐用年数が100年の場合，耐久設計基準強度は30 N/mm²とした．なお，JASS 5では設計耐用年数が200年の場合，耐久設計基準強度は36 N/mm²であり，かぶり厚さを10 mm加えることで耐久設計基準強度を30 N/mm²とすることができるとしている．

以下に，ここで示す耐久設計基準強度の導出過程を示す．

一般に，かぶり厚さ，かぶり厚さのばらつき，限界中性化深さ，中性化深さの変動係数が定まると，所要の中性化速度係数は計算によって決定される．所要の中性化速度係数が定まると，これを一般環境における環境条件を想定して強度を導出することが可能である．これまで以下のような方法が採られて来た．

（1）所要の中性化速度から水セメント比を求め，水セメント比を介して所要の強度を求める方法．1997年版JASS 5では，和泉式を基本とする中性化予測式から水セメント比を求め，実際の生コンの出荷実績調査に基づく水セメント比と呼び強度の関係から，所要の強度が求められた．

（2）中性化速度係数と強度の関係をあらかじめ求め，直接的に強度を導出する方法．2009年版JASS 5では，標準養生した試験体の28日強度と実暴露に基づく中性化速度との関係式（長谷川式）を導入し，直接所要の28日強度を導出している．本手法は，実工事で想定される標準水中養生した試験体の強度管理による品質管理手法との親和性が高いと考えられる．

本指針では，改めて(2)の立場を採るものとして，改めて各耐久設計基準強度を採用した．

e．コンクリートの品質基準強度は，JASS 5.3.4「設計基準強度および耐久設計基準強度」に準じて，設計基準強度または耐久設計基準強度の大きい方の値とする．なお，JASS 5においては，コンクリートの品質基準強度は，設計基準強度および耐久設計基準強度以上の値として特記によると定めており，特記がない場合において，設計基準強度または耐久設計基準強度の大きい方の値とすることと定めている．

なお，品質基準強度は，1997年版JASS 5において導入された概念であり，構造体コンクリートの強度が，設計基準強度および耐久設計基準強度を確保するために必要なコンクリートの品質の基

準値として定められる強度である．1997年版JASS 5では現場水中養生した供試体の圧縮強度で表すこととして，現場水中養生供試体の強度発現と構造体におけるコンクリートの強度発現，すなわちコア供試体の圧縮強度の発現との差を考慮して，いわゆるΔFを設計基準強度および耐久設計基準強度に加えることとしており，前耐久設計指針もこれに従っていた．しかしながら，2009年に改定されたJASS 5では，構造体コンクリートの強度をコア供試体の強度で表すこととしたため，ΔFの補正は不要となり，設計基準強度および耐久設計基準強度の大きい方の値を品質基準強度と定めることとしており，本指針もこれに従った．これに伴う耐久設計基準強度の算定方法の変遷はd項で解説したとおりである．

　f．収縮ひび割れ指針では，一般的な建築物においては乾燥収縮率800×10^{-6}以下とすることによって有害なひび割れが発生しないレベルにほぼ制御できるとしており，解析による根拠を示していることから，乾燥収縮率の上限として定めた．なお，JASS 5においては，乾燥収縮率の定義を「材齢7日まで標準養生した$100 \times 100 \times 400$ mmのコンクリート供試体を温度20 ± 2 ℃，相対湿度60 ± 5％の条件下で6か月間乾燥させた場合の長さ変化率で，長さ変化率はJIS A 1129によって求める」としており，本指針でもそれに従うものとする．

　g．コンクリート中に有害量の塩化物が含まれる場合には，コンクリートが中性化していなくても鉄筋は腐食し，コンクリートが鉄筋の位置まで中性化すると腐食の進行はさらに速くなる．一般にコンクリート中の鉄筋の腐食速度は，解説図6.4.12に示すようにコンクリート中の塩化物量に比例する．そこで，本指針ではJASS 5.3.9に従って，コンクリート中に含まれる塩化物イオン量は0.30 kg/m³以下とした．

　h．平成14年国土交通省通達において，国土交通省が建設する構造物に使用されるコンクリートおよびコンクリート製品については，アルカリ骨材反応を抑制するために，次の3つの対策の中のいずれか一つについて確認をとらなければならないとしている．また，JIS A 5308（レディーミクストコンクリート）附属書B（アルカリシリカ反応抑制対策の方法）においても同様の対策が規定されており，新設の建築物ではASRによる劣化は，ほぼ見られなくなっている．

　① コンクリート中のアルカリ総量の規制
　② 抑制効果のある混合セメント等の使用
　③ 安全と認められる骨材の使用

しかし，環境条件の厳しい土木分野を中心に①〜③の対策では必ずしも十分でないとする意見も多く，次のような問題点が指摘されている．

1）コンクリート中のアルカリ総量の規制

コンクリート中のアルカリ総量に対しては，JIS A 5308の附属書B中の「B.3 コンクリート中のアルカリ総量を規制する抑制対策の方法」として，全アルカリ量が明らかなポルトランドセメントまたは普通エコセメントを使用し，コンクリート中のアルカリ総量が3.0 kg/m³以下になることを確認すると定められている．実験報告の一例として単位アルカリ量とコンクリートバー膨張量の関係を解説図6.4.13に示す[13]．この実験結果では，コンクリート中のアルカリ量3.0 kg/m³以下では膨張が発生していないことがわかる．ただし，アルカリ量の限界値は反応性骨材の種類および含

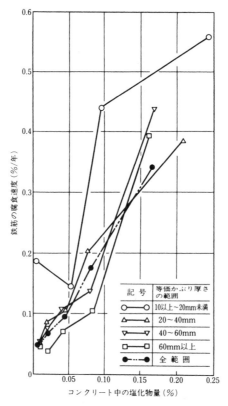

解説図 6.4.12 コンクリート中の塩化物量と鉄筋腐食速度の関係[12]

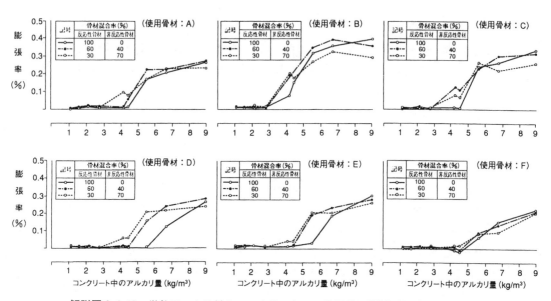

解説図 6.4.13 単位アルカリ量とコンクリートバー膨張量の関係（材齢 18 か月）[13]

解説表 6.4.6 英国における骨材の ASR 反応性の分類[14]

Low reactivity[A]		Normal reactivity	High reactivity	Extreme reactivity
安山岩	石灰岩[B]	他の列に記載されていない岩種	硬質砂岩砕石[C]	ホウケイ酸ガラス
玄武岩	マーブル		硬質砂岩種の砕石（砂岩，シルト岩，泥岩）[C]	
閃緑岩	微花崗岩			オパール[D]
粗粒玄武岩	片岩			オパールシリカ
苦灰岩	粘板岩		上記の成分を含む	
斑レイ岩	閃長岩		コンクリート再生骨材	煆焼燧石
片麻岩	粗面岩			
花崗岩[A]	凝灰岩		瓶や板ガラス	
空冷高炉スラグ				
膨張粘土/頁岩/粘板岩			再生骨材[E]	
焼結フライアッシュ				

A) 部分的に変質した長石の成分を含むもの（例えば，ある種の花崗岩）を除く
B) 英国には異常な膨張を示す石灰岩質堆積岩があるが，特定の局所的な地質に限られる
C) ある種の砂や砂利の堆積岩では，この必要条件はあてはまらない（砂や砂利が破砕されない場合）
D) 英国骨材では稀だが，骨材組織中に分散していることがあるので，gel-pat test を行って存在を確認すること（BS 7943 参照）
E) Low reactivity および normal reactivity 骨材を含むことが明確な再生骨材を除く

有量によって異なる点に注意が必要である．

　一方，BS EN 規格では，使用実績をもとに，骨材の反応性を岩石の種類によって，解説表 6.4.6 のように 4 つに分類し，反応性に応じてアルカリ量の限界値を定めている[14]．Low reactivity については 5.0 kg/m³ 以下，Normal reactivity で 3.5 kg/m³ 以下，High reactivity で 2.5 kg/m³ 以下としている（High reactivity aggregate に関しては試験結果に応じて，更に詳細な規定あり）．英国では，我が国のように反応性について単純に「無害」と「無害でない」という区別をしていない点に特徴があり，ASR 抑制対策として 3.0 kg/m³ 以下では不十分な骨材があることにも配慮している．

　我が国でも，現在の 3.0 kg/m³ という規制では，対策として十分でない可能性が指摘されており[15]，アルカリ総量規制で反応抑制対策を実施する際には，反応性骨材の特性を把握することが必要と考えられる．極めて反応性の高い骨材を使う場合や骨材自体からのアルカリ溶出が多い場合に注意が必要となるため，骨材の実績に関して十分な情報を集めておくことが肝要である．また，外部からのアルカリの供給が予想される場合には，アルカリ総量規制による対策だけでは不十分である．

　2）抑制効果のある混合セメント等の使用

　抑制効果のある混合セメント等の使用に対しては，JIS A 5308 の附属書 B 中の「B.4　アルカリシリカ反応抑制効果のある混合セメントなどを使用する抑制対策の方法」として，「JIS R 5211 に適合する高炉セメント B 種若しくは高炉セメント C 種，または JIS R 5213 に適合するフライアッシュセメント B 種若しくはフライアッシュセメント C 種を用いる．ただし，高炉セメント B 種の高炉スラグの分量（質量分率%）は 40% 以上，フライアッシュセメント B 種のフライアッシュの分量

(質量分率%)は15%以上でなくてはならない．高炉スラグ微粉末またはフライアッシュを混和材として使用する場合は，アルカリシリカ反応抑制効果があると確認された単位量を使用する」と定められている．また，JASS 5.3.9解説では，「アルカリ骨材反応抑制対策に関する指針について」（建設省住指発244号，平成元年7月）を引用し，「JIS R 5211（高炉セメント）に規定された高炉セメントB種（ベースセメントのアルカリ量が0.80%以下の場合はスラグ混合比40%以上，その他の場合は50%以上）もしくはC種またはJIS R 5203（フライアッシュセメント）に規定されたフライアッシュセメントB種（ベースセメントのアルカリ量が0.8%以下の場合で，フライアッシュ混合比15%以上，その他の場合は20%以上）もしくはC種を使用する」としている．

一方，BS EN規格では，解説表3.5.3に示したように，混和材料に含まれるアルカリ量の換算方法を規定し，アルカリ総量との組合せで，高炉スラグ微粉末やフライアッシュのASR抑制効果を対策に組み込んでいる．したがって，岩石の種類がNormal reactivity aggregateに該当する場合には，High reactivity aggregateに該当する場合より，高炉スラグ微粉末やフライアッシュの混合比は少なくてよいことになる．他方，岩石の種類がHigh reactivity aggregateに該当する場合には，高炉スラグ微粉末やフライアッシュの混合比が少ないと，岩石の種類によっては抑制対策としては十分ではない可能性を生じる．つまり，アルカリ総量が多い場合や骨材の反応性が高い場合には，高炉スラグ微粉末やフライアッシュの混合比を高める必要があるものと考えられる．

3）安全と認められる骨材の使用

安全と認められる骨材の使用に対しては，JIS A 5308の附属書B中の「B.5 安全と認められる骨材を使用する抑制対策の方法」として，「区分Aの骨材を使用する」と定められている．つまり，JIS A 1145（骨材のアルカリシリカ反応性試験方法（化学法））またはJIS A 1146（骨材のアルカリシリカ反応性試験方法（モルタルバー法））によって，'無害'と判定された骨材は基本的には安全に使用できると考えられている．しかしながら，これらの試験方法の限界に言及する報告は多い[例えば15),16),17)]．

＜化学法（JIS A 1145)＞

この試験方法は骨材を破砕し，0.15〜0.30 mmに粒度調整し，アルカリと反応させ，溶出するシリカ量と消費されるアルカリ量の関係を，モルタルバーによる試験結果と照らして判定する手法であり，判定の閾値に理論的な根拠があるわけではない．解説図6.4.14に示すような国内骨材の化学法とモルタルバー法の関係をもとに，日本では1989年に現在のように簡略化され，S_cが10 mmol/ℓ以上でR_cが700 mmol/ℓ未満の時，S_cがR_c以上となる場合，この骨材を「無害でない」と判定し，それ以外の場合を「無害」と判定するものである．

JIS A 1145のベースとされているASTM C 289では，岩石学的岩種判定が前提となっており，元々は適用範囲が存在する．泥質砂岩や微細石英を含む岩石，炭酸岩鉱物や蛇紋石など高Mg珪酸塩鉱物を含む場合には，適切な結果が得られない（粘土鉱物・炭酸カルシウム・酸化鉄などを含む場合には適用すべきでない）．また，河川産の骨材のように多種の岩石が混在する骨材や，同じ砕石鉱山の同じ箇所から採取した骨材であっても試験結果がばらつき，S_cとR_cがともに小さく，判定境界線付近にあるものは，化学法のみによる評価判定は困難である．

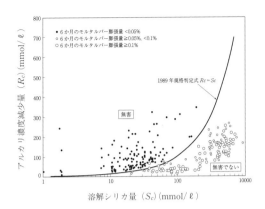

解説図 6.4.14 国内骨材の化学法とモルタルバー法の関係（JIS 解説図）

<モルタルバー法（JIS A 1146）>

JIS A 1146 ではアルカリ量をセメント質量の 1.2% に調整して，モルタルを練り混ぜ，40 ℃ 相対湿度 95% 以上で 6 か月間養生し，膨張量が 0.1% 以下の場合を無害としている．なお，この試験方法のベースとなった ASTM C 227 では，アルカリ量は統計的に最大のアルカリ量とし，12 か月以降も必要に応じて試験することとなっている．

養生中に試験体から比較的多くのアルカリが漏出することや，反応に携わるアルカリが添加時のアルカリに限定されていることが問題として指摘されている．したがって，モルタルバー法は外部からアルカリが継続して供給される厳しい環境下での供用が前提となる場合には適さない．なお，ペシマム量が存在する場合には，モルタルバー法による結果が「無害」であっても，「有害」なものもあり，骨材試料混合率を，例えば 25%，50%，75%，100% と変えて検討すべきとの意見もある．

また，アルカリの消費・流出によって 2 か月程度で膨張が収束する傾向が認められるケースが多いこともあり，3 か月で長さ変化率が 0.05% に満たなければ，6 か月の長さ変化率は概ね 0.10% 以下になるとされる一方で，遅延膨張性骨材の検出には限界があることも指摘されている．例えば，解説図 6.4.15 はモルタルバー法による試験結果の例[18]であり，6 か月後の膨張率は全て 0.10% であるが，6 か月以降も膨張が継続する骨材に関しても無害として扱ってよいかという議論である．

<JR 東日本の独自規格>

JR 東日本では，JIS A 5308 による抑制対策を行っていたにも関わらず，ASR による被害を生じた構造物があったことから，現状の対策では不十分として，独自の基準を定めている[16),18]．日本では，化学法とモルタルバー法が広く普及しているので，試験の手順は同一として，反応性について 3 つに区分している．概要を解説図 6.4.16〜解説図 6.4.18 に示す．

膨張が 6 か月以降も継続すると考えられる骨材は，「E 有害」〔解説図 6.4.16 中図 (d)〕，もしくは「準有害」〔解説図 6.4.16 右図〕としている．また，解説図 6.4.18 に示すように，化学法の結果の区分に関しても見直しを行っている．

さらに，骨材の ASR 判定区分に対応した抑制対策は解説表 6.4.7 のとおりであり，「E 有害」に

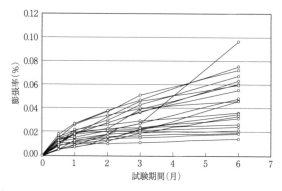

解説図 6.4.15　モルタルバー法による骨材試験結果の例[18]

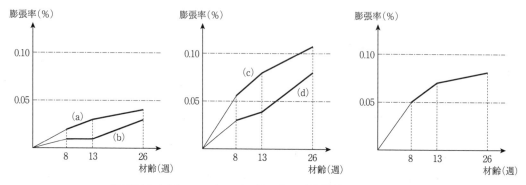

解説図 6.4.16　モルタルバー法による試験結果のパターン[18]
（左図：E 無害，中図：E 有害，右図：準有害）

骨材区分	判定規準
「E 有害」骨材	膨張率が 26 週で 0.10％以上，もしくは膨張率が 26 週で 0.05％以上～0.10％未満であっても 13 週から 26 週までの膨張の増加割合が 8 週から 13 週までの増加割合に対し大きい骨材
「準有害」骨材	膨張率が 26 週で 0.05％以上～0.10％未満かつ 13 週から 26 週までの膨張の増加割合が 8 週から 13 週までの膨張の増加割合に対し小さい骨材
「E 無害」骨材	膨張率が 26 週で 0.05％未満の骨材

解説図 6.4.17　モルタルバー法による骨材区分[18]

　ついてはアルカリ総量による対策をあきらめたこと，「準有害」についてはアルカリ総量の上限を 2.2 kg/m³ としたことに特徴がある．

　上記 1）～3）の抑制対策の問題点を踏まえ，設計耐用年数が 100 年以上の場合のコンクリートの条件として，次の①～③のいずれかを満たすことを，本指針では提案する．

　　①コンクリート中のアルカリ総量の規制による場合：2.5 kg/m³ 以下
　　②抑制効果のある混合セメント等の使用による場合（地下構造物に限る）

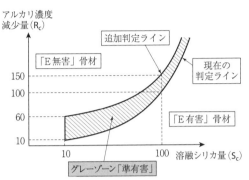

骨材区分	判定規準
「E 有害」骨材	溶融シリカ量(S_c)≧10 mmmol/ℓ かつアルカリ濃度減少量(R_c)<700 mmol/ℓのとき，アルカリ濃度減少量(R_c)が溶融シリカ量(S_c)以下となる骨材（(R_c)≦(S_c) である骨材）
「準有害」骨材	溶融シリカ量(S_c)≧10 mmmol/ℓ かつアルカリ濃度減少量(R_c)<700 mmol/ℓのとき，アルカリ濃度減少量(R_c)が溶融シリカ量(S_c)より大きく，かつ溶融シリカ量(S_c)に50を加えた値(S_c+50)以下となる骨材（(S_c)<(R_c)≦(S_c+50) である骨材）
「E 無害」骨材	溶融シリカ量(S_c)≧10 mmmol/ℓ かつアルカリ濃度減少量(R_c)<700 mmol/ℓのとき，アルカリ濃度減少量(R_c)が溶融シリカ量(S_c)に50を加えた値(S_c+50)より大きい骨材（(S_c+50)<(R_c) である骨材）

解説図 6.4.18 化学法による骨材区分[18]

解説表 6.4.7 JR 東日本における ASR 抑制対策[18]

骨材の ASR 判定区分	対策
E 有害	混合セメント等による対策
準有害	アルカリ総量を 2.2 kg/m³ に規制する対策もしくは混合セメント等による対策
E 無害	無対策

・フライアッシュ利用の場合　フライアッシュの分量（質量分率%）は 20% 以上
・高炉スラグ微粉末利用の場合　高炉スラグの分量（質量分率%）は 50% 以上
③安全と認められる骨材の使用による場合：
　モルタルバー法（JIS A 1146）による 6 か月後の長さ変化率が 0.50% 以下
　なお，実際のコンクリート調合によって試験を行う方法として，JASS 5 N T-603（コンクリートの反応性試験方法）がある．この方法の最大の特徴は，添加アルカリ量を振って反応性を評価している点にあり，優れた試験方法と考えられる．一方，遅延膨張性の検討が現在のアルカリ量と期間で十分かという指摘があり，アルカリ添加量と試験期間の条件を厳しくした JCI AAR 3 の修正案が提案されている[19]．解説表 6.4.8 に JASS 5 N T-603 と JCI AAR 3（修正案）の比較を示す．

解説表6.4.8 JASS 5 N T-603 と JCI AAR 3（修正案）の試験条件および判定の比較

試験方法	JASS 5 N T-603		JCI AAR 3（修正案）			
アルカリ量	1.2, 1.8, 2.4 kg/m³		5.50 kg/m³			
養生条件	温度40±2℃の湿潤環境下					
試験期間	6か月		12か月		24か月*	
判定基準	供試体3本の平均膨張率が，いずれのアルカリ添加量においても0.1％未満 供試体3本の平均膨張率が0.1％になる時のアルカリ添加量を推定し，推進値が−1.2 kg/m³以下，または+3.0 kg/m³以上		供試体3本の平均膨張率が0.040％未満か，0.040％以上かで判定			
判定	1）および2）の両方を満足する場合	1）および2）のどちらか一方でも満足しない場合	0.040％未満	0.040％以上	0.040％未満	0.040％以上
	反応性なし	反応性あり	膨張性なし	膨張性あり	抑制効果あり	抑制効果なし

［注］＊：混和剤と骨材の組合せによるコンクリートのASRによる膨張の抑制効果を確認する場合

6.4.6 コンクリートの材料および鉄筋

> a．セメントは，JIS A 5210（ポルトランドセメント），JIS R 5211（高炉セメント）およびJIS R 5213（フライアッシュセメント）のA種に適合するものとする．ただし，地下構造物にはJIS R 5211（高炉セメント）およびJIS R 5213（フライアッシュセメント）に適合する混合セメントを用いてよい．
>
> b．骨材は，JIS A 5308（レディーミクストコンクリート）の附属書A（レディーミクストコンクリート用骨材）に適合するものとし，粗骨材は乾燥収縮の小さいものを選ぶ．なお，回収骨材は除く．
>
> c．水は，JIS A 5308（レディーミクストコンクリート）の附属書C（レディーミクストコンクリートの練混ぜに用いる水）に適合するものとする．ただし，回収水は用いない．
>
> d．AE剤，減水剤，AE減水剤，高性能減水剤，高性能AE減水剤および流動化剤は，JIS A 6204（コンクリート用化学混和剤）に，収縮低減剤はJASS 5 M-402（コンクリート用収縮低減剤の性能判定基準）に，防せい剤はJIS A 6205（鉄筋コンクリート用防せい剤）に適合するものとする．
>
> e．フライアッシュ，高炉スラグ微粉末およびシリカフュームは，それぞれJIS A 6201（コンクリート用フライアッシュ），JIS A 6206（コンクリート用高炉スラグ微粉末）およびJIS A 6207（コンクリート用シリカフューム）に，膨張材はJIS A 6202（コンクリート用膨張材）に適合するものとする．
>
> f．鉄筋は，JIS G 3112（鉄筋コンクリート用棒鋼）に適合するものを，溶接金網はJIS G 3551（溶接金網）に適合するものを用いる．防錆鉄筋を用いる場合は，試験または信頼できる資料に基づき有効な防錆効果が認められ，かつ所要の付着強度が得られるものとする．
>
> g．上記以外のコンクリートの材料および鉄筋を使用する場合は，試験または信頼できる資料によっ

てその品質を確認して用いる．

a．セメントは，その種類によって特徴があり，コンクリートの品質および工事の条件などに応じて選択しなければならない．

A種を除く混合セメントは，一般に長期強度の増進が大きく，水和熱が低く，マスコンクリートの温度ひび割れに対して効果があり，遮塩性などの耐久性も優れている．しかし，混和材が多く含まれる混合セメントは初期の養生が不十分な場合には長期強度の増進が期待できなくなり，中性化や乾燥収縮が大きくなる．上部構造物は長期にわたって十分な湿潤養生を行うことが困難であり，混合セメントの特徴を有効に利用することができない．そのため，本指針では，JIS A 5210（ポルトランドセメント），JIS R 5211（高炉セメント）および JIS R 5213（フライアッシュセメント）のA種に適合するセメントを使用することを原則とした．

なお，地下構造物は比較的長期間の湿潤養生を行うことが可能であり，マスコンクリートに発熱量の小さい混合セメントを使うことはひび割れ低減にも有効なため，地下構造物には JIS R 5211（高炉セメント）および JIS R 5213（フライアッシュセメント）に適合する混合セメントを用いてよいものとした．混合セメントC種は建築物における使用実績が少ないものの，アルカリシリカ反応に対しては 6.4.5 h 項で示したように有効な抑制対策であるため，所定期間の湿潤養生の実施など十分な配慮をすれば，問題なく使用できるものと考えた．

b．現在の建設工事は，レディーミクストコンクリートを用いるのが一般的である．そこで，骨材は，JIS A 5308（レディーミクストコンクリート）の附属書A（レディーミクストコンクリート用骨材）に適合するものとした．また，粗骨材は乾燥収縮に及ぼす影響が大きいことから，試験練りの結果や実績あるいは信頼できるデータをもとに，乾燥収縮の小さいものを選ぶことを原則とした．なお，回収骨材は耐久性への影響が十分に確認されていないことから，使わないことを原則とした．

c．水は JIS A 5308（レディーミクストコンクリート）の附属書3（レディーミクストコンクリートの練混ぜに用いる水）に適合するものとした．ただし，本指針では，設計耐用年数が100年を対象とすることから，上澄水およびスラッジ水ともに回収水の使用を禁止した．

d．混和剤として，JIS A 6204（コンクリート用化学混和剤）に定められている AE剤，減水剤，AE減水剤，高性能減水剤，高性能AE減水剤，流動化剤および硬化促進剤のうち，硬化促進剤を除く6種類と，収縮低減剤および防せい剤について示した．化学混和剤は，フレッシュコンクリート中のセメント粒子を分散させたり，空気を連行したりしてワーカビリティーを改善したり，凝結時間を調整したりする．その結果，単位水量が低減でき，水セメント比が小さくなり，硬化コンクリートの圧縮強度，中性化および化学物質の浸食に対する耐久性などを改善し，乾燥収縮を小さくしたり，凍結融解作用に対する抵抗性を向上することができる．

なお，JIS A 6204 の化学混和剤は塩化物イオン（Cl^-）が含まれるものがあり，Cl^-量によって解説表 6.4.9 に示すように3種類に分けられる．設計耐用年数が100年以上の建築物に適用するコンクリートには，これらの中からI種に適合するものを使用する．I種の混和剤であれば，標準的な

解説表 6.4.9 化学混和剤の塩化物イオン（Cl⁻）量による種類

種類	塩化物イオン（Cl⁻）量 kg/m³ *
I種	0.02 以下
II種	0.02 を超えて 0.20 以下
III種	0.20 を超えて 0.60 以下

[注]＊：コンクリート 1 m³ あたりの化学混和剤使用量から算出される塩化物量

使用量の範囲では混和剤からコンクリート中に導入される塩化物量は無視でき得る程度の量である．化学混和剤は成分として塩化物を含有するものは，その使用を避けるのがよい．

　e．フライアッシュ，高炉スラグ微粉末，シリカフュームおよび膨張材といった混和材の使用にあたっては，事前に試験を行うか，信頼できる資料により使用方法およびその効果について十分検討し，コンクリートの耐久性を損なわないことを確かめる必要がある．

　f．鉄筋は JIS G 3112（鉄筋コンクリート用棒鋼）の規格品に限定した．JIS 規格品とは JIS 指定工場で製造され，化学成分・機械的性質などすべてが JIS の品質基準に合格したものであり，そのミルシートが付いている．また，溶接金網を用いる場合は，JIS G 3551（溶接金網）の規格品を使用する．その他，JIS G 3532（鉄線），JIS G 3191（熱間圧延棒鋼とバーインコイルの形状，寸法および質量並びにその許容差）に規定されたものを用いる．

　g．a～f 項に示すコンクリートの材料および鉄筋以外でも，鉄筋コンクリートの耐久性向上を目的に使われるものはあり，十分な効果が見込めるものは大いに活用すべきと考えられるため，試験または信頼できる資料によってその品質を確認すれば使えるものとし，所要の品質・性能を有することを確認することとした．

6.4.7　コンクリートの調合および仕上材

　a．コンクリートの計画調合は，原則として試し練りによって定める．
　b．調合強度の定め方は，JASS 5 による．
　c．一般環境地域のコンクリートの水セメント比は 50％以下とし，調合強度が得られるように定める．
　d．単位水量は原則 175 kg/m³ 以下とし，所要の品質が得られる範囲内で，できるだけ小さく定める．
　e．単位セメント量は 320 kg/m³ 以上とする．
　f．混和材料の使用方法および使用量は，コンクリートの所要の品質が得られるように定める．
　g．仕上塗材や塗装材料は，コンクリートとの付着性および追従性がよく，剥離，ひび割れなどを起こさず，品質の経年変化が少ないものとする．

　a～c．コンクリートの品質は，材料の種類，調合により微妙に変わり，机上の検討だけではワーカビリティー，強度などを確実に把握することは難しい．そこで，本指針で対象とする設計耐用年

数が100年のコンクリートの計画調合は試し練りによって定めることとした.

また，調合の定め方は，JASS 5によることとし，一般環境地域のコンクリートの水セメント比の上限も耐久設計基準強度などを鑑み，50％と小さくした．なお，塩害環境地域や凍結融解地域における水セメント比の上限は，それぞれ6.5.3および6.6.2による．

d．単位水量の多いコンクリートは，乾燥収縮が増し，収縮ひび割れの危険性が大きくなるほか，ブリーディングやコンクリートの分離が生じやすく，耐久性に悪影響を与える．したがって，単位水量はコンクリートのスランプなどの所要の品質が得られる範囲でできるだけ小さくするのが望ましく，単位水量は175 kg/m³を上限とした．

e．単位セメント量は水和熱あるいは収縮によるひび割れ制御の観点からはできるだけ小さくすることが望ましい．一方，単位セメント量の少ないコンクリートはワーカビリティーが悪くなり，充填性が低下や構造体コンクリートの耐久性・水密性の低下を招きやすい．そこで，設計耐用年数が100年のコンクリートの場合，単位セメント量は320 kg/m³以上とした．

f．化学混和剤の使用量は，夏期と冬期とで異なるが，所定のスランプおよび空気量が得られるように定める．AE減水剤の使用量は，一般にセメントに対する質量比となっていることが多く，AE減水剤の規定使用量で所定の空気量が得られないような場合は，そのAE減水剤に適合する空気量調整剤の使用量を増減させることによって所定の空気量を得るようにする．高性能AE減水剤についても同様である．

AE剤やAE減水剤などの化学混和剤や流動化剤は，セメントや骨材などの材料が変化したときにはその適正使用量も変化するので注意が必要である．

上記以外の混和材料としてはフライアッシュ，高炉スラグ微粉末，シリカフューム，膨張材，防錆剤，収縮低減剤などがある．これらの混和材料を用いる際は，その使用方法および使用量はコンクリートの種類や使用目的によって異なるので，コンクリートの所要の品質が得られるよう試し練りによって定めるか，信頼できる資料によって定める．

g．本項は一般環境地域を対象としているため，中性化に対する劣化の抑制が求められる．二酸化炭素の侵入に対して有効な仕上材を施す場合は，その仕上材がコンクリート躯体に密着する工法とし，仕上材とコンクリート躯体との間に外部からの二酸化炭素の侵入が生じないようにすることが重要である．また仕上材は，温度変化，凍結融解作用などによってひび割れ，浮き，剥落などを生じないものとする．

コンクリートの躯体保護性能および仕上材自身の耐久性の面で，石張り仕上げやタイル張り仕上げの方が一般に吹付材（仕上塗材）仕上げよりも優れている．しかし，近年になって仕上塗材が多様化し，耐久性能をかなり向上させることが可能となっている．例えば，ひび割れ追従タイプとしては，防水形のゴム状弾性仕上塗材などがあり，また耐候性塗装材としてはフッ素樹脂などの合成樹脂調合塗装材などがある．仕上材については初期性能だけでなく，長期間経過した後でも変色・変質がなく，当初の性能を保持しているものを選定するのが望ましい．しかし，一般的には仕上材自体の耐久性については100年間の寿命を満足することは無理であると考えられているので，その場合，例えば高分子系塗材は耐久性の面から10年程度で上塗り（トップコート）を塗り替えるよう

にするなど，仕上材のメンテナンスを維持管理計画に入れておく必要がある．

6.5 塩害環境地域における標準仕様選択型設計法
6.5.1 総　則

> a．塩害環境地域は，塩害に対する設計劣化外力の強さにより準塩害環境地域，塩害環境地域，重塩害環境地域に区分する．
> b．建築物の屋外面は海水滴，海塩粒子が付着しにくく，かつ滞留しにくいような形状およびディテールとし，劣化外力を低減する仕上げとする．
> c．塩害地域における耐久性上の許容ひび割れ幅は，0.2 mm を目標とする．
> d．本項に記載のない事項は，6.4 による．

　a．塩害に関する劣化因子は，海水滴，海塩粒子などによってもたらされる塩化物イオンであるが，コンクリート中に有害量の塩化物イオンが浸透し蓄積される危険度によって準塩害環境地域，塩害環境地域および重塩害環境地域に劣化外力の強さを区分する．「鉄筋コンクリート造建築物の耐久性調査・診断および補修指針（案）・同解説」では，解説図 6.5.1 に示すように海岸からの距離とコンクリート表層部の塩分量との関係から，環境グレードと海岸からの距離および劣化原因の強さの割増しを解説表 6.5.1 のように示している．また，JASS 5 においては塩害環境地域の区分と海岸からの距離の目安を解説表 6.5.2 の様に示している．日本海側や沖縄地方等においては飛来塩分量が多いため各塩害環境地域の海岸からの距離は大きくなる．

　なお，ここでは劣化外力の作用の区分を海岸からの距離で示したが，建築物の各面に到達する飛来塩分量は，風向，風速，遮蔽物の有無などによって異なるため，必ずしも同じではない．建築物

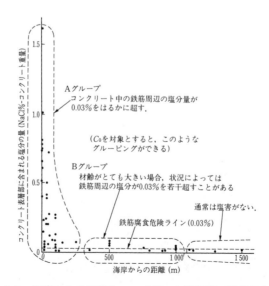

解説図 6.5.1　海岸からの距離とコンクリート表層部の塩分量との関係[20]

解説表 6.5.1 塩害の場合の劣化原因の強さの割増し[21]

環境グレード	特に厳しい環境	腐食性環境	やや腐食性環境
海岸からの距離	50 m 以内	50～250 m	250～1000 m
外来塩化物による劣化原因の強さ	すべて大とする	無→小，小→中，中→大と1ランク辛くする．なお，大の場合はそのままでよい．	北陸や沖縄地方の場合には左欄と同様に1ランク辛くする．

解説表 6.5.2 飛来塩分量による塩害環境地域の区分[22]

塩害環境の区分	飛来塩分量[(1)]（NaCl）	地域と立地条件の例[(2)]
重塩害環境	25 mdd を超える	・日本海側，沖縄県全域，伊豆諸島・奄美諸島等の離島部などの地域で，汀線から 20 m 程度の範囲．
塩害環境	13 mdd を超え 25 mdd 以下	・日本海側，沖縄県全域，伊豆諸島・奄美諸島等の離島部などの地域で，汀線から 20～70 m 程度の範囲． ・東北地方の太平洋側の地域で，汀線から 20 m 程度の範囲．
準塩害環境	4 mdd 以上 13 mdd 以下	・日本海側，沖縄県全域，伊豆諸島・奄美諸島等の離島部などの地域で，汀線から 70～150 m 程度の範囲． ・東北地方の太平洋側の地域で，汀線から 20～100 m 程度の範囲． ・オホーツク海岸，太平洋側，九州地方の東シナ海側の地域で，汀線から 50 m 程度の範囲．

[注]（1） mdd は，飛来塩分量の単位で mg/dm²/day の意味で，1 dm＝0.1 m である．
　　（2） 建築物が遮蔽物で囲まれて海に面していない場合，重塩害環境は塩害環境に，塩害環境は準塩害環境に，準塩害環境は海水の作用を受けるコンクリートの対象外と考えてよい．

の各面に到達する飛来塩分量を風向，風速，遮蔽物の有無などを考慮して設計劣化外力を定め，それを用いて耐久設計を行う場合は性能検証型設計法による．

b．コンクリート内部への塩化物イオンの浸透をできるだけ少なくするためには，建築物の屋外部分はできるだけ単純で平滑な形状として，部材の表面に付着・停滞する塩化物イオン量を少なくする必要がある．土や海水に接する部分はモルタルや耐久性の大きい仕上材を施すことが必要であり，外壁・ひさしなど屋外に面する部分は塩化物イオンの侵入を防止するための有効な仕上げをする．

c．耐久性上許容されるひび割れ幅は，構造物の置かれる環境条件によって異なる．6.4 では一般環境地域における耐久性上の許容ひび割れ幅は 0.3 mm を目標としているが，塩害のおそれがある地域ではこれより厳しい値を目標に設計する必要がある．また，一般環境地域における外壁漏水に対する許容ひび割れ幅は，漏水に対して有効な対策を講じる場合を除いて 0.2 mm を目標としている．JASS 5 においても，海水および飛来塩分の影響を受ける部分のコンクリートの許容最大ひび割れ幅は，0.2 mm としている．ここではこれらのことを勘案して，塩害環境における耐久性上の許容

ひび割れ幅の目標値を 0.2 mm とした．

　d．塩害環境地域で特に考慮すべき事項以外は，一般環境地域における標準仕様選択型設計法に従う．

6.5.2 構造詳細

> a．設計耐用年数が 65 年の場合の設計かぶり厚さは，塩害に関する劣化外力の区分に応じて表 6.2 による．
>
> 表 6.2 塩害環境地域における設計かぶり厚さの最小値 (mm)
>
> | 構造部材の種別 | | | 準塩害環境地域 | 塩害環境地域 | 重塩害環境地域 |
> |---|---|---|---|---|---|
> | 床スラブ 屋根スラブ 非耐力壁 | 屋内 | 仕上げあり | 30 | 40 | 40 |
> | | | 仕上げなし | 40 | 50 | 50 |
> | | 屋外* | 仕上げあり | 60 | 70 | 80 |
> | 柱 梁 耐力壁 | 屋内 | 仕上げあり | 40 | 50 | 50 |
> | | | 仕上げなし | 50 | 60 | 60 |
> | | 屋外* | 仕上げあり | 60 | 70 | 80 |
> | 擁壁 | | | 70 | 80 | 100 |
>
> ［注］＊：塩害環境地域では，建築物の屋外に面する部材には，遮塩性のある仕上材を施す．
>
> b．鉄筋の防せい（錆）処理方法あるいは耐食鉄筋を使用する場合は，塩化物イオンによる鉄筋腐食に対して高い抵抗性を有することが確かめられたものを用いる．

　a．塩害環境地域では，外部から浸透してくる塩化物イオンの量に応じて，一般地域よりもかぶり厚さを大きくとる必要がある．表 6.2 の設計かぶり厚さの値は，準塩害環境地域においては一般地域よりも 10～20 mm 大きくとり，塩害環境地域，重塩害環境地域ではさらに大きいかぶり厚さとした．また，全ての塩害環境地域では，屋外側には遮塩性のある仕上材を施すこととした．遮塩性のある仕上材としては，アクリルゴム系やエポキシ系などの仕上材が既往の研究[23),24),25)]で報告されている．

　仕上材を施した 65 年後のコンクリートにおける塩分浸透量の計算例として，計算条件を解説表 6.5.3 に，計算結果を解説図 6.5.2 に示す．塩分の浸透計算は差分法で行い，仕上材とコンクリートの拡散係数はそれぞれの値を用いた．ここで，各塩害環境地域における表面塩化物イオン量は，JASS 5 における値を参考に設定した．仕上材の拡散係数は仕上材の種類によって異なるが，遮塩性のある仕上材の拡散係数としては，おおよそ 3.15×10^{-5}～3.15×10^{-2} cm²/年の値が報告されている[23),24),25)]．ここでは仕上材の拡散係数の値として，解説表 5.3.4 中のアクリルゴム系塗膜の値を参考に 2.97×10^{-4} cm²/年とし，塗厚さは厳しい塩害環境を想定して 2.0 mm とした．コンクリート中の鋼材腐食の腐食限界塩化物イオン量には幅があるが，ここでは厳しい値を採用し，鉄筋位置にお

解説表 6.5.3 塩分浸透量の計算条件

区分	表面塩化物イオン量 (kg/m³)	拡散係数 (cm²/年) [想定水セメント比]	仕上材 拡散係数 (cm²/年)	仕上材 厚さ (cm)
準塩害環境地域	3.6	0.71 [55%]	2.97×10^{-4}	0.2
塩害環境地域	6.9	0.50 [50%]		
重塩害環境地域	11.0	0.35 [45%]		

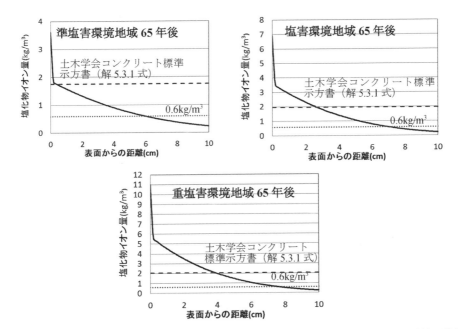

解説図 6.5.2 各塩害環境地域における仕上材を施した 65 年後のコンクリート塩分浸透量の計算例
アクリルゴム系塗膜の塗厚さ 2.0 mm の場合

ける腐食限界塩化物イオン量を 0.6 kg/m³ とした．この腐食限界塩化物イオン量の値は，JASS 5 や土木学会コンクリート標準示方書で採用されている値と比較しても小さな値である．また，屋外では仕上げを前提とするため表 6.2 の設計かぶり厚さの値は，JASS 5 とは異なっている．

65 年後の塩化物イオン浸透量の計算結果は，準塩害環境地域ではコンクリートの表面から 57 mm 以上で 0.6 kg/m³ 以下となっているが，塩害環境地域では 0.6 kg/m³ 以下となるのはコンクリート表面から 69 mm 以上，重塩害環境地域では 77 mm 以上であった．

解説表 6.5.3 に示す計算条件においては，表 6.2 に示す設計かぶり厚さの最小値によれば，所要の性能を満足する結果となる．解説図 6.5.2 には，想定水セメント比ごとに土木学会コンクリート標準示方書による腐食限界塩化物イオン量（解 5.3.1）式の値も示しているが，この値を用いると

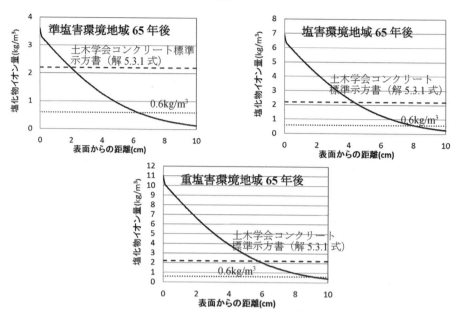

解説図 6.5.3　各塩害環境地域における仕上材を施した 65 年後のコンクリート塩分浸透量の計算例
アクリルゴム系塗膜の塗厚さ 1.0 mm の場合

アクリルゴム系塗膜を施した屋外の 65 年後のコンクリートの設計かぶり厚さを約 3 cm～5 cm 程度減じることができる．

　解説図 6.5.3 にはアクリルゴム系塗膜の塗厚さを通常の 1 mm，コンクリートの水セメント比を 40％とした場合の各塩害環境における 65 年後のコンクリート中の塩分浸透量の計算結果を示す．同図より，鉄筋位置における腐食限界塩化物イオン量を非常に厳しい値である 0.6 kg/m³ とした場合，表 6.2 に示す設計かぶり厚さの最小値を 1 cm 割り増す必要がある．この場合も土木学会コンクリート標準示方書による腐食限界塩化物イオン量（解 5.3.1）式を用いると，設計かぶり厚さを約 3 cm～5 cm 程度減じることができる．

　仕上材の遮塩性はコンクリートへの塩分浸透量に大きく影響するため，遮塩性が経年劣化により低下する前に塗り替えるなど，仕上材のメンテナンスを維持管理計画に入れておく必要がある．

　耐用年数 100 年を想定した場合，水セメント比と一般的な仕様の仕上材では設計かぶり厚さを決定するのが困難であることから，設計耐用年数が 100 年の場合の設計かぶり厚さは，使用するセメント，鉄筋種類，仕上材料等を検討して性能検証型設計法により決定する．

　b．鉄筋近傍の塩化物イオンが高濃度になったとしても，鉄筋に防せい（錆）処理が施してある場合や，耐食鉄筋を使用していれば腐食は発生しにくい．エポキシ樹脂塗装鉄筋は，エポキシ樹脂塗装の高い遮塩性によって鉄筋の腐食発生が抑えられる．エポキシ樹脂塗装鉄筋は，厳しい塩分環境でもその耐食性が確認されているので，重塩害環境，塩害環境，準塩害環境のいずれにおいても使用は有効と思われる．

　JIS G 4322（鉄筋コンクリート用ステンレス異形棒鋼）[28]が 2008 年に制定された．これによると，

ステンレス鉄筋は，最も耐食性が低い SUS 410-SD でも腐食発生限界塩化物イオン量は 14 kg/m³ であり，重塩害環境であっても鉄筋腐食が生じる可能性はきわめて低い．

6.5.3 コンクリートの品質

水セメント比の最大値は，塩害に関する劣化外力の区分に応じて，表 6.3 による．

表 6.3 塩害環境地域における水セメント比の最大値

劣化外力の区分	水セメント比の最大値（%）
重塩害環境地域	45
塩害環境地域	45
準塩害環境地域	55

コンクリート中への塩化物イオンの浸透を抑制するためには，品質の良いコンクリートを用いることが大切であり，一般に水セメント比を小さくすると，コンクリート中への塩化物イオンの浸透量は少なくなるとされている．解説図 6.5.4 は，塩水に浸漬したコンクリートの水セメント比とコンクリート中への塩化物イオンの浸透量との関係についての実験結果の例である．この図によれば，コンクリート表面部は水セメント比を小さくしても，塩化物は少なくならず，むしろ多いといえるが，コンクリート内部の塩化物量は水セメント比を小さくすると少なくなることが分かる．

したがって，かぶり厚さの位置で塩化物量を少なくするためには水セメント比は小さいほど望ましいといえる．本指針では，屋外環境で仕上材を施すことを前提に，水セメント比の最大値を重塩害環境地域では 45%，塩害環境地域では 45%，準塩害環境地域では 55% とした．なお，混合セメントを使用したコンクリートは，普通ポルトランドセメントを使用した場合に比べて塩化物イオンの浸透性が低く，上記の水セメント比の最大値を大きくすることも可能であると考えられるが，ここ

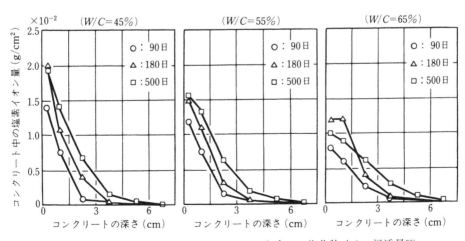

解説図 6.5.4 水セメント比とコンクリート中への塩化物イオン浸透量[29]

では安全側を考えて水セメント比の最大値を表6.3のように定めた．

6.6 凍害環境地域における標準仕様選択型設計法
6.6.1 総　則

> a．凍害地域は，凍害に対する設計劣化外力の強さにより準凍害地域，一般凍害地域，重凍害地域に区分する．
> b．建築物の屋外面は，融雪水や雨水の滞留および壁面上の流水などを生じにくい形状およびディテールとする．
> c．ひさし，窓枠などの屋外突出部および融雪水や雨水の滞留や流水を生じやすい部位は，吸水性・透水性が小さく，水密性の高い仕上材や防水材を用いて凍結融解作用に対する抵抗性を大きくする．
> d．本項に記載のない事項は，6.4による．

　a．凍害に対する設計劣化外力の強さによる地域区分は，JASS 5.26節では，その指標として，凍結融解作用係数〔(解3.4.1)式〕，凍害危険度〔解説図3.4.1〕およびASTM相当サイクル数が示されている．ここでは，凍結融解作用係数10以上もしくは凍害危険度4と5の地域を重凍害地域，凍結融解作用係数5以上10未満もしくは凍害危険度2と3の地域を一般凍害地域，凍結作用係数5未満もしくは凍害危険度1およびコンクリートの品質が良くない場合に凍害が発生する可能性のある地域を準凍害地域とする．

　b．コンクリートの凍害は，含水率が限界飽水度以上に高まっているときに凍結融解作用を受けると発生する．含水率が限界飽水度以上に高まるのは，露出しているコンクリート面に融雪水や雨水が滞留・流水しているときなどである．これは，水平面，特にその外端部で生じやすいが，一般水平面だけでなく，壁面や窓周りなども形状やディテールによっては部分的に水の滞留や流水があるため，十分な注意が必要である．その他，凍害を受けやすい建物部位とその原因を，解説表6.6.1に示す．

　c．屋外突出部および外壁面等で融雪水や雨水の滞留しやすいコンクリート部位であっても，水密性の高い仕上材や防水材を用いてコンクリート表面を保護被覆すれば含水程度を低くできるため，凍害発生の危険性を小さくすることができる．ただし，仕上材にひび割れ等の劣化が生じるとその部分からの吸水により，凍害が発生してくるので，注意が必要である．置き屋根などにより，融雪水や雨水がコンクリート面に全く掛からないようにすることは有効な防止策である．

解説表 6.6.1 凍害を受けやすい建物部位とその原因

部 位		凍害発生の主な原因
突出部	軒先，ベランダ，玄関ひさし，パラペット（笠石など），外部柱・梁，下屋まわり	凍結融解が多い，凍結温度が低い 水切り不良，材質不良
	集合煙筒	温度ひび割れ，凍結融解が多い
外壁面	開口部まわり（特に下部，窓台）	水切り不良，結露水の凍結
	パラペットまわり	防水層押えの膨張によるひび割れ，打継ぎ部欠陥
	多湿室の外壁部	結露水の凍結
	隅角部	温度応力によるひび割れ，凍結温度が低い
	排気口下部	結露水，凍結融解が多い
	斜め外壁	水切り不良
床面	防水層押え，置手すり	材質不良（初期凍害も多い），含水率が高い
屋外階段		材質・施工不良，凍結融解が多い，水切り不良

6.6.2 コンクリートの品質

> a．水セメント比の最大値は，50％とする．
> b．計画調合における空気量は，硬化後のコンクリートで4％以上となるよう定める．

a．水セメント比が大きいほどコンクリートの耐凍害性は劣るので，水セメント比の上限を定めた．

b．コンクリートの耐凍害性は，適切な空気量によって大きく改善される．その空気量は一般に4～6％である．前項に定めた地域区分においては，計画調合において通常の空気量に1％程度増量することが望ましい．JASS 5.26節[30)]で示されているコンクリートの種類と粗骨材の最大寸法に応じた目標空気量の標準量を解説表6.6.2に示す．

ただし，その空気泡は，6.6.3のb項に記載されているように，AE剤，AE減水剤または高性能AE減水剤を用いることにより導入されたコンクリート中に均質に分布した空気泡（エントレインドエア）でなければならない．なお，コンクリート中の空気量は，練混ぜ後の運搬・打込みによって減少するので，硬化後のコンクリートにおいて4％以上となるようにしなければならない．空気量が4％を下回ると，耐凍害性が低下するので，注意が必要である．そのため，この点を考慮して計画調合の空気量を定める．

解説表6.6.2 コンクリートの種類と粗骨材の最大寸法に応じた目標空気量の標準量[30]

	粗骨材の最大寸法（mm）			
	15	20	25	40
一般のコンクリート	—		5.5	5.0
流動化コンクリート	—	5.5		—
高流動コンクリート	—	6.0		—
高強度コンクリート	—	4.5		—

6.6.3 コンクリートの材料

> a．骨材は，6.4.6によるほか，凍結融解作用に対して高い抵抗性を有することが確かめられたものとし，その品質は表6.4による．
>
> **表6.4 骨材の品質**
>
> | 劣化外力の区分 | 細骨材 | | 粗骨材 | |
> |---|---|---|---|---|
> | | 吸水率（％） | 安定性損失質量（％） | 吸水率（％） | 安定性損失質量（％） |
> | 重凍害地域 | 3.0以下 | 10以下 | 2.0以下 | 12以下 |
> | 一般凍害地域 | | | | |
> | 準凍害地域 | 3.5以下 | | 3.0以下 | |
>
> b．混和剤は，AE剤，AE減水剤または高性能AE減水剤を用いる．

a．コンクリートの耐凍害性は骨材の品質によっても差が生じ，一般に吸水率の小さい骨材を用いたコンクリートは耐凍害性が大きいので，劣化外力の地域区分に応じて吸水率を規定した．

b．6.6.2b項 解説に記述したように，コンクリートはAE剤，AE減水剤または高性能AE減水剤を用いてAEコンクリートとする．

6.7 化学的侵食環境地域における標準仕様選択型設計法

> 化学的侵食環境地域における材料・工法の仕様は，信頼できる資料によるか，性能検証型設計法による．

化学的侵食に対して設計限界状態や維持保全限界状態に達しないようにするには，①いわゆる腐食しろ（代）をとり適当な時期に補修を繰り返し行う方法，②コンクリートの表面に耐酸性の保護被膜を施し劣化を防止する方法，などにより対処するのが一般的である．化学的侵食環境は侵食因

子や強さが地域により千差万別であり，標準的な仕様を定めるのは難しい．そのため化学的侵食環境地域における材料・工法の仕様は，信頼できる資料によるか，性能検証型設計法によることとする．しかしながら，化学的侵食環境にさらされるコンクリート構造物の設計にあたっては，できるだけ補修，改修のやりやすいような配慮をするとともに，補修・改修の困難な部位については十分な防食対策を講じておくことが必要である[31]．

解説表6.7.1[32]は，化学的劣化環境クラス〔解説表3.6.2参照〕に適したコンクリートの強度・特性値の推奨値を示した例である．

解説表 6.7.1 化学的劣化環境クラスに適したコンクリートの強度・特性値の推奨値[32]

強度あるいは特性値	XA 1	XA 2	XA 3
W/Cの最大値	0.55	0.50	0.45
最小強度クラス	C 30/37	C 30/37	C 35/45
単位セメント量の最小値 （kg/m³）	300	320	360
他要求事項		耐硫酸塩性のセメント*を使用	

［注］＊：EN 197-1 あるいは欧州各国の規格に規定された耐硫酸塩セメント

参 考 文 献

1) ACI224Committee : Control of Cracking in Concrete Structures, 1980
2) CEB-FIP：コンクリート構造物設計施工国際指針（日本語訳），鹿島出版会，1971
3) コンクリート工学協会：コンクリートのひびわれ調査，補修・補強指針－2003－，2003
4) 神山 一：コンクリート中のさび，セメントコンクリート，No.308，セメント協会，1972.10
5) 朴 宰弘・長谷川拓哉・樫野紀元・千歩 修・濱崎 仁：10年屋外暴露した新設・改修仕様の仕上塗材の各種性状 その2 仕上塗材の中性化抑制効果，日本建築学会大会学術講演梗概集，pp.155～156，2010.9
6) 河野政典・桝田佳寛：塗材塗材の経年劣化を考慮した中性化抑制効果評価手法の暴露データによる検証，日本建築学会構造系論文報告集，No.609，pp.9～14，2006.11
7) 浦川和也・古賀一八・親本俊憲・唐沢智之：躯体コンクリートの中性化抑制に寄与する各種仕上げ材の評価，コンクリート工学，Vol.46，No.7，pp.15～23，2008.7
8) 唐沢智之・古賀一八・浦川和也・河野政典：仕上塗材の中性化抑制効果と透気性に関する考察，コンクリート工学年次論文集，Vol.30，No.1，pp.645～650，2008
9) 親本俊憲ほか：仕上材によるコンクリートの中性化抑制効果に関する基礎的研究 その4 促進中性化試験（その2），日本建築学会大会学術講演梗概集，pp.465～466，2012.9
10) 渡邉悟士ほか：仕上材によるコンクリートの中性化抑制効果に関する基礎的研究 その7 促進中性化試験（その4），日本建築学会大会学術講演梗概集，pp.397～398，2013.8
11) 陣内 浩ほか：仕上材によるコンクリートの中性化抑制効果に関する基礎的研究 その2 促進中性化試験，日本建築学会大会学術講演梗概集，pp.543～544，2011.8
12) 友澤史紀・桝田佳寛・阿部道彦・田中 斉・安田正雪・原 謙治・天沼邦一：鉄筋コンクリート造構造物の塩害実態調査，建築研究報告 No.118，建設省建築研究所，1988.11
13) 土木研究センター：建設省総合技術開発プロジェクト「コンクリートの耐久性向上技術の開発」（土木構造物に関する研究成果），pp.291～294，1989.05

14) Annex D (normative): Minimizing the risk of damaging alkali-silica reaction in concrete, pp.34-39, Concrete－Complementary British Standard to BS EN 206-1－Part 2: Specification for constituent materials and concrete (BS 8500-2:2006＋A1:2012)
15) 鳥居和之：アルカリシリカ反応にいかに対応するか＜試験，診断と対策の課題＞，セメント・コンクリート，No. 696，pp. 1～9，2005.2
16) コンクリート工学協会：セメント系材料・骨材研究委員会報告書，pp.178～187，2005.9
17) 山田一夫：アルカリシリカ反応入門①アルカリシリカ反応の基礎～骨材の反応性と試験方法～，コンクリート工学 Vol.52，No.10，pp.912～919，2014.10
18) 松田芳範・隈部　佳・木野淳一・岩田道敏：アルカリ骨材反応の JR 東日本版抑制対策の制定について，コンクリート工学 Vol.50，No. 8，pp.669～675，2012.8
19) 日本コンクリート工学会：ASR 診断の現状とあるべき姿委員会報告書，2015
20) 大即信明ほか：コンクリート構造物の耐久性シリーズ　塩害（Ⅰ），技報堂出版，1986.5
21) 日本建築学会：鉄筋コンクリート造建築物の耐久性調査・診断および補修指針（案）・同解説，1997.1
22) 日本建築学会：建築工事標準仕様書・同解説 JASS 5 鉄筋コンクリート工事，p.614，2015
23) 竹田宣典：表面保護工を適用したコンクリート構造物の劣化予測と LCC 評価の試算例，日本コンクリート工学協会，コンクリート工学 Vol.41，No.9，2003.9
24) 宮沢　健・谷川　伸：アクリルゴム系塗膜材被覆による鉄筋コンクリートの塩害防止効果，日本コンクリート工学協会，第 6 回コンクリート工学年次講演会論文集，1984
25) 上條達幸・西崎　到：ポリマーセメント系被覆材料の塩害抑制性能に関する研究，日本コンクリート工学協会，鉄筋腐食による損傷を受けたコンクリート構造物の補修技術に関するシンポジウム論文集，1989.1
26) 浜田秀則・福手　勤・R.N. Swamy・谷川　伸・J.C. Laiw：鉱物質混和材の混入およびコンクリート表面被覆の塩害防止効果の定量的評価に関する研究，土木学会論文集，No. 538/V-31，pp. 169～181，1996.5
27) 谷川　伸・山田義智・大城　武・川村満紀：厳しい塩害環境下での鉄筋コンクリート構造物の耐久性に関する研究（アクリルゴム系防水塗膜の効果），日本建築学会構造系論文集，第 487 号，pp.11～19，1996.9
28) 日本規格協会：JIS G 4322「鉄筋コンクリート用ステンレス異形棒鋼」，2008
29) 桝田佳寛・友澤史記・安田正雪・原　謙治：コンクリート中への塩化物浸透速度に関する実験，日本コンクリート工学協会，コンクリート工学年次論文報告集第 10 巻第 2 号，1988
30) 日本建築学会：建築工事標準仕様書 JASS 5　鉄筋コンクリート工事，2015.7
31) コンクリート構造物の耐久性シリーズ「化学的腐食」，技報堂出版，p.88,1986
32) CEN：EN 206：2013 Concrete－specification, performance, production and conformity, 2013

7章　施工・品質管理

7.1　総　　則

> a．鉄筋コンクリート工事においては，所定の鉄筋および型枠の組立精度ならびにかぶり厚さを確保し，所要のワーカビリティー・強度および耐久性を有するコンクリートを，構造体および部材に耐久性上有害な不具合を生じないように密実に打ち込む．
> b．施工者は，設計図書に基づき，所定のかぶり厚さを確保し，所要の品質の鉄筋コンクリートが得られるように，打込み箇所の形状，配筋状態，コンクリートの品質および施工時の条件などに応じて，鉄筋の加工・組立て，型枠の加工・組立て，コンクリートの調合・製造・運搬・打込み・締固め・養生・仕上げなどに関する施工計画書を作成する．
> c．施工者は，工事全体の施工および品質管理ができるよう施工および品質管理の体制を定める．

　　a．建築物は設計図書に定められた精度を確保する必要がある．なぜなら，耐久設計はかぶり厚さ不足や豆板などの初期の不具合がないことを前提に行われるためである．そのためには，適切な施工計画を作成し，これを実践できる施工体制を組織することが不可欠であり，施工における技術知識を向上し，不注意をなくすことが重要である．本章では，耐久設計上遵守すべき鉄筋，型枠，コンクリートの各工事における施工の要点を示す．

　　b．施工計画の立案にあたっては，設計図書を十分に検討のうえ，構造物の形状・規模を考慮し，コンクリートの品質，耐久性上不具合の生じやすい箇所に対する施工法などを慎重に検討しなければならない．設計図書に示された内容でコンクリートの充填性に問題が生じる箇所などがあれば設計者に改善策を提案することも必要である．また，関係する協力業者とよく打ち合わせ，無理のない施工計画を立てる．

　　以下に，施工計画書に記載すべき主な項目の例を示す．
　（1）　鉄筋工事の施工計画書
　　　①　工程表（材料・各部位・部材の検査の時期，関連設備工事の期間など）
　　　②　鉄筋の種別，種類，製造所名およびその使用区分と規格証明書
　　　③　鉄筋の加工要領（形状，切断，折曲げなどの寸法精度，加工場所など）
　　　④　鉄筋の組立要領（組立場所，組立治具，定着長と余長，組立精度など）
　　　⑤　鉄筋の継手工法（継手種類，継手位置，継手長さなど）
　　　⑥　鉄筋のかぶり厚さと鉄筋のサポート・スペーサーなどの種類と配置要領
　　　⑦　特殊補強の要領（開口部補強，片持ち床版，パラペットなど）
　　　⑧　材料試験要領（試験所，回数，試験成績書）
　（2）　型枠工事の施工計画書

① 型枠の材料と数量
② 型枠緊張材の種別および緊張材を使用する箇所
③ コンクリート寸法図（コンクリート躯体図）
④ 基準部分の型枠組立て図
⑤ 型枠取外しの条件（材齢・強度または構造計算）
⑥ 剝離剤使用の有無

（3） コンクリート工事の施工計画
① 工程表（計画調合表の提出，試験練り，型枠組立て，コンクリート打込み，支柱取外しの時期など）
② 計画調合表およびその計算書
③ レディーミクストコンクリートの発注・製造・運搬・品質
④ 打込み計画（打込み区画，打込み量，打込み順序，打止め法など）
⑤ 打込み作業員の配置，作業動線
⑥ 工事現場内運搬方法
⑦ 打込み，締固め方法
⑧ 打込み後の養生
⑨ 検査（供試体の採取場所，採取時期，本数，養生方法，試験場所，結果の判定）

c．設計図書に定められた精度を実現するためには，施工および品質管理の組織として，施工管理責任者（作業所長）以下，各工事種別ごとの責任担当者，および品質管理責任者を定め，各工事の役割分担と連携および責任範囲を明確にすることが重要である．施工および品質管理における組織・体制の例を解説図7.1.1に示す．

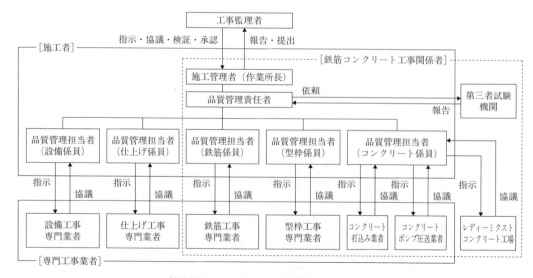

解説図7.1.1　施工・品質管理体制の例[1)]

現在の建築施工の現場では，協力業者の理解と技術力（経験・ノウハウ）がなければ完成度の高い建築物を実現することは不可能に近い．つまり，施工者は施工計画の段階から協力業者と施工方法について意見交換と十分な協議を重ねることが重要である．また，実施工段階では工事関係者全員と定期的に打合せや説明会を開き，施工方法の周知徹底を図ることが重要であり，各労務作業者には作業分担，作業責任について自覚させることも大切である．

7.2 鉄筋工事
7.2.1 一般事項

> 鉄筋工事に際しては，設計図に基づいて，鉄筋の位置および間隔が所要のかぶり厚さおよびコンクリートの充填性を満足し，かつ所定の精度が確保できるように，継手・定着部の位置，設備配管・埋込み金物の位置・寸法および組立順序を示す鉄筋工事施工図を作成する．

鉄筋コンクリート造建築物の耐久性の確保にあたっては，適切なかぶり厚さを確保し，密実なコンクリートを打ち込む必要がある．そのために，鉄筋の加工・組立てに関する施工図を作成する．

鉄筋の加工・組立てに関する施工図は，一般に鉄筋施工図と部材加工図からなる．施工者は構造設計図に基づいて，部材寸法，鉄筋径と本数，継手位置，定着長さ，鉄筋間隔・あき，かぶり厚さなどを検討し，鉄筋施工図を作成する．施工図は工事監理者の承認を受けた後，加工業者はこれをもとに鉄筋加工図を作成して鉄筋の加工を行う．

鉄筋の加工図は配筋順序，納まり具合，定尺による割付などが考慮されていなければならない．加工図の作成過程で設計で定められた鉄筋の組立精度，かぶり厚さの確保ならびにコンクリートの充填性が懸念された場合，設計者と十分に検討して必要な変更，その他の措置を講じなければならない．

鉄筋の組立ては，一度組み上がると型枠が取り付けられ，手直しが難しくなる．手直しの必要のない精度を確保した鉄筋の組立てを行うためには，継手・定着部の位置を明確にして加工された鉄筋を用いることが重要となる．また，設備配管・埋込み金物などはややもすると配筋を乱す原因となるので，これらの位置・形状・寸法なども考慮し，定められた組立順序で配筋し，合わせてコンクリートの充填性を確保した鉄筋の組立てを行う．

7.2.2 鉄筋の加工

a．鉄筋の加工は設備の整った工場で行うことを原則とする．
b．鉄筋の加工寸法の許容差は，特記による．特記のない場合は，表7.1による．

表7.1 加工寸法*の許容差

(mm)

項　　目		符号	許容差
各加工寸法*	主筋　D25以下	a, b	±15
	主筋　D29以上D41以下	a, b	±20
	あばら筋・帯筋・スパイラル筋	a, b	±5
加工後の全長		l	±20

[注]＊：各加工寸法および加工後の全長の測り方の例を下図に示す．

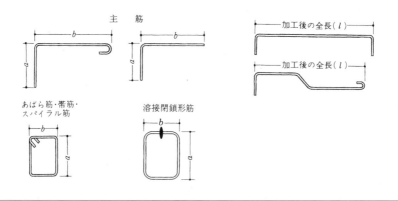

a．鉄筋の加工は設備の整った工場で行うことが望ましい．特に設計耐用年数を100～200年と設定した場合には，設備の整った専門の工場で行うのが望ましい．なお，曲げ加工した鉄筋の輸送および荷卸し作業などによって曲げ角度が狂ったり，ばね効果（リバウンド）によって曲げ戻ったりしないように注意しなければならない．

b．主筋の加工寸法および加工後の全長に関する許容差は，設計耐用年数にかかわらずJASS 5と同じ値とした．これは設計耐用年数が100年および200年の場合，かぶり厚さを確実に確保するため，鉄筋組立ての精度を高め堅固な結束を容易にする必要があるが，現在の加工・組立て技術およびその精度確認手法で施工管理を行えば，その精度は十分に確保されると考えるためである．

7.2.3 鉄筋の組立て

a．設計図に示された鉄筋の型枠に対するあきの許容差は，設計耐用年数が65年の場合には＋15mm，－10mmとし，設計耐用年数が100年および200年の場合には＋10mm，－0mmとする．
b．設備配管，埋込金物などと鉄筋の位置関係を明確にし，所要の補強筋を配置するとともに，設計

図書で定める最小かぶり厚さを確保する．
c．鉄筋相互のあきは，6.4.3を満足し，かつコンクリートの打込み・締固めの際に棒形振動機を挿入し，操作する空間を確保できるものとする．
d．鉄筋は，コンクリート打込み時に有害量のずれ，変形のないように堅固に組み立てる．
e．鉄筋の結束線は，その末端がコンクリート表面に出ないように処理する．
f．スペーサー・鉄筋のサポートは，防錆処理した鋼製，コンクリート製またはプラスチック製とし，鉄筋の重量およびコンクリート打込み時の振動などの外力に耐えるものとする．また，かぶり厚さを確保するのに適切な間隔で配置する．スペーサー・鉄筋のサポートの標準的な配置および間隔を表7.2に示す．

表7.2 スペーサー・鉄筋のサポートの標準的な配置および間隔

部位	スラブ	梁	柱
種類	鋼製・コンクリート製	鋼製・コンクリート製	鋼製・プラスチック製
数量または配置	上端筋，下端筋それぞれ 1.3個/m²程度	間隔は1.5m程度 端部は1.5m以内	上段は梁下より0.5m程度 中段は橋脚と上段の中間 柱幅方向は1.0mまで2個 1.0m以上3個
備考	端部上端筋および中央部下端筋には必ず設置	側梁以外の梁は上または下に設置，側梁は側面にも設置	同一平面に点対称となるように設置

部位	基礎	基礎梁	壁・地下外壁
種類	鋼製・コンクリート製	鋼製・コンクリート製	鋼製・プラスチック製
数量または配置	面積　4m²程度　8個　　　　　16m²程度　20個	間隔は1.5m程度 端部は1.5m以内	上段は梁下より0.5m程度 中段は上段より1.5m間隔程度 横間隔は1.5m程度 端部は1.5m以内
備考		上または下と側面に設置	

g．設計耐用年数が100年および200年の場合の鉄筋の組立てには，組立精度の高い先組工法の採用が望ましい．
h．鉄筋組立て後，鉄筋の種類・本数・間隔，定着部の状態，継手，組立精度，鉄筋の結束状況，鉄筋相互のあき，せき板とのあき，棒形振動機の挿入箇所の配筋状態などがコンクリート打込みに支障のないことを確認する．

a．鉄筋の型枠に対するあきの許容差は型枠の組立精度と鉄筋の組立精度の相関によって異なるので一概に決められない．しかし，型枠自体の精度は7.3.1に規定する断面寸法の許容差を確保できるものとして，ここでは鉄筋の型枠に対するあきの許容差を，設計耐用年数が65年の場合には＋15mm，－10mmとし，設計耐用年数が100年および200年の場合には＋10mm，－0mmとした．この規定値は鉄筋加工工場の製品精度からみて，施工管理を十分に行えば確保可能な値と考えられる．なお，設計耐用年数が100年および200年の場合には，マイナス側は認めないものとした．こ

のため，必要に応じて表7.2のスペーサー等の個数を増やす等の対策を検討するとよい．

b．鉄筋と設備配管類との位置関係は設計図でもほとんど示されていないのが実情である．このため，実際には所定の位置に鉄筋を配置できない場合もある．したがって，設計耐用年数が100～200年の場合には，設備配管は構造部材に埋め込まないことを基本とする．

設備配管を埋め込む場合には，設備配管や埋込金物などと鉄筋の位置関係を明確にし，鉄筋とせき板のあき，鉄筋相互のあき，障害物と鉄筋のあき，コンクリートの充填性などに配慮して，周辺において所定のかぶり厚さを下回ることがないように，施工図に示された鉄筋径より細い鉄筋を入れて補強する．

c．柱・梁接合部や梁にコンクリートを密実に充填するには柱・梁接合部の梁主筋や梁の上端筋のあき（隙間）に，必要な能力を持つ棒形振動機を挿入し，コンクリートを締め固めなければならない．一般に建築で用いる棒形振動機の振動部の径は30～60 mmであるので振動機を挿入して操作できるためには，主筋にD 25を使用する場合，鉄筋相互のあきは95～110 mm程度必要であり，あばら筋の間隔も100 mm程度必要となる．また帯筋・あばら筋の末端部がフック付きで重ね合せとなっている場合には，この部分の鉄筋まわりの充填性にも注意しなければならない．

隅柱・側柱の柱・梁接合部の梁主筋の定着部は，鉄筋が輻輳して配筋ならびにコンクリートの充填に支障をきたすのが一般的である．この部分については梁間方向・桁方向の各々の梁の主筋の上下関係・定着方向を施工図の段階で検討し，鉄筋の組立順序を決めることが必要となる．鉄筋の組立や接合部の納まりに関しては，本会「鉄筋コンクリート造配筋指針・同解説」の付録A「配筋設計資料」に詳しい情報があるので，これを参考にするとよい．

また，均一な部材断面の一部が急変する箇所や貫通孔がある場合には，その周辺のコンクリートの充填が悪くなり，コンクリートの収縮率の関係もあって，ひび割れが発生しやすくなる．また，部材内に配置する鉄筋量がアンバランスな場合も同様である．したがって，このような部分には計算上必要とする補強筋を配筋するほか，部材全体の鉄筋量のバランスを考慮して配筋を行う．また，部材の一部に過大なかぶり厚さができるのは好ましくなく，適当な補強筋を配筋する．補強筋を必要とする目安は，部材の上端および側方では100 mm，下方では80 mmを超える打増し厚さが生じる場合である．補強筋の配筋方法として解説図7.2.1[2]を参考に示す．

d．鉄筋コンクリート造建築物において高い耐久性を実現するためには，所定のかぶり厚さの確保が重要であり，コンクリートの打込み時に有害なずれや変形が生じないように堅固に組み立てる必要がある．

e．一般に使用されている結束線では，コンクリートの打込みまでに腐食して切断したり，施工時の外力により切断したりして鉄筋の移動や配筋の乱れを生じやすい．このような場合には結束線を束ねて使用するか，10#～12#程度の太さのなまし鉄線を結束線として用いるのがよい．結束線は，その末端部がコンクリート表面近くに露出しないよう部材の内側に入れて処理する．

f，g．スペーサー・鉄筋のサポートは所要の耐久性および防せい（錆）性能を持ち，かつ鉄筋の重量やコンクリート打込み時の振動などの外力に耐える強度を持つものでなければならない．鋼製の鉄筋のサポートは解説図7.2.2[2]に示すように独立形と連続形に分けられ，さらに上端筋用と下

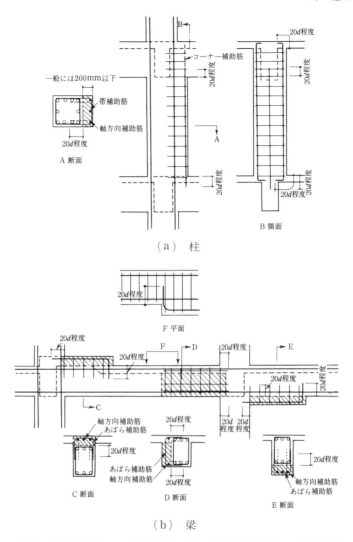

[注] (1) 打増し部に構造耐力上主要な耐力壁などが取り付く場合は設計図書に特記する．
(2) ……と配筋してもよい．

解説図7.2.1 柱・梁の打増しコンクリートの補強[2]

端筋用がある．また，梁の側面および柱や壁に対しても種々の鋼製スペーサーが市販されている．防せい処理は最小かぶり厚の範囲とする．

モルタル製のものは鉄筋重量や施工時の外力によって簡単に割れ，かぶり厚さ不足の原因になるとともにスペーサー部分からの中性化の原因となるので使用しない．また，コンクリート製のものを用いる場合は，構造体に使用するコンクリートの調合強度以上かつ水セメント比以下の品質の良いものを選ぶ．解説図7.2.3[2]の(b)に示すように，番線付きのものが支持位置を確保しやすい．なお，プラスチック製のものは剛性・強度に難点があるものが多いので，柱・梁および壁の側面に限り，使用してよいものとする．プラスチック製スペーサーの例を解説図7.2.4[2]に示す．

鉄筋の組立精度や剛性は，結束方法，結束間隔，幅止め・うま・吊り金具などの位置，スペーサー・

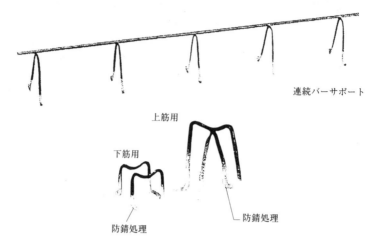

解説図 7.2.2　鋼製の鉄筋のサポートの代表例[2]

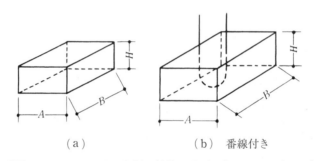

解説図 7.2.3　コンクリート製の鉄筋のサポート，スペーサーの例[2]

解説図 7.2.4　プラスチック製スペーサーの例[2]

鉄筋のサポートの配置・間隔などに左右される．鉄筋の組立てに先立ち，これらの位置・配置関係について標準的な仕様を定め，これに従って鉄筋の組立てを行うことが必要である．また，コンクリート打込み時の振動や鉄筋組立て時の外力に耐える鉄筋組立てを行うためには，鉄筋工の適切な施工に負うところが多いので，必要に応じて鉄筋工の教育を実施して施工を始めるのがよい．また，鉄筋を先組みする工法は組立精度を確保するうえで有効と考えられることから，設計耐用年数が100年および200年の場合には，先組工法の採用が望ましいとした．

　h．一般的な配筋検査は，鉄筋の径・本数・定着長・継手長さなどの確認であるが，耐久性の観点から，所定のかぶり厚さが確保されていることに重点をおいて配筋検査を行う必要がある．

7.3 型枠工事
7.3.1 一般事項

> a．型枠は，コンクリートの打込み・締固めなどによる振動に十分耐え，かつ打込み時の偏心荷重によって移動したり，はらみなどの変形を生じたりしない十分な強度と剛性を有する構造とする．
> b．型枠は，でき上がり部材の位置や寸法およびかぶり厚さについて所定の精度が確保できるとともに，コンクリートの仕上がり，均一性，強度などに有害な影響を及ぼさないものとする．

a，b．型枠に要求される品質としては以下に示す項目などが考えられるため，これらの条件を満足するように材料・工法を選定する必要がある．

（1） 型枠の強度

施工時の荷重に対して十分な強度と剛性を持つ材料と工法であること．したがって，合板を用いる場合には厚さが 12 mm 以上のものを用いることを原則とする．

（2） 型枠の精度

コンクリートの位置，形状および寸法が所定の精度になるような材料と工法であること．過度の転用は避ける．

（3） コンクリートの仕上がり

目違いや豆板などの不具合を生じないような工法とし，表面に硬化不良，汚れなど生じないこと．

（4） コンクリートの養生

せき板の取外しまではせき板の存置が初期養生の役目をすることを考慮して施工すること．

7.3.2 型枠の材料

> a．型枠には，コンクリートの強度や耐久性に悪影響を及ぼさないものを用いる．
> b．型枠がそのまま仕上げあるいは仕上げ下地を兼ねる打込み型枠を使用する場合，構造上支障がないことおよび耐久性上有効であることが確かめられたものを用いる．

a．型枠はコンクリートに直接接する木や金属の板類であるせき板と，せき板を所定の位置に固定するための仮設材である支保工からなる．せき板の種類や使用方法によってはコンクリートの強度発現・仕上がりに悪影響を及ぼすものもあるため，耐久性を損なわないことを確認のうえ，注意して選定する．木材は太陽光にさらされる時間が長くなると，セメントの硬化阻害物質の生成量が増大し，コンクリート表面に硬化不良を生じる可能性があるので，保管方法およびコンクリート打込みまでの取扱いに注意して使用する．光照射に敏感な樹種はぶな・しば・たもなどである．この種の問題を防止するためには，表面処理した合板を用いるのがよい．表面処理はせき板のむくれ・割れの防止にもなる．

また，低温時に金属板を使用すると，金属板の熱伝導率が大きいため，型枠面からの放熱によりコンクリート表面の温度が急激に低下し，ひび割れを生じるおそれがあるため，適度な加熱保温や

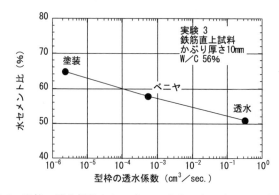

解説図 7.3.1 型枠の透水係数とかぶりコンクリートの水セメント比との関係[3]

断熱を考慮した取扱いをする必要がある．

なお，透水性を有する型枠は，型枠近傍に集まる余剰水を排出する効果があることから，コンクリートの表面性状および緻密性を改善するのに有効であるとされており，特に耐久性の向上を図る場合には，耐久性上有効であることが確かめられたものを使用するとよい．解説図 7.3.1[3]にかぶりコンクリートの性状に及ぼす型枠種類の影響について調べた結果の一例を示す．型枠の透水係数とかぶりコンクリートの水セメント比との関係に着目したものである．ブリーディング水などの余剰水をほとんど吸水しない塗装合板では，型枠に接するかぶりコンクリートの水セメント比が，調合上の水セメント比より高くなっており，ベニヤ（合板素地）を用いた場合よりかぶりコンクリートの品質が低下していることがわかる．一方，透水性型枠を用いた場合には，かぶりコンクリートの水セメント比は小さくなっており，コンクリート表面が緻密化している．特に設計耐用年数が 100 年および 200 年といった高い耐久性を要求される建築物ではこのような型枠工法の採用も推奨される．

b．打込み型枠は型枠の解体が不要で，しかも仕上げあるいは仕上げ下地を兼ねるため，省力化工法として使用される場合が多い．打込み型枠は使用される部位や目的に応じて，色々な種類のものがあり，型枠材料としては薄肉 PC 板，繊維補強セメント板，スレート板，鋼板などがある．

打込み型枠の使用にあたっては，建込み精度，強度・剛性および固定方法を確認する必要がある．また，後打ちコンクリートの施工にあたっては，打込み速度が速いと，側圧の問題を生じたり，締固めが不十分となり，充填不良や付着劣化の問題を生じたりするため，十分な注意が必要である．そのため，コンクリートの充填性が確認できることが望ましい．

7.3.3 型枠の設計

> 型枠は，コンクリートの打込み・締固め作業時の荷重および風・積雪などの環境外力に対して破壊しないように設計するとともに，打込み時の移動およびはらみなどの変形に対して所定の位置・形状

およひ寸法が得られるよう十分な剛性をもつように設計する．

　型枠の設計にあたっては，施工時に想定される外力に対して十分な剛性を持つように設計する．コンクリートポンプによる打込みを行う際には，型枠に局部的な側圧がかかり，はらみや変形を生じやすい．そのため，予想される側圧に対して十分安全な計画とし，圧送管の振動などによって変形が生じないように，筋かいなどを用いて補強する．型枠の構造計算は JASS 5.9.7 による．

7.3.4　型枠の組立て

a．型枠は，所定のかぶり厚さが確保されるよう留意して加工し，組み立てる．
b．型枠の精度は，打ち上がった構造体および部材の位置および断面寸法が，表7.3に示す許容差を満足し，コンクリートの仕上がりの平坦さが JASS 5.2.7 に示す値を満足するものとする．

表7.3　構造体および部材の位置および断面寸法の許容差

項　目		許容差（mm）
位　置	設計図に示された位置に対する各部材の位置	±20
構造体および部材の断面寸法	柱・梁・壁の断面寸法	－5，＋20
	床スラブ・屋根スラブの厚さ	
	基礎の断面寸法	－10，＋50

c．せき板は，ペーストの流出や開きのないように組み立てる．
d．柱・壁および大梁の型枠には，点検および清掃のための開口部を設け，点検・清掃の後，コンクリートの打込み時に閉鎖できるようにしておく．

　a，b．型枠の組立ては特に鉄筋の組立てと関連が深く，鉄筋の納まりや組立精度が悪いと，型枠の精度も悪くなり，所定のかぶり厚さの確保が難しくなる．したがって，本会の「鉄筋コンクリート造配筋指針」などを参考にして，納まりを十分に検討し，実際の施工にあたり留意する必要がある．ここでは，本指針のかぶり厚さの規定を順守し，JASS 5 の断面寸法の許容差の規定を順守していれば，鉄筋コンクリート構造物の耐久性は確保することができると考えられるため，設計耐用年数にかかわらず，JASSの規定の表7.3に従うこととした．また施工にあたっては所定のスペーサーを挿入し，所要のかぶり厚さを確保するようにしなければならない．

　なお，ひび割れ誘発目地として目地棒を設ける場合には，設計図に示された位置に正しく配置する．正しい位置からずれると誘発目地の機能を十分に発揮できないおそれがある．

　c．セメントペーストやモルタルがせき板の継ぎ目などから流出すると，コンクリートの品質が変化するので，せき板は隙間なく組み立てる．また，柱型枠の足元は，垂直精度の確保とペーストの流出防止（ノロ漏れ防止）のため根巻きを行う．根巻きには，解説図7.3.2に示すように金物や桟木などが用いられている．

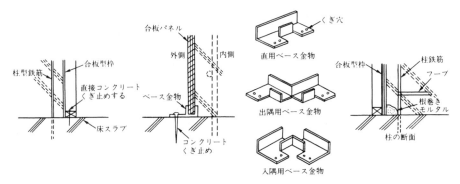

(a) コンクリート床に，直接くぎ止めする場合　(b) ベース金物を使用した脚部の固定（くぎ止め）　(c) 根巻きモルタルによる脚部の固定

解説図 7.3.2　根巻きの方法の例

　d．コンクリート打込み前には，型枠内部の点検および清掃が必要であり，特に柱・梁の場合，そのための開口部を足元に設けるようにする．なお，開口部は，点検・清掃の後，コンクリートの打込み時には閉鎖できるようにしておく．

7.3.5　型枠の存置期間

> a．せき板の存置期間は，設計耐用年数が 30 年および 65 年の場合はコンクリートの圧縮強度が 5 N/mm² 以上，設計耐用年数が 100 年および 200 年の場合はコンクリートの圧縮強度が 10 N/mm² 以上となる期間とする．ただし，7.4.5 の湿潤養生期間がせき板の存置期間より長い場合は，別途の湿潤養生対策をとるか，そのままでせき板を存置しておかねばならない．
> b．その他の支保工の存置期間は，JASS 5.9.10 による．

　a，b．せき板の存置期間は，JASS 5.9.10 では計画供用期間の級が短期および標準の場合はコンクリートの圧縮強度が 5 N/mm² 以上，長期および超長期の場合はコンクリートの圧縮強度が 10 N/mm² 以上に達したことが確認されるまでとしている．またせき板存置期間中の平均温度が 10°C

解説表 7.3.1　せき板の存置期間を定めるためのコンクリートの材齢

セメント種類 平均温度	早強ポルトランドセメント	普通ポルトランドセメント 高炉セメント A 種 シリカセメント A 種 フライアッシュセメント A 種	高炉セメント B 種 シリカセメント B 種 フライアッシュセメント B 種
20°C 以上	2	4	5
10°C 以上 20°C 未満	3	6	8

解説表 7.3.2 圧縮強度 5 N/mm² が得られる材齢（AE 減水剤使用）

セメントの種類	呼び強度	調合強度	養生温度に対する養生日数（日）				
			2 ℃	5 ℃	10 ℃	15 ℃	20 ℃
普通ポルトランドセメント	21	25	5.0	4.0	3.0	2.0	1.5
	24	28	5.0	3.5	2.5	2.0	1.5
	27	31	4.5	3.5	2.5	2.0	1.5
	30	35	4.0	3.0	2.0	1.5	1.5
	33	38	4.0	3.0	2.0	1.5	1.0
	36	42	3.5	3.0	2.0	1.5	1.0
	40	46	3.5	2.5	2.0	1.5	1.0
早強ポルトランドセメント	21	25	3.5	2.5	2.0	1.0	1.0
	24	28	3.5	2.5	1.5	1.0	1.0
	27	31	3.0	2.5	1.5	1.0	0.5
	30	35	3.0	2.5	1.5	1.0	0.5
	33	38	3.0	2.0	1.5	1.0	0.5
	36	42	3.0	2.0	1.5	1.0	0.5
	40	46	3.0	2.0	1.5	1.0	0.5
高炉セメントB種	21	25	9.0	6.5	4.5	3.0	2.0
	24	28	8.0	6.0	4.0	2.5	2.0
	27	31	7.5	5.5	3.5	2.5	1.5
	30	35	6.5	5.0	3.0	2.0	1.5
	33	38	6.0	4.5	3.0	2.0	1.5
	36	42	5.5	4.0	2.5	2.0	1.5
	40	46	5.0	4.0	2.5	1.5	1.0
フライアッシュセメントB種	21	25	6.0	4.5	3.0	2.5	2.0
	24	28	5.5	4.0	3.0	2.0	1.5
	27	31	5.0	4.0	2.5	2.0	1.5
	30	35	5.0	3.5	2.5	2.0	1.5
	33	38	4.5	3.5	2.5	1.5	1.0
	36	42	4.5	3.0	2.0	1.5	1.0
	40	46	4.0	3.0	2.0	1.5	1.0

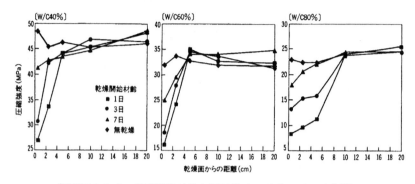

解説図7.3.3 乾燥開始材齢が圧縮強度の分布に及ぼす影響[4]

以上の場合は，コンクリート材齢が解説表7.3.1に示す日数以上経過すれば，圧縮強度試験を必要とすることなく取り外すことができるとしている．これは，若材齢のコンクリートが寒気や外力に耐えうる最低限の強度として設定されたものである．したがって，脱型後，特に損傷を受けやすい部位，あるいは十分な初期養生を期待できない部位では，耐久性を確保するうえでも可能な限り存置期間を長く設定した方がよい．10℃未満の場合では，気温・調合強度または水セメント比などの差によって所定の強度に達する材齢にかなりの差を生じるため，解説表7.3.1に示すような単一の日数で規定できない．本会寒中コンクリート小委員会では，初期養生期間に予想される養生温度と圧縮強度$5 N/mm^2$が得られるための日数との関係を呼び強度に対応させて整理し，「寒中コンクリート施工指針・同解説」に紹介している．ここでは，その結果をJASS 5.9.10でとりまとめたものとして解説表7.3.2に示す．10℃未満の場合は，構造体コンクリートの圧縮強度試験によって所定の強度が得られることを確かめなければならないが，その試験を行う材齢は，解説表7.3.2を参考にして求めればよい．なお，構造体コンクリートの圧縮強度試験方法は，JASS 5 T-603に準じて行う．1回の試験あたり3個の供試体を使用し，養生は現場における水中養生または封かん養生とする．乾燥開始材齢が圧縮強度の分布に及ぼす影響を解説図7.3.3[4]に示す．若材齢における脱型等に伴う乾燥により，セメントの水和が阻害され，表層ほど粗い組織が残存しており，水セメント比が高いほど乾燥の影響はより深くまで及んでいることがわかる．若材齢における湿潤養生は，強度および耐久性を確保するうえで極めて重要であり，湿潤養生の期間は7.4.5によるものとする．

7.4 コンクリート工事

7.4.1 一般事項

> 施工者は，所定のワーカビリティー，強度および耐久性を有するコンクリートを構造体に密実に打ち込めるように施工計画書を事前に立案し，これらに基づいて施工および品質管理を実施する．

施工計画書は7.1による．施工計画書は品質管理計画を含むものであり，品質管理のために行う試験および検査の項目・方法・時期・頻度・判定基準・試験の場所，品質管理体制および不合格の

場合の処置なども合わせて記載するものとする．

7.4.2 コンクリートの製造

> a．コンクリートの製造は，原則としてレディーミクストコンクリート工場で行う．
> b．レディーミクストコンクリート工場は，5章で定めた品質のコンクリートまたは6章に規定する品質のコンクリートが製造できると認められた工場を選定する．
> c．工場は，購入しようとするレディーミクストコンクリートについて，JISで認証されている製品を製造している工場であることを原則とする．
> d．工場には，技術士(コンクリートを専門とするもの)，日本コンクリート工学会が認定するコンクリート主任技士，コンクリート技士またはこれと同等以上の技術を有していると認められる技術者が常駐していなければならない．
> e．工場は，7.4.4によって定められた時間の限度内にコンクリートが打ち込めるように運搬できる距離になければならない．
> f．レディーミクストコンクリートの発注は，下記(1)～(3)による．
> (1) 施工者は，レディーミクストコンクリートが5章または6章に示すコンクリートの所定の品質を満足するように，JIS A 5308-2014（レディーミクストコンクリート）4（品質）によって必要事項を指定する．
> (2) 発注するレディーミクストコンクリートの呼び強度は，その調合が5章または6章で定めた調合強度，水セメント比，単位水量の最大値および単位セメント量の最大値・最小値を満足するような呼び強度以上とする．
> (3) JIS適合品以外のレディーミクストコンクリートの発注は，必要な事項を生産者と協議し，呼び強度の選定および呼び強度を保証する材齢の扱いはJISの規定を準用する．
> g．レディーミクストコンクリートの品質管理・検査は，下記(1)～(4)による．
> (1) 施工者は，生産者がJIS A 5308-2014 8.7（品質管理）による品質管理を行っていることを確認する．また，必要に応じて生産者から品質管理試験結果を提示させ，所定の品質のコンクリートが生産されているかどうかを確認する．
> (2) 施工者は，コンクリートに用いる材料および荷卸し地点におけるレディーミクストコンクリートの品質について，7.5によって品質管理・検査を行わなければならない．
> (3) JIS適合品以外のレディーミクストコンクリートの品質管理・検査は，上記に準じるほか，特別に指示した事項について管理・検査する．
> (4) 検査の結果が不合格の場合は，施工計画書に基づいて，適切な措置を講じる．

a．耐久設計で取り扱うコンクリートには，高い信頼性が必要であると考えられるため，コンクリートの製造は，一定の技術水準を有するレディーミクストコンクリート工場で行うことを原則とした．ただし，大規模工事で，現場練りでも十分な管理体制を組織できる場合には，現場練りコンクリートを使用してもよい．

b．施工者は，レディーミクストコンクリート工場の選定にあたっては，5章で定めた品質のコンクリートまたは6章に規定する品質のコンクリートが製造できることを前提条件としなければならない．したがって，耐久設計を行う場合には，高強度コンクリートを発注する場合と同様にレ

ディーミクストコンクリート工場には相応の技術レベルが求められる．

レディーミクストコンクリート工場は，地域ごとに協同組合を組織して，標準品を一定価格で販売する共販制度が定着している．しかしながら，協同組合に入っている全ての工場の標準品の品質が同じというわけではない．加えて，特に耐久性に配慮した場合には，標準品以外のコンクリートを製造しなければならないケースもある．したがって，工場選定においては協同組合と十分に打ち合わせる必要がある．

　ｃ．JIS 認定工場は，経済産業省が工業標準化法に基づいて，工場の申請によりその工場の設備・運営・管理状態および供給されるコンクリートの品質が JIS A 5308（レディーミクストコンクリート）の規定に適合し，レディーミクストコンクリート審査事項に適合した工場である．したがってレディーミクストコンクリート工場は，JIS 表示認定を受けていることを原則とした．ただし，製造設備の状況，生産実績に基づく品質管理資料，実機試し練りなどによって，工場の設備・運営・管理状態および供給されるコンクリートの品質に支障のないことを確認できれば，この限りではない．

　ｄ．コンクリートの製造に関しては，工場の技術者の技術水準が重要であり，公に認定されている技術者が常駐していることが原則である．技術士（コンクリートを専門とするもの），日本コンクリート工学会が認定するコンクリート主任技士，コンクリート技士のほか，これと同等以上の技術を有している技術者として，一級建築士または一級建築施工管理技士でコンクリートの製造・品質管理に関しての経験を有している者などが該当すると考えてよい．

　ｅ．フレッシュコンクリートの作業性は，運搬時間が長くなるほど低下する可能性が高くなると考えられるため，運搬時間の短い工場を選定することが望ましい．

　ｆ．（1）　レディーミクストコンクリートの発注に際しては，仕様書に規定された要求性能および施工上必要な性能を満足するように，必要事項を指定する．主な指定事項は以下のとおりである．

　　① アルカリシリカ反応抑制対策
　　② 骨材の安定性
　　③ コンクリート中の塩化物量
　　④ コンクリートの最低温度または最高温度（外気温による）

（2）　呼び強度は，必要条件すべてを満たすように設定しなければならない．

（3）　単位水量を小さく設定した場合，JIS 適合品以外のレディーミクストコンクリートが発注されるケースは多くなると考えられる．その際，規格外となる指定事項に関して事前に十分に生産者と協議する．また，その他の事項に関しては認証品の規定に準じて行えばよい．

　ｇ．（1）　レディーミクストコンクリートの生産者は，JIS A 5308（レディーミクストコンクリート）8.7（品質管理）によって品質管理を行っており，施工者から要求があれば品質管理の試験結果を提示することが義務付けられている．そこで，施工者は，材料の受入，コンクリートの製造などにつき，品質管理の実施状況を把握するとともに，随時，品質管理試験結果を製造者に提示させ，所定の品質のコンクリートが製造されていることを確認する．

（2）　検査にあたっては，検査のための試験方法・時期・頻度，検査ロットの大きさ，判定の方法などについてあらかじめ生産者と協議して定める必要がある．水セメント比，単位水量または単

位セメント量の試験，およびコンクリートに含まれる塩化物量を検査する場所は荷卸地点とすることが望ましい．

（3） JIS適合品以外のレディーミクストコンクリートの品質管理・検査に関しては認証品の規定に準じて行えばよい．ただし，特殊な事項について指定した場合には生産者と十分な協議が必要である．

（4） 使用材料の検査の結果が不合格になった場合には，ただちにその材料の使用を中止して，品質基準に適合する材料に取り替える．フレッシュコンクリートの検査で不合格になった場合には，そのトラックアジテータを返却し，工場に連絡をとり，原因の究明と対策をとらせたうえに，その結果を施工者に報告させるとともに，後に続く数台について品質を確認する必要がある．圧縮強度が不合格となった場合は，その前後におけるコンクリートの品質管理試験結果を調査し，ロットとしての合否の判断を行う．また，同じコンクリートの構造体コンクリート強度に関しても，同様の調査・検討を行う必要がある．

7.4.3 コンクリートの運搬

> a．コンクリートは，JIS A 5308-2014（レディーミクストコンクリート）8.4（運搬）の規定および7.4.4の練混ぜから打込み終了までの時間の限度の規定を満足するように運搬しなければならない．
> b．コンクリートは，荷卸し直前にアジテータを高速回転させ，コンクリートを均一にした後排出する．
> c．暑中コンクリートおよびマスコンクリートにおいて，コンクリートの温度を下げるため，特別の措置を講じる場合は，コンクリートの耐久性上悪影響を及ぼさないことが確かめられた方法を用いる．

a．レディーミクストコンクリートの品質は時間の経過とともに変化するので，運搬時間はできるだけ短い方がよい．コンクリートの練混ぜから打込み終了までの時間の限度は，7.4.4では25℃未満の場合120分，25℃以上の場合90分を原則として定めているが，運搬時間は工事現場内での運搬時間や待機時間を考慮して考える必要があるため，これよりも当然短くなることに注意する．

b．コンクリートの荷卸しの際に，できるだけコンクリートを均一にして排出するためにはアジテータの高速回転を30秒程度以上実施することが望ましい．

c．打込みが終了したコンクリートは，寒中にあっては凍結しないこと，暑中にあっては強度・耐久性に悪影響を及ぼさないこと，およびコールドジョイントなどの不具合を起こさないことが重要である．

このため設計耐用年数が100年および200年の場合には，荷卸し時におけるフレッシュコンクリートの温度を3℃以上，30℃以下とするのが望ましい．暑中コンクリートの適用を開始する平均気温25℃に対応するレディーミクストコンクリートの練上がり温度は30℃程度，運搬後の荷卸し時の温度は32～34℃程度と考えられる．したがって，暑中コンクリートの適用期間において，荷卸

し時のコンクリート温度を 30℃ 以下とするためには，使用材料の温度制御あるいは使用材料やコンクリート自体の冷却などの措置を考える必要が生じる．液体窒素などを用いて特殊な方法でコンクリートの冷却を図る場合には，コンクリートの耐久性上悪影響を及ぼさないことを実態調査あるいは実験により確認のうえ，製造・運搬を行う．

　コンクリート温度を下げられない場合には，経過時間に伴うスランプや空気量の低下ができるだけ少なくなるように材料・調合の条件を見直す．遅延形の AE 減水剤や高性能 AE 減水剤の使用が有効と考えられるが，使用にあたっては，信頼できる資料や事前の試験を行って，使用量，減水性，スランプ保持性，凝結特性，ブリーディング，強度発現性などを確認して使用するのが望ましい．

7.4.4　コンクリートの打込み・締固め

---

a．コンクリートの打込み・締固めに際しては，施工計画に基づいて均質で密実なコンクリートが得られるように施工する．

b．打込み計画に基づいて役割分担を作成し，作業方法，レディーミクストコンクリート工場との連絡，運搬機器，締固め機器の配置などを関係者に周知徹底させる．

c．コンクリートの運搬機器は，コンクリートポンプ，バケットおよびシュートなどとし，コンクリートの種類・品質および施工条件に応じて，運搬によるコンクリートの品質の変化が少ないものを選定し，十分な整備点検を行う．

d．コンクリートポンプを用いる場合は，その機種および台数はコンクリートの調合・配管計画・圧送距離・単位時間あたりの運搬量，1 日の打込み量およびコンクリートポンプの能力に基づいて定める．

e．コンクリートポンプによる圧送を行う者は，安全衛生法の特別教育を受け，かつ厚生労働省で定める「コンクリート圧送施工技能士」の資格を取得している者とする．

f．バケットを用いる場合は，下部からコンクリートを排出する形式のもので，打設箇所で操作して任意に排出および中断できる構造のものを用いる．

g．コンクリート打込み当日までの準備では，特に下記(1)〜(4)に留意する．
　(1) 配筋，型枠および設計図に示された各種配筋，ボックス，埋込み金物などのかぶり厚さを確保するため，埋設物が所定の位置にあることを確認する．
　(2) 硬化したコンクリートに接してコンクリートを打ち込む場合は，打継ぎ面のレイタンスおよびぜい弱なコンクリートを除去し，健全なコンクリート面を露出させ，十分な水湿しを行う．
　(3) 打継ぎ部は，梁，床スラブおよび屋根スラブではその中央付近に垂直に，柱および壁では床スラブ，基礎の上端または梁の下端に水平に設け，構造耐力および耐久性を損なわないように定める．
　(4) 打込み中のトラブルによる打込み中止の事態に対応したコンクリートの打止め方法を施工計画書に決めておく．

h．コンクリート打込み当日の準備では，特に下記(1)〜(6)に留意する．
　(1) 打込み直前に関係者全員による打合せを行い，打込み計画に基づく各種作業を行うことを周知徹底させる．
　(2) コンクリート打込み区画内を点検し，コンクリート打込みに支障がないことを確認する．
　(3) 打込みに際し，鉄筋の乱れおよび型枠・鉄筋の汚れを防止するために，構台，桟橋，道板などで養生を行う．

(4) 打込みに先立ち，打込み場所を清掃して異物を取り除く．せき板およびコンクリートの打継ぎ部分は散水して湿潤にする．
　(5) 鉄筋・鉄骨および金属製の型枠が高温になっている場合は，コンクリートの打込み直前に散水して冷却する．
　(6) 型枠・鉄筋・打継ぎ部のコンクリートなどに散水した水は，コンクリートの打込み直前に高圧空気，水抜き孔などによって取り除く．
i．コンクリートの運搬および打込み・締固めにおける1回のコンクリートの打込み区画・打込み高さおよび打込み量は，型枠の中にコンクリートを均質かつ密実に充填できる限度内とする．
j．コンクリートの練混ぜから打込み終了までの時間の限度は，外気温が25℃未満の場合120分，25℃以上の場合90分を原則とする．ただし，コンクリートの凝結を遅延させる方法を講じた場合は，工事監理者の承認を受けて，その時間の限度を変えることができる．
k．コンクリートの打込みでは，特に下記(1)〜(7)に留意する．
　(1) 一層の打込み厚さの限度は60 cm程度とし，各層を十分締固めできる範囲の打込み速度で打ち込む．
　(2) 立ち上がり部分のコンクリートは，一箇所にコンクリートが集中しないように筒先を移動して打ち込む．
　(3) コンクリートの自由落下高さは，コンクリートの分離を生じない範囲とする．長い柱・高い壁などの型枠中にコンクリートを打ち込む場合は，シュートまたはパイプなどを型枠中へ挿入するか，型枠の中間に設けた開口部から打ち込んで，コンクリートの分離や，型枠および鉄筋へのコンクリートの付着が生じないようにする．
　(4) 打重ね時間間隔の限度は，コールドジョイントが生じない範囲として定め，工事監理者の承認を受ける．
　(5) 柱および壁に打ち込んだコンクリートの沈下が終了した後に，梁・スラブのコンクリートを打ち込まねばならない．
　(6) コンクリートの打込み中は，かぶり厚さの状態を監視し，鉄筋・型枠の移動・変形，スペーサー・鉄筋のサポートの移動などによって，かぶり厚さ不足の箇所を生じることのないようにする．
　(7) 外周壁のコンクリート打継ぎでは，打継ぎ部の水密性が得られるように，特に入念に打継ぎ部の処理を行って打継ぐ．
l．梁およびスラブのコンクリートの上面に生じた初期ひび割れおよびその他の欠陥は，コンクリート凝結終了までに処置する．
m．締固めは，十分な技能・経験を有する熟練した技能員が操作するコンクリート棒形振動機および型枠振動機を用いて行うこととし，必要に応じて他の用具を補助的に用いる．
n．コンクリート棒形振動機は，打込み箇所の断面および配筋状態に応じて，可能な限り径および能力の大きい物を使用する．
o．コンクリート棒形振動機の挿入間隔はおおよそ60 cmとし，コンクリートの分離を生じない範囲で，十分に締固めを行う．また，空気量の低下を生じないように留意し，過剰な振動締固めを避ける．
p．コンクリート部材の位置および断面寸法の許容差は，JASS 5.2.7による．
q．コンクリートの仕上がり状態は，JASS 5.11.9による．
r．コンクリート面に仕上材を施す場合は，コンクリートの耐久性を損ねないように下地処理を行う．

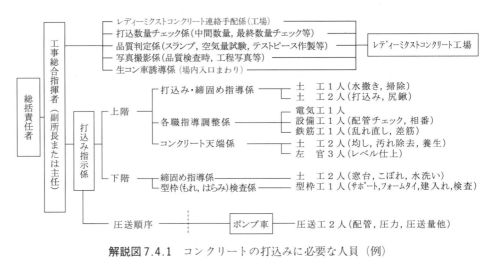

解説図7.4.1 コンクリートの打込みに必要な人員（例）

　a．作業現場の施工状況に対応して作成した施工計画に基づき，運搬・打込み・締固め・養生・仕上げなど，それぞれの作業手順に対応した作業を確実に行うことによって，密実なコンクリートが得られるようにする．

　b．コンクリートの打込みに際しては，それぞれの作業が確実に行えるように，必要な人員を確保し，作業分担を定める．コンクリートの打込みに必要な人員の例を解説図7.4.1に示す．コンクリートの打込みは手間がかかるものであり，特に仕上材のない打放しコンクリートの打込みにおいては余裕のある人員配置を計画する．

　c．現場内のコンクリートの運搬には，鉛直運搬と水平運搬とがあり，コンクリートの種類と調合，構造物の種類と規模，敷地の条件，打込み箇所と打込み量などに応じて，合理的な運搬機器を採用しなければならない．機器の選定にあたっては以下の点を考慮する．

（1）コンクリートポンプ

コンクリートポンプは，1台で水平・鉛直両方向に大量のコンクリートを運搬できるので広く使われているが，一般にスランプの小さいコンクリートでは，圧送が難しくなる．また，圧送の難易は，配管の長さや圧送の高さ，圧送速度，ポンプの機種，配管径，およびオペレータの技能などに関係する．これらの条件を合わせて圧送性を十分に検討する．

（2）コンクリートバケット

コンクリートバケットは，運搬によるコンクリートの品質変化が少なく，少量のコンクリートの運搬や硬練りコンクリートの運搬に適した方法である．特に，柱・壁部分と梁・スラブ部分とを分離した分離打込み工法などに採用するのが望ましい．

（3）カート

コンクリートはカート（手押し車）での運搬中に分離しやすいので，運搬距離が短くなるように計画すべきである．

（4）シュート

コンクリートを高い所から流下させて打ち込む場合には，たて形シュートを使う．斜めシュートは，コンクリートが分離しやすいので避けた方がよい．やむを得ず使用する場合には，その傾斜角度を 30 度以上とする．

運搬機器は，施工条件に応じて単独または組合せで使用するが，その選定にあたっては必要に応じて試し運搬を行い，機器の性能およびコンクリートの品質を確認して，その運搬方法の可否を定める．運搬によるスランプの低下は 2.0 cm（高性能 AE 減水剤を用いた場合 2.5 cm），空気量の変化は 1.0％を限度とする．

d，e．コンクリートポンプの採用にあたっては，所要品質のコンクリートが得られることを目標として，以下の条件について検討する．

（1） コンクリートポンプによる圧送を行う者は，安全衛生法の特別教育を受け，かつ厚生労働省で定める「コンクリート圧送施工技能士」の資格を取得している者とする．

（2） コンクリートポンプの機種は，所要のコンクリートを十分に圧送できる能力を有するものを選定する．機種の選定については，JASS 5.7.4 によって行う．

（3） コンクリートポンプによる施工にあたっては，各種の輸送管，配管用部品および洗浄用部品などの付属部品類が必要である．輸送管およびジョイントの仕様は，輸送管内に作用する圧力を考慮して選定する．輸送管の径は，ポンプの圧送性に直接影響し，輸送管の径が大きいほど圧力損失が小さくなり，圧送性も良くなる．

（4） 圧送中は輸送管の動きや振動があるので，型枠，配筋および既に打ち込んだコンクリートに，振動による有害な影響を与えないように，輸送管は支持台や緩衝材を使用して設置する．

（5） コンクリートの圧送に先立ち，水およびモルタルを圧送してポンプおよび配管内面に潤滑性を付与し，コンクリートの品質変化を防止する．先送りモルタルは，使用するコンクリートと同等以上の強度を有するものを使用する．

先送りモルタルは圧送後原則として廃棄するが，設計耐用年数が 65 年の場合には，部分的に単位容積質量やヤング係数が低下しても問題のない箇所に限り，型枠内に打ち込んでもよいものとする．ただし，その場合でも明らかに品質が損なわれた部分や先行水の混入が認められる部分は廃棄する．

（6） 圧送は計画に従って連続的に行い，できるだけ中断しないように行う．長時間の中断が予想される場合には，閉塞を防止するための措置を行うことが必要となる．なお，圧送中に閉塞して品質の変化したコンクリートは廃棄する．

f．クレーンを併用したバケットは，コンクリートに振動を与えることが少なく，鉛直・水平のいずれの方向にも容易に運搬できるため，少量のコンクリートの運搬や硬練りコンクリートの運搬に適している．

バケットの排出口は材料分離が生じないようにバケット下部の中央に設け，それを閉じた状態でモルタルが漏れない方式とする．バケット中に長時間コンクリートを入れておくと，ブリーディングが生じたり，ワーカビリティーが低下したりするだけでなく，コンクリートの排出ができなくなることがあるので，バケットに投入後は速やかにコンクリートを打ち込む必要がある．

g．コンクリートの打込み当日までに準備しなければならない事項を解説表 7.4.1 に示す．解説

解説表7.4.1　打込み前の点検表

No.	事　項	チェック
1	埋込み金物などの取付け位置，個数など	
2	型枠，鉄筋，配管の検査終了確認	
3	打込み用機器類の数量と設備	
4	動力，照明設備，給排水設備，場内通信設備	
5	品質管理設備と品質管理方法	
6	レディーミクストコンクリート工場との連絡方法	
7	打込み量と作業予定時間	
8	打込み速度，打込み順序	
9	ポンプ機種と配置，打込み階との連絡方法	
10	打込みポイント（部位，部材ごと）	
11	打継ぎ位置および処理方法	
12	コンクリートの養生方法	
13	打込み技能員の配置と作業分担	
14	天候変化など緊急時の対応	
15	打込み方法と締固め方法	
16	トラックアジテータの誘導方法と交通監視	
17	作業通路の確保と近隣養生	

表7.4.1以外には下記の（1）～（4）に留意する．

（1）品質管理のための検査が終了していても，コンクリートの打込み直前との間には時間的なずれがあり，状況が検査時と異なっている場合もある．いったんコンクリートを打ち込んでしまうと，配筋や埋込み金物などは修正できなくなる．そのため，検査が終了していても再度の確認が必要である．特に，設備配管などは，コンクリートのかぶり厚さが少なくなる傾向にあるので，耐久性確保のために必要なかぶり厚さが得られるような配管方法が要求される．

（2）打継ぎ部分の付着をよくするために，先に打ち込まれて硬化しているコンクリート打継ぎ面のレイタンスおよび脆弱層を除去し，健全なコンクリート面を露出させ，打継ぎ表面を散水して清掃しておく必要がある．

（3）施工計画に基づき，定められた位置に打継ぎ部を設ける準備がなされているかを確認する．原則として，梁，床スラブおよび屋根スラブでは，せん断力の小さい中央付近に垂直に打継ぎ部を設ける．ただし，梁と交差する梁の打継ぎは，交差する梁からその幅の2倍以上離れた箇所に設ける．壁の誘発目地が打継ぎ可能範囲にあればそこで打ち継ぐのがよい．打継ぎ部分の支保工が後で打ち込まれるコンクリートの重量で下がらないように堅固にしておくことが重要である．したがって，スラブ型枠の支保工形式が仮設のビームトラスやデッキプレート等の無支柱工法の場合には，後日コンクリートを打ち込んだ場合に，後打ちコンクリートの重量でスラブ型枠がたわみ，若材齢の先打ちコンクリートに悪影響を及ぼすおそれがあるため，梁ぎわか梁上で打ち継いだ方がよい．なお，梁ぎわで打継ぐ場合にはせん断補強筋を入れることや梁側をふかすなど，適切な処置を行う．

水平打継ぎは，床スラブ，屋根スラブおよび梁の下端または床スラブおよび基礎の上端に設け，

7章 施工・品質管理 —219—

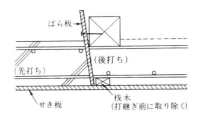

解説図 7.4.2 スラブの打継ぎ方法の例

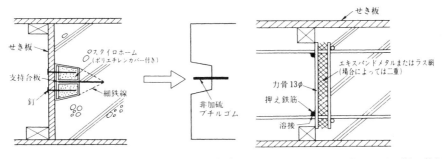

（a）鉛直打継ぎ止水板　　（b）エキスパンドメタルまたはラス網で仕切る（壁）

解説図 7.4.3 外壁の鉛直打継ぎ方法の例

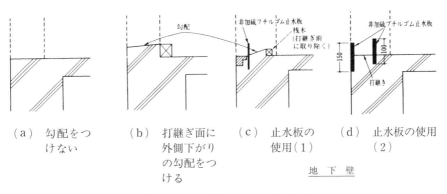

（a）勾配をつけない　（b）打継ぎ面に外側下がりの勾配をつける　（c）止水板の使用（1）　（d）止水板の使用（2）

地下壁

解説図 7.4.4 外壁の水平打継ぎの例

構造物の強度の低下が最も小さくなるような配置，形状とする．エキスパンジョイントを除き，打継ぎ部分の鉄筋は連続とする．スラブの打継ぎ方法の例を解説図7.4.2に，外壁部分の鉛直打継ぎ方法の例を解説図7.4.3に，水平打継ぎの例を解説図7.4.4に示す．なお，水密性を得るために打継ぎ部の処理に凝結遅延剤を用いる方法や接着剤を用いる方法などがある．

（4）　打込み中に生じるトラブルとしては天候の急変(降雨，強風，降雪など)，レディーミクストコンクリート工場の故障，ポンプの故障などがある．天候急変の場合，中断が一時的であり，再開される可能性もあるため，打継ぎ部分を覆い，水がたまったり，急激な乾燥や凝結をしたりするのを防止するためのシート類の準備をしておく必要がある．また，コンクリートの打止めをする場

合には，構造上できるだけ支障のない位置で打ち止めるため，リブラスや仕切り板などを準備する．レディーミクストコンクリート工場の故障およびポンプの故障に対しては，あらかじめ代替手段を準備しておく．

　h．コンクリート打込み当日の，直前までに準備を完了しなければならない事項を下記(1)～(4)に示す．

　(1)　打込み直前に関係者全員による打合せを行う．伝達内容のポイントは以下のとおりであり，当日の作業内容や分担等の周知徹底を図り，打込みに参加する者の責任範囲を明確にしなければならない．コンクリート打込み時には作業分担ごとに腕章を着けさせるなど工夫するとよい．

　　・打込み区画，打込み量，打込み速度，所要時間
　　・打込み順序
　　・作業員の配置，班別の班長と担当係員の紹介
　　・具体的な打込み要領の説明（部材別の打込み要領，特に不具合が生じやすいと予想される箇所の提示と打込み要領）
　　・締固め方法
　　・上下の連絡方法
　　・昼休みの取り方
　　・床の均し方，タンピング
　　・安全指示
　　・後片付け方法，残コンの処理方法
　　・床仕上げ後の養生方法
　　・トラブル発生時の対策

　(2)　コンクリート打込み後の補修ややり直しには多大な労力と費用がかかる場合が多い．したがって，打込み区画内をよく事前点検し，事前準備が全て完了していることを確認する．

　(3)　正確な配筋および鉄筋とコンクリートの付着強度の確保のために，打込み用の機器・人員の移動箇所は，構台，桟橋，道板などで養生する．型枠および鉄筋にこぼれたコンクリートはできるだけ早く取り除き，清掃した後にコンクリートを打ち込むようにする．

　(4)　コンクリート打込み箇所の木片や金属片，土などの異物は，そのままコンクリートが打ち込まれた場合には不具合の原因となるので，これを取り除く．また，気温の高い場合には，水分が蒸発しやすいため，せき板およびコンクリートの打継ぎ部分が湿潤となるように特に注意して，処置する．

　(5)　日射などの影響で鉄筋・鉄骨および金属製の型枠が50℃以上の高温になる場合がある．コンクリートがこれらの高温の材料に接した際には，品質低下を生じやすくなるため，打込み直前に散水して冷却しておくことが必要である．

　(6)　打込むコンクリートに水を巻き込んで局部的に水セメント比の高いコンクリートを生じさせないように，コンクリート打込み前に溜まった水を，水抜き孔を設けるなどして排出することは重要である．

i. 打込み区画, 打込み量を決める際に考慮すべき作業能率の例としては, 次のようなものがある.

- 締固めが十分に行える打込み速度：棒形振動機2台で20〜30 m³/hr（打込み箇所にもよる）
- ポンプ車の圧送能力：20〜40 m³/hr（機種, 階高にもよる）
- レディーミクストコンクリート工場の生産能力：60〜90 m³/hr（練混ぜ能力, トラックアジテータ保有台数, 道路事情にもよる）

ポンプ車の圧送能力, レディーミクストコンクリート工場の生産能力は大きくても, 十分な締固めが行われなければ, コンクリートは密実に打ち込めない. したがって, 1日の打込み量はよく締め固めながら打ち込める量が基本となる. 配員, 労務能力, 施工難度, その他の条件も勘案して, 十分な打込み管理ができる量以下となるように打込み区画を設定する. また, 長大な建築物の場合には, 特に収縮ひび割れを生じやすいため, 打込み区画を平面ごとに分割して施工し, 区画ごとに収縮させながら, 建築物全体の収縮による応力を低減させるといった方法も考える必要がある.

j. JASS 5.7.4では, コンクリートの練混ぜから打込み終了までの時間の限度は, 外気温が25℃未満の場合120分, 25℃以上の場合90分としており, JASS 5.7.4によってよいものとした. なお, コンクリートの凝結を遅らせる対策を講じた場合には, 工事監理者の承認を受けてその時間の

解説表 7.4.2　回し打ち, 方押し打ちの特徴

項目	回し打ち	方押し打ち
定義	コンクリートを何回かに分けて水平に打ち重ねていく方法	コンクリートを床スラブ上端まで一気に一方向から打ち上げる方法
スランプの変更	梁, スラブのコンクリートのスランプを柱, 壁のものと変更できる	梁, スラブのコンクリートのスランプを柱, 壁のものと変更できない
側圧	あまりかからない	大きい
型枠の変形	変形は小さい	変形する可能性が高い
鉄筋の乱れ	乱れやすい	乱れが少ない
施工能率	配管の盛替えが多い	配管の盛替えは少ない
コールドジョイント	生じやすい	生じにくい
コンクリートの沈下	生じにくい	生じやすい

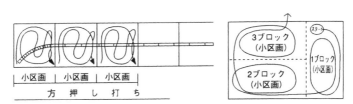

解説図 7.4.5　打込み計画の例

限度を変えることができる．

　k．ポンプ工法による打込みを，回し打ちと方押し打ちの2つに分類すると，解説表7.4.2に示すように特徴付けられる．この2つの方法をうまく使い分けて打込み計画を立てるとよい．打込み計画の例を解説図7.4.5に示す．

　また，ポンプ工法による打込みの留意点を以下に示す．

　（1）　打込み速度が速過ぎると締固めが不十分となるばかりでなく，型枠に作用する側圧が過大となって，せき板のはらみや型枠全体が変形を起こす原因となる．公称棒径30〜60 mmの高周波電動機内蔵型棒形振動機の振動機長さは40 cm前後であるので，一層の打込み厚さはその移動範囲を加えて60〜80 cm程度以下とし，振動棒の先端を先に打ち込んだコンクリートの層まで挿入する．また振動時間は10〜20秒程度とする．

　（2）　コンクリートは，型枠の中において横流しをできるだけ避け，目的の位置に近付けて，低い位置から落とし，均一な厚さに水平に打ち込むのが基本である．一箇所にコンクリートが集中すると，側圧によって型枠が変形したり，横流しが生じて粗骨材が分離しやすくなるためである．打込み方法の例を解説図7.4.6および解説図7.4.7に示す．

　（3）　自由落下高さとは，シュートやホースなどの運搬用具からコンクリートが離れて落ちる高さである．これが大き過ぎるとコンクリートの分離が生じ，また衝撃で鉄筋を動かしたり，スペーサーなどを外したりするおそれがあり，1 m以内が理想とされている．型枠の高さが大きい場合，たて型シュートを用いるか，型枠中間に開口部を設けるなどして，コンクリートの分離を防止する．

　（4）　コールドジョイントの発生は，一般には先に打ち込まれているコンクリートの凝結の程度，練混ぜから打込み終了までの時間，打重ね時間間隔，コンクリート温度，打継ぎ部の締固め方法などによって左右される．打重ね時間の限度は，一律に定めることが難しいが，設計耐用年数が65年

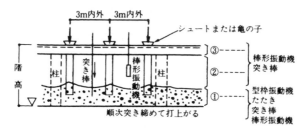

解説図7.4.6　垂直部材の打込み方法（例）

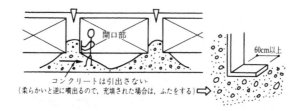

解説図7.4.7　開口部分の打込み方法（例）

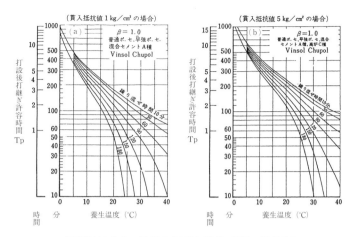

解説図 7.4.8 温度と打重ね許容時間の関係[5),6)]

の場合には外気温が 25°C 未満の場合は 150 分，25°C 以上の場合は 120 分を目安とし，先に打ち込んだコンクリートの再振動可能時間以内とする．ただし，コンクリートの凝結時間を変化させる方法や打重ね部に対する処置などを講じる場合には，工事監理者の承認を受けて，この時間の限度を変えるとよい．

解説図 7.4.8[5),6)]はコンクリートの養生温度と打重ね許容時間の関係を貫入抵抗値で示したものである．これは，練混ぜ時の水とセメントの接触からの時間として示している．この図から打重ね時間間隔の限度を定める場合には，レディーミクストコンクリートの運搬時間，養生温度（コンクリート温度），躯体に要求される性能および締固め条件などの考慮する必要がある．設計耐用年数が 100〜200 年の場合は，打重ね時間間隔の限度を前述より短縮させるように特記により定めるのがよい．例えば，解説図 7.4.8 に示す貫入抵抗値 $1 kg/cm^2$ の結果を参考として，30〜60 分程度短縮させて，コールドジョイントの発生リスクを極力小さくする．施工計画に際してこの打重ね時間間隔は，打込み区画の規模・労務や機器を含めた施工能力・区画内の打込み順序・打込み速度などによって支配されるため，施工計画作成においてこれらを総合的に考えなければならない．

（5） 梁・スラブのコンクリートの打込みにおいては，梁の下端と壁，梁上端とスラブの境界線に沈降ひび割れが生じやすいため，鉛直部材のコンクリートの沈降がほぼ終了した後，打ち重ねる．ただし，打重ね時間間隔の限度内にこれを行うことが必要であり，打込み計画を立てる際には十分な検討が必要である．このため柱・壁と梁・スラブの水平分離打ちを行うのもよい．

（6） コンクリート中に埋め込まれるものが，打込み時のコンクリートの圧力，締固め時の振動機の振動などで，所定の位置からずれないようにする．また，鉄筋のかぶり厚さが確保できるように，スペーサーの配置などの点検を行う．

（7） コンクリートの打込み終了直前に，打継ぎ部の位置が施工計画のとおりであるかを再度確認する．特に外周壁では，打継ぎ部の水密性が得られるように，特に入念に打継ぎ部の処理を行う必要がある．

l．打上がり直後の不具合は，打上がりコンクリートの表面をよく観察して直しておく．梁およびスラブのコンクリートの上面に生じた沈みひび割れ，プラスチック収縮ひび割れは，ブリーディングの終了前後までにタンピングや再振動によって手直しを行うとよい．

m．コンクリートの密実な充填は適切な締固めにより得られる．振動機の扱い，振動時間，見えない箇所への対応など，経験と体力を有する作業なので熟練者を配置する必要がある．締固めには，原則としてコンクリート棒形振動機を用いるが，薄い壁などで棒形振動機を用いることが困難な箇所には型枠振動機を使用する．振動機は機器によって性能も異なるので，工事に適したものを選定し，決められた使い方を守る．振動機の規格としてJIS A 8610（コンクリート棒形振動機）とJIS A 8611（コンクリート型枠振動機）がある．コンクリート棒形振動機の本数はポンプ車1台2本以上とし，コンクリート型枠振動機の台数はポンプ車1台10本程度とする．補助用具の締固めは以下による．

① たたき（打重ね線上のたたき回数）：バイブレータが届く部分は20回/m以上，届かない部分は40回/m以上

② 突き棒：棒形バイブレータを挿入できない部分は20回/m程度

n．コンクリートのスランプが小さくなるにつれて振動機の有効振動範囲は小さくなる．振動機からの距離と加速度との関係は解説図7.4.9[7]および解説図7.4.10[8]のとおりである．打込み箇所の断面および配筋状態に応じて，可能な限り径および能力の大きい物を準備する．

o．公称棒径45〜60 mmの棒形振動機の有効範囲は公称棒径のほぼ10倍を直径とする円内であることから，挿入間隔は60 cmとした．振動を1箇所に長くかけ過ぎるとコンクリートが分離するので，その時間はコンクリートの種類やスランプなどに応じて，状態を観察しながら決めるとよい．1回の挿入時間は10秒程度を目安とする．

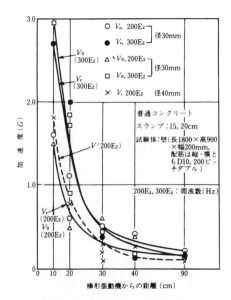

解説図7.4.9　棒形振動機による距離と加速度との関係[7]

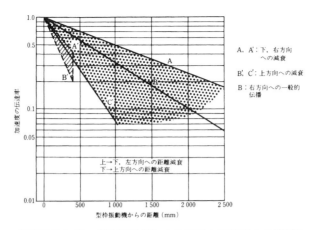

解説図 7.4.10 型枠振動機による距離と加速度との関係[8]

p．コンクリート部材の位置および断面寸法は躯体の精度に反映し，建築物の品質の良否をはじめ，次工程の仕上げおよび設備工事の作業性や品質にも大きな影響を及ぼすため，十分に管理することが必要である．

q．コンクリートの仕上がり状態に対する要求は，美観に対する要求など，一義的には規定しにくいため，特記によることを基本とする．

r．適切な仕上材を選定し，メンテナンスを十分に行えば，仕上材は長期にわたってコンクリート躯体を保護する．したがって，下地処理に対しても，コンクリートの耐久性を損なうことがないよう材料選定と処理に配慮する．また，骨材露出仕上げやびしゃん叩き仕上げなどでは，仕上げ作業によってかぶり厚さ不足が生じることがないように特に注意する．

7.4.5 コンクリートの養生

> 打込み後のコンクリートは，十分な強度が得られるまで日光の直射，急激な乾燥，寒気，振動・外力等に対して適切な養生を行い，コンクリートの品質の低下および損傷を防止する．

打込み後のコンクリートは，所定の品質が得られるように十分に養生を行う必要がある．特に初期の湿潤養生が重要であり，標準的な養生作業は以下のとおりである．

（1）コンクリート打込み後，こて仕上げ終了後に，散水その他の方法で湿潤にし，日光の直射，急激な乾燥および寒気に対して適切な養生を行い，コンクリート温度を2℃以上に保つ必要がある．湿潤養生の期間は解説表7.4.3によるのが望ましいが，コンクリートの圧縮強度が解説表7.4.4を満足することを確認すれば以降の湿潤養生を打ち切ることができる．養生温度はJASS 5.8.3による．

解説図7.4.11[8]は脱型時のコンクリートの圧縮強度とせき板7日存置の場合を基準とする材齢28日圧縮強度比との関係を示したものである．また，解説図7.4.12[8]は脱型時のコンクリートの圧

縮強度と中性化深さ（促進期間26週）との関係を示したものである．

解説図7.4.11より脱型時強度が10 N/mm²以上あれば28日強度比は90%以上確保でき，15 N/mm²以上あれば28日強度比はほぼ100%確保できることがわかる．これをもとに湿潤養生を打ち切

解説表7.4.3　湿潤養生期間の推奨値

セメントの種類	設計耐用年数65年	設計耐用年数100年および200年
早強ポルトランドセメント	3日以上	5日以上
普通ポルトランドセメント	5日以上	7日以上
その他のセメント	7日以上	10日以上

解説表7.4.4　湿潤養生を打ち切ることができるコンクリートの圧縮強度

セメントの種類	設計耐用年数65年	設計耐用年数100年および200年
普通ポルトランドセメント 早強ポルトランドセメント	10 N/mm²以上	15 N/mm²以上

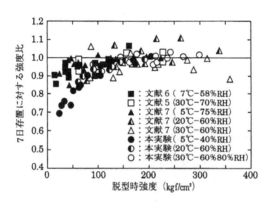

解説図7.4.11　脱型時強度と圧縮強度比[9]

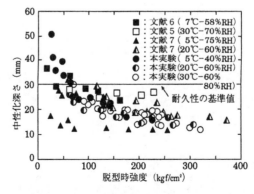

解説図7.4.12　脱型時強度と促進中性化深さ[9]

ることのできる脱型時強度を，それぞれ 10 N/mm², 15 N/mm² とした．なお，解説図 7.4.12 の促進試験条件（温度 30℃，相対湿度 60%，CO_2 濃度 5 %）において，脱型時強度が 10 N/mm² 以上あれば中性化深さが 30 mm を下回ることから，これらは中性化抵抗性の観点からも十分安全側の値と考えられる．

（2） 型枠に接していないコンクリートの表面は，初期養生期間中はコンクリート面が乾燥しないようにする．散水して完全に湿潤にした後，露出面をシートで覆って養生するのが効果的である．

（3） 塗膜養生剤を用いて行う場合，養生剤の種類および使用範囲については事前に調査して確認したものを使用する．

（4） 部材内部と表面の温度差が大きくならないように注意して養生する．

また，硬化初期のコンクリートが有害な振動や外力による悪影響を受けないようにする必要がある．打込み後，少なくとも 1 日間はそのうえで作業してはならない．やむを得ず，次工程の墨出しなどをするため床スラブに乗るような場合には，振動などを加えないよう，なるべく静かに作業する．

7.4.6 仕上材の施工

> a．仕上材の種類，品質に応じて，要求される耐久性が得られるよう施工する．
> b．せき板を除去した後に仕上材を施工する場合は，仕上げの種類に応じて適切なコンクリート下地表面処理を行う．
> c．仕上材は，施工時の気象条件を十分考慮して施工する．

a．コンクリート構造物の耐久性を確保するために使用する仕上材は，計画耐用年数が確保できるように施工を行う．また，仕上材の耐久性はコンクリート構造物の耐久性より低くなるため，メンテナンスが必要であり，コンクリートの耐久性を損なわない経済的な維持管理計画を立てなければならない．

仕上材で問題となる欠陥は，剥離とひび割れおよび不均一な塗厚さによる耐久性劣化があげられる．これらの不具合は施工の良否に左右されることが多い．特に剥離は美観や耐久性を損なうだけでなく，仕上材の落下による第三者被害などを引き起こす場合もあり，定められた工法の手順に従って入念に作業する必要がある．また，作業者の意識や経験なども含めた施工技術の向上も望まれる．

鉄筋コンクリートの仕上材としては，外装塗り仕上材，タイル，左官材料などがある．各仕上材の施工にあたっては，JASS 18（塗装工事），JASS 23（吹付け工事），JASS 19（陶磁器タイル張り工事），JASS 15（左官工事）など，該当する仕様書に従うとよい．なお，打放し仕上げに用いる浸透性吸水防止剤やケイ酸質系塗布防水剤に関しては信頼できるデータや実績のあるものを選び，メーカーの推奨する施工法を遵守する．

b．下地処理がよくないと，仕上げの出来ばえに影響するだけでなく，ふくれ・剥離あるいはひび割れの原因となるため，この下地処理は特に重要である．

型枠の剥離材が仕上材とコンクリートの接着に悪影響を及ぼすことがあるため型枠剥離剤を選定する場合は，コンクリート中のアルカリ分と反応して金属石けん皮膜を作るタイプのものを選定するようにする．また，使用量は規定量を超えないように注意する．

コンクリートの壁や床などで，目違いや不陸などの生じた箇所は，目荒しや削り取るなどして平らになるように調整する．極端に平滑な場合（メタルフォーム使用など）にも目荒しを行い，付着面積を増すようにする．

塗り仕上げの不陸調整として，モルタル塗りのほか，薄塗り工法（数mmの塗厚で下地補修する方法）が使用されている．いずれも下地面をデッキブラシなどで十分水洗いし，モルタルなどの接着を妨げるもの（表面の硬化不良部，さびや油分の付着部，塵埃，レイタンス，エフロレッセンスなど）を取り除く．また，施工直前に散水するとともに，コンクリート面にシーラー塗りまたは吸水調整材を施す方法が採られることも多い．ただし，シーラーや吸水調整材の使用にあたっては，事前に製品の実績調査などを行い，長期安定性を確認する．

なお，下地にひび割れがある場合は，必要に応じてU形にはつり，ポリマーセメントモルタルなどで充填しておくが，外壁の場合は特にポリマーセメントスラリーまたはエポキシ樹脂を注入する．ただし，材料の選択にあたっては，仕上材との適合性に留意する．

c．仕上塗装場所の気温が5℃以下の場合や換気が十分でなく，結露するおそれがある場合は，原則として作業は行わない．やむを得ず仕上げを行う場合は，暖房や換気などの処置を行う．また外部の仕上塗りは降雨のある場合および強風時は原則として行ってはならない．

7.5 品質管理・検査

7.5.1 一般事項

> a．施工者は，構造体および部材が所要の品質と耐久性を確保するように鉄筋コンクリート工事の全般にわたって品質管理計画を定める．
> b．品質管理は，品質管理責任者を定めて行う．品質管理責任者は，一級建築士，一級建築施工管理技士または鉄筋コンクリート工事に関して，これと同等以上の技術，経験を有するものとする．

a，b．本章は，施工者が設計図書，工事監理者の指示および関連する規定に基づき，鉄筋コンクリート造建築物のコンクリート品質を確保するために行う鉄筋コンクリート工事の全工程における品質管理に適用する．なお，品質管理は，工事に先立ち作成された品質管理計画書に従って行う．

品質管理計画書は，品質管理のために行う試験および検査の項目・方法・時期・回数・判定基準・試験場所ならびに品質管理体制，報告事項と承認事項の区別，報告の時期，工事監理者の承認時期，および不合格となった場合の対処の仕方などを盛り込んだものとする．

品質管理は，現場ごとに品質管理責任者を定め，その責任者がこれにあたる．品質管理責任者は，建物の規模，工事の難易度によって技術士(建設部門)，一級建築士，一級建築施工管理技士，コンクリート工事に経験のあるコンクリート主任技士などの資格を有するものとする．

7.5.2 使用材料の品質管理・検査

> a．コンクリートに使用するセメント・骨材・練混ぜ水および混和材料ならびに鉄筋・溶接金網の種類および品質が，設計図書および工事監理者の承認を受けた規定またはその指示による規定に適合していることを確認する．
> b．使用材料の品質管理・検査は，JASS 5.11.3 による．

a，b．鉄筋コンクリート工事の品質管理において，使用材料の品質管理は最も重要な管理項目である．レディーミクストコンクリートを購入して使用する場合は，使用材料の試験・検査はレディーミクストコンクリートの生産者が行うことになるので，通常生産者がレディーミクストコンクリートの納入に先立って，製造に用いる材料および調合，コンクリートに含まれる塩化物量の限度ならびにアルカリシリカ反応抑制対策の方法を施工者に提出・報告する．施工者は生産者から提出された試験成績書および調合（配合）報告書によって，使用材料の種類および品質が設計図書および工事監理者の承認を受けた規定に適合しているかどうかを確認する．

また，施工者は鉄筋・溶接金網をメーカーから購入するが，使用材料の試験・検査，品質管理は，原則として製造者およびメーカーが行い，品質管理責任者は製造者やメーカーから提出された試験成績書やミルシートによって設計図書および工事監理者の承認を受けた規定またはその指示による規定に適合していることを確認する．

セメントの検査は，セメントメーカーが発行する試験成績書に記載された数値が，品質規定に適合するかをコンクリート工事開始前と工事期間中随時確認する．なお，アルカリシリカ反応抑制対策をアルカリ総量によって行う場合には，試験成績書および調合表により，コンクリート $1\,m^3$ 中のアルカリ総量を求め，設計耐用年数が 100～200 年の場合，2.5 kg 以下であることを確認する．

コンクリートに用いる骨材として重要な品質項目は，絶乾密度・吸水率，塩化物（NaCl）量，粒度分布，アルカリシリカ反応性などである．特に，骨材のアルカリシリカ反応性については，5.5 によって，反応性の確認をする．設計耐用年数が 100 年以上の場合で，骨材による対策を講じる場合はモルタルバー法の試験結果が 0.50％以下とならねばならない．一方，混和材による対策を講じる場合はフライアッシュの場合，分量 20％以上，高炉スラグ微粉末の場合，分量 50％以上であることを確認する．

塩化物については，海砂を使用する場合，あるいは海砂を他の細骨材と混合して使用する場合は，打込み日ごとにその日に使用する細骨材全体について検査し，フレッシュコンクリートの塩化物総量が塩分総量規制基準に適合するようにしなければならない．細骨材中の塩分量の試験は JASS 5 T-202（普通細骨材中の塩分試験方法）によって行うが，管理用試験としては建設省技術評価制度（コンクリート中の塩分含有量測定器の評価）に基づく評価を受けた塩分測定器によって行ってもよい．

凍結融解作用を受ける環境下では，骨材の吸水率と安定性はコンクリートの品質および耐久性に大きな影響を及ぼす．吸水率は低いこと，安定性は良いことに留意する必要がある．

工事中は，できるだけ骨材の採取場所および種類・品質が変わることのないように管理すること

が重要であるが，骨材の採取が進むにつれて採取場所が移動することがあり，長期間は若干の品質の変動は避けられない．したがって，通常の場合，定期的に試験を行って品質のチェックをすることが必要であり，骨材の採取場所，種類・品質が変化した場合には速やかに試験し，コンクリートの品質に支障がないことを確かめなければならない．

骨材は，信頼のできる機関で試験し，試験成績書によって試験結果を確認し，品質管理を行う．なお，レディーミクストコンクリートの場合，生産者が定期的に品質管理・検査を行っているならば，生産者による最近の管理試験の結果によってもよい．

練混ぜ水の水質がコンクリートの諸性質に及ぼす影響が大きく，耐久性を要するコンクリートでは練混ぜ水として上水道水と水道法第4条に適合する水を用いた方がよい．設計耐用年数が100年以上の場合，回収水は用いてはならない．

混和材料の試験項目は，コンクリート用化学混和剤以外では，それぞれについて JIS A 6201(フライアッシュ)，JIS A 6202(コンクリート用膨張材)，JIS A 6205(鉄筋コンクリート用防せい剤)で規定されているので，使用する場合はコンクリート工事開始前に，最近3か年以内の試験成績書で確認する．混和材料中の塩化物量については，塩分総量規制の観点から，塩化物量の少ないものを選択することが望ましい．

鉄筋および溶接金網の検査は，受入時に目視によって所定の鉄筋あるいは溶接金網であることを確認する．このとき，必要に応じて鉄筋径あるいは溶接金網の網目間隔をノギスなどで測定する．その他の試験項目はメーカーからのミルシートやそれぞれの JIS 規格と照合させる．

7.5.3 使用するコンクリートの品質管理・検査

> a．コンクリート工事開始前に，使用するコンクリートの品質が，6.4.5の「コンクリートの品質」に適合することを確認する．
> b．使用するコンクリートの品質管理・検査は，JASS 5.11.4による．
> c．必要に応じて，単位水量，水セメント比，単位セメント量の試験を信頼できる方法により行う．
> d．施工者は，必要に応じてレディーミクストコンクリート製造者に，印字記録および表面水の管理記録の提示を求める．

a．コンクリートの品質を確保するためには，工事開始前に代表的な調合のコンクリートが所定の品質を有することを確認しておく必要がある．レディーミクストコンクリート工場で，使用するコンクリートに近い条件のコンクリートについて，最近のデータがあり，その試験結果を満足できる場合には試し練りを省略できる．ただし，設計耐用年数が100年以上の場合には，施工者の立会いのもと，試し練りを行うことを原則とする．

b．レディーミクストコンクリートを用いるコンクリート工事においては，現場搬入されるコンクリートの品質が JIS の規定を満足していることを確認することが極めて重要である．そのためには，受入検査では施工者が立ち会ってコンクリートの状態や試料の採取方法，試験体の作製，試験方法および試験結果を絶えず確認し，必要に応じて調合の調整，その他，適切な指示を与えること

が必要である．コンクリート工事においては，使用するコンクリートの品質管理・検査における必要な試験項目・試験方法・試験時期・試験回数および判定基準は JASS 5 表 11.1 による．

c．単位水量，水セメント比ならびに単位セメント量は，コンクリートの耐久性にきわめて大きな影響を及ぼす要因であり，耐久性を確保することを目的としたとき，上記の3つの項目は欠くことのできない必要条件であると考えられる．そこで，「高耐久性鉄筋コンクリート造設計施工指針（案）・同解説」では，コンクリートの水セメント比，単位水量または単位セメント量の試験をいずれか1種類以上行って，規定した値以下であることを確認することになっていた．一方，JASS 5 では，単位水量の管理は調合表やコンクリートの製造管理記録によって行うことになっている．本指針では，状況に応じて，フレッシュコンクリートの水セメント比，単位水量または単位セメント量の試験を行うこととする．フレッシュコンクリートの単位水量および単位セメント量を簡易にかつ迅速に推定する方法として，本会「鉄筋コンクリート建築物の品質管理および維持管理のための試験方法」に以下の試験方法が提案されている[9],[10]．

　＜フレッシュコンクリートの単位水量＞
　　CTM-1：フレッシュコンクリートの単位水量の高周波加熱による試験方法（高周波加熱乾燥法）（案）
　　CTM-2：フレッシュコンクリートの単位水量の乾燥炉加熱による試験方法（乾燥炉法）（案）
　　CTM-3：フレッシュコンクリートの単位水量の単位容積質量による試験方法（エアメータ法）（案）
　　CTM-4：フレッシュコンクリートの単位水量の水中質量による試験方法（水中質量法）（案）
　　CTM-5：フレッシュコンクリートの単位水量のラジオアイソトープ水分計による試験方法（連続式RI法）（案）
　　CTM-6：フレッシュコンクリートの単位水量のラジオアイソトープ水分計による試験方法（バッチ式RI法）（案）
　　CTM-7：フレッシュコンクリートの単位水量の濃度差・比重計法による試験方法（濃度差・比重計法）（案）
　＜フレッシュコンクリートの単位セメント量＞
　　CTM-8：フレッシュコンクリートの単位セメント量の試験方法（密度計法）（案）
　　CTM-9：フレッシュコンクリートの単位セメント量の試験方法（逆滴定法）（案）
　　CTM-10：フレッシュコンクリートの単位セメント量の試験方法（簡易逆滴定法）（案）

d．施工者は，必要に応じてレディーミクストコンクリート製造者にコンクリート製造管理記録の提出を求め，コンクリート調合表に適合しているかどうかを確認する．

7.5.4 コンクリートの打込み・締固め・養生の品質管理・検査

> コンクリートの打込み・締固め・養生の品質管理・検査は，JASS 5.11.6 による．

コンクリートの打込み・締固め・養生に関連して，鉄筋コンクリート構造物の耐久性が著しく低下することがある．打重ねに時間がかかると，先に打たれたコンクリートと打ち重ねたコンクリートの一体性が失われ，コールドジョイントが形成され，局部的に透水係数が増大し，漏水の原因となる[10),11)]．打重ね時間については7.4.4を参照すると良い．

若材齢におけるコンクリートの養生は，強度および耐久性にとって極めて重要である．養生に関しては7.4.4によるものとする．

7.5.5 鉄筋および型枠の品質管理検査

> a．鉄筋の加工・組立てにおける品質管理・検査は，JASS 5.11.8による．
> b．型枠の組立て，取外しの時期に関する品質管理・検査は，JASS 5.11.7による．

a．鉄筋の加工は，設計図書および施工図に従って行う．高い耐久性を確保するには，鉄筋の加工・組立てにあたって，鉄筋の発錆を防ぎ，耐力低下をさせないことが重要であり，そのため加工寸法の許容差は一般のコンクリートよりも小さくする必要がある．鉄筋の組立ては，鉄筋施工図にしたがって，防錆処理した鋼製のスペーサーおよび鉄筋のサポート，コンクリート製スペーサー，プラスチック製スペーサーを用いて所定の位置に正しく配筋し，鉄筋の重量およびコンクリートの打込み時の側圧，振動などの外力に対しても移動しないように堅固に緊結する．防錆鉄筋や耐塩性鉄筋の加工・組立てでは，品質基準や使用規準が十分でないので設計図書および工事監理者の指示に従って，その品質管理・検査を行う．検査の時期と方法については，工事監理者，施工者および専門業者の間で協議し，三者の合意のうえで検査計画表にまとめておく必要がある．

目視による加工検査は全数検査を行い，材質や断面または作業員が交替したときなどにスケール，テープを用いて適時抜取検査を行う．組立ての管理・検査では，主として鉄筋のかぶり厚さ，鉄筋のあき，鉄筋の継手・定着などについて目視で全数検査を行い，必要に応じて配筋が異なるごとにスケール，テープを用いて適時抜取検査を行い，写真撮影によって確認する．

b．せき板のはらみ，継目からのモルタルの漏れを少なくするためには，型枠の管理を厳しくする必要があり，設計耐用年数が100年および200年の場合，組立ての締付け金物の数量を多くする．せき板と最外側鉄筋とのあきは，打込み前に目視によって柱の場合は上・下部の四隅，梁の場合は梁端・ベンド位置および中央で行う．

7.5.6 コンクリートの仕上がり状態およびかぶり厚さの検査

> a．コンクリートの仕上がり状態およびかぶり厚さの検査は，JASS 5.11.9および11.10による．
> b．仕上材の施工後は，仕上材の浮き，剥離についての検査を行う．

a．設計耐用年数の違いによって，部材の位置・断面寸法の許容差を，厳しくしてあるので，検査にあたっては注意を要する．

コンクリート打上がり後，せき板を取り外して検査が可能になったときに，外観目視およびクラックゲージ，ルーペなどによってひび割れの位置，幅および長さを検査し，ひび割れが発生していないことを確認する．ひび割れ発生は漏水や鉄筋の腐食の原因となるので，せき板を取り外した後にひび割れの位置，幅および長さを検査し，またひび割れが成長していないことを確認する必要がある．ひび割れが成長して実害が生じるような場合には漏水防止，鉄筋の腐食防止について対策することが必要となる．

また，かぶり厚さの検査は，次のような方法により実施する．

① コンクリートの打込み後，床面および水平・垂直打継ぎ面での鉄筋位置を確認する．
② せき板取外し後，コンクリート表面のかぶり不足が予見されないかを確認する．
③ かぶり不足が予見される部分について，はつりまたは非破壊検査によりかぶり厚さを確認する．

多くの部位・部材を対象に検査を行うには，簡易な非破壊検査方法が有効であり，極端にかぶり厚さが不足している箇所（20 mm 以下）を検出することを主目的に行うとよい．電磁誘導を応用した鉄筋探知器によるかぶり厚さの測定例を解説図 7.5.1[12]に示す．測定値が 20 mm 以下となった箇所は，30 mm 以上のかぶり厚さが確保されているとは考えられない．したがって，その場合ははつるか，ドリルやコアを用いてかぶり厚さを確認し，状況に応じて，対策を講じなければならない．

本会 JASS 5 においては JASS 5 T-608(2009)「電磁誘導法によるコンクリート中の鉄筋位置の測定方法」が提案されているので参考にするとよい．

b．仕上材の施工後の検査では，主としてモルタル，石，タイルなどの浮き・剥離の程度について調べる．検査方法は衝撃音による方法，超音波による方法，赤外線の照射による方法などいくつかある．検査結果の判定にあたっては，事前に基準を作成するなどしてトラブルのないようにする．

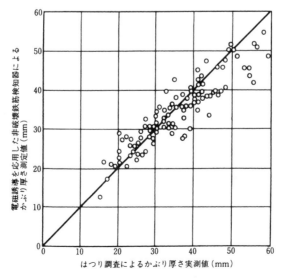

解説図 7.5.1 非破壊試験によるかぶり厚さの実験結果[12]を基に作成

7.5.7 構造体コンクリートの検査

> a．構造体コンクリートの圧縮強度の検査は，JASS 5.11.11 による．
> b．構造体コンクリートの耐久性に関わる品質検査は，信頼できる方法による．

a．構造体コンクリートの圧縮強度の検査は構造体に打ち込まれたコンクリート強度が設計基準強度または耐久設計基準強度を確保していることを確認するために行うものである．構造体コンクリートの検査は従来ポテンシャルの圧縮強度を確認するための受入検査（使用するコンクリート）と明確に区別されている．ただし，構造体コンクリートの圧縮強度の管理を標準養生供試体で行う場合，本会「コンクリートの品質管理指針・同解説」では，工事監理者の承認を得たうえで，受入検査用の供試体と併用できると示されている（完全併用型）[13]．この概要を解説表7.5.1および解説表7.5.2に示す．

なお，竣工後に，構造体コンクリートが保有する圧縮強度を調査する方法として，コア供試体の

解説表7.5.1 レディーミクストコンクリートの受入れ検査と構造体コンクリートの圧縮強度の検査の相違点[13]

項　目	受入れ検査 （使用するコンクリート）	構造体コンクリートの検査		
		完全併用型	従来型	
		管理材齢28日	管理材齢28日	管理材齢28日を超え91日以内
検査の主体	施工者	施工者		
検査ロットの大きさ	450 m³以下	打込み工区，打込み日ごとかつ450 m³以下	打込み工区，打込み日ごとかつ150 m³以下	
検査回数	約150 m³に1回 1検査ロットで3回	約150 m³に1回 1検査ロットで3回	1ロットで1回	
供試体の採取 （1回の検査）	任意の1運搬車から3本ずつ	任意の1運搬車から3本ずつ	任意の3運搬車から1本ずつ，計3本[(1)]	任意の3運搬車から1本ずつ，計3本
供試体の養生	標準養生	標準養生	標準養生または現場水中養生[(2)]	現場封かん養生
試験材齢	調合強度を定めるための基準とする材齢（28日）	28日	28日[(3)]	28日を超え91日以内のn日
試験機関	施工者または第三者試験機関	第三者試験機関		
判定の基準	呼び強度の値（F_N'）	呼び強度の値（F_N'）	品質基準強度（F_q）	
合格判定の条件式	① $x_{28, i} \geq 0.85 F_N'$ かつ ② $\bar{x}_{28} \geq 0.85 F_N'$	① $x_{28, i} \geq 0.85 F_N'$ かつ ② $\bar{x}_{28} \geq 0.85 F_N'$	I．標準養生の場合 　$\bar{x}_{28} \geq F_q + T$ II．現場水中養生の場合 　$\bar{x}_{28} \geq F_q$	$\bar{x} \geq F_q$

[注]　(1) 予備供試体として，さらに3本採取しておくとよい
　　　(2) 予備供試体は，現場封かん養生とする
　　　(3) 予備供試体の試験材齢は，28日を超え91日以内のn日とする

解説表7.5.2 試料の採取方法の目安

1日の打込み量の目安	試料採取	従来の方法（パターン①）				本数	完全併用型（パターン②）		本数	従来（JASS 5）の方法 一部併用型（パターン③）				本数
		受入検査		構造体コンクリート検査			検査ロット	受入検査=構造体（標準養生）		受入検査		構造体コンクリート検査		
		検査ロット	標準養生	検査ロット	現場水中養生 現場封かん養生					検査ロット	標準養生	検査ロット	標準養生(△) 現場水中養生 現場封かん養生	
0〜450 m³	0〜150 m³	450 m³	○○○	150 m³	○ ○ ○	18	450 m³	●●●	9	450 m³	○△○	150 m³	○ △ ○	15
	0〜150 m³		○○○	150 m³	○ ○ ○		450 m³	●●●		450 m³	○△○	150 m³	○ △ ○	
	0〜150 m³		○○○	150 m³	○ ○ ○		450 m³	●●●		450 m³	○△○	150 m³	○ △ ○	
0〜150 m³	〜50 m³	150 m³	○○○	150 m³	○ ○ ○	6	150 m³	● ● ●	3	150 m³	○△○	150 m³	○ △ ○	5
	〜50 m³													
	〜50 m³													

強度試験のほか反発度法[14]や小径コア[15),16)]などの非・微破壊試験による方法がある．本会「鉄筋コンクリート建築物の品質管理および維持管理のための試験方法」において以下の方法が提案されているので参考にするとよい．

    CTM-14：コンクリートからの小径コアの採取方法及び小径コア供試体を用いた圧縮強度試験方法（案）

    CTM-15：コンクリート中を伝わる超音波の縦波伝播速度の測定方法（案）

    CTM-16：反発度法・超音波法・複合法によるコンクリートの強度推定のための非破壊試験方法（案）

b．構造体コンクリートの耐久性は，構造体コンクリートの強度が耐久設計基準強度を満足することで担保できる．しかし，施工時のトラブルや養生不足など耐久性を低下させるような問題が疑われる場合には，竣工時の品質管理・検査として下記のような試験が提案されており，目的に応じて利用が可能である．

・中性化抵抗性に関する非・微破壊試験方法[17),18),19),20)]

本手法は，構造体コンクリートの中性化抵抗性の評価を行うために用いる．一般に，構造体コンクリートの中性化抵抗性はコンクリートの圧縮強度で評価されるが，二酸化炭素の透過性は本来，圧縮強度ではなく空気の透過性を直接的に評価することが望ましい．コンクリートの透気性は，コンクリートの表層部の密実性を反映したものとして，中性化の進行速度などと密接な関係があることが知られており[17)]，この測定値を用いてコンクリートの中性化抵抗性を間接的に評価することができる．詳細については付録2を参照されたい．

① 適用可能な表層透気試験

表層透気試験としては，トレント法[20)]，ドリル削孔法[17)]やシングルチャンバー法[21)]などが適用可能

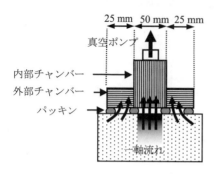

解説図7.5.2 トレント法[20]

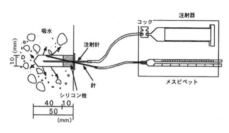

解説図7.5.3 ドリル削孔法[21]

である．解説図7.5.2および解説図7.5.3に各種透気試験方法の概要を示す．トレント法は図に示すように内部チャンバーと外部チャンバーの二つの構造を有する装置からなっており，透気性は内部チャンバーの圧力によって評価される．ここで内部チャンバーと外部チャンバーの圧力を等しくコントロールすることにより，外部から内部チャンバーへの空気の流入が物理的に排除される．結果として同図に示すような栓流（内部チャンバー下の直線矢印）が形成され，コンクリート表面からの圧力勾配を仮定することにより物理量としての透気係数を算定することができる．材齢約4年から6.5年経過した屋内外暴露コンクリート試験体におけるトレント法による透気係数とコンクリートの中性化速度係数との関係を解説図7.5.4に示す[22]．透気係数が大きいほどコンクリートの

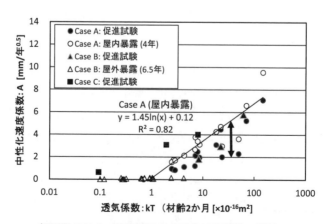

解説図7.5.4 透気係数と中性化速度係数の関係[22]

中性化速度係数は大きい傾向にあることが分かる．一方，このような相関はドリル削孔法やシングルチャンバー法においても認められ，トレント法，シングルチャンバー法およびドリル削孔法には解説図 7.5.5 に示すような相関がある．これらを参考とし，コンクリートの表層透気性試験においては信頼のできる方法によるとよい．

② 表層透気試験の時期

表層透気性試験は，コンクリート躯体表面を対象として実施する．測定のタイミングとしては，コンクリートの型枠脱型後材齢 1 か月を目安とし，仕上材が施される以前に実施するとよい．表層透気性はコンクリートの含水率の影響を受けやすく，この影響がなるべく少ない状態もしくはおおよそ補正可能な期間で実施することが望ましい．例えば解説図 7.5.4 において，型枠脱型後材齢 2 か月の時点での透気係数と中性化速度係数の相関は概ね良好であるが，解説図 7.5.6 に示されるように，コンクリートの型枠脱型後の透気係数は増大する．これはコンクリートの乾燥に伴う表層付近の含水率の低下に伴い空気の透過性が高まるためである．本研究における各試験材齢と材齢 2 か月の透気係数の比を解説表 7.5.3 に示す．このことから，例えば型枠脱型後材齢 1 か月で透気性を評価する場合は，概ねその値を 2.5 倍程度して透気係数を評価するとよい．なおこの約 2.5 倍の透

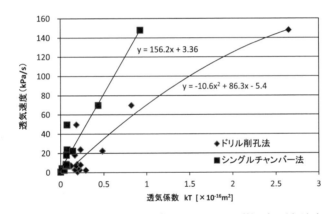

解説図 7.5.5　トレント透気係数と各種方法による（簡易）透気速度の関係

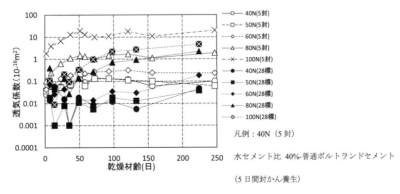

解説図 7.5.6　透気係数の経時変化[23]

気係数の増加は，中性化速度係数に換算すると約 2 mm/年$^{0.5}$の見掛け上の増加に相当する．

③ 表層透気試験によって得られる数値の評価

表層透気試験によって得られる数値は，そのばらつきを勘案し，部材の透気性として適切に評価することが必要である．解説図 7.5.7 は既存構造物の一部材におけるコンクリートの透気係数の分布を示したものである[24]．図に示されるように透気係数は同じ部材中であっても非常に大きな分布を持つ．一方，解説図 7.5.4 において透気係数と中性化速度係数の関係は透気係数の対数軸で示されるように，透気係数に大きな幅があってもそれが直接，中性化速度係数の差に結びつくものではない．同解説図に示されるような一定の変動幅をもつ透気係数（k_T）と中性化速度係数（A）の関係において，既往の関係式[24]（下図では $A=0.63L_n(k_T)+1.4$）を用いて中性化速度係数を推定した結果を解説図 7.5.8 に示す$^{文献24）を基に作成}$．透気係数の標準偏差は大きくとも，この対数値がコンクリー

解説表 7.5.3 材齢 23 日を基準とした透気係数の比（材齢 100 日までを表示）

スラグ置換率	試験体名	透気係数の変化（材齢 23 日を 1.0）							
		2	9	23	37	58	72	79	100
0	1-1	0.22	0.41	1.00	1.17	2.30	3.09	2.12	4.69
	1-2	0.04	0.15	1.00	1.23	2.83	3.12	2.85	3.33
10	2-1	0.41	0.57	1.00	0.95	2.50	3.61	3.16	6.36
	2-2	0.24	0.23	1.00	1.11	2.26	2.87	2.50	3.41
25	3-1	0.67	0.65	1.00	1.22	2.26	2.58	2.18	3.39
	3-2	0.36	0.47	1.00	1.33	2.12	2.36	2.07	3.25
45	4-1	0.81	0.82	1.00	1.42	2.72	2.33	2.05	6.79
	4-2	0.65	0.78	1.00	1.29	1.90	2.19	1.90	2.86
60	5-1	0.93	0.97	1.00	1.35	1.74	1.90	3.38	1.69
	5-2	0.79	0.89	1.00	1.41	1.68	1.84	2.05	2.81

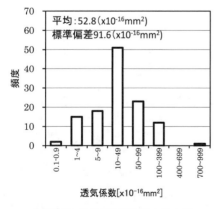

解説図 7.5.7 透気係数の分布[24]

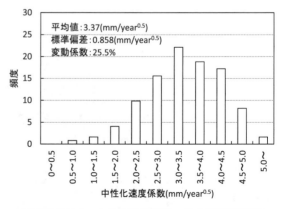

解説図 7.5.8 中性化速度係数の分布$^{文献24）を基に作成}$

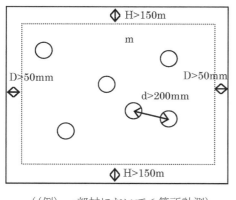
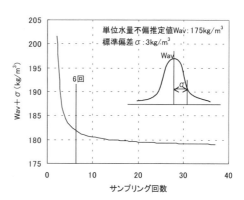

((例) 一部材において6箇所計測)

解説図 7.5.9　9 サンプリングの概念[26]（右図はバッチ式単位水量の例[25]）

トの中性化速度係数と直線関係にあるため，結果として，透気係数ほどには推定された中性化速度係数の変動は大きくならず，変動係数は 25% 前後と概ね妥当な値であることが分かる．

一方，コンクリート部材としての中性化抵抗性が所要の要求を満足していることを検証するためには，その部材の評価値を設定しなければならない．このためにはサンプリング数を適切に設定する必要がある．解説図 7.5.9（右図）は，バッチ式によるフレッシュコンクリートの単位水量の推定にあたってのサンプリング数と推定される単位水量の母集団平均値＋標準偏差の関係を示したものである[24]が，図から概ね一部材より 6 点を対象として評価することにより，母集団の平均的な特性を把握することが可能になるものと思われる解説図 7.5.9（左図）．スイス基準[26]においても一部材の透気性の評価においてはこの 6 点のサンプリングが標準とされており，以上のことから測定点数は 6 を目安として実施することが考えられる．

④　表層透気試験結果の判定

透気性の評価結果は，前節の評価方法によって得られる値に基づいて適切に判定する．評価値の

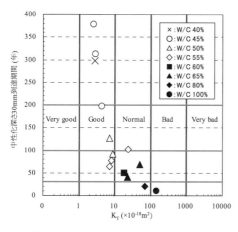
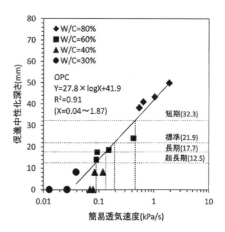

解説図 7.5.10　トレント法の閾値[21]　　　　解説図 7.5.11　ドリル削孔法の閾値[17]

種類	主成分	記号
表面含浸材	シラン・シロキサン	SS-1
		SS-2
	シラン	S-1
		S-2
	ケイ酸塩	K-1
		K-2
		K-3
	アクリル・カリウム・ナトリウム	AKN
表面コーティング剤	水性アクリルシリコン樹脂	E-AS
	フッ素	E-F
無塗布		N

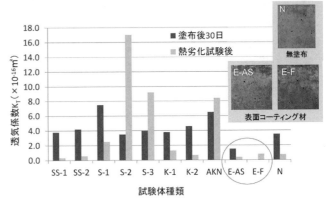

解説図 7.5.12 表面コーティング材によるコンクリート外観の変化と透気性の変化[27]

運用方法は様々考えられるが，一つは得られた数値，すなわち透気試験から推定される中性化速度係数が設計時の目標値を満足していることの確認，もう一つは，解説図 7.5.10 および解説図 7.5.11 に示されるように，設計目標が JASS 5 に示される超長期，長期などの計画供用期間の級を満足することの確認に活用することが考えられる．後者についてはトレント法[21]，ドリル削孔法[22]のそれぞれについて JASS 5 に対応する閾値が提案されているので適宜参考にするとよい．例えばトレント法については，透気係数が $10 \times 10^{-16} \mathrm{m}^2$ 以下であれば JASS 5 における「標準」以上，$100 \times 10^{-16} \mathrm{m}^2$ 以下であれば「一般」以上の級に相当することが示されている．

⑤ 不合格の場合の措置

コンクリートの透気性の判定結果が不合格であった場合は適切な処置を施す．処方は様々考えられるが，コンクリートが打放し仕上げの場合は表面コーティング材による処置が考えられる．解説図 7.5.12 に示すように，表面コーティング材（図中 E-AS および E-F が該当．S，SS，K は表面含浸剤を示す）の塗布により若干，表面の光沢度が増すが，打放し仕上げの風合いを十分に残したまま表層の透気係数を小さくする効果が期待できる[26]．その他，透気係数が $0.1 \times 10^{-16} \mathrm{m}^2$ 以下であれば仕上材による中性化抑制効果の高いことが JASS 5 において示されており[28]，適切な仕上材を施すことでコンクリートの中性化に対する抵抗性の向上効果が期待できる．

7.5.8 施工中および施工直後の不具合の手直し

> 施工中および施工直後に不具合が発生した場合は，不具合の種類，程度，発生時期，発生部位および原因を調査し，不具合の種類，程度および原因に応じて，躯体の所要の耐久性が得られるように，適切な手直しについて工事監理者と協議して行う．

コンクリート工事においては，施工過程のちょっとした不注意で不具合が生じることがあるので，これらの不具合が発生する要因について事前に十分検討し，一貫した施工計画のもとで品質管理を徹底するとともに，これらの不具合が発生しないように努めなければならない．本指針では，この

ような施工の不具合が発生しないように，本章の7.4までに種々の規定を設けているが，もし，万が一施工の不具合が発生した場合には，その原因に対して十分検討し，再発防止に務めなければならない．

本項で取り上げた施工の不具合の種類は，豆板，空胴，コールドジョイント，砂すじ，気孔，表面硬化不良の状態である．これらの不具合の発生時期，発生部位および原因などは以下のとおりである．

（1）豆　　　板

豆板は・粗骨材だけが集まってできた空隙の多い不均一な部分をいう．セメントペースト分が漏れて細骨材が露出している部分も含む．この不具合は，フレッシュコンクリートの施工中にコンクリートの分離，締固め不足，型枠からのペースト漏れにより生じ，特にコンクリートの打込みにくい箇所（開口部や埋込みボックスまわり）やコンクリート振動機による振動伝達が届かない範囲に生じやすい．

（2）空　　　胴

空胴は，コンクリートの打込みが悪く，コンクリートが充填しきれずに残った空間をいう．これはフレッシュコンクリートの施工中の締固めやコンクリートの回り込みが不十分な鉄骨や鉄筋の輻輳している箇所ならびにコンクリートの回り込みの悪い形状の部位に生じる．

（3）コールドジョイント

コールドジョイントは1日の打込み途中で打重ねの時間間隔が長すぎたため，コンクリートの締固めが悪く，コンクリートが一体化しなくなった線状部分（継目）をいう．これは，打継ぎ時間間隔の限度を超えて次のコンクリートを打ち込んだ場合に発生しやすい．また，外気温が高い場合に多い．発生箇所は柱，壁に多く認められる．

（4）砂目（砂じま）・気孔

砂じまは，コンクリートのせき板に沿ってブリーディング水が移動して，セメントペースト分が洗い去られてできた砂模様をいう．砂すじは，ブリーディングの多いコンクリートで，特に先に打ち込んだコンクリートの浮き水を取り除かないで打ち足した場合や，軟練りコンクリートを過度に締め固めた場合に発生し，特に垂直部材・部位に多く認められる．

気孔は，コンクリート打込み中の巻込み空気が抜けず，コンクリート表面に残って生じた凹みをいう．これは混和剤の種類が適切でない場合や，型枠が湿潤状態でない場合に発生する．気孔が発生した場合は，コンクリートの品質と調合を再検討して，細骨材率，砂の粒度，混和剤，スランプ，せき板の種類（メタルを木製にする）などの変更を行うとともに，締固め方法を再検討する必要がある．

（5）表面硬化不良

コンクリートの表面硬化不良は，せき板の材料の成分によるコンクリート表面の変色（茶褐色）やコンクリートの硬化が不十分でぜい弱な層状になった部分をいう．これらは，木製せき板の材質および紫外線の照射程度によって生じる．硬化不良を起こしやすい樹種には，きり，けやきがあり，多少問題となるのは，ぶな，しな，かばがある．この対策としてはJAS（日本農林規格）のコンク

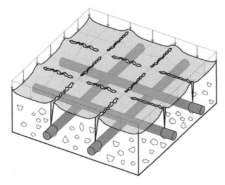

解説図 7.5.13 沈みひび割れの例[29]

解説表 7.5.4 豆板および空洞の補修方法の例[29]

等級	豆板の程度	深さの目安	補修方法
A	砂利が表面に露出していない		
B	砂利が表面に露出しているが，表層の砂利を叩いても剥落することなく，はつりとる必要がない程度	1～3 cm	ポリマーセメントモルタルなどを塗布．
C	砂利が露出し，表層の砂利を叩くと剥落するものもある．しかし，砂利どうしの結合力は強く連続的にバラバラと剥落することはない．	1～3 cm	不要部分をはつりとり，健全部を露出．ポリマーセメントペーストなどを塗布後，ポリマーセメントモルタルなどで充填する．
D	鋼材が露出する箇所や空洞が見られる．砂利同士の結合力は弱まり，叩くと砂利がバラバラと剥落することもある．	3～10 cm	不要部分をはつりとり，健全部を露出．無収縮モルタルで充填する．
E	空洞が多数見られる．セメントペーストのみで砂利が結合している状態で，叩くと砂利が連続的にバラバラと剥落する．	10 cm 以上	不要部分をはつりとり，健全部を露出．コンクリートで打ち換える．

リート型枠用合板を使用するとともに，型枠材を現場で保存する場合には，直射日光を避けるようシートなどで養生する必要がある．

(6) ひび割れ

① 沈みひび割れ

沈みひび割れは，解説図 7.5.13 のように水平部材に打ち込まれたコンクリートにブリーディングを生じ，固形物が沈下する状態をいう．この沈下の中間に埋設物や部材断面が変化する箇所があると，軟練りコンクリートの沈降によって，鉄筋の上端などに沿ってコンクリート表面にひび割れを生じる．この対策としては，打込み後 2 時間程度経過したときにタンピングを行えば除去できる．

② 打込み後急激な乾燥によるひび割れ

この種のひび割れは，打込み直後に直射日光や風によってコンクリートの表面から急速に水分が

蒸発逸散する場合に生じるもので，コンクリート表面にひび割れ長さの比較的短い，亀甲状のひび割れ（微細ひび割れ）が全体的に生じる．このようなひび割れは，打込み後に養生シートによって養生すれば，ひび割れの発生を防止できる．

以上のような施工の不具合に対しては，適当に手直しする必要があるが，その方法は工事監理者と協議して不具合の状況に応じて決める．豆板および空洞の補修方法の例を解説表7.5.4に示す．

参考文献

1) 日本建築学会：コンクリートの品質管理指針・同解説，2015.2
2) 日本建築学会：鉄筋コンクリート造配筋指針・同解説，2010.11
3) 太田達見・山﨑庸行・桝田佳寛：かぶりコンクリートの性状に及ぼす各種要因に関する実験的研究，日本建築学会構造系論文集　第572号，pp.1〜8，2003.10
4) 湯浅　昇・笠井芳夫・松井　勇：構造体コンクリートの表面から内部にいたる圧縮強度分布，セメント協会セメント・コンクリート論文集，No.51，pp.840〜845，1997.12
5) 笠井芳夫：コンクリートの初期強度・初期養生に関する研究，学位論文，1968.10
6) 松井嘉孝・笠井芳夫・横山　清：コンクリートの打継ぎ許容時間の推定方法，日本大学生産工学部報告 Vol.2，No.1，pp.63〜77，1968.6
7) 藤井忠義・高田博尾・庄川選男：コンクリートの振動締固めに関する実験的検討（その2　バイブレータによる振動伝播性状），日本建築学会大会学術講演梗概集，1984.10
8) 永井康叔・竹本　靖・中根　淳・島正三郎・井上康夫：型枠バイブレータの適正利用に関する研究（その1振動特性調査について），日本建築学会大会学術講演梗概集，1984.8
9) 和泉意登志ほか：せき板の存置期間および初期養生が構造体コンクリートの品質に及ぼす影響に関する研究，日本建築学会構造系論文報告集，No.449，1993.7
10) 日本建築学会：鉄筋コンクリート造建築物の品質管理および維持管理のための試験方法，2007
11) 申　英珠・田中享二：打ち込み中に生じたモルタル・コンクリートの打ち継ぎ部の透過性と細孔構造，日本建築学会大会学術講演梗概集（中国），pp1125〜1126，1999.9
12) 国土技術開発センター：鉄筋コンクリート造建築物の施工品質管理指針，1987.4
13) 日本建築学会：コンクリートの品質管理指針・同解説，2015
14) JIS A 1155：2012（コンクリートの反発度の測定方法）
15) 寺田謙一ほか：小径コアによる構造体コンクリート強度の推定に関する実験的研究(その1-3)，日本建築学会東海支部研究報告集，No.36，pp.93〜104，1998.2
16) 国本正恵・湯浅　昇・笠井芳夫・松井　勇：小径コアを用いたコンクリートの圧縮強度試験法の検討，日本コンクリート工学協会，コンクリート工学年次論文報告集，第22巻，第1号，pp.427〜432，2000.6
17) 野中　英・湯浅　昇：簡易透気試験による構造体コンクリートの中性化抵抗性評価，日本建築学会構造系論文集，第80巻，第711号，pp.727〜734，2015.5
18) 日本大学生産工学部建築工学科建築材料研究室：ドリル削孔を用いた簡易吸水試験方法，試験方法パンフレット
19) 湯浅　昇・笠井芳夫・松井　勇・篠崎幸代：コンクリートの細孔構造に基づく強度・耐久性評価システム，セメント・コンクリート研究会，第30回セメント・コンクリート研究討論会論文報告集，pp.87〜90，2003.11
20) Torrent, R.: A two-chamber vacuum cell for measuring the coefficient of permeability to air of the concrete cover on site, Mater. & Struct., Vol.25, No.150, pp.358〜365, July 1992
21) 今本啓一・山﨑順二・下澤和幸・永山　勝・二村誠二：構造体コンクリートの表層透気性評価におけるシングルチャンバー法の適用性の検討，日本建築学会構造系論文集，第607号，pp.31〜38, 2006.9
22) Kei-ichi Imamoto, Kazuyuki Shimozawa, Masaru Nagayama, Junji Yamasaki and Akio Tana-

ka, Relationship between air permeability and carbonation progress of concrete in japan, PRO 89 : RILEM International workshop on performance-based specification and control of concrete durability, pp.325〜332, Zagreb, Croatia, 2014
23) 雨宮　栞・今本啓一・清原千鶴・桝田佳寛・棚野博之・親本俊憲・陣内　浩：混合セメントを用いたコンクリートの中性化と透気係数に関する実験的研究，日本建築学会関東支部研究報告集，pp. 173〜176，2015.3
24) 田中章夫・今本啓一：表層透気性による既存RC構造物の中性化予測に関する研究, 日本建築学会構造系論文集，第78巻 第691号, pp.1539〜1544, 2013.9
25) 大岡督尚・今本啓一ほか：コンクリート構造物の耐久性能を考慮したコンクリートの現場品質管理試験，コンクリート工学年次論文集，pp.1171〜1176, Vol. 23, No. 23, 2001
26) Torrent, R., English translation of "Recommendations for Quality Control of Concrete with Air-Permeability Measurements" (Swiss Federal Department of Transportation, December 2009), 2010.10
27) 御園麻衣子・今本啓一・永井香織・清原千鶴：表面含浸材と表面コーティング材によるコンクリート躯体保護性能に関する基礎的研究，コンクリート工学年次論文集，pp.1693〜1698, Vol. 35, No. 1, 2013
28) 日本建築学会：建築工事標準仕様書・同解説 JASS 5, 2015
29) 日本コンクリート工学会：コンクリート診断技術'15「基礎編」, 2015

8章 維持保全

8.1 総　則

> a．設計者は，設計耐用年数，劣化外力の強さに応じて，建築物の保全計画を作成し，所有者または管理者はそれに基づいて維持保全を行う．
> b．維持保全は，日常点検および定期点検と，それに対する評価，処置，記録により行い，加えて必要に応じてc項に定める予防保全を行う．
> c．設計時に想定した維持保全限界状態に達しないように，保全計画に基づいて行う保全を，特に予防保全と呼び，調査・診断，補修により行う．

　a．近年，維持保全への関心はますます高まっており，今後，建築物の安全性の確保を怠った建築物の所有者あるいは管理者への社会的責任の追求はさらに厳しくなると思われ，適切な維持保全が望まれる．ここで，保全とは，建築物（建築設備を含む）および諸施設，外構，植栽などの対象物全体または部分の機能および性能を使用目的に適合するよう維持または改良する諸行為と定義され，特に前者を維持保全，後者を改良保全と呼ぶ．ただし，c項に定める予防保全は維持保全に含める．

　そこで，本指針では，構造体および部材が想定した耐用年数の期間内において要求性能を満たした状態を保ち続けることを目的とし，日常的な状態監視および部分的な補修を中心とした維持保全について定める．ここで，補修とは，部分的に劣化した部位などの性能または機能を実用上支障のない状態まで回復させることとする．

　建築物の耐久設計は想定した維持保全を前提として進められるものであるので，保全計画は，発注者や所有者と協議のうえ，設計者により策定されるのが望ましい．構造物および部材が要求される性能を発揮し，要求性能を満たし続けるためには，策定された保全計画が発注者，施工者，所有者，管理者などに周知されることが不可欠である．そこで，本指針では，建築物の所有者または管理者が，設計者によって作成された保全計画に基づいて，維持保全を実施するものとした．

　また，設計・施工上の欠陥は，瑕疵の対象となり，通常の工事請負契約では，建築物完成引渡しの後は，一定の瑕疵担保期間が設定されている．このため適正な瑕疵補修の履行という意味合いから，完成後一定期間を定め設計者・施工者・売主等によって行われる手直しは，本指針の対象外とする．

　定期点検を行う専門技術者の資格としては，建築基準法第12条第1項の定期調査が含まれると考えると，次の資格を有するものがこれにあたることが適当である．

　　（1）　一級建築士もしくは二級建築士
　　（2）　特殊建築物等調査資格者

このほか，日本コンクリート工学会が認定する「コンクリート診断士」，ロングライフビルディング協会が認定する「建築仕上診断技術者」などの資格を有するものなどが，定期点検にあたることが望ましい．

なお，建築基準法第12条による定期報告の必要な建築物は，第6条第1項第一号に掲げる建築物のほか，建築基準法施行令第16条に規定する階数が5以上で延べ床面積が1 000 m²を超える事務所その他これに類する用途に供する建築物を対象としている．本指針においては，定期報告の必要な建築物以外においても，適切な維持保全計画の下，建築物が適切に維持保全されることを期待している．

b．本指針を適用して，設計・施工された鉄筋コンクリート造建築物は，その仕様の決定方法が性能検証型設計法であるか仕様選択型設計法であるかによらず，その設計耐用年数の期間内において日常点検および定期点検を実施することを前提とし，それぞれあらかじめ定められた評価，処置，記録を実施する．性能検証型設計法において目標とした限界状態の区分などに応じた評価・処置の水準を選択し，設計時に想定した維持保全を行うものとする．また，限界状態を維持保全限界状態とした場合，維持保全限界状態を適切に判断し処置するための，定めた時期において予防保全を実施し，評価，処置，記録を行うとともに，必要に応じて調査・診断を行い，あらかじめ定められた補修を行う．

本指針における維持保全として定める事項のうち主なものを以下に列記する．

  （1） 日常点検の時期・部位・点検内容・評価基準・処置方法・記録方法
  （2） 定期点検の時期・部位・点検内容・評価基準・処置方法・記録方法
  （3） 予防保全の時期・部位・調査・診断方法，補修方法
  （4） その他必要なこと

c．予防保全は，維持保全限界状態に達した建築物に対して予防保全的な目的で行う処置で，調査・診断，補修から成る．予防保全は，必要に応じて日常点検および定期点検の結果を考慮して行うものとする．

通常の1年から3年程度の間隔で実施される定期点検においては，主として設備機器の保守を目的として実施され，構造躯体は主として外観調査に留まることが多く，詳細な調査が実施されることは稀である．維持保全限界状態を定めた場合，劣化の状況を適切に把握する必要があるため，時期を定めて調査・診断を実施するとともに必要に応じて補修を実施する．なお，維持保全限界状態を定めた場合，仕上材の更新等が主眼となると思われるが，その他，性能を維持するための補修を適時実施する．

8.2 日常点検

a．日常点検は，構造体および部材ならびに仕上材に発生する汚れ，ひび割れ，浮き，剥離・剥落，漏水，変形など，劣化症状の外観調査を日常的に行うことをいう．

b．日常点検において異常が認められた場合，維持保全計画に基づき詳細調査を実施する．

a．建築物が供用されると，その立地環境に応じた経年劣化に加え，設計・施工上の欠陥による初期の不具合や想定した耐用年数以前に局所的・偶発的に生じる劣化や，当初想定し得なかった突発的な原因による劣化など，さまざまな原因により異常が生じる．日常点検は，供用期間中の局所的・偶発的な劣化を対象とし，建築物の所有者または管理者が，主として外観調査により，使用性・安全性の確保と機能保全を目的として日常的に行う点検である．

点検項目は，鉄筋コンクリート造建築物の構造体および部材，および仕上材に発生する汚れ，ひび割れ，浮き，剥離・剥落，漏水，変形などであり，目視観察あるいは打音・触診，ヒアリングなどにより，対象物の運用の妨げにならない範囲で行われる．

解説表8.2.1に，点検項目と点検方法の例を示す．

b．日常点検では，目視が主であり，その目的は，構造物および部材が，耐久設計で設定した限界状態に達していないことの確認であるが，建築物にはタイル，モルタル，仕上塗材などの各種仕上げが施してあることが多く，特に躯体の状況を目視で把握することは難しい．また日常点検レベルで足場を組んで詳細調査などを行うことは現実的ではない．さらに，外観から劣化が確認される場合，局所的には相当な劣化が進行していることが予測されることも少なくない．

そこで，日常点検では，応急措置の必要性および詳細調査の要否を判定することを主眼とする．緊急性の高い劣化とは，発見された異常により使用安全性などが懸念される場合や，漏水など直接的な機能障害が生じている場合である．

また，日常点検の評価基準は，維持保全限界状態を想定した設計を行っている場合，目視による異常が発見された時点ではすでに維持保全限界状態に到達している可能性もあるため，2章で目標とした限界状態が，設計限界状態か維持保全限界状態かに応じて定めることとした．日常点検にお

解説表 8.2.1　日常点検の項目と方法

点検項目	点検方法	主要な点検部位
汚れ	目視により，さび汚れ，エフロレッセンスの有無，範囲を観察する	屋外に面する柱，梁，壁など
ひび割れ	目視により，ひび割れの方面，形状などのパターンを観察し，延べひび割れ長さを把握する．また，さび汚れの有無も観察する	
浮き	目視または打音などにより，コンクリートまたは仕上げの浮きの有無を観察する．また，その部分の鉄筋腐食の有無を観察する	
剥離・剥落	目視により，コンクリートが欠落している部分の有無を観察する	
漏水	目視により，漏水または漏水の痕跡の有無を観察する	屋内の壁，天井スラブ
たわみ	目視，体感，および建具の開閉などにより，床，梁などのたわみの有無を観察する	天井スラブ，梁，ひさし，バルコニー

いて異常（評価ⅡまたはⅢの劣化）を発見した場合，速やかに専門技術者と連絡をとり，適切な処置を行う．解説表8.2.2に，点検結果の評価基準と評価区分の一例を，解説表8.2.3に評価区分とその対処の一例を示す．

解説表8.2.2　日常点検の評価の一例

点検項目	評価基準	設計限界状態		維持保全限界状態	
		環境区分	評価区分	環境区分	評価区分
汚れ	汚れがほとんど認められない	全環境	Ⅰ	全環境	Ⅰ
	さび汚れが生じている	全環境	Ⅱ	一般環境	Ⅱ
				それ以外	Ⅲ
	さび汚れ，エフロレッセンスが目立つ	重塩害環境	Ⅲ	全環境	Ⅲ
		それ以外	Ⅱ		
ひび割れ	ひび割れがほとんど認められない	全環境	Ⅰ	全環境	Ⅰ
	ひび割れが認められる	全環境	Ⅱ	全環境	Ⅲ
	ひび割れが目立つ	重塩害環境	Ⅲ	全環境	Ⅲ
		それ以外	Ⅱ		
浮き	浮きが認められない	全環境	Ⅰ	全環境	Ⅰ
	浮きが生じている箇所がある	一般環境	Ⅱ	全環境	Ⅲ
		それ以外	Ⅲ		
	浮きが目立ち，かつ鉄筋に腐食が見られる	全環境	Ⅲ	全環境	Ⅲ
剥落	剥落が認められない	全環境	Ⅰ	全環境	Ⅰ
	剥落が生じている箇所がある	全環境	Ⅲ	全環境	Ⅲ
漏水	なし	全環境	Ⅰ	全環境	Ⅰ
	漏水または漏水の痕跡がある	全環境	Ⅲ	全環境	Ⅲ
たわみ	なし	全環境	Ⅰ	全環境	Ⅰ
	たわみが予測される（異常体感・建具の開閉に支障など）	全環境	Ⅲ	全環境	Ⅲ

解説表8.2.3　日常点検の評価区分と対処の一例

評価区分	評価	対処
評価Ⅰ	健全と判断される	引き続き維持保全を継続する
評価Ⅱ	緊急性，進展性は低いが劣化の兆候がある	速やかに，専門技術者に連絡を行い，以降注意して状態の観察を続け，定期点検と同水準の調査を行い，応急処置など暫定的な処置をとることが望ましい．
評価Ⅲ	限界状態に達している可能性が高い．あるいは限界状態には達していないが，緊急性，進展性が高いことが予測される．	速やかに専門技術者に連絡を行い，対象部分について定期点検と同水準の調査を行い，適切な処置をとる．

8.3 定期点検

> a．定期点検は，維持保全計画に基づき，定期的に目視を中心とした点検項目について，専門技術者により詳細に調査し，評価に対する処置を講じる．
> b．定期点検は，耐久設計で扱った劣化現象についての劣化状態の把握を目的とし，定期的に中性化深さ，塩化物イオン含有量，凍害による劣化などの点検項目について調査し，評価に対する処置を講じる．

a．耐久設計を行った建築物においては，日常点検により十分にその性能を維持できるものと考えるが，日常点検において目の行き届かない部位における局所的に発生した劣化や，日常点検で緊急性は有さないと判断された劣化に関して，詳細に調査を行い処置の要否を確認することを目的に定期点検を行う．なお定期点検は原則として1年程度の間隔で行うのが望ましいが，中性化深さ，塩化物イオン含有量などのサンプル調査については，事前に設計者，施工者，発注者で協議しておくとよい．

さらに定期点検年度において，外部温度による部材変形の影響を把握するためには，寒中および暑中等，季節による変動を考慮して年2回以上点検を行うことが望ましい．

b．定期点検は，日常点検による劣化の把握・対策に加え，耐久設計を行った項目についての経年劣化の把握を目的としており，点検項目は，解説表8.3.1に示す外観の劣化状況のほか，中性化深さ，塩化物イオン含有量とする．点検方法は，目視および所定の方法によって行うものとし，点検項目と方法の例を解説表8.3.1に示す．塩化物イオン含有量調査は環境区分に応じて解説表8.3.2などによる．点検結果は点検表に記入し，解説表8.3.3に示す評価基準に従い評価区分を決定する．

また，定期点検に用いる評価区分とその対処の一例を解説表8.3.4に示す．2.3節で考慮した要求性能を満たすことを第一とし，想定した設計限界状態に達しないことを目的として行うものとして，

解説表8.3.1　定期点検の項目と方法

点検項目	点検方法	主要な点検部位
外観調査など	ひび割れ，漏水痕跡，浮き，剥落，さび汚れ，エフロレッセンス，ポップアウト，脆弱化した表面，その他の汚れ，異常体感について発生箇所・形状（面積・長さ・幅など）・状態について，目視・打音・触診により詳細に調査を行う	屋外に面する柱，はり，壁等
中性化深さ	本会「鉄筋コンクリート造建築物の耐久性調査・診断および補修指針(案)・同解説」における詳細調査，およびJIS A 1152(コンクリートの中性化深さの測定方法)，NDIS 3419(ドリル削孔粉を用いたコンクリート構造物の中性化深さ試験方法)による	建築物の代表的な環境条件および仕上げの部位を選定する
塩化物イオン含有量	本会「鉄筋コンクリート造建築物の耐久性調査・診断および補修指針(案)・同解説」における詳細調査，およびJIS A 1154(硬化コンクリート中に含まれる塩化物イオンの試験方法)による	海からの影響を強く受ける部位を選定する

解説表 8.3.4 のとおり定めた．また，仕様選択型設計法を適用した場合，または設計限界状態を想定した耐久設計を行った場合には，建設省総合技術開発プロジェクト「建築物の耐久性向上技術の開発」に示す維持保全指針[2]など，関連指針を参考とすると良い．

ここで，ひび割れに対する定期点検の評価・対策は，本会「鉄筋コンクリート造建築物の耐久性調査・診断および補修指針（案）」[3]（以下補修指針）によるものとし，維持保全限界状態が予防保全の考え方で定められる限界状態であることを考慮して，維持保全限界状態に対する評価は，ひび割

解説表 8.3.2　塩化物イオン含有量調査対象建築物

計画耐用年数	重塩害地域	塩害地域	準塩害地域
65 年	○	○	○
30 年	○	—	—

解説表 8.3.3　定期点検の評価基準と区分の例

調査項目			設計限界状態		維持保全限界状態	
			評価基準	評価区分	評価基準	評価区分
ひび割れ	耐久性		補修指針[*1]により，評価・処置を行う[*2]		補修指針[*1]により，劣化原因の強さを「大」として，評価・処置を行う[*2]	
	漏水		漏水が認められない	I	漏水に対する維持限界状態に達していない	I
	漏水痕跡		漏水が認められる	II	漏水に対する維持限界状態に達している	III
外観調査など	浮き	仕上材	発生面積率　3％未満／3％以上	I／II	発生面積率　3％未満／3％以上	I／II
		コンクリート	浮きが認められない／浮きを生じている箇所がある	I／III	浮きが認められない／浮きを生じている箇所がある	I／III
	剥落	仕上材	剥落は認められない／剥落を生じている箇所がある	I／II	剥落は認められない／剥落を生じている箇所がある	I／II
		コンクリート	剥落は認められない／剥落を生じている箇所がある	I／III	剥落は認められない／剥落を生じている箇所がある	I／III
	汚れ	さび汚れ	100 m²あたりの箇所数　2箇所未満／2箇所以上	I／II	さび汚れが認められる／さび汚れが認められる	I／II
		エフロレッセンス	100 m²あたりの箇所数　4箇所未満／4箇所以上	I／II	100 m²あたりの箇所数　4箇所未満／4箇所以上	I／II
		ポップアウト	100 m²あたりの箇所数　1箇所未満／1箇所以上	I／II	100 m²あたりの箇所数　1箇所未満／1箇所以上	I／II
		脆弱化	発生面積率　3％未満／3％以上	I／II	発生面積率　3％未満／3％以上	I／II
		その他の汚れ	発生面積率　5％未満／5％以上	I／II	発生面積率　5％未満／5％以上	I／II
	異常体感		異常体感が認められない／異常体感が認められる	I／II	異常体感が認められない／異常体感が認められる	I／III
中性化			中性化深さが推定値[*3]未満／中性化深さが推定値[*3]以上	I／II	中性化深さが推定値[*3]未満／中性化深さが推定値[*3]以上	I／II
塩害			鉄筋近傍における塩化物イオン量が推定値[*3]未満／鉄筋近傍における塩化物イオン量が推定値[*3]以上	I／II	鉄筋近傍における塩化物イオン量が推定値[*3]未満／鉄筋近傍における塩化物イオン量が推定値[*3]以上	I／II

［注］＊1：本会「鉄筋コンクリート造建築物の耐久性調査・診断および補修指針（案）・同解説」
　　　＊2：耐久性にかかわるひび割れに対しては，評価に従い処置を行うものとする．
　　　＊3：調査を実施した時点での信頼できる方法により推定される値

解説表 8.3.4　定期点検の評価と対処の例

評価	対処
評価Ⅰ	健全と判断される．引き続き維持保全を継続する．
評価Ⅱ	建設省総合技術開発プロジェクト「建築物の耐久性向上技術の開発」に示す劣化診断技術指針[2]などに基づき2次または3次診断を実施する．
評価Ⅲ	速やかに性能を回復するための処置を実施する．

れに対する劣化原因の強さを「大」として評価を準用する．ここで，劣化原因の強さとは，鉄筋腐食以外の原因で生じたひび割れによる鉄筋腐食に及ぼす劣化環境の強さを評価する指標である．補修指針における，外観の劣化症状および鉄筋腐食状況の関係から決定される劣化度評価基準を解説表8.3.5に，ひび割れ幅による劣化原因の強さの分類を解説表8.3.6に，劣化度と劣化原因の強さから決定される補修工法を解説表8.3.7に示す．

ただし，補修指針で提案されている評価・対策手法は，必ずしも耐久設計で用いた許容限界値と厳密に整合するものではない．これは，耐久設計で用いた許容限界値は，あくまで設計目標であり，実際に生じている劣化現象を対象とした場合，局所的な要因や使用条件など，設計時より多くの情報をもとに建築物の部位や実際の劣化現象に特化した対応が可能なように示されているためである．たとえば，水の供給のない環境下で漏水に対する限界状態で補修を行うのは合理的ではないし，逆に漏水を生じていれば必ず補修する必要がある．

また，一般的に許容ひび割れ幅などの具体的数値に関する議論は，技術者・研究者間の意見にも十分な合意がなされているとは言えず[4]，使用者の不安・不満といった要素も少なからず影響するため，補修の要否の判断に際しては十分な配慮が必要である．補修の要否の技術的判断に際しては，上記補修指針以外にも，本会「鉄筋コンクリート造建築物の収縮ひび割れ制御設計・施工指針（案）・

解説表 8.3.5　劣化度評価基準[3]

劣化度	評価基準	
	外観の劣化症状	鉄筋の腐食状況
健全	めだった劣化症状はない	鉄筋腐食グレードはⅡ以下である
軽度	鉄筋に沿う腐食ひび割れは見られないが，乾燥収縮による幅0.3 mm未満のひび割れやさび汚れなどが見られる	腐食グレードがⅢの鉄筋がある
中度	鉄筋腐食によると考えられる幅0.5 mm未満のひび割れが見られる	腐食グレードがⅣの鉄筋がある
重度	鉄筋腐食による幅0.5 mm以上のひび割れ，浮き，コンクリートの剥落などがあり，鉄筋の露出などが見られる	腐食グレードがⅤの鉄筋がある
		腐食グレードがⅤの鉄筋はないが，大多数の鉄筋の腐食グレードはⅣである

解説表 8.3.6　ひび割れ幅による劣化原因の強さの分類[3]

劣化原因の強さ	コンクリート表面におけるひび割れ幅	
	一般の屋外	環境の厳しい場合
小	0.4 mm 未満	0.1 mm 未満
大	0.4 mm 以上	0.1 mm 以上

解説表 8.3.7　劣化原因がひび割れの場合の補修工法[3]

劣化度	劣化原因の強さ（コンクリートのひび割れ幅）	
	小	大
軽度	不要 （かぶり不足の場合は塩害抑制工法を併用する）	ひび割れ補修工法
中度	別の原因を検討する	鉄筋腐食補修工法
重度	別の原因を検討する	鉄筋腐食補修工法

同解説」[4]や，日本コンクリート工学会「コンクリートのひび割れ調査，補修・補強指針－2013－」[5]などが利用できる．

8.4　点検結果に対する処置

> 点検結果の評価に対する処置として，補修を実施する場合は，劣化要因，劣化現象，劣化の程度に応じて，性能回復のための適切な処置を行う．

日常点検または定期点検により劣化が発見され，処置の必要があると評価された部位は，性能回復のための補修を行う．コンクリート躯体の補修・改修技術については，その補修後の性能評価や補修の保障期間など，十分な技術の確立がなされているわけではないが，以下の3段階にわけて補修レベルを設定し，適切に処置するものとする．ただし，局所的な補修を行った場合，美観・意匠

解説表 8.4.1　処置の方法

劣化の種類	処置の方法
ひび割れ	「鉄筋コンクリート造建築物の耐久性調査・診断および補修指針（案）・同解説」，「建築改修工事監理指針」などによる
中性化	「鉄筋コンクリート造建築物の耐久性調査・診断および補修指針（案）・同解説」などによる
塩害	

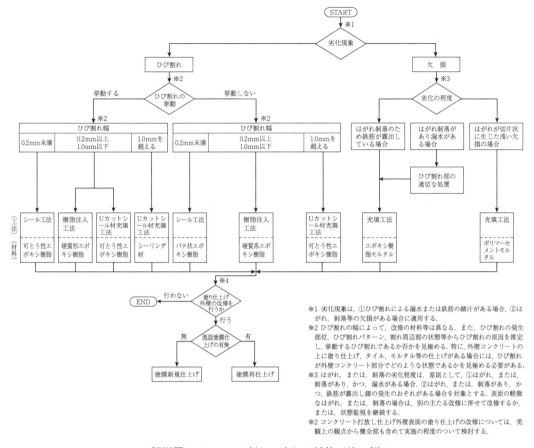

解説図8.4.1　ひび割れに応じた補修工法の例[6]

性に影響を及ぼし資産価値を減じるおそれがあるため，費用的な検討も併せて行う必要がある．解説表8.4.1に点検結果に対する処置の例を，解説図8.4.1にひび割れに応じた補修工法の分類の例を示す．

8.5　予防保全

> 予防保全は，計画供用期間および維持保全レベルに基づいて，保守・点検，調査・診断および判断基準の仕様を定め，所有者は，設計時に作成した維持保全計画に基づいて予防保全を行う．

維持保全とは，一般的には，建築物の初期の性能および機能を維持するために行う保全であり，建築物（建築設備を含む）および諸施設，外構，植栽などの対象物の全体または部分の機能および性能を使用目的に適合するよう維持または改良する諸行為と定義される．例えば本会「建築物・部材・材料の耐久設計手法・同解説」[1]では，保全とは1）災害の予防と安全の確保，2）快適かつ衛生的な環境の保持，3）建築物の効用の保持，4）省資源・省エネルギー・環境保護および保全費

の節減を目標とした行為であるとしている．

　一方，本指針に定める予防保全とは，維持保全計画に定められた維持保全年数に達した構造物および部材に対して，設計時に想定した維持保全レベルに基づき，性能の維持を行う諸行為であり，所有者がこれを行うものとする．

　具体的な維持保全手法としては，耐久性上有効な仕上げを採用した場合，仕上材の耐用年数に応じた補修が必要である．またその他の手法としては，表面被覆工法，含浸工法，断面修復工法，デサリネーション・再アルカリ化工法などの電気化学的工法が挙げられるが，その他試験的・限定的な利用がなされている段階の手法も多く研究されており，今後さらに多くの維持保全手法が提案され，適用事例も増えてゆくことが予測される．

　正確に劣化状態を予測し，かつその劣化状態に適した維持保全方法をあらかじめ定めるのは容易でないが，少なくとも維持保全を行うタイミングを本指針で提案した耐久設計法に基づき定めることは意義深く，所有者は，維持保全年数に達した時点で，維持保全計画にある維持保全レベルが確保される必要があることを認識し，その時点で最も有効な手段を選定するように努める必要がある．

8.6　記　　　録

> 点検結果およびその評価，処置は，維持保全記録票に記録し保存する．

　建築物の概要，維持保全計画，補修，改修工事などの工事履歴，被災歴および日常点検・定期点検の結果などは，維持保全を行ううえで重要である．維持保全に必要な項目は記録し保存する．

　また，点検に応じて処置を行った場合，補修後の点検を定期的に行うことを原則とし，同様に経過の記録に努める．

参 考 文 献

1) 日本建築学会：建築物・部材・材料の耐久設計手法・同解説，2003
2) 国土開発技術センター：鉄筋コンクリート造建築物の耐久性向上技術，技報堂出版，1986
3) 日本建築学会：鉄筋コンクリート造建築物の耐久性調査・診断および補修指針（案），1997
4) 日本建築学会：鉄筋コンクリート造建築物の収縮ひび割れ制御設計・施工指針（案）・同解説，2006
5) 日本コンクリート工学会：コンクリートのひび割れ調査，補修・補強指針－2013－，2013
6) 公共建築協会・国土交通省大臣官房官庁営繕部監修：建築改修工事監理指針，2013

付　　録

付録1 耐久設計例

1．まえがき
　付録では，本指針における耐久設計の具体例を，モデル部材を想定し，性能検証型一般設計法，標準仕様選択型設計法について示し，耐久設計手法の違いが結果にどのように反映されるかを示す．

2．建築物の設計条件
（1）　計画場所　　　　　　　　：千葉県
（2）　地区地域　　　　　　　　：海浜地域（海岸まで遮蔽物がない）
（3）　海岸からの距離　　　　　：50 m（飛来塩分量 5 mg/dm²/日（5 mdd）：準塩害環境）
（4）　建築物概要
　　　① 構造用途　　　　　　　：鉄筋コンクリート造，共同住宅
　　　② 外装仕様　　　　　　　：打放しコンクリート仕上げ
　　　③ 内装仕様　　　　　　　：塗装仕上げ（合成樹脂エマルションペイント塗り）
　　　④ 部材の環境条件
　　　　屋外面：外気面は全て雨がかり環境として設計を行うこととする．
　　　　屋内面：乾燥環境とする．

3．建築主からの要求耐用年数・要求性能
　　　① 建築主からの要求耐用年数：50年
　　　② 要求性能　　　　　　　：構造安全性，使用性，修復性

4．法的・経済的・社会的制約条件
　　　① 法的制約条件　　　　　：建築基準法，都市計画法，財務省令他
　　　② 経済的制約条件　　　　：ライフサイクルコストの低減
　　　③ 社会的制約条件　　　　：特になし

5．コンクリートの仕様
　構造設計図書では，JASS 5 の規定を満足する下記の仕様となっている．
　　　① コンクリート材料
　　　　・セメント　　　普通ポルトランドセメント
　　　　・粗骨材　　　　硬質砂岩砕石
　　　　・細骨材　　　　陸砂

・混和剤　　　AE減水剤
② コンクリートの調合条件
・設計基準強度　24 N/mm²
・スランプ　　　18±2.5 cm
・空気量　　　　4.5±1.5%
③ コンクリートの調合

前記①②の条件から，コンクリートの試し練りによってコンクリートの調合を決定した．調合表より耐久設計に関連する事項を示すと下記となる．
・水セメント比　55.0%
・単位水量　　　182 kg/m³

6．鉄筋の仕様

JIS G 3112 の規格に適合していることを確認した．

7．性能検証型一般設計法による場合〔解説図2.2.3および5章〕

7.1 設計方針の決定

建築主からの要求耐用年数・要求性能および建築物の機能を考慮して，可能な限りライフサイクルコストを最小化するという方針に基づき，性能検証型一般設計法では，計画的な維持保全を行わないルートによることとした．

7.2 耐久設計の手順

（1）設計耐用年数の設定〔2章〕

建築主からの要求耐用年数，法定耐用年数，材料の品質，施工の不確実性，劣化現象の推定誤差を考慮し，設計耐用年数を60年とする．

（2）計画的な維持保全〔8章〕

定期的な点検・修繕を除き，計画的な維持保全年数（大規模修繕）は考慮しない．

（3）設計劣化外力の評価〔3章〕

当該建築物の環境条件から，コンクリートの中性化・塩害による鉄筋腐食に起因するコンクリートのひび割れ・浮き・剥落およびそれに伴う部材の耐力低下が劣化現象として想定されることから，設計劣化外力は，中性化および塩害に対する劣化外力とする．

中性化に対する設計劣化外力は，二酸化炭素濃度とし，硫黄酸化物および窒素酸化物は濃度が極めて低いため劣化外力から除外することとした．各劣化外力の濃度は本指針および測定値により下記とした．

・二酸化炭素濃度　　屋外 0.05%　屋内 0.10%〔3.2 c 項〕
・飛来塩分量　　　　5 mg/dm²/日（NaCl 換算，測定値）

なお，温度および湿度は，気象庁公開データより千葉県千葉市の1971年から2000年までの平均

温度および平均湿度を下記のとおり求めて用いた．

- 温度　　　　15.4℃
- 湿度　　　　69.0%RH

(4) 設計限界状態の設定〔4章〕

設計限界状態は，構造安全性，使用性および修復性について考慮するものとし，各劣化外力に対して次のとおりとする〔5章〕．

- 中性化　　　最外側鉄筋の20%が腐食状態になった時
- 塩害　　　　同上

(5) 材料・調合・かぶり厚さ等の検証〔5章〕

[材料の検証]

- 使用骨材：JIS A 1145（化学法）によるアルカリシリカ反応性試験法により無害と判定された骨材であることを確認した．
- 混和剤：JIS A 6204附属書による試験の結果，総塩化物量，総アルカリ量とも同JISの品質基準を満足していることを確認した．
- 練混ぜ水：JASS 5 T-301による試験結果がJASS 5の規定を満足していることを確認した．
- セメント：JIS R 5201による試験の結果，JIS R 5210に適合していることを確認した．

[調合の検証]

試し練りの結果，設計基準強度，ワーカビリティ，総塩化物イオン量，総アルカリ量はJASS 5の規定を満足しており，コンクリートの調合は所定の性能を満足していると判定された．

なお，コンクリートの総塩化物イオン量は，0.2 kg/m³であった．

[かぶり厚さの検証]

構造設計図書に示された建築物各部材のうち，先に限界状態に達すると考えられる付図に示す構造断面の部材について検証する．

(a) 中性化に対する検証

設計耐用年数60年における，平均中性化深さを，(5.1)式によって，屋外面，屋内面別に求めると以下のようになる．

屋外面の雨がかり環境における A は，(5.1) 式によって，

$$A = k \cdot \alpha_1 \cdot \alpha_2 \cdot \alpha_3 \cdot \beta_1 \cdot \beta_2 \cdot \beta_3 = 17.2 \times 1.00 \times 1.00 \times 0.17 \times 1.00 \times 0.846 \times 1.00 = 2.47$$

とすれば，

平均中性化深さ　$\bar{C}_t = 2.47 \times \sqrt{60} = 19.2$ mm

屋内面は乾燥環境として，(5.1) 式において，

$$A = k \cdot \alpha_1 \cdot \alpha_2 \cdot \alpha_3 \cdot \beta_1 \cdot \beta_2 \cdot \beta_3 = 1.72 \times 1.00 \times 1.00 \times 0.170 \times 1.00 \times 1.35 \times 1.41 = 5.60$$

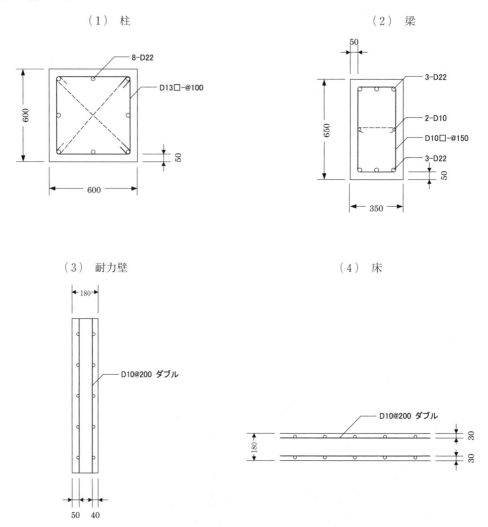

付図 1.1　検証対象部材［単位：mm］

とすれば，

平均中性化深さ　$\overline{C}_t = 5.60 \times \sqrt{60} = 43.4$ mm

　室内面（柱，耐力壁）では塗装（合成樹脂エマルションペイント塗り）による中性化抑制効果を考慮する．仕上材の中性化抵抗 R は試験により確認し，中性化抵抗 $2.24\sqrt{年}$ とした（ここでは，文献 1) による促進中性化試験による中性化抵抗 $6.05\sqrt{日}$ を二酸化炭素濃度 0.10％で年に換算）．なお，室内においては紫外線などによる仕上材の劣化が小さいものとし，中性化抵抗の低下は考慮しないものとした．ただし，常に密着した状態を維持し，定期的に塗り替える．(解 5.2.23) 式から，

平均中性化深さ　$\overline{C}_t = 5.60 \times (\sqrt{60 + 2.24^2} - 2.24) = 32.6$ mm

となる．これらの結果から，平均中性化深さは設計耐用年数時に平均かぶり厚さにまで到達しない結果となった．

　ここでは屋内外それぞれ環境条件が同一の箇所を設計対象としていると仮定して，中性化深さの

変動係数（v）を10％，かぶり厚さの標準偏差（σ）を10 mmとすれば，鉄筋のかぶり厚さと中性化深さの差の確率分布 $f(D-C_t)$ は，$(\bar{D}-\bar{C_t})$ を平均値とし，$\sqrt{\bar{C_t}^2 \cdot v^2 + \sigma^2}$ を標準偏差とする正規分布となることから〔5.2 e項〕，（付1.1）式で表される．

$$f(D-C_t) = \frac{1}{\sqrt{2\pi} \cdot \sqrt{\bar{C_t}^2 \cdot v^2 + \sigma^2}} \cdot exp\left\{\frac{-\{(D-C_t)-(\bar{D}-\bar{C_t})\}^2}{2 \cdot (\bar{C_t}^2 \cdot v^2 + \sigma^2)}\right\} \quad \text{(付1.1)}$$

ここに，$f(D-C_t)$：鉄筋のかぶり厚さと中性化深さの差の分布
　　　　C_t　　　　：中性化深さ
　　　　$\bar{C_t}$　　　　：中性化深さの平均値
　　　　v　　　　：中性化深さの変動係数
　　　　D　　　　：鉄筋のかぶり厚さ
　　　　$\bar{D}$　　　　：鉄筋のかぶり厚さの平均値
　　　　σ　　　　：鉄筋のかぶり厚さの標準偏差

（付1.1）式の変数を置き換えて標準化すると，（付1.2）式のとおり整理される．

$$\phi(X) = \frac{1}{\sqrt{2\pi} \cdot \sigma'} \cdot exp\left(-\frac{X^2}{2}\right)$$

ここで，$X : \frac{(D-C_t)-(\bar{D}-\bar{C_t})}{\sqrt{\bar{C_t}^2 \cdot v^2 + \sigma^2}}$

$\sigma' : \sqrt{\bar{C_t}^2 \cdot v^2 + \sigma^2}$

したがって，$D-C_t=d$ となるときの鉄筋の腐食確率（P）は，（付1.2）式により表される．

$$\begin{aligned} P &= \int_{-\infty}^{d} f(D-C_t) d(D-C_t) \\ &= \int_{-\infty}^{d'} \phi(X) dX \end{aligned} \quad \text{(付1.2)}$$

ただし，$d' = \frac{d-(\bar{D}-\bar{C_t})}{\sqrt{\bar{C_t}^2 \cdot v^2 + \sigma^2}}$ であり，d は鉄筋が腐食し始めるときの鉄筋のかぶり厚さと中性化深さの差であるので5.2 d項に定めるとおり，

　　　　屋外面　$d=0$ mm
　　　　屋内面　$d=-20$ mm

となる．

（付1.2）式の $\Phi(X) = \int_{-\infty}^{d'} \phi(X) dX$ は確率分布関数とよばれ，正規分布の場合は数学的に厳密解を得ることは困難であるが，正規確率分布表などを用いて求めることができる．正規確率分布表を巻末に別表として示すので利用されたい．d' が負の場合の $\Phi(X)$ は $-d'$ の上側確率で，d' が正の場合は $1.0-(d'$ の上側確率$)$ で読み取ることができる．

例えば，付図1.1（1）に示した柱の屋内面における中性化による腐食確率の導出方法は，以下のとおりとなる．

$$d' = \{-20-(40.0-32.6)\}/\sqrt{(32.6 \times 0.10)^2 + 10^2} = -3.56$$

付表 1.1　設計耐用年数時の腐食確率

部材の種別	環境区分	d'	腐食確率	環境区分	d'	腐食確率
柱	屋外面	−3.03	0.123%	屋内面	−3.56	0.019%
梁	屋外面	−3.03	0.123%	屋内面	−2.44	0.729%
耐力壁	屋外面	−3.03	0.123%	屋内面	−2.61	0.459%
床	屋外面	−	−	屋内面	−0.61	27.2%

$d'=-3.56$ の時の $\Phi(X)$ は，別表 1.1 より．0^3185 と読み取れるので，腐食確率は 0.019% となる．同様に各部材ごとの設計耐用年数時の腐食確率を求めると，付表 1.1 のとおりである．

以上の結果から，設計耐用年数時の腐食確率は仕上げの無い屋内側の床部材において 20% を超えており，設計方針の修正が必要である．床部材の設計かぶり厚さを 35 mm に修正し，腐食確率が 14.3% で限界状態を超えていないことを確認した．また他の部材においては劣化外力が中性化で検証した場合，各部材は設計限界状態に至らないと判定された．

(b)　塩害に対する検証

設計耐用年数 60 年における鉄筋位置での塩化物イオン濃度を，(5.2)式と(解 5.3.15)式を用いて推定する．

・コンクリート表面の塩化物イオン濃度（C_0）

　飛来塩分量の測定値 5 mg/md²/日 より，(解 5.3.15) 式において，

　　$a=0.1$，$b=2.0$，$L=0.01$ m

とすれば，

　　$C_0 = a \cdot b \cdot C_y/L = 0.1 \times 2.0 \times 0.0365 \times 5 \times 0.608/0.01 = 2.22$ kg/m³

となる．

・コンクリートの初期塩分量（C_{init}）

　測定値より 0.2 kg/m³ とする．

・塩化物イオンの見かけの拡散係数（D_p）

解説表 5.3.2 より，普通ポルトランドセメントを使用した水セメント比 55.0% の見かけの拡散係数 $D_p=0.71$ cm²/年とする．腐食発生限界塩化物イオン量（C_{lim}）は，1.2 kg/m³ とする．

設計耐用年数 60 年時の鉄筋位置での塩化物イオン濃度（Cl）の計算結果は，柱，梁，耐力壁の屋外面においてかぶり厚さ 50 mm の位置で下記となる．

$$Cl = (2.22 - 0.2) \times \left\{1.0 - erf\left(\frac{5}{2\times\sqrt{0.71\times 60}}\right)\right\} + 0.2 = 1.39 \text{ kg/m}^3$$

これより，設計耐用年数 60 年の時点で，鉄筋位置の塩化物イオン濃度は，鉄筋が腐食し始める塩化物イオン濃度（腐食発生限界塩化物イオン量）1.2 kg/m³ を超えると推定され，屋外側鉄筋が発錆する可能性があると判定された．

そこで，屋外部分にアクリルゴム系の表面仕上材（1 mm 厚）を施すこととし，塩化物イオンの浸透性のばらつきおよびかぶり厚さのばらつきも考慮して最外側鉄筋の腐食状態を検証した．

ここで，腐食発生限界塩化物イオン量と同じ塩化物イオン量が浸透しているかぶり厚さを C_t，その変動係数を v とし，鉄筋のかぶり厚さを D とすれば，鉄筋の腐食確率 p は中性化の場合と同様に（付 1.2）式で表される．

なお，腐食発生限界塩化物イオン量と同じ塩化物イオン量が浸透しているかぶり厚さの平均値 $\overline{C_t}$ は（解 5.3.19）式より，以下の式で求めることができる．

$$\overline{C_t} = 2\sqrt{D_p t} \times erfc^{-1}\left(\frac{C_{lim} - C_{init}}{C_0 - C_{init}}\right) - s\sqrt{\frac{D_p}{D_s}} = 1.41 \text{ cm} = 14.1 \text{ mm}$$

ここに，

t ：経過年数（60 年）

s ：塗膜の厚さ（0.1 cm）

D_s：塗膜の拡散係数（解説表 5.3.4 よりアクリルゴム系は 2.97×10^{-4} cm²/年）

ここで，塩分浸透深さの変動係数 v を 10%，鉄筋のかぶり厚さの平均値 $\overline{D}$ は 50 mm でかぶり厚さの標準偏差 σ を 10 mm とすれば，腐食発生限界塩化物イオン量と同じ塩化物イオン量が浸透しているかぶり厚さと鉄筋が腐食し始める時のかぶり厚さは等しいことより $d = 0$ mm とすると，塩害による鉄筋の腐食確率の導出方法は，中性化と同様に以下のとおりとなる．

$$d' = \{0 - (50 - 14.1)\}/\sqrt{(14.1 \times 0.10)^2 + 10^2} = -3.56$$

$d' = -3.56$ の時の $\Phi(X)$ は，別表 1.1 より .000185 と読み取れるので，腐食確率は 0.185% となり，20% を下回る．

したがって，外部仕上げ仕様を変更し，高耐久塗装仕上げ（アクリルゴム系）とし，ライフサイクルコストをできるだけ低減するため，維持保全年数をできるだけ長期とした計画的な維持保全を施すことに耐久設計の方針を変更した．

7.3 施工・品質管理

7 章に準拠し，設計図書に示された品質・精度を確保する．

7.4 維持管理

8 章に準拠し，維持管理計画・維持保全計画を立案のうえ，定期点検を実施し，維持保全限界状態を超えないように適切な処置を行う．

7.5 性能検証型一般設計法のまとめ

当該建築物の性能検証型一般設計法による結果をまとめると下記となる．

① 設計耐用年数　　　－　60 年

② 材料・調合　　　　－　変更無し

③ かぶり厚さ　　　　－　床部材のかぶり厚さを 35 mm に変更

④ 部材断面　　　　　　— 変更無し
⑤ 外部仕上げ　　　　　— 高耐久塗装仕上げ（アクリルゴム系1.0mm厚）に仕様変更
⑥ 施工・品質管理　　　— 7章に準拠し，構造設計図書に示された品質・精度を確保する．
⑦ 維持管理・維持保全　— 当初の設計方針を変更し，計画的な維持保全年数を設定する．8章に準拠し，維持管理計画・維持保全計画を立案のうえ，定期点検を実施し，維持保全限界状態を超えないように適切な処置を行う．

8. 標準仕様選択型設計法による場合〔解説図2.2.7および6章〕

8.1 耐久設計の決定

（1）環境条件による区分〔6.2〕

当該建築物の置かれている環境条件を考慮し，一般環境地域および準塩害環境とする．

（2）設計耐用年数〔6.3〕

建築主からの要求耐用年数，環境条件による区分を考慮し，設計耐用年数は60年とする．

ただし，一般環境地域における標準仕様として選択可能な設計耐用年数は100年であり，塩害環境地域における標準仕様として選択可能な設計耐用年数は65年である．

8.2 一般環境地域における標準仕様選択型設計法による仕様の検討〔6.4〕

（1）設計劣化外力の評価

7.2（3）参照．

（2）材料・調合・かぶり厚さ等の選定

［部材，かぶり厚さの選定］

構造設計図書に示された部材の構造詳細のうち，付図1.1（1）に示す部材について，6.4.2〜6.4.4により検討した結果を以下に示す．なお，各部材は6.4.2に示す許容ひび割れ幅に達する前に日常点検により維持管理〔8章〕を行うものとする．

・柱　　　　— かぶり厚さは変更無し
・梁　　　　— 同上
・耐力壁　　— 断面寸法，かぶり厚さは変更無し
・床　　　　— 断面寸法を$t=180$mmに変更，かぶり厚さは変更無し

床の断面寸法を変更したことにより，各部材の断面寸法および配筋状態は6.4.2〜6.4.4に準拠し，構造設計において決定するものとする．

［材料，調合の選定］

構造設計図書に示された材料および調合を6.4.5〜6.4.7により検討した結果を以下に示す．

・使用材料　　　　　— 変更無し（セメント：JIS R 5210適合品，骨材・練混ぜ水：JIS A 5308適合品，混和剤：JIS A 6204適合品，鉄筋：JIS G 3112

- コンクリートの種類 － 変更無し（普通コンクリート）適合品）
- 設計基準強度 － 6.4.5に従うと，耐久設計基準強度は30 N/mm²が標準であるため，設計基準強度を30 N/mm²に変更した．
- 調合 － 6.4.7に従うと，水セメント比50％以下，単位水量175 kg/m³以下を満足する必要があることから，水セメント比を50％，単位水量を175 kg/m³に変更した．塩化物イオン量および単位セメント量は規定値を満足することを確認した．

8.3 塩害地域における標準仕様選択型設計法による仕様の検討

（1）塩害地域の区分〔6.5.1〕

当該建築物での飛来塩分量5 mg/dm²/日（NaCl換算，測定値）により，準塩害環境に区分される．

（2）設計劣化外力の評価

7.2（3）参照．

（3）材料・調合・かぶり厚さ等の選定

［部材，かぶり厚さの選定］

構造設計図書に示された部材の構造詳細のうち，付図1.1に示す部材について，6.5.1～6.5.2により検討した結果を以下に示す．なお，各部材は6.4.2，6.5.1に示す許容ひび割れ幅に達する前に日常点検により維持管理〔8章〕を行うものとする．

- 柱 － 屋外面は仕上げを施してかぶり厚さを60 mmとする．
- 梁 － 同上
- 耐力壁 － 同上
- 床 － 同上
- 外部仕上げ － 高耐久塗装仕上げ（アクリルゴム系2.0 mm厚）に仕様変更

［材料，調合の選定］

構造設計図書に示された調合を6.5.3により検討した結果，適切な仕上材が施されていることを前提として準塩害環境における水セメント比の最大値55％以下を満足していることから，材料・調合の変更は無しとした．

8.4 標準仕様選択型設計法による結果のまとめ

当該建築物の標準仕様選択型設計法による結果をまとめると下記となる．

① 設計耐用年数 － 60年
② 材料・調合 － 塩害地域では変更不要であったが，一般環境地域においては，水セメント比50％，単位水量175 kg/m³に変更が必要であったことから，水セメント比50％，単位水量175 kg/m³に変更する．

③ かぶり厚さ　　　　　　－　屋外側を除く箇所は変更なし．ただし，屋外側のかぶり厚さは 60 mm に変更

④ 設計基準強度　　　　　－　30 N/mm² に変更

⑤ 外部仕上げ　　　　　　－　高耐久塗装仕上げ（アクリルゴム系 2.0 mm 厚）に仕様変更

⑥ 部材断面　　　　　　　－　床部材の厚さを 150 mm から 180 mm に変更

⑦ 施工・品質管理　　　　－　7 章に準拠し，構造設計図書に示された品質・精度を確保する．

⑧ 維持管理・維持保全　　－　8 章に準拠し，耐久性上・漏水上の許容ひび割れ幅に達する前に維持管理を行う．

9. まとめ

　一般的な建築物を想定し，性能検証型一般設計法および標準仕様選択型設計法による耐久設計例を示した．本例は設計図書に示されたごく一部を取り上げたに過ぎないため，建築物全体の耐久設計については，具体的な案件について設計者が本指針に準拠し対応されたい．

参考文献

1) 千歩　修・馬場明生・小俣一夫・松島泰幸：コンクリートの外装仕上げ材料の躯体保護効果（水分移動性状と中性化抑制効果），日本建築学会大会学術講演梗概集 A，pp.159～160，1990.10

別表 1.1　正規確率分布表（上側確率）

$X=0.00 \sim 4.09$ の区間の標準正規確率分布の上側確率は以下に示すとおり

$$\varPhi(X)=\int_d^\infty \phi(X)dX$$

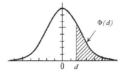

X	.00	.01	.02	.03	.04	.05	.06	.07	.08	.09
0.0	.50000	.49601	.49202	.48803	.48405	.48006	.47608	.47210	.46812	.46414
0.1	.46017	.45620	.45224	.44828	.44433	.44038	.43644	.43251	.42858	.42465
0.2	.42074	.41683	.41294	.40905	.40517	.40129	.39743	.39358	.38974	.38591
0.3	.38209	.37828	.37448	.37070	.36693	.36317	.35942	.35569	.35197	.34827
0.4	.34458	.34090	.33724	.33360	.32997	.32636	.32276	.31918	.31561	.31207
0.5	.30854	.30503	.30153	.29806	.29460	.29116	.28774	.28434	.28096	.27760
0.6	.27425	.27093	.26763	.26435	.26109	.25785	.25463	.25143	.24825	.24510
0.7	.24196	.23885	.23576	.23270	.22965	.22663	.23363	.22065	.21770	.21476
0.8	.21186	.20897	.20611	.20327	.20045	.19766	.19489	.19215	.18943	.18673
0.9	.18406	.18141	.17879	.17619	.17361	.17106	.16853	.16602	.16354	.16109
1.0	.15866	.15625	.15386	.15151	.14917	.14686	.14457	.14231	.14007	.13786
1.1	.13567	.13350	.13136	.12924	.12714	.12507	.12302	.12100	.11900	.11702
1.2	.11507	.11314	.11123	.10935	.10749	.10565	.10383	.10204	.10027	.09853
1.3	.09680	.09510	.09342	.09176	.09012	.08851	.08691	.08534	.08379	.08226
1.4	.08076	.07927	.07780	.07636	.07493	.07353	.07215	.07078	.06944	.06811
1.5	.06681	.06552	.06426	.06301	.06178	.06057	.05938	.05821	.05705	.05592
1.6	.05480	.05370	.05262	.05155	.05050	.04947	.04846	.04746	.04648	.04551
1.7	.04457	.04363	.04272	.04182	.04093	.04006	.03920	.03836	.03754	.03673
1.8	.03593	.03515	.03438	.03362	.03288	.03216	.03144	.03074	.03005	.02938
1.9	.02872	.02807	.02743	.02680	.02619	.02559	.02500	.02442	.02385	.02330
2.0	.02275	.02222	.02169	.02118	.02068	.02018	.01970	.01923	.01876	.01831
2.1	.01786	.01743	.01700	.01659	.01618	.01578	.01539	.01500	.01463	.01426
2.2	.01390	.01355	.01321	.01287	.01255	.01222	.01191	.01160	.01130	.01101
2.3	.01072	.01044	.01017	.00990	.00964	.00939	.00914	.00889	.00866	.00842
2.4	.00820	.00798	.00776	.00755	.00734	.00714	.00695	.00676	.00657	.00639
2.5	.00621	.00604	.00587	.00570	.00554	.00539	.00523	.00508	.00494	.00480
2.6	.00466	.00453	.00440	.00427	.00415	.00402	.00391	.00379	.00368	.00357
2.7	.00347	.00336	.00326	.00317	.00307	.00298	.00289	.00280	.00272	.00264
2.8	.00256	.00248	.00240	.00233	.00226	.00219	.00212	.00205	.00199	.00193
2.9	.00187	.00181	.00175	.00169	.00164	.00159	.00154	.00149	.00144	.00139
3.0	.00135	.00131	.00126	.00122	.00118	.00114	.00111	.00107	.00104	.00100
3.1	$.0^3 968$	$.0^3 935$	$.0^3 904$	$.0^3 874$	$.0^3 845$	$.0^3 816$	$.0^3 789$	$.0^3 762$	$.0^3 736$	$.0^3 711$
3.2	$.0^3 687$	$.0^3 664$	$.0^3 641$	$.0^3 619$	$.0^3 598$	$.0^3 577$	$.0^3 557$	$.0^3 538$	$.0^3 519$	$.0^3 501$
3.3	$.0^3 483$	$.0^3 466$	$.0^3 450$	$.0^3 434$	$.0^3 419$	$.0^3 404$	$.0^3 390$	$.0^3 376$	$.0^3 362$	$.0^3 349$
3.4	$.0^3 337$	$.0^3 325$	$.0^3 313$	$.0^3 302$	$.0^3 291$	$.0^3 280$	$.0^3 270$	$.0^3 260$	$.0^3 251$	$.0^3 242$
3.5	$.0^3 233$	$.0^3 224$	$.0^3 216$	$.0^3 208$	$.0^3 200$	$.0^3 193$	$.0^3 185$	$.0^3 178$	$.0^3 172$	$.0^3 165$
3.6	$.0^3 159$	$.0^3 153$	$.0^3 147$	$.0^3 142$	$.0^3 136$	$.0^3 131$	$.0^3 126$	$.0^3 121$	$.0^3 117$	$.0^3 112$
3.7	$.0^3 108$	$.0^3 104$	$.0^4 996$	$.0^4 957$	$.0^4 920$	$.0^4 884$	$.0^4 850$	$.0^4 816$	$.0^4 784$	$.0^4 753$
3.8	$.0^4 723$	$.0^4 695$	$.0^4 667$	$.0^4 641$	$.0^4 615$	$.0^4 591$	$.0^4 567$	$.0^4 544$	$.0^4 522$	$.0^4 501$
3.9	$.0^4 481$	$.0^4 461$	$.0^4 443$	$.0^4 425$	$.0^4 407$	$.0^4 391$	$.0^4 375$	$.0^4 359$	$.0^4 345$	$.0^4 330$
4.0	$.0^4 317$	$.0^4 304$	$.0^4 291$	$.0^4 279$	$.0^4 267$	$.0^4 256$	$.0^4 245$	$.0^4 235$	$.0^4 225$	$.0^4 216$

付録2 コンクリート表層の透気試験方法に関する現状の技術

1. はじめに

本付録2では,コンクリートの表層(かぶりコンクリート)の透気性の試験方法に関する研究の現状および各種の試験方法の特性を紹介する.

2. 原位置透気試験に関する既往の研究

2.1 削孔法

1973年に,Figg[3]により削孔法によるかぶりコンクリートの透気試験方法が提案されている.これは付図2.1に示すように,コンクリートに10 mm径を削孔し,そこにプラスチック製のプラグで栓をする.続いて中に差し込んだ針によって孔内部の圧力を下げ,規定された圧力変化に要する時間を求める.この方法は孔径が粗骨材寸法と比較して小さいことから,試験体間の差の大きいことがDhirらによって指摘され[4],Figgの方法における孔径10 mm(深さ40 mm)を孔径13 mm(深さ50 mm)とし,圧力の範囲を55~50 kPaであったものを55~45 kPaとより広く取ることにより,粗骨材の偏在による影響を相対的に改善したことを報告している.これに対しFiggは孔の数を同一試験体について3箇所以上とすることによって試験のばらつきが低減されることをその討議の中で主張した[5].なお,Figgの方法では測定結果の評価基準も示されている.この方法の一例は"Poroscope"の名でJames Instruments社より販売されている[6].国内では,笠井らがこのFiggの方法について,孔の深さ・間隔について検討を行っている[7].また笠井らは,簡易透気速度(孔内部の気圧変化とそれに要する時間の比)とコンクリートの促進中性化深さに良好な相関のあることを見出し,さらにJASS 5で示されている耐久性に関する強度区分と同書に紹介されている耐久性と中性化深さの関係式(和泉式)に基づいて,付図2.2に示すような中性化深さに対応する簡易透気速度の区分を提案している[8].さらに笠井らは,この試験方法にドリル削孔粉による簡易中性化試験・同一孔を用いた吸水試験を組み合わせ,総合的な耐久性試験方法を提案している.その他,TUD法,Hong-Parrot法,Paulman法が提案されているが,詳細については文献2)を,和文のものとしては文献9)を参照されたい.

付録2　コンクリート表層の透気試験方法に関する現状の技術　—267—

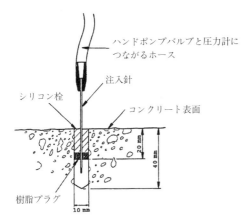

付図2.1　Figg-Poroscope法[3]

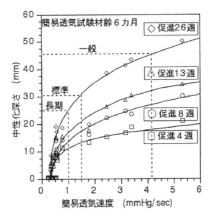

付図2.2　簡易透気速度と中性化深さの関係[8]

2.2　表面法（シングルチャンバー法）

1980年後半のほぼ同時期に，カールスルーエ工科大学[10]とフランスLCPC[11]によりシングルチャンバー法が発表され，その後カールスルーエ工科大学で継続的な検討がなされた．一般的なコンクリートではチャンバー内で減圧された5～30 kPaの気圧変化に要する時間が計測され，両者の比として透気指数（Permeability Index）を求める．この試験方法は一人で実施可能で所要時間も約3分と，とにかく簡便で速い．また試験領域も広いため，粗骨材の偏在などにより影響を受けにくい．付図に示すように，コンクリート表面とチャンバーの間は気密性確保のため1 cm幅のシールが確保されている．樹脂接着剤でシールを行うために試験後にその痕跡が残るが，それ以上にこの方法には致命的な欠点がある．それは，床に対してはブリージングやこて仕上げなど，壁に対しては早期脱型などによって形成されるごく表層部の粗な組織（Skin）の存在の影響である〔付図2.3〕．付図2.4は床コンクリートに本方法を適用した結果を示すものであるが，床面の上と下で，同じコンクリートであるにもかかわらず，全く異なる測定結果となる[12]．この方法とほぼ同じ原理の透気試験として，福島らは市販のチャンバー（真空瓶）を用いてコンクリート表層部の透気性評価を試みて

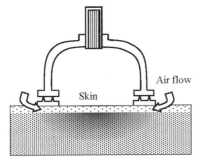

付図2.3　Skinの模式図

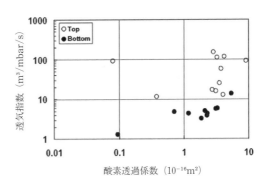

付図2.4　Schönlinの方法におけるスラブ上面と下面の透気指数[12]

いる[13]．文献10），11）の発表とほぼ同時期にMontgomeryら[14]によって吸水試験タイプ装置が発表された数年後，Basheerらによって透気タイプの試験方法（Autoclam法）が発表された[15]．この装置の一例はAmphora NDT社から販売されている[16]．

2.3 表面法（ダブルチャンバー法）

1992年に，Torrent[17]によってその全容が公表された．シングルチャンバーの最大の弱点であるSkinの影響を根本的に排除した点と，ダルシー則における物理量としての透気係数を構造物原位置試験で取得することを可能にした点で，本方法は特筆される．試験の原理は付図2.5に示すように，内部チャンバーと外部チャンバーの二つの構造を有する装置からなっており，透気性は内部チャンバーの圧力によって評価される．ここで内部チャンバーと外部チャンバーの圧力を等しくコントロールすることにより，外部から内部チャンバーへの空気の流入が物理的に排除される．結果として同図に示すような栓流（内部チャンバー下の直線矢印）が形成され，この空気の流れはRILEM TC 116-PCDによって提案されたCEMBUREAU法[18]のそれと近いものになる．Torrentは自身が行った実験において，付図2.6に示すとおり，本方法によって得られる透気係数とCEMBUREAU法の間に良い一致が認められたことを報告している[12]．得られた値について，コンクリートの含水率を評価するWenner法とあわせた透気性の評価基準を提案している[19]．試験後の痕跡も残らない．なおその他の方法も提案されているが，その概要は文献2）を参照されたい．

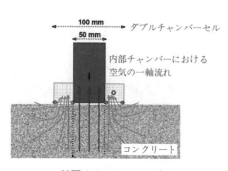 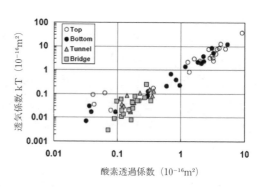

付図2.5　Torrent法[2]　　　付図2.6　kT（トレント法）とCEMBUREAU法の透気係数[12]

2.4 共通試験例1

かぶりコンクリートの透気試験方法に関する研究の概要を付表2.1にまとめる．この分野の装置面の研究開発は1970年代の削孔法に始まり，おおよその方法は1990年前後に公表されている．ベンチマーク試験としてのCEMBUREAU法は1990年後半にRILEMによって提案されている．これらを受けたような形で2000年に，冒頭で紹介したRILEM　TC　189-NEC（Non-Destructive Evaluation of the Covercrete）の活動が開始された．それぞれに特徴を有する試験方法を適切に用いるためにはそれらの試験方法の特性に対する共通の理解と技術指針の確立が重要であることは

付表 2.1　各種透気試験方法の概要〔詳細は文献 2) 参照〕

研究者	試験方法	試験領域	圧力の状態	透気性の評価	含水状態への対応
RILEM TC-PCD：CEMBUREAU 法	コア	直径 15 cm 厚さ 5 cm	一軸定常流	ダルシー則の透気係数	50℃乾燥
J.W. Figg	削孔法	φ10×40 mm	減圧	50～55 kPa の経過時間（s）	晴天時に実施
笠井ら	削孔法	φ10×40 mm	減圧	一般に，25.3～21.3 kPa の経過時間（s）	ー
Dhir ら	削孔法	φ13×50 mm	減圧	55～45 kPa の経過時間（s）	ー
H.W. Reinhardt ら	削孔法	φ10×40 mm	加圧（窒素ガス）	50～35 kPa の経過時間（s）	ー
C.Z. Hong ら	削孔法	φ20×35（先端 15）mm	加圧（空気）	50～35 kPa の経過時間（s），透気領域を概ね孔周辺の 35 mm であることを実験的に確認している．	ー
K. Paulman	削孔法	φ11×40～45 mm	加圧（窒素または空気）	0.02～0.05 kPa の経過時間（s）	ー
A.J. Hansen ら	削孔法	コンクリート表面 60 mm 径（圧力センサー挿入）	加圧（CO_2）	0.1～0.4 kPa 加圧時の圧力変化より透気係数算定	孔内部の相対湿度を 90%以下に減圧
K. Schönlin	表面法	約 10 cm	減圧	5～30 kPa の経過時間（s）	ドライヤーによる表面部分の乾燥
P.A.M. Basheer ら	表面法	約 5 cm	加圧（空気）	50～98 kPa の経過時間（s）	ー
R. Torrent	表面法	約 5 cm	減圧	内外チャンバーの気圧バランスによって栓流としての透気係数算定	Wenner 法により比抵抗を評価
P. Zia ら	表面法	約 10 cm	減圧	5 秒ごとの圧力変化を計測	ー

論を待たない．この課題に対して RILEM TC 189-NEC は以下の目標を設定した．

　a．耐久性の観点から見たかぶりコンクリートの厚さ・品質の非破壊試験方法の選定
　b．推奨される試験方法案の作成
　c．構造物のおかれる環境条件と供用期間を考慮したかぶりコンクリートの仕様と非破壊試験適用指針の作成

　a．に対しては，2003 年 9 月に共通試験が実施された〔付表 2.2～2.5〕．試験に用いられた方法は，Autoclam 法（シングルチャンバー法），Hong-Parrot 法（削孔法），そして Torrent 法（TPT：ダブルチャンバー法）である．この結果については文献 2 ）において詳述されているが，結果を見る限りでは Torrent 法が優れているようである〔付表 2.4〕．この TC は，特に c．に向けた方法論の提案[19]がいくつか見受けられた 2004 年の Madrid での国際会議をもって，その活動をいったん終了し，その後の活動は RILEM TC 230-PSC（Performance-based specifications and control of concrete durability）に引き継がれている．

付表2.2 RILEM TC 189-NEC で実施された共通試験における試験条件[2]

試験条件	1	2	3	4	5	6	7	8	9	10
W/C	0.40	0.55	0.60	0.40	0.55	0.55	0.40	0.55	0.40	0.55
セメント種類	OPC	OPC	OPC	BFSC	BFSC	OPC	OPC	OPC	OPC	OPC
湿潤養生（日）	7	7	7	7	7	1	7	7	7	7
温度（℃）	20	20	20	20	20	20	20	20	10	10
湿度条件	70%R.H.	70%R.H.	70%R.H.	70%R.H.	70%R.H.	80%R.H.	80%R.H.	80%R.H.	70%R.H.	70%R.H.

付表2.3 各条件において予想される優劣（レーティング）[2]

比較条件	1-2	2-3	1-3	4-5	2-6	7-8	9-10
優劣	2＞1	3＞2	3＞1	5＞4	6＞2	8＞7	10＞9
変動要因	W/C（OPC）	W/C（OPC）	W/C（OPC）	W/C（BFSC）	養生	W/C（湿度）	W/C（温度）

付表2.4 試験結果[2]

比較条件	1-2	2-3	1-3	4-5	2-6	7-8	9-10
優劣	2＞1	3＞2	3＞1	5＞4	6＞2	8＞7	10＞9
Autoclam	－－	＋＋	＋＋	0	＋＋	＋＋	＋＋
Parrott	0	＋＋	＋＋	＋＋	＋	＋＋	＋＋
TPT	＋＋	＋＋	＋＋	0	＋＋	＋＋	＋＋

［注］　＋＋：有意水準1％で有意差有り，＋：有意水準1～5％で有意差有り，
0：有意水準5％では有意差が認められない，－－：付表2.3に示される
予想と逆の結果の場合

付表2.5 各種試験方法の特性比較[2]

移動機構	空気透過性			吸水性	電気抵抗
評価項目	Autoclam	Parrott	TPT	Autoclam	Wenner
付表2.3における適合数*	□□□□□■■	□□□□□□■	□□□□□□■	□□□□□□■	□□□□□■■
相関係数 R#	0.67 0.90@	0.92	0.97	0.47	0.83
測定数	3	4	6	3	20
試験時間（分）	69	120	99	69	14
痕跡：孔の数×直径	9×6 mm	4×30 mm	0	9×6 mm	0

* □＝有意差をもって適合　■＝有意差なし，または結果が逆
　付表2.3に示す優劣7項目のうち有意差をもって適合したものを白抜き，有意差なし，または結果が逆のものを黒塗り
　として表示．
同一移動機構の基準試験（空気透過性であればRILEM TC-PCD: CEMBUREAU法）
@付表2.2の試験条件No.3を除く

2.5 共通試験例2

前述のTCが実施したものと同様の共通試験を，Torrent法（TPT），ドリル削孔法（FIM）およびシングルチャンバー法（SCM）[20]について実施した[21]．試験に用いたコンクリートの概要とともにその結果を付表2.6～2.10に示す．試験体は30 cm×30 cm×10 cmの平板とした．同一のコンクリートについて，標準養生（一か月水中，一か月恒温恒湿室）および，気中養生（二日間養生，三日目脱型．型枠養生二日以降恒温恒湿室）したものを用意した．以後では前者の試験体をA，後者の試験体をCと表記する．試験は測定面につき5～6回実施し，想定されるレーティング（優劣関係）に対してt検定を行った．どの方法もおおよそコンクリートの特性を評価し得ていると判断されるが，Torrent法が最も優れた傾向を示している．

付表2.6 使用材料[21]

セメント（C）	普通ポルトランドセメント，密度3.16 g/cm³
水（W）	上水道水
細骨材	S_1：山砂（京都府城陽産），密度2.57 g/cm³，FM：2.80
	S_2：砕砂（大阪府高槻産），密度2.66 g/cm³，FM：2.80
粗骨材（G）	砕石（大阪府高槻産），密度2.69 g/cm³，実積率58.0%
混和剤	AE：AE減水剤（ポゾリス No.70）
	SP：高性能AE減水剤（ポゾリス レオビルド SP-8 S）

付表2.7 コンクリートの調合[21]

呼び強度F（N/mm²）	W/C (%)	s/a (%)	単位量（kg/m³）					混和剤種類
			W	C	S_1	S_2	G	
21	63	46.6	184	292	406	420	974	AE
27	54	49.2	180	333	421	439	915	SP
36	44	48.7	180	409	403	418	890	SP

付表2.8 コンクリートの試験結果[21]

F（N/mm²）	スランプ (cm)	フロー (cm×cm)	空気量 (%)	温度 (℃)	28日圧縮強度 (N/mm²)	RILEM透気係数 （×10⁻¹⁸m²）
21	16.0	29.0×27.5	5.9	14.0	32.0	738
27	9.5	23.0×22.0	5.0	17.5	38.7	168
36	21.5	38.0×38.0	5.5	16.0	44.4	112

付表 2.9　想定されるレーティング[21]

変動要因	圧縮強度			
比較条件	A 21-A 27	A 27-A 36	C 21-C 27	C 27-C 36
優劣	A 21<A 27	A 27<A 36	C 21<C 27	C 27<C 36
変動要因	養生方法			
比較条件	A 21-C 21		A 27-C 27	A 36-C 36
優劣	A 21>C 21		A 27>27	A 36>C 36

[例]　A 21（養生条件 'A'，呼び強度 21 N/mm^2）
　　＊養生条件A：標準養生（一か月水中，一か月恒温恒湿室）
　　　　　　　C：気中養生（二日間養生，三日目膜型，型枠養生二日以降恒温恒湿室）

付表 2.10　各種透気試験方法のt検定[21]

変動要因		圧縮強度			
レーティング		A 21<A 27	A 27<A 36	C 21<C 27	C 27<C 36
SCM	T	8.86	4.24	6.06	3.81
	検定結果	+++	+++	+++	+++
TPT	T	31.05	3.61	31.29	7.10
	検定結果	+++	+++	+++	+++
FIM	T	9.07	1.67	8.36	2.68
	検定結果	+++	--	+++	++
変動要因		養生条件			
レーティング		A 21>C 21		A 27>C 27	A 36>C 36
SCM	T	1.53		2.30	2.96
	検定結果	--		++	++
TPT	T	32.73		22.79	22.51
	検定結果	+++		+++	+++
FIM	T	6.24		6.33	7.55
	検定結果	+++		+++	+++

[注]　＋＋＋：有意水準1％で有意差あり，＋＋：有意水準5％で有意差あり，--：有意差なし

参 考 文 献
1) 氏家　勲：実構造物におけるかぶりコンクリートの吸水性，透水性，透気性の測定方法，コンクリート工学，Vol. 32, No. 12, pp.43～47, 1994
2) RILEM Report 40, Non-Destructive Evaluation of the Penetrability and Thickness of the Concrete Cover, State of the Art Report of RILEM Technical Committee TC 189-NEC "Non-Destructive Evaluation of the Concrete Cover", Edited by R. Torrent and L. Fernandez Luco.

2007

3) Figg, J.W., "Methods of measuring the air and water permeability of concrete", Magazine or Concrete Research, Vol. 25, No. 85, pp.213～219, Dec. 1973
4) Dhir, R.K., Hewlett, P.C. and Chan, Y.N., Near-surface characteristics of concrete : assessment and development of in situ test methods, Magazine of Concr. Res., V. 39, No. 141, pp.183～195, Dec. 1987
5) Figg, J.W., Discussion of Near-surface characteristics of concrete : assessment and development of in situ test methods : Vol. 40, No. 145, pp.234～244, Dec. 1988
6) James Instruments Inc., Chicago, USA, www.ndtjames.com
7) Kasai, Y., Matsui, I. and Nagao, M., On site rapid air permeability test for concrete, ACI SP-82, pp.501-524, In Situ/Nondestructive Testing of Concrete, V.M. Malhotra (Ed.), ACI, Detroit, 1984
8) 笠井芳夫・松井　勇・湯浅　昇：簡易な試験による構造体コンクリートの品質評価の試み，セメント・コンクリート，No. 559，pp.20～28，Sept. 1993
9) 今本啓一・下澤和幸・山﨑順二・二村誠二：実構造物の表層透気性の非・微破壊試験方法に関する研究の現状，コンクリート工学，Vol. 44，No. 2，pp.31～38，2006.2
10) Kropp, J. and Hilsdorf, H.K. (Eds.) : Performance criteria for concrete durability, RILEM Report 12, TC 116-PCD, p.323, E & FN Spon, London, 1995
11) Schönlin, K. and Hilsdorf, H. : Evaluation of the effectiveness of curing of concrete structures, ACI SP-100, Concrete Durability. Katharine and Bryant Mather Intern. Confer., Vol. 1, pp.207～226, Detroit, ACI, 1987
12) Torrent, R., und Ebensperger, L. : Studie über Methoden zur Messung und Beurteilung der Kennwerte des Überdeckungsbetons auf der Baustelle－Teil 1, p 119, Office Féderal des Routes, Suisse, Zürich, Januar 1993
13) 福島礼規・谷川恭雄ほか：構造体コンクリートの透気性に関する実験的研究；日本建築学会大会学術講演梗概集，pp.911～912，1993.9
14) Montgomery, F.R. and Adams, A. : Early experience with a new concrete permeability apparatus, Proc. 2nd. Int. Conf. on Structural Faults and Repair, Ed. by Forde & Topping, pp.359～363, 1985
15) Basheer, P.A.M., Long, A.E. and Montgomery, F.R. : he 'Autoclam' for measuring the Surface Absorption and Permeability of Concrete on Site, CANMET/ACI Int. Workshop on Advances in Concrete Technology, Athens, pp.107～132, May 1992
16) Amphora NDT Ltd., Belfast, U.K., www.amphorandt.com
17) Torrent, R. : A two-chamber vacuum cell for measuring the coefficient of permeability to air of the concrete cover on site, Mater. & Struct., v. 25, n. 150, pp.358～365, July 1992
18) RILEM TC 116-PCD, 'Recommendations of TC 116-PCD, Tests for gas permeability of concrete. B. Measurement of the gas permeability of concrete by the RILEM－CEMBUREAU method, Mater. & Struct., 32, pp.176～179, 1999
19) Torrent, R., Performance-based specification and conformity control of durability, International RILEM Workshop on Performance Based Evaluation and Indicators for Concrete Durability, 19～21 March 2006, Madrid, Spain
20) 今本啓一・山﨑順二・下澤和幸・永山　勝・二村誠二：構造体コンクリートの表層透気性評価におけるシングルチャンバー法の適用性の検討，日本建築学会構造系論文集，第607号，pp.31～38，2006.9
21) 下澤和幸・永山　勝・今本啓一・成田　瞬・山﨑順二・二村誠二：構造体コンクリートの各種表層透気試験法と評価（その1　実験概要と小型試験体の検定），日本建築学会学術講演梗概集A-1材料施工，pp.1249～1250，2007.8

鉄筋コンクリート造建築物の耐久設計施工指針・同解説

2004年3月5日　第1版第1刷
2016年7月25日　第2版第1刷

編　集
著作人　一般社団法人　日本建築学会
印刷所　昭和情報プロセス株式会社
発行所　一般社団法人　日本建築学会
　　　　108-8414　東京都港区芝 5 ― 26 ― 20
　　　　電　話・(03) 3 4 5 6 ― 2 0 5 1
　　　　Ｆ Ａ Ｘ・(03) 3 4 5 6 ― 2 0 5 8
　　　　http://www.aij.or.jp/
発売所　丸善出版株式会社
　　　　101-0051　東京都千代田区神田神保町 2 ― 17
　　　　　　　　　神田神保町ビル
ⓒ日本建築学会 2016　電　話・(03) 3 5 1 2 ― 3 2 5 6

ISBN978-4-8189-1075-1 C3052

『鉄筋コンクリート造建築物の耐久設計施工指針・同解説』（第2版第1刷／2016年7月刊行）
以下の数値を訂正いたしたく、差替えページを添付いたします。

257ページ

温度および平均湿度を下記のとおり求めて用いた。
・温度：15.4℃
・湿度：69.0%RH

(4) 設計限界状態の設定（4章）
設計限界状態は、構造安全性、使用性および修復性について考慮するものとし、各劣化外力に対して次のとおりとする（5章）。
・中性化：最外側鉄筋の20%が腐食状態になった時
・塩害：同上

(5) 材料・調合・かぶり厚さ等の検証（5章）
［材料の検証］
・使用骨材：JIS A 1145（化学法）によるアルカリシリカ反応性試験法により無害と判定された骨材であることを確認した。
・混和剤：JIS A 6204付属書による試験の結果、総塩化物量、総アルカリ量とも同JISの品質基準を満足していることを確認した。
・練混ぜ水：JASS 5 T-301による試験結果がJASS 5の規定を満足していることを確認した。
・セメント：JIS R 5201による試験の結果、JIS R 5210に適合していることを確認した。

［調合の検証］
試し練りの結果、設計基準強度、ワーカビリティ、総塩化物イオン量、総アルカリ量はJASS 5の規定を満足しており、コンクリートの調合は所定の性能を満足していると判定された。
なお、コンクリートの総塩化物イオン量は、0.2kg/m³であった。

［かぶり厚さの検証］
構造設計図書に示された建築物各部材のうち、先に限界状態に達すると考えられる付図に示す構造断面の部材について検証する。

(a) 中性化に対する検証
設計耐用年数60年における、平均中性化深さを、(5.1)式によって、屋外面、屋内面別に求めると以下のようになる。
屋外面の雨がかり環境における A は、(5.1)式によって、
$A = k \cdot \alpha_1 \cdot \alpha_2 \cdot \beta_1 \cdot \beta_2 \cdot \beta_3 = 17.2 \times 1.00 \times 0.17 \times 1.00 \times 0.846 \times 1.00 = 2.47$

とすれば、 $\boxed{0.170 \times 0.989 \times 0.846 \times 1.00 = 2.45}$
平均中性化深さ $\bar{C}_t = 2.47 \times \sqrt{60} = 19.2$ mm
屋内面は乾燥環境として、(5.1)式において、 $\boxed{2.45 \times \sqrt{60} = 19.0}$
$A = k \cdot \alpha_1 \cdot \alpha_2 \cdot \beta_1 \cdot \beta_2 \cdot \beta_3 = \underline{1.72} \times 1.00 \times 0.170 \times 1.00 \times 1.35 \times 1.41 = 5.60$
$\boxed{17.2}$ $\boxed{0.989 \times 1.35 \times 1.41 = 5.50}$

258ページ

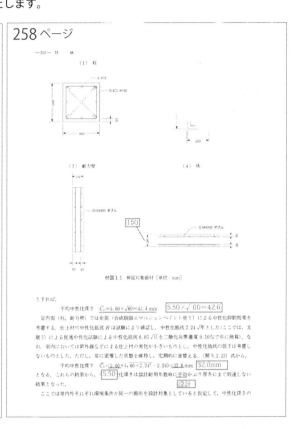

付図1.1 検証対象部材（単位：mm）

とすれば、
平均中性化深さ $\bar{C}_t = 5.60 \times \sqrt{60} = 43.4$ mm
$\boxed{5.50 \times \sqrt{60} = 42.6}$

室内面（柱、耐力壁）では塗装（合成樹脂エマルションペイント塗り）による中性化抑制効果を考慮する。仕上材の中性化抵抗 R は試験により確認し、中性化抵抗2.24√年とした。ここでは、文献1）による促進中性化試験による中性化抵抗6.05√日を二酸化炭素濃度0.10%で年に換算。なお、室内においては紫外線などによる仕上材の劣化が小さいものとして、中性化抵抗の低下は考慮しないものとした。ただし、常に密着した状態を維持し、定期的に塗替える（解5.2.23）式から、
平均中性化深さ $\bar{C}_t = 5.60 \times (\sqrt{60} + 2.24^2 - 2.24) = \underline{12.6}$ mm $\boxed{32.0 \text{mm}}$
となる。これらの結果から、 $\boxed{5.50}$ 化深さは設計耐用年数時に平均かぶり厚さにまで到達しない結果となった。 $\boxed{設計}$

ここでは屋内外それぞれ環境条件が同一の箇所を設計対象としていると仮定して、中性化深さの

259ページ

変動係数 (v) を10%、かぶり厚さの標準偏差 (σ) を10mmとすれば、鉄筋のかぶり厚さと中性化深さの差の確率分布 $f(D-C_t)$ は、 $(\bar{D}-\bar{C}_t)$ を平均値とし、 $\sqrt{\bar{C}_t^2 \cdot v^2 + \sigma^2}$ を標準偏差とする正規分布となることから（5.2e項）、(付1.1)式で表される。

$$f(D-C_t) = \frac{1}{\sqrt{2\pi} \cdot \sqrt{\bar{C}_t^2 \cdot v^2 + \sigma^2}} \cdot exp\left\{ \frac{-\{(D-C_t)-(\bar{D}-\bar{C}_t)\}^2}{2 \cdot (\bar{C}_t^2 \cdot v^2 + \sigma^2)} \right\}$$ (付1.1)

ここに、$f(D-C_t)$：鉄筋のかぶり厚さと中性化深さの差の分布
C_t：中性化深さ
$\bar{C}_t$：中性化深さの平均値
v：中性化深さの変動係数
D：鉄筋のかぶり厚さ
$\bar{D}$：鉄筋のかぶり厚さの平均値
σ：鉄筋のかぶり厚さの標準偏差

(付1.1)式の変数を置き換えて標準化すると、(付1.2)式のとおり整理される。

$$\phi(X) = \frac{1}{\sqrt{2\pi} \cdot \sigma'} \cdot exp\left(-\frac{X^2}{2}\right)$$

ここで、$X = \frac{(D-C_t)-(\bar{D}-\bar{C}_t)}{\sqrt{\bar{C}_t^2 \cdot v^2 + \sigma^2}}$

$\sigma' = \sqrt{\bar{C}_t^2 \cdot v^2 + \sigma^2}$

したがって、$D-C_t = d$ となるときの鉄筋の腐食確率 (P) は、(付1.2)式により表される。

$$P = \int_{-\infty}^{d} f(D-C_t) d(D-C_t)$$
$$= \int_{-\infty}^{d'} \phi(X) dX$$ (付1.2)

ただし、$d' = \frac{d - (\bar{D}-\bar{C}_t)}{\sqrt{\bar{C}_t^2 \cdot v^2 + \sigma^2}}$ であり、d は鉄筋が腐食し始めるときの鉄筋のかぶり厚さと中性化深さの差であるので5.2d項に定めるとおり、
屋外面 $d = 0$ mm
屋内面 $d = -20$ mm
となる。

(付1.2)式の $\phi(X) = \int_{-\infty}^{d'} \phi(X) dX$ は確率分布関数とよばれ、正規分布の場合は数学的に厳密値を得ることは困難であるが、正規確率分布表を用いて求めることができる。正規確率分布表を巻末に別表として示すので利用されたい。d' が負の場合の $\phi(X)$ は $-d'$ の上側確率で、d' が正の場合は1.0-(d' の上側確率）を読み取ることができる。

例えば、付図1.1(1)に示した柱の屋内面における中性化による腐食確率の導出方法は、以下のとおりとなる。 $\boxed{32.0}$ $\boxed{-3.62}$

$d' = \{-20 - (\underline{40.0 - 32.6})\}/\sqrt{(\underline{32.6} \times 0.10)^2 + 10^2} = -3.56$
$\boxed{50.0 - 32.0}$

260ページ

付表1.1 設計耐用年数時の腐食確率

部材の種別	環境区分	d'	腐食確率	環境区分	d'	腐食確率
柱	屋外面	-3.05	0.114%	屋内面	-3.62	0.015%
梁	屋外面	-3.05	0.114%	屋内面	-2.52	0.587%
耐力壁	屋外面	-3.05	0.114%	屋内面	-2.67	0.379%
床	屋外面	-	-	屋内面	-0.68	24.8%

$\boxed{3.62}$ $\boxed{147}$ $\boxed{0.015}$

$d' = -3.24$ の時の $\phi(X)$ は、別表1.1より0.598と読み取れるので、腐食確率は0.059%となる。同様に各部材ごとの設計耐用年数時の腐食確率を求めると、付表1.1のとおりである。
以上の結果から、設計耐用年数時の腐食確率は仕上げの無い屋内側の床部材において20%を超えており、設計方針の修正が必要である。床部材の設計かぶり厚さを35mmに修正し、腐食確率が14.3%で限界状態を超えていないことを確認した。また他の部材においては劣化外力が中性化で検 $\boxed{12.7}$ 合、各部材は設計限界状態に至らないと判定された。

(b) 塩害に対する検証
設計耐用年数60年における鉄筋位置での塩化物イオン濃度を、(5.2)式と（解5.3.15）式を用いて推定する。
・コンクリート表面の塩化物イオン濃度 (C_0)
飛来塩分量の測定値 5 mg/dm²/日より、（解5.3.15）式において、
$a = 0.1$、$b = 2.0$、$L = 0.01$ m
とすれば、
$C_0 = a \cdot b \cdot C_w / L = 0.1 \times 2.0 \times 0.0365 \times 5 \times 0.608/0.01 = 2.22$ kg/m³
となる。
・コンクリートの初期塩分量 (C_{int})
測定値より 0.2 kg/m³ とする。
・塩化物イオンの見かけの拡散係数 (D_p)
解説表5.3.2より、普通ポルトランドセメントを使用した水セメント比55.0%の見かけの拡散係数 $D_p = 0.71$ cm²/年とする。腐食発生限界塩化物イオン量 (C_{lim}) は、1.2 kg/m³ とする。設計耐用年数60年時の鉄筋位置での塩化物イオン濃度 (Cl) の計算結果は、柱、梁、耐力壁の屋外面においてかぶり厚さ50mmの位置で下記となる。

$Cl = (2.22 - 0.2) \times \left\{1.0 - erf\left(\frac{5}{2 \times \sqrt{0.71 \times 60}}\right)\right\} + 0.2 = 1.39$ kg/m³

これにより、設計耐用年数60年時の時点で、鉄筋位置の塩化物イオン濃度は、鉄筋が腐食し始める塩化物イオン濃度（腐食発生限界塩化物イオン量）1.2kg/m³ を超えると推定され、屋外側鉄筋が発錆する可能性があると判定された。

温度および平均湿度を下記のとおり求めて用いた．
- 温度　　　　　15.4℃
- 湿度　　　　　69.0%RH

(4) 設計限界状態の設定〔4章〕

設計限界状態は，構造安全性，使用性および修復性について考慮するものとし，各劣化外力に対して次のとおりとする〔5章〕．
- 中性化　　　　最外側鉄筋の20%が腐食状態になった時
- 塩害　　　　　同上

(5) 材料・調合・かぶり厚さ等の検証〔5章〕

[材料の検証]
- 使用骨材：JIS A 1145（化学法）によるアルカリシリカ反応性試験法により無害と判定された骨材であることを確認した．
- 混和剤：JIS A 6204附属書による試験の結果，総塩化物量，総アルカリ量とも同JISの品質基準を満足していることを確認した．
- 練混ぜ水：JASS 5 T-301による試験結果がJASS 5の規定を満足していることを確認した．
- セメント：JIS R 5201による試験の結果，JIS R 5210に適合していることを確認した．

[調合の検証]

試し練りの結果，設計基準強度，ワーカビリティ，総塩化物イオン量，総アルカリ量は JASS 5 の規定を満足しており，コンクリートの調合は所定の性能を満足していると判定された．

なお，コンクリートの総塩化物イオン量は，0.2 kg/m³であった．

[かぶり厚さの検証]

構造設計図書に示された建築物各部材のうち，先に限界状態に達すると考えられる付図に示す構造断面の部材について検証する．

(a) 中性化に対する検証

設計耐用年数60年における，平均中性化深さを，(5.1)式によって，屋外面，屋内面別に求めると以下のようになる．

屋外面の雨がかり環境における A は，(5.1)式によって，

$$A = k \cdot \alpha_1 \cdot \alpha_2 \cdot \alpha_3 \cdot \beta_1 \cdot \beta_2 \cdot \beta_3 = 17.2 \times 1.00 \times 1.00 \times 0.170 \times 0.989 \times 0.846 \times 1.00 = 2.45$$

とすれば，

平均中性化深さ　$\bar{C}_t = 2.45 \times \sqrt{60} = 19.0$ mm

屋内面は乾燥環境として，(5.1) 式において，

$$A = k \cdot \alpha_1 \cdot \alpha_2 \cdot \alpha_3 \cdot \beta_1 \cdot \beta_2 \cdot \beta_3 = 17.2 \times 1.00 \times 1.00 \times 0.170 \times 0.989 \times 1.35 \times 1.41 = 5.50$$

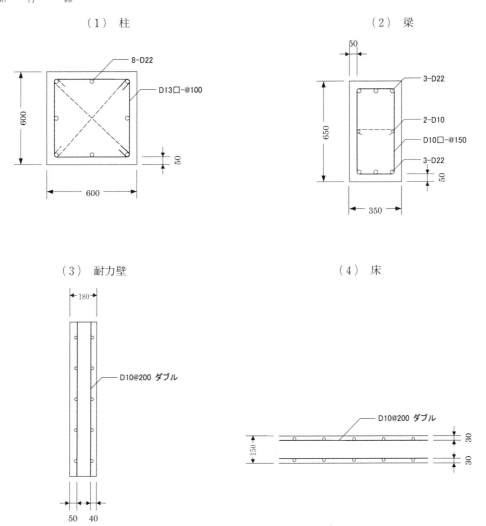

付図1.1 検証対象部材［単位：mm］

とすれば，

$$\bar{C}_t = 5.50 \times \sqrt{60} = 42.6 \text{ mm}$$

室内面（柱，耐力壁）では塗装（合成樹脂エマルションペイント塗り）による中性化抑制効果を考慮する．仕上材の中性化抵抗 R は試験により確認し，中性化抵抗 $2.24\sqrt{年}$ とした（ここでは，文献1）による促進中性化試験による中性化抵抗 $6.05\sqrt{日}$ を二酸化炭素濃度 0.10% で年に換算）．なお，室内においては紫外線などによる仕上材の劣化が小さいものとし，中性化抵抗の低下は考慮しないものとした．ただし，常に密着した状態を維持し，定期的に塗り替える．（解5.2.23）式から，

$$\bar{C}_t = 5.50 \times (\sqrt{60 + 2.24^2} - 2.24) = 32.0 \text{ mm}$$

となる．これらの結果から，平均中性化深さは設計耐用年数時に設計かぶり厚さにまで到達しない結果となった．

ここでは屋内外それぞれ環境条件が同一の箇所を設計対象としていると仮定して，中性化深さの

変動係数 (v) を 10%, かぶり厚さの標準偏差 (σ) を 10 mm とすれば，鉄筋のかぶり厚さと中性化深さの差の確率分布 $f(D-C_t)$ は，$(\bar{D}-\bar{C}_t)$ を平均値とし，$\sqrt{\bar{C}_t^2 \cdot v^2 + \sigma^2}$ を標準偏差とする正規分布となることから〔5.2 e 項〕，（付 1.1）式で表される．

$$f(D-C_t) = \frac{1}{\sqrt{2\pi} \cdot \sqrt{\bar{C}_t^2 \cdot v^2 + \sigma^2}} \cdot exp\left\{\frac{-\{(D-C_t)-(\bar{D}-\bar{C}_t)\}^2}{2 \cdot (\bar{C}_t^2 \cdot v^2 + \sigma^2)}\right\} \tag{付 1.1}$$

ここに，$f(D-C_t)$：鉄筋のかぶり厚さと中性化深さの差の分布
C_t ：中性化深さ
$\bar{C}_t$ ：中性化深さの平均値
v ：中性化深さの変動係数
D ：鉄筋のかぶり厚さ
$\bar{D}$ ：鉄筋のかぶり厚さの平均値
σ ：鉄筋のかぶり厚さの標準偏差

（付 1.1）式の変数を置き換えて標準化すると，（付 1.2）式のとおり整理される．

$$\phi(X) = \frac{1}{\sqrt{2\pi} \cdot \sigma'} \cdot exp\left(-\frac{X^2}{2}\right)$$

ここで，$X : \frac{(D-C_t)-(\bar{D}-\bar{C}_t)}{\sqrt{\bar{C}_t^2 \cdot v^2 + \sigma^2}}$

$\sigma' : \sqrt{\bar{C}_t^2 \cdot v^2 + \sigma^2}$

したがって，$D-C_t = d$ となるときの鉄筋の腐食確率 (P) は，（付 1.2）式により表される．

$$\begin{aligned} P &= \int_{-\infty}^{d} f(D-C_t) d(D-C_t) \\ &= \int_{-\infty}^{d'} \phi(X) dX \end{aligned} \tag{付 1.2}$$

ただし，$d' = \frac{d-(\bar{D}-\bar{C}_t)}{\sqrt{\bar{C}_t^2 \cdot v^2 + \sigma^2}}$ であり，d は鉄筋が腐食し始めるときの鉄筋のかぶり厚さと中性化深さの差であるので 5.2 d 項に定めるとおり，

屋外面　$d = 0$ mm
屋内面　$d = -20$ mm

となる．

（付 1.2）式の $\Phi(X) = \int_{-\infty}^{d'} \phi(X) dX$ は確率分布関数とよばれ，正規分布の場合は数学的に厳密解を得ることは困難であるが，正規確率分布表などを用いて求めることができる．正規確率分布表を巻末に別表として示すので利用されたい．d' が負の場合の $\Phi(X)$ は $-d'$ の上側確率で，d' が正の場合は $1.0-(d'$ の上側確率) で読み取ることができる．

例えば，付図 1.1（1）に示した柱の屋内面における中性化による腐食確率の導出方法は，以下のとおりとなる．

$$d' = \{-20-(50.0-32.0)\}/\sqrt{(32.0 \times 0.10)^2 + 10^2} = -3.62$$

付表 1.1 設計耐用年数時の腐食確率

部材の種別	環境区分	d'	腐食確率	環境区分	d'	腐食確率
柱	屋外面	-3.05	0.114%	屋内面	-3.62	0.015%
梁	屋外面	-3.05	0.114%	屋内面	-2.52	0.587%
耐力壁	屋外面	-3.05	0.114%	屋内面	-2.67	0.379%
床	屋外面	―	―	屋内面	-0.68	24.8%

$d'=-3.62$ の時の $\Phi(X)$ は，別表 1.1 より，$.0^3 147$ と読み取れるので，腐食確率は 0.015% となる．同様に各部材ごとの設計耐用年数時の腐食確率を求めると，付表 1.1 のとおりである．

以上の結果から，設計耐用年数時の腐食確率は仕上げの無い屋内側の床部材において 20% を超えており，設計方針の修正が必要である．床部材の設計かぶり厚さを 35 mm に修正し，腐食確率が 12.7% で限界状態を超えていないことを確認した．また他の部材においては劣化外力が中性化で検証した場合，各部材は設計限界状態に至らないと判定された．

(b) 塩害に対する検証

設計耐用年数 60 年における鉄筋位置での塩化物イオン濃度を，(5.2) 式と (解 5.3.15) 式を用いて推定する．

- コンクリート表面の塩化物イオン濃度 (C_0)

飛来塩分量の測定値 5 mg/md²/日より，(解 5.3.15) 式において，

$a=0.1, \ b=2.0, \ L=0.01$ m

とすれば，

$C_0 = a \cdot b \cdot C_y / L = 0.1 \times 2.0 \times 0.0365 \times 5 \times 0.608 / 0.01 = 2.22$ kg/m³

となる．

- コンクリートの初期塩分量 (C_{init})

測定値より 0.2 kg/m³ とする．

- 塩化物イオンの見かけの拡散係数 (D_p)

解説表 5.3.2 より，普通ポルトランドセメントを使用した水セメント比 55.0% の見かけの拡散係数 $D_p=0.71$ cm²/年とする．腐食発生限界塩化物イオン量 (C_{lim}) は，1.2 kg/m³ とする．

設計耐用年数 60 年時の鉄筋位置での塩化物イオン濃度 (Cl) の計算結果は，柱，梁，耐力壁の屋外面においてかぶり厚さ 50 mm の位置で下記となる．

$$Cl = (2.22 - 0.2) \times \left\{ 1.0 - erf\left(\frac{5}{2 \times \sqrt{0.71 \times 60}}\right) \right\} + 0.2 = 1.39 \text{ kg/m}^3$$

これより，設計耐用年数 60 年の時点で，鉄筋位置の塩化物イオン濃度は，鉄筋が腐食し始める塩化物イオン濃度（腐食発生限界塩化物イオン量）1.2 kg/m³ を超えると推定され，屋外側鉄筋が発錆する可能性があると判定された．